本书由
中央高校建设世界一流大学（学科）
和特色发展引导专项资金
资助

中南财经政法大学"双一流"建设文库

创|新|治|理|系|列|

科技风险规制过程中的行政法问题研究

张哲飞 著

长江出版传媒

湖北人民出版社

图书在版编目(CIP)数据

科技风险规制过程中的行政法问题研究/张哲飞著.
武汉：湖北人民出版社,2019.12
ISBN 978-7-216-09936-3

Ⅰ.科… Ⅱ.张… Ⅲ.科学技术管理法规—研究—中国 Ⅳ.D922.174
中国版本图书馆CIP数据核字(2020)第018572号

责任编辑：陈　兰
封面设计：陈宇琰
　　　　　张　弦
责任校对：范承勇
责任印制：王铁兵

科技风险规制过程中的行政法问题研究
KEJI FENGXIAN GUIZHI GUOCHENG ZHONG DE
XINGZHENGFA WENTI YANJIU

张哲飞 著

出版发行：湖北人民出版社	地址：武汉市雄楚大道268号
印刷：武汉首壹印务有限公司	邮编：430070
开本：787毫米×1092毫米 1/16	印张：19.75
字数：331千字	插页：2
版次：2021年6月第1版	印次：2021年6月第1次印刷
书号：ISBN 978-7-216-09936-3	定价：78.00元

本社网址：http://www.hbpp.com.cn
本社旗舰店：http://hbrmcbs.tmall.com
读者服务部电话：027-87679656
投诉举报电话：027-87679757
(图书如出现印装质量问题,由本社负责调换)

总　序

"中南财经政法大学'双一流'建设文库"是中南财经政法大学组织出版的系列学术图书，是学校"双一流"建设的特色项目和重要学术成果的展现。

中南财经政法大学源起于1948年以邓小平为第一书记的中共中央中原局在挺进中原、解放全中国的革命烽烟中创建的中原大学。1953年，以中原大学财经学院、政法学院为基础，荟萃中南地区多所高等院校的财经、政法系科与学术精英，成立中南财经学院和中南政法学院。之后学校历经湖北大学、湖北财经专科学校、湖北财经学院、复建中南政法学院、中南财经大学的发展时期。2000年5月26日，同根同源的中南财经大学与中南政法学院合并组建"中南财经政法大学"，成为一所财经、政法"强强联合"的人文社科类高校。2005年，学校入选国家"211工程"重点建设高校；2011年，学校入选国家"985工程优势学科创新平台"项目重点建设高校；2017年，学校入选世界一流大学和一流学科（简称"双一流"）建设高校。70年来，中南财经政法大学与新中国同呼吸、共命运，奋勇投身于中华民族从自强独立走向民主富强的复兴征程，参与缔造了新中国高等财经、政法教育从创立到繁荣的学科历史。

"板凳要坐十年冷，文章不写一句空。"作为一所传承红色基因的人文社科大学，中南财经政法大学将范文澜和潘梓年等前贤们坚守的马克思主义革命学风和严谨务实的学术品格内化为学术文化基因。学校继承优良学术传统，深入推进师德师风建设，改革完善人才引育机制，营造风清气正的学术氛围，为人才辈出提供良好的学术环境。入选"双一流"建设高校，是党和国家对学校70年办学历史、办学成就和办学特色的充分认可。"中南大"人不忘初心、牢记使命，以立德树人为根本，以"中国特色、世界一流"为核心，坚持内涵发展，"双一流"建设取得显著进步：学科体系不断健全，人才体系初步成型，师资队伍不断壮大，研究水平和创新能力不断提高，现代大学治理体系不断完善，国际交流合作优化升级，综合实力和核心竞争力显著提升，为在2048年建校百年时，实现主干学科跻身世界一流学科行列的发展愿景打下了坚实根基。

习近平总书记指出："当代中国正经历着我国历史上最为广泛而深刻的社会变革，也正在进行着人类历史上最为宏大而独特的实践创新。……这是一个需要理论而且一定能够产生理论的时代,这是一个需要思想而且一定能够产生思想的时代。"①坚持和发展中国特色社会主义,统筹推进"五位一体"总体布局和协调推进"四个全面"战略布局,实现"两个一百年"奋斗目标、实现中华民族伟大复兴的中国梦,需要构建中国特色哲学社会科学体系。市场经济就是法治经济,法学和经济学是哲学社会科学的重要支撑学科,是新时代构建中国特色哲学社会科学体系的着力点、着重点。法学与经济学交叉融合成为哲学社会科学创新发展的重要动力,也为塑造中国学术自主性提供了重大机遇。学校坚持财经政法融通的办学定位和学科学术发展战略,"双一流"建设以来,以"法与经济学科群"为引领,以构建中国特色法学和经济学学科、学术、话语体系为己任,立足新时代中国特色社会主义伟大实践,发掘中国传统经济思想、法律文化智慧,提炼中国经济发展与法治实践经验,推动马克思主义法学和经济学中国化、现代化、国际化,产出了一批高质量的研究成果,"中南财经政法大学'双一流'建设文库"即为其中部分学术成果的展现。

文库首批遴选、出版两百余册专著,以区域发展、长江经济带、"一带一路"、创新治理、中国经济发展、贸易冲突、全球治理、数字经济、文化传承、生态文明等十个主题系列呈现,通过问题导向、概念共享,探寻中华文明生生不息的内在复杂性与合理性,阐释新时代中国经济、法治成就与自信,展望人类命运共同体构建过程中所呈现的新生态体系,为解决全球经济、法治问题提供创新性思路和方案,进一步促进财经政法融合发展、范式更新。本文库的著者有德高望重的学科开拓者、奠基人,有风华正茂的学术带头人和领军人物,亦有崭露头角的青年一代,老中青学者秉持家国情怀,述学立论、建言献策,彰显"中南大"经世济民的学术底蕴和薪火相传的人才体系。放眼未来、走向世界,我们正以习近平新时代中国特色社会主义思想为指导,砥砺前行,凝心聚力推进"双一流"加快建设、特色建设、高质量建设,开创"中南学派",以中国理论、中国实践引领法学和经济学研究的国际前沿,为世界经济发展、法治建设做出卓越贡献。为此,我们将积极回应社会发展出现的新问题、新趋势,不断推出新的主题系列,以增强文库的开放性和丰富性。

"中南财经政法大学'双一流'建设文库"的出版工作是一个系统工程,它的推进得到相关学院和出版单位的鼎力支持,学者们精益求精、数易其稿,付出极大辛劳。在此,我们向所有作者以及参与编纂出版工作的同志们致以诚挚的谢意!

因时间所囿,不妥之处还恳请广大读者和同行包涵、指正!

中南财经政法大学校长

---

① 习近平:《在哲学社会科学工作座谈会上的讲话》,2016年5月17日。

摘 要

21世纪以来，不断涌现的科技发明与急速发展的新兴科技产业给国家经济社会发展带来蓬勃动力，但与此同时，科技背后蕴含的风险及造成的科技风险事件也随之进入国家、社会与公众视野。在依法行政，加快建设法治政府的背景下，如何在规范行政权力合法运行的同时有效应对科技风险，回应公民对健康、环境与安全权利的诉求成为摆在各级政府面前的重要课题。从行政法视域研究科技风险规制过程问题旨在回应科技风险给国家、社会与公民带来的诸多问题之现状，实现行政机关科技风险规制活动的"有法可依"，为行政机关规制科技风险提供法治化路径并助益其科学、合法、民主、高效地应对科技风险，也希冀扩展行政法的学科理论分支与实践研究领域。

明确科技风险规制过程的概念前提、理论基础与主要内容是研究科技风险规制过程中的行政法问题研究的前提。科技风险与科技风险规制过程具有独特的内涵、特征，并经历了较长时期的概念与体系演进，国家任务理论、合作规制理论与风险行政法理论为科技风险的国家干预与行政机关规制提供了宪法依据与行政法原理。运用行政基础理论与行政过程方法论可以将科技风险规制过程类型化为科技风险议题设置、科技风险标准制定、科技风险评估、科技风险沟通与科技风险管理五大过程，并抽象出正当性、效率性、科学性、民主性与实效性五大问题。此外，科技风险规制中的行政法问题研究还需妥善处理作为部门法的行政法与作为领域法的科技法、公权力规范行使与行政效率及目标、社会主体权利与国家及公共利益等关系问题。

议题设置是科技风险规制过程的起始环节。依据风险议题设置实践与主推主体的不同，可以将科技风险议题设置类型化为行政主体主导、民意聚推、专家论证与媒体呼吁四种。从权责与权义两个视角剖析可以发现我国行政主体主导型科技风险议题设置制度存在诸多正当性问题，风险认知因素、政治因素与法制因素是科技风险议题设置制度正当性问题的内在根源，其中政治因素中社会观念是影响行政机关科学、公正地设置风险议题的深层次因素。我国科技风险议题设置制度的行政法重塑可以在考察美国与欧盟科技风险议题设置法制及其实践的基础上，结合我国实际，从片面追求经济发展转变到兼顾公民权利保障，从现实主义的科技风险观转变到综合主义科技风险观，并重塑科技风险议题设置法制的依法行政、透明性、协商性与科学性原则，建构科技风险议题设置法制的主体性制度与动态的科技风险议题设置制度。

标准制定是科技风险规制过程的基础环节。科技风险标准制度应被归为"技术法治"范畴，我国科技风险标准制度存在的残缺不全、整体滞后与效率不足等问题大大影响了科技风险标准制度的效率性，科学的不确定性、科学理性与社会理性的冲突以及科技风险与传统风险规制逻辑间的失配是科技风险标准制度缺陷的内外部原因。科技风险标准制度的行政法重构应从原理层面确立科技风险标准制定的效率性、公正性与科学性原则，从理念层面实现可接受标准的革新、标准层级的全球化与标准性质的公共化，从制度层面重构我国科技风险标准的主体性制度与关联性制度，包括发挥科技风险规制协商委员会下属科技风险标准制定小组之功用、改革标准层级制度、健全标准制定具体机制等。

评估是科技风险规制过程中的关键环节。总结我国现行科技风险评估制度的法律规范体系及其制度运行中的成绩与不足可以发现，科技风险评估体系不健全与专家委员会中立性不足等因素严重影响了科技风险评估制度的科学性。科技风险评估制度的科学性困境在于科学难以为风险评估提供确定性结论与科技风险的"社会建构"。科技风险评估制度的行政法优化应当遵循行政法的基本原则并确立科技风险评估的独立性、科学性、安全性与公开性原则。具体内容的优化包括行政机关、专家委员会等组织机构之优化、独立性与契合性程序制度之优化以及风险识别、信息收集、监测和管理、评估指标体系、评估纠错与评估责任等运行机制之优化等。

沟通是科技风险规制过程中的必要环节。科技风险沟通有助于实现公民的知情权、参与权和选择权，消弭各方利害关系人之间因对风险认识差异导致的不信任，促进科技风险规制过程的民主性等功能。但是，处于萌芽阶段的科技风险沟通制度存在规定缺乏可操作性、部分领域规范空白、结构失之偏颇与权义配置失衡等问题。从实质法治考量，科技风险沟通制度的行政法定位应当在适用行政法基本原则的基础上引入科技风险沟通的明确性、有效性、民主性与安全性原则，在具体制度再定位中应明确行政主体、社会主体、私人企业与公民等主体的法律地位及其在科技风险沟通中的权利与义务，建构科技风险沟通制度的信息共享、定期交流与多元互信机制。

　　管理是科技风险规制过程中的最终环节。我国现行科技风险管理制度存在重科技经济创新与发展、轻科技风险管理的理念偏差，行政机关、社会主体、私人企业与公民等主体间的权义分配不均的规范困境以及部门行政与综合管理矛盾、民意诉求与制度实践脱轨与交互式失配下的法治难题等实践困境。科技风险管理制度应当从注重安全价值、确立稳健预防型管理理念与明确差异化行政目标、部门职责与措施实效等方面实现理据再造，从建构科技风险管理中的权利保障、多元主体参与、预防性与必要的强制性原则等方面实现原则再造。具体制度再造中应当建构起科技风险管理主体专责化与协商主体责任化的科技风险管理主体性制度，开放决策与柔性管理的科技风险管理程序性制度并完善科技风险管理的协调联动、责任承担、规制补偿、动态登记、风险标识、多元主体参与协商、措施反馈与资源准备机制。

目 录

绪 论

第一章　科技风险规制过程中的行政法问题之厘定
　　第一节　科技风险规制过程之厘定　　　　　　　　　　32
　　第二节　科技风险规制的合理性基础　　　　　　　　　51
　　第三节　科技风险规制过程中的行政法问题　　　　　　66

第二章　科技风险议题设置制度的行政法之重塑
　　第一节　我国科技风险议题设置实践及其类型化　　　　82
　　第二节　科技风险议题设置实践困境之根由　　　　　　86
　　第三节　域外科技风险议题设置法制实践之借鉴　　　　94
　　第四节　我国科技风险议题设置法制之重塑　　　　　　101

第三章　科技风险标准制度的行政法之重构
　　第一节　科技风险标准制度的合法性审视　　　　　　　116
　　第二节　科技风险标准制度缺陷的原因分析　　　　　　126
　　第三节　科技风险标准制度重构的基本内容　　　　　　132

第四章　科技风险评估制度的行政法之优化
　　第一节　现行科技风险评估制度的合法性审视　　　　　150
　　第二节　科技风险评估制度困境之缘由　　　　　　　　158
　　第三节　科技风险评估基本原则之建构　　　　　　　　165

第四节　优化科技风险评估制度之内容　　177

第五章　科技风险沟通制度的行政法再定位
　　第一节　科技风险沟通制度的主要功能　　194
　　第二节　科技风险沟通制度的合法性审视　　198
　　第三节　科技风险沟通制度再定位的基本原则　　211
　　第四节　科技风险沟通制度再定位之内容　　219

第六章　科技风险管理制度的行政法之再造
　　第一节　科技风险管理制度的合法性审视　　230
　　第二节　科技风险管理制度再造的基本原理　　242
　　第三节　科技风险管理制度再造的基本内容　　259

结　语　　275
参考文献　　280
后　记　　305

绪 论

一、研究意义

（一）现实意义

在快速发展的现代化进程中，社会经历着急剧的、深刻的变迁，来自人类自身行为和科学技术的风险，如恐怖袭击、食品药品安全、环境灾害、网络病毒传播、化学品爆炸等，严重威胁着人类的生命、健康、财产安全以及正常社会秩序。进入 21 世纪后，人类社会已经开始进入一个由科学技术引发的"风险社会"时代。现代科技对人类生活影响的深度与广度不断提升，伴随而来的是诸多难以预测的、具有巨大负面效应的科技风险。这一切已经远远超出科技自身及其操控者所能预知、控制与应对的范围。核能技术、克隆技术、转基因技术、"换头术"、人工智能技术等的出现，令人不禁对人类前途命运产生深深的担忧。[①]科技不断被应用且社会网络联系不断紧密导致一旦科技风险转化为损害，往往波及更大的区域，造成无可估量的损失。面对科技风险，旧的应对方式失去了控制和处理的能力。科技爆炸时代下，纷繁复杂、样态各异的科技发明与应用不断涌现，面对伴随科技发明与应用一同出现的科技风险，传统的处理机制和控制机制已经无法有效应对，体制机制改革的速度、方向也很难跟得上科学技术发展与科技风险规制的要求。目前中国正处于社会结构转型与政治、经济与社会体制转轨的同步转型时期，社会结构转型打破了传统的社会运转模式、经济运行体制与资源分配机制，而新的政治、经济与社会体制与机制尚未完善，从而导致应对科技风险的诸多制度性障碍，科技风险在种类繁多的领域以不同速度进行叠加。这种累积扩展了科技风险的类型与范围，加剧了科技风险规制难度，对公民的生命财产安全、生态环境的可持续发展以及整个社会的和谐、稳定发展造成严重影响。具体而言，研究科技风险规制过程中的行政法问题具有如下现实意义。

---

① 黄翔：《搭建一个识别科技风险的平台》，《解放日报》2016 年 7 月 12 日第 9 版。

1. 有效应对科技风险，保障公民安全与社会稳定的需要

党的十九大报告全文共 17 次提及"科技"，鼓励科技创新成为今后相当长时期内党和国家的重要任务。科技发展必然带来与之对应的科技风险，科学技术的发展与应用已经遍布社会的各个领域，使得从规范层面界定科技风险概念十分困难，但无可否认的是，科技风险产生于现代科学技术的发展与应用，其先验地继承科学技术本身固有的复杂性与高度不确定性，并在特定领域呈现出全球性、难预测性、后果的极端性等特征。基于风险本身的高度不确定性、风险认知的二元性、风险社会建构的复杂性以及由这些特征引发管制俘获的更高可能性，导致科技风险规制与治理路径完全不同于传统风险[①]，两者间的差异根源于现行行政法规范体系与新兴风险[②]的这些特征之间的不匹配。为了有效应对科技风险，保障公民健康、安全与社会稳定、发展，政府应当及时转变规制理路，积极探索应对科技风险的可行之道。故，笔者选择从科技风险规制过程中的行政法问题研究入手，剖析现行规制科技风险的实体与程序规则，探求有效应对科技风险的法律规范及其制度建构，通过理念、原则与制度建构促进行政法律制度与科技风险规制需求相匹配。

2. 规范公权力依法、正当行使，切实保障公民合法权利的要求

现代科技风险的产生与发展源于科技发明与应用的社会化，即技术社会化浪潮，功利主义的价值取向、科研的资本依赖与政府扶持等因素共同交织并不断推动着科技风险逐渐覆盖到社会的方方面面，部分科技风险甚至可能危及普遍的社会稳定与多数人的生命财产安全，直接影响社会的稳定与良性运行，成为当代全球社会最大的风险源。从科技风险规制过程视角而言，当前我国科技风险议题设置、标准制定、评估、沟通及管理方面均存在不同程度的合法性问题，诸如议题提出的随机性，缺乏民主性和科学性；标准的残缺不全、相互矛盾；评估组织的独立性差，不作为、迟延作为现象严重；不尊重社会公众意愿，

[①] 传统风险是指常态下人类社会持续面临的可能危害，表现为自然灾害、疾病等现象。参见孔锋等：《新风险因素与传统风险因素间关系初探——以中国县级单元人口城市化与自然灾害之间的关系为例》，《安徽农业科学》2017年第26期。

[②] 关于新兴风险概念及其指代对象往往很难界定，但对于风险规制领域而言，新兴风险有别于其他需要政府规制的风险之处主要表现为两个方面：一是认知的不确定性，当规制者首次面对意识到需要规制时，它们很难获取必要的信息；二是风险的政治性，新兴风险的规制阻力一开始并不存在，但随着利益集团和社会观念的根深蒂固，规制难度将逐渐增加。See Matthew T. Wansley, "Regulation of Emerging Risks", Vanderbilt Law Review, (69, 2016), pp.401-478. 此外，需要说明的是，新兴风险与科技风险属于相互交叉的概念，两者的指代内容在历时性的运动变化中均会不断更迭。有些新兴风险属于科技风险，如人工智能技术风险；有些新兴风险不属于科技风险，如埃博拉（Ebola）、中东呼吸综合征（MERS）等新兴病毒风险；也有部分科技风险不属于新兴风险，如核能技术风险、纳米技术风险。这是因为科技具有延续性、历时性，其在一定时期会指代特定的科学技术，而新兴风险仅为时间意义上的概念，并不指代特定不变的对象。

实施单方面的"强制与命令式"沟通；过度管理与管理不作为，实效性差等。如何合法、科学、高效地规制科技风险成为提升政府治理水平与治理能力的重大课题。回归行政法学视角而言，科技风险已经成为法治建设的新热点，行政法如何回应科技风险以及由此延伸出的一系列问题，不仅关乎行政权力合法化、正当化运行水平的提升，更是保障公民健康与安全等权利的内在要求。为此，笔者在科技风险规制过程中的行政法问题研究中通过设定明确、规范的科技风险规制框架，明晰规制权力的范围、内容与责任等内容，以合作规制等方式达致约束公权力行使与保障公民合法权利之目的。

3. 加快建设法治政府，全面推进依法治国的重要内容

2014年10月，十八届四中全会通过《中共中央关于全面推进依法治国若干重大问题的决定》，标志着"依法治国"从最初的单一概念，发展成为内容翔实、结构严谨、涉及面广的权威表述，同时也包含着具体可行的举措。同年10月，中共中央总书记习近平在与党外人士座谈会谈时指出，全面推进依法治国也是解决我们在发展中面临的一系列重大问题，解放和增强社会活力、促进社会公平正义、维护社会和谐稳定、确保国家长治久安的根本要求。21世纪以来，科学技术繁荣发展，科技发明与应用已经逐渐渗透到社会生活的各个方面，随之而来的问题是，国家法律体系未能及时回应人民对于健康与安全利益的诉求，大量科技风险及其规制面临"无法可依"的现实问题。加快建设法治政府，全面推进依法治国首先要求国家和社会生活的各个方面总体上实现有法可依，特别是在关涉公众健康与安全的科技风险领域，必须建立体系完整、内容完备与层次分明的法律规范体系；其次要求党和政府的各项权力都在法治轨道上运行，确保规制机关的科技风险规制权力严格依据法律法规行使；还要求社会主体与公民切实守法、用法，以法治手段、方式维护自身权益。上述要求均离不开完备的科技风险规制法律制度及其实施体系。面对蓬勃发展、纷繁芜杂的科技风险，我们应当积极探求科技风险规制的法治化路径，进而助推实现建设法治政府，全面推进依法治国的国家战略。

（二）理论意义

"常态社会—风险社会—高风险社会"的历史演进改变了传统的政治、经济与社会结构。面对严峻的现实危机，不少学者对人类社会的未来深怀忧虑，其中德国社会学家贝克的风险社会理论在国内学术界已经为人熟知，贝克认为，通过人力与技术力量导致"在现代化进程中,生产力的指数式的增长,使危险和潜在威胁的释放达到了一个我们前所未知的程度"。当代西方社会理论大师英国学者吉登斯提出了"失控的世界"和"人造风险"的观点。[①]他认为,科学与技术的进步不仅没有使我们的生活更加确定和可预测,反而带来更多负面的影响,科技带来许多"人为的高后果风险"风险问题,如核能技术风险具有很高的酿灾潜势,可能发生的致损后果也特别严重。而人类社会日益增长的对高科技系统的依赖,也使这种高科技风险成为当代人类无法逃避的生存境遇。这里的"境遇"不仅指人类生存的"物理环境",还包括人们对这种高后果风险拥有的普遍意识。世纪之交以来,科技风险研究成为风险社会理论的新领域,阿兰·艾尔温首先将"技术"维度引入风险争论,他从核能技术与现代性之间的关系出发,认为具备高技术、高能量与重大后果的核能是社会进步的产物[②];贝克·格伦歇姆关注科技风险的社会和政治范畴,认为"风险概念的对立"是确定风险的重要因素,等等。然而,科技风险不仅具有传统社会风险的不确定性、可能危害性等属性,还有危害极端、周期极长与认定困难等特征,从行政法视角研究科技风险规制过程不仅可以丰富科技风险研究的理论框架、知识体系与研究范式,更能拓展行政法学的研究疆域。因此,研究科技风险规制过程中的行政法问题不仅具有重要的现实意义,还具有相当的理论意义。

1. 提供科技风险的行政法规制框架,为科技风险规制过程的合法性、程序性与正当性提供法治化理论

法学以外的学科已经开始了针对科技风险及其治理的相关研究,诸如科学学、管理学、社会学、哲学。科技发明与应用带来的风险给法学学科也带来诸多挑战,基因生物技术引发的克隆物法律伦理问题、人工智能机器人的侵权责任承担问题、核能技术引发的环境法律问题等,聚焦至行政法部门而言,科技风险引发的挑战主要表现为公权力机关规制的法制化与法治化水平与人民的安全、健康诉求不相匹配。国家公权力机关,特别是行政机关必须直面并回应这一挑战。科技风险治理是一项宏大、复杂的系统工程,但不可否认的是,法治——尤其是行政法治——绝对是其中不可或缺的治理(规制)范式。面对核能、网络技术、转基因工程、危险化工品等技术带来的科技风险,有组织的集体行动并未发

[①] [英]安东尼·吉登斯等:《失控的世界:全球化如何重塑我们的生活》,周红云译,江西人民出版社2001年版,第3页。

[②] [英]阿兰·艾尔温:《风险、技术和现代性:重新定位核能的社会学分析》,载[英]芭芭科·亚当等著:《风险社会及其超越》,赵延东等译,北京出版社2005年版,第122-131页。

挥其风险治理的能力。现实情况是，一方面，科技时代下蓬勃发展的功利主义、利己主义不断消解着传统社会建构的法律制度，法律制度（特别是调整监管关系的法律制度）甚至被视为阻碍科技进步的枷锁；另一方面，科技风险或科技风险现象长期以来被认为是科技进步与发展的"伴随物"。作为传统风险治理方式的"国家行政"还未能寻找到科学、有效的治理路径。政府面对科技风险，往往运用常规手段加以应对，或是选择顺应民意"一闹即停"。无论是何种处理手段，都需要行政法学者们直面乃至应对。其中，行政法在规范与调整科技风险规制行为、建构科技风险规制过程法制时对行政法治的遵循与实现，特别是对科技风险规制过程框架的制度建构，将强化科技风险规制过程的合法性、程序性与正当性，拓展行政法治的研究框架与范式。

2. 丰富行政法学科中风险规制研究的内容，助益风险行政法的理论拓展

行政法治原则要求行政机关的权力必须有明确、具体的法律依据，依法定权限、法定实体规则和法律程序规则行使，要求对行政自由裁量权的滥用进行控制，要求行政机关对违法侵权行为承担法律责任。但是，目前我国政府规制科技风险的许多行为、手段与行政法治原则的要求发生了背离。科技风险规制中行政行为的特殊性对传统行政法制的治理逻辑、基本理念、基本原则提出了挑战，科技风险规制的具体行政法制度也表现出了严重的不适应。传统行政法理论更加关注静态下参与公共权力运行的各方主体的权利义务（职权职责）关系。但从科技风险规制来看，更需全面地、动态地考察行政主体在公权力运行过程中可能产生的各种法律关系，特别是动态的行政法律关系。本书引入日本行政法学研究中的"行政过程论"理论，全面、动态地考察行政主体规制科技风险的全过程，即从科技风险议题之形成、标准之制定、科技风险评估、科技风险沟通到科技风险管理的规制权力运行过程。从这一意义而言，研究科技风险规制过程中的行政法问题有助于繁荣风险行政法学研究的枝干，助益于行政法学理论的丰富与饱满。

二、国内外研究现状

虽然国内外学者对风险社会、风险规制等问题的研究成果颇多，但就科技风险规制研究而言则主要立足于本学科内部研究，针对科技风险要素提出规制或治理方案。运用跨学科知识并立足于从行政法视域论述科技风险规制过程问题的研究仍呈现碎片化态势。

（一）国内研究现状
1.科技风险内涵之研究

国内关于科技风险的研究始于20世纪末，主要立场与观点来源于贝克、吉登斯等社会学家，即认为科技本身负载风险，风险是科技的本质属性，是不可避免的，科技发明与创新是一项风险事业，风险既有消极影响，也有积极意义。谢科范提出要建立科技风险学的构想，对科技风险学的内涵、特征与方法论做了初步的构想。但他将科技风险仅局限为"科研过程中所造成的环境污染等方面的社会风险"。[①]许志晋、毛宝铭认为科技风险是现代社会"科学理性"与"社会理性"断裂的结果，提出风险治理的民主治理模式。[②]张黎夫从物理学视角分析科技风险的成因。[③]邬晓燕、程苹将科技风险界定为不同于传统自然风险的，源于科技活动与人为决策的"人造风险"。[④]刘郦等在《科学技术的社会构成：风险与风险分析》中指出，科技风险包括三类：一是由科学技术及其应用所造成的风险，即科学技术的风险；二是影响科学技术的风险，即科学技术外部风险；三是科学技术本身的风险，即科学技术内部风险。[⑤]宋伟、孙壮珍从科技风险蕴含的不可感知性、知识依赖性、人为的不确定性、不可计算性、不可控性等特征入手将科技风险界定为源于人为决策的"被制造的风险"。[⑥]楚德江从风险自身属性出发，认为风险社会治理困境在于：（1）风险的毁灭性质使得任何事后的补救和保险措施都失去了意义。（2）解决风险的努力面临着知识的局限性。（3）解决风险的努力可能会制造新的风险。（4）政府控制风险的政策常与其经济发展政策相互冲突。[⑦]

其他代表性文章或著作有：杨雪冬《全球化、风险社会与复合治理》，载李程伟主编《公共危机管理：理论与实践探索》，中国政法大学出版社2006年版；米丹《风险社会与反思性科技价值体系》，中国社会科学出版社2013年

---

① 谢科范：《创立科技风险学的构想》，《科学学与科技管理》1995第3期。
② 许志晋、毛宝铭：《论科技风险的产生与治理》，《科学学研究》2006年第4期。
③ 张黎夫：《时间之矢与科技风险》，《自然辩证法研究》2002年第7期。
④ 邬晓燕、程苹：《基于利益相关者视角的科技风险认知与规制》，《北京交通大学学报（社会科学版）》2012年第4期。
⑤ 刘郦、扬力行：《科学技术的社会构成：风险与风险分析》，《自然辩证法通讯》2007年第1期。
⑥ 宋伟、孙壮珍：《科技风险规制的政策优化——多方利益相关者沟通、交流与合作》，《中国科技论坛》2014年第3期。
⑦ 楚德江：《风险社会的治理困境与政府选择》，《华中科技大学学报（社会科学版）》2010年第4期。

版；张茂桂、顾忠华、张锦华等《社会学——多元、正义、民主与科技风险》，台湾大学国家发展研究所2007年，第203－227页；钟开斌《风险管理：从被动反应到主动保障》，载《中国行政管理》2007年第1期；钟开斌《伦敦城市风险管理的主要做法与经验》，载《国家行政学院学报》2011年第5期；张善根《科学主义的风险法律规制——〈风险与理性——安全、法律及环境〉读后》，载《学习与实践》2008年第4期；王晓楠《社会质量理论视角下中国社会风险治理》，载《吉首大学学报（社会科学版）》2016年第2期，等等。

2. 科技风险规制过程之研究

不少学者从法学视角研究政府治理（管理、管制、规制等不同用语）风险，特别是科技风险。有学者提出作为法律概念的风险及其必要性，基于国家对公民基本权利的预防保护义务，法为政府规制科技产生的风险提供了正当性。其中，风险决策作为具有特色、独立的行政法类型，要求法律在实质层面明定行政机关的决定必须经过利益与风险衡量，从形式而言应将风险类型化与标准化，风险在行政法所预定的轨道上确定出一个暂时的标准以进行管理。在程序层面，由于决策的复杂性及不可预测性，因而需要法定程序解决专业与政策之间的隔阂。此外，如何保证由法律定型下来的行政管制满足形式正义的问题还是要回到程序建构之中。黄元丰等认为风险治理机制存在的不足在于：重事后治理，轻事前防范；重微观治理，轻宏观建构；重政府主导，轻社会参与；重分散治理，轻资源整合。[①]李颖以风险治理流程为视角，剖析当前我国风险治理面临的风险信息搜集与报送、风险识别、风险的社会沟通、前置性治理等困境，认为我国风险治理流程的优化应当从转变传统治理方式、强化风险联动态势的把握能力、优化治理体制与创新治理风险的具体体制等方面予以实现。[②]戚建刚教授等从过程论角度出发，通过公平、胜任、效率与问责的可得性四个变量研究公共风险监管法治信任问题，通过实证分析得出现行公共风险监管法制六大环节的法制信任危机。[③]张青波认为强调程序的政府规制遇到科技风险时会面临学理与实践的双重困境，在分析"自我规制"在科技风险规制中民主性等方面优势的基础上，提出"自我规制的规制"概念并从法理角度进行了翔实论证，进而从法制层面建构了"自我规制的规制"的组织安排、认证程序、司法控制等内容。[④]中

---

① 黄元丰、张美琴：《社会主义和谐社会构建中社会风险治理机制的优化》，《中共南昌市委党校学报》2014年第6期。
② 李颖：《基层政府社会风险治理流程优化研究》，《重庆理工大学学报（社会科学版）》2015年第15期。
③ 戚建刚、张景ң：《论我国公共风险监管法制之信任危机——以过程论为分析视角》，《云南社会科学》2015年第4期。
④ 张青波：《自我规制的规制：应对科技风险的法理与法制》，《华东政法大学学报》2018年第1期。

国台湾地区学者提出风险管理系统架构应从建立风险管理执行背景体系、风险辨识、风险分析、风险评量、风险处理五个系统出发。其中，建立风险管理执行背景体系包括建立外部环境背景体系、组织内部环境背景体系、风险管理步骤、风险评量标准与风险分析对象。风险辨识包括会发生什么状况以及如何、为何、何处、何时发生的问题。风险分析包括确认既有控制机制、评估发生概率、评估事件影响层面与评估风险等级。风险评量包括与风险基准比较和设定优先顺序，如果风险属于可接受的范围则继续监测，如果风险具有不可接受性则开展风险处理。风险处理包括研究可行风险对策、评估风险对策、选择风险对策、规划处理方案、执行处理计划。

具体而言，学术界对（科技）风险规制的不同过程也做了多学科的研究：

（1）科技风险议题设置。李栋认为当前我国政府"主导式"的风险治理模式开始向政府与社会"合作式"的模式方向转变，政府、媒体与公众三者在环境风险议题建构中存在着互动与博弈，认为现行环境风险议题建构中存在政府话语技术落后、媒体媒介失范与公众风险认知能力受限等问题。[①]宋伟、孙壮珍将利益相关者理论引入科技风险议题设置之中，认为围绕具体科技风险的多方利益相关者之间通过多形式的沟通、交流与合作，能够为规制议题的确立乃至整个规制政策的形成提供理论模型。[②]周卫通过研究美国环境行政规制实践中的风险衡量问题认为美国风险规制中的"风险—收益衡量和风险—风险权衡"议题设置模式建立在成本—收益分析的基础之上，并将"风险—收益分析"和"可接受风险分析"等方法运用到具体议题设置之中，对我国科技风险议题设置中"风险阈值确定"具有较大的借鉴意义。[③]

（2）科技风险标准制定。郑玉双认为科技与法律的核心难题在于技术中立问题并对该概念作了学理剖析，内含于技术中立中的价值中立问题是重构我国科技风险标准法律制度的关键所在。[④]艾志强、沈元军提出科技风险与公众认知关系的综合理论框架，将其分为公众对科技风险的主观认知和科技风险对公众认知的客观影响两个方面。[⑤]宋华琳认为行政机关对于科技发展前沿动态的了解情况往往落后于企业、科研机构与高等院校，科技风险标准制定计划的编制容

---

① 李栋：《环境风险议题建构与互动研究——以"雾霾天气事件"为例》，昆明：云南师范大学硕士学位论文2014年。
② 宋伟、孙壮珍：《科技风险规制的政策优化——多方利益相关者沟通、交流与合作》，《中国科技论坛》2014年第3期。
③ 周卫：《美国环境规制中的风险衡量》，《中国地质大学学报（社会科学版）》2008年第5期。
④ 郑玉双：《破解技术中立难题——法律与科技之关系的法理学再思》，《华东政法大学学报》2018年第1期。
⑤ 艾志强、沈元军：《科技风险与公众认知的关系研究》，《中国人民大学学报》2012年第4期。

易陷入"风吹哪页读哪页"的随机、无序境况。①王明远、金峰提出构建应对科学不确定性背景下环境正义体系的"实质等同性原则"。②尚志海、刘希林综述了国外可接受风险标准，认为我国灾害风险研究的可接受标准可以从年均死亡率角度入手。③王艳林、陈俊华针对我国科技风险标准制定领域的基本法——《中华人民共和国标准化法》（以下简称《标准化法》）的修订提出大标准化修改思路，认为《标准化法》的修改迫在眉睫。④由于新法修订距今时间短，学界还未出现对于标准化法修订后的考察和研究。

（3）科技风险评估。法学界对于风险评估的研究，主要关注于风险评估原则、模式、方法与制度建构。沈岿教授将风险评估归为评估议程、优先次序的设置以及评估工作本身两大环节，认为价值偏好因素在当前我国科技风险评估议程、优先次序设置中的影响不断加强，科学、专家的作用趋弱，面对这一现状，强化风险评估的行政法治应当从建立公私合作的风险监测网络、拓宽的风险评估建议渠道和风险评估议程设置的应责性等方面展开。⑤赵鹏认为科技风险的高度不确定性导致服务于政策制定的科学过程需要大量的假设、推论与实验，政策考量与个人偏好的介入影响了科技风险评估的权威性与结果的科学性。⑥戚建刚从结构功能主义理论出发探讨我国食品安全风险评估制度的改革，提出构建"更为诚实"的风险评估法律制度，包括明确专家委员会法律身份及其与行政机关之间关系、与风险评估中心关系等论点。⑦杨小敏从食品安全方面研究，认为独立性原则是食品安全风险评估的一项法定原则，但从实践而言，我国食品安全法制并未作出制度安排。⑧现行风险评估模式改革应当以风险的双重属性之优势作为逻辑起点，遵循分析性、协商性和整合性原则。⑨钟开斌总结伦敦风险评估的流程，采取"风险＝可能性×影响"的风险评估方法，认为伦敦的城市管理者将风险评估置于应急管理工作核心地位的做法值得我国借鉴。⑩

---

① 宋华琳：《规则制定过程中的多元角色——以技术标准领域为中心的研讨》，《浙江学刊》2007年第3期。
② 王明远、金峰：《科学不确定性背景下的环境正义——基于转基因生物安全问题的讨论》，《中国社会科学》2017年第3期。
③ 尚志海、刘希林：《国外可接受风险标准研究综述》，《世界地理研究》2010年第3期。
④ 王艳林、陈俊华：《大标准化时代与〈标准化法〉之修改——以政府职能转变为中心的讨论》，《河南财经政法大学学报》2017年第3期。
⑤ 沈岿：《风险评估的行政法治问题——以食品安全监管领域为例》，《浙江学刊》2011年第3期。
⑥ 赵鹏：《风险评估中的政策、偏好及其法律规制——以食盐加碘风险评估为例的研究》，《中外法学》2014年第1期。
⑦ 戚建刚：《食品安全风险评估组织之重构》，《清华法学》2014年第3期。
⑧ 杨小敏：《欧盟和中国食品安全风险评估的独立性原则之比较》，《行政法学研究》2012年第4期。
⑨ 杨小敏：《我国食品安全风险评估模式之改革》，《浙江学刊》2012年第2期。
⑩ 钟开斌：《伦敦城市风险管理的主要做法与经验》，《国家行政学院学报》2011年第5期。

（4）科技风险沟通。许志晋、毛宝铭认为在风险社会中，科学信息的传播不应是简单地告知公众应当信赖的知识，而是通过建立公众与科学家间相互信任为基础，建构互动、互信的传播模式，其中，信任的建立依赖于以科学论战武装起来的公共领域内公众参与。[1]吴建勋认为风险交流贯穿风险分析、风险评估与风险管理全过程，其主体和议题对交流效果有重要影响。其运用内容分析法对"双汇瘦肉精事件"中风险交流的主体和议题进行梳理，认为中央政府部门、地方政府与媒体更易成为风险交流的主角，行业协会、企业、消费者和社会大众在整个事件过程中的声音偏弱，专家的作用在呈减弱趋势，风险信息交流的"质"和"量"明显不足。[2]金自宁通过总结深圳西部通道环评事件揭示出风险交流的经验在于跨越专业门槛的风险交流，并在此基础上结合风险交流相关理论论证有效风险交流需要建立和维持对专家的系统信任，进而提出从制度上保障大众参与机会和专家的可信度。[3]杨尚东以核电站高科技项目引发的争议出发，认为当前我国司法审查制度改革的重点应聚焦在法院采取何种方式审查行政机关就科学事实问题做出的判断及关注具体审查过程中如何发挥公众参与的作用以弥补法官专业知识的不足。[4]曲瑛德等为研究探讨建立适合我国国情的转基因生物风险交流机制与途径，开展了针对全国随机抽样的属于政府、企业、媒体、科学家和公众五类人群的问卷调查分析，在此基础上初步确立了在我国开展转基因生物风险交流的可行模式、不同交流主体的责任和义务。调查结果还表明，转基因生物风险交流的侧重点应放在与公众身体健康确实密切相关的方面，适宜于采取电视、网络和报纸/期刊等媒体与手段。[5]詹承豫等通过选取我国30部城市风险治理相关的法律规范中涉及风险沟通的具体条款并加以分析，提出重构我国风险沟通制度的设想，包括细化政府回应义务，完善公众知情权与质询权，明晰政府保密权与公众知情权的边界，强化市场组织报告和公开义务等。进而提出通过制度重构保障城市风险治理中政府、市场与社会间的良性

---

[1] 许志晋、毛宝铭：《风险社会中的科学传播》，《科学学研究》2005年第4期。
[2] 吴建勋：《基于内容分析法的食品安全风险交流主体与议题研究》，《河南工业大学学报（社会科学版）》2016年第2期。
[3] 金自宁：《跨越专业门槛的风险交流与公众参与——透视深圳西部通道环评事件》，《中外法学》2014年第1期。
[4] 杨尚东：《论高科技风险规制视域下的司法审查制度——聚焦因发展核电项目产生的争议》，《中共浙江省委党校学报》2016年第3期。
[5] 曲瑛德等：《我国转基因生物安全调查Ⅱ——转基因生物风险交流的途径与优先内容》，《中国农业大学学报》2011年第6期。

互动，促进我国风险沟通制度的日臻完善。①台湾地区学者朱文妮采用文献研究、调查访谈、焦点座谈、问卷调查等多元研究方法研究台湾地区"低放选址政策"的信任问题，结果显示以往用以确保政府机关科学理性及专家决策模式在现代风险社会中不再足以让民众继续作出信任的判断，并在风险议题中合作。此外，朱文妮在研究中还提出在寻求共享价值、可被普遍接受的正义原则的基础上建构一个由政策审议架构重视"代表性、共同框架、决策影响力"的参与式对话平台，以提升"低放选址政策"的接受度与正当性。②

（5）科技风险管理研究。李瑞昌在《风险、知识与公共决策——西方社会风险规制决策研究》中首次探讨科技风险规制决策中的科学化、民主化和法治化的问题。③钟开斌较早界定了风险管理的内涵与外延，提出将国家应急管理工作转向突发事件应对管理与风险管理相结合，将风险预防视为同应急、常态管理与非常态管理相结合的原则，认为我国行政机关应当建立规范、完备的风险管理体制、机制，实现应急管理向风险管理的转变。④此外，钟开斌研究了伦敦城市的风险管理体系，认为伦敦城市风险管理体系中全面的风险登记、跨地区与部门的合作机制以及较为综合的风险评估方法值得借鉴，我国风险管理体系的建构应当引入风险登记、风险管理的多主体、多部门合作等内容。⑤张海波、童星从我国应急管理实践出发，系统总结中国应急管理实践的五个内在维度结构，从行政管理学视角总结了诸如"治理尺度上的政府突飞猛进与社会市场虽有参与但各自独立、缺乏合作"，"政府架构尺度上综合应急管理体系发展迅速但分灾种管理体系发展滞后"，政策体系尺度上"应急预案体系发展迅速，应急立法相对滞后"，以及运行机制尺度上"救援与处置绝对优先，善后与恢复在个别情况下得到重视，预防与准备、预警与监测发展滞后"等五大问题。此外，张海波教授等还提出公众参与、社会力量、社会文化及其应急管理的更新机制（如应急预案体系的自动更新）的结构演进理路。⑥中国台湾地区学者对科技风险的行政法（或公法）规制研究历经近二十年历史，形成了不少成熟的理论制度。颜

---

① 詹承豫、宣言：《城市风险治理中的风险沟通制度——基于30部法律规范的文本分析》，《行政法学研究》2016年第4期。
② 朱文妮：《选址政策中的信任与风险沟通：以台湾低放射性废弃物最终处置场为例》，台北："国立政治大学"博士学位论文2015年。
③ 李瑞昌：《风险、知识与公共决策——西方社会风险规制决策研究》，上海：复旦大学博士学位论文2005年。
④ 钟开斌：《风险管理：从被动反应到主动保障》，《中国行政管理》2007年第1期。
⑤ 钟开斌：《伦敦城市风险管理的主要做法与经验》，《国家行政学院学报》2011年第5期。
⑥ 张海波、童星：《中国应急管理结构变化及其理论概化》，《中国社会科学》2015年第3期。

上咏等人认为金字塔型控管架构对纳米技术风险治理颇为合宜，依照政府介入干预的密度高低不同，可区分为主动性自我控管、政府登记、被动性自我控管，以及官方管制四种类型。侯宜谙认为面对高度不确定性之环境风险，传统管制手段已无法成为妥当的因应之道，须加调整并使用成本效益评估、经济诱因及官民合作等新兴管制方法，逐渐舍弃条件模式而采用目的模式之法律制度设计。此外，他认为国家风险决策中无可回避的局限性问题是"风险从来无法被确切地掌握"，而预防原则作为风险行政下国家提前介入管制的正当化说理应在立法中予以实现。在风险规制立法中落实预防原则，可以使行政机关适时掌握可能或已经发生但缺乏充分科学证据确知原因的食品安全风险信息。[①]宋华琳探讨风险规制下行政法学原理的转型问题，认为需要回应风险规制体系的重塑、风险规制过程中的形式选择以及规制程序设置等问题。[②]戚建刚认为风险规制实践给传统行政法带来诸多挑战，行政法的研究对象应从已知领域转向"未知"空间，学科定位应从偏重法解释学转向偏重法政策学，需要植入预防原则和应急原则，核心内容要完成以行政行为为中心到以行政过程为中心的嬗变，研究方法应从偏爱解释方法向注重跨学科方法进行转变。[③]王贵松认为现代社会的风险规制要求传统的行政组织作出变革以确保风险规制的中立性、独立性、科学性、透明性和参与性，具体展开为风险评估与风险管理应当分离，在规制过程中设置科学问题审议咨询、事故调查、议事协调等方面的辅助机构，赢得风险规制的组织正当性和可接受性。[④]何跃军认为法学上的风险应理解为有关国家权力在进行风险分配时对公民基本权利侵犯的不确定性，法学风险概念在法律中的运作依赖于法律程序。[⑤]赵鹏以对农业转基因生物技术的规制为例研究政府在科技风险中的预防职责及决策规范。[⑥] 周柏红从法律防范视阈研究科技风险，认为集预见性、强制性和广泛性于一体的法律防范是控制科技风险最理想的做法。[⑦]李承、周潞以软件漏洞风险为例，探讨科技风险责任的承担问题，认为科技经营者应是科技风险的主要承担者，国家负有适当责任，并提出针对特殊领域的科技

[①] 侯宜谙：《风险行政法的建制尝试——以食品卫生安全领域为中心》，台北："国立政治大学"法律学研究所学位论文 2012 年。
[②] 宋华琳：《风险规制与行政法学原理的转型》，《国家行政学院学报》2007 年第 4 期。
[③] 戚建刚：《风险规制的兴起与行政法的新发展》，《当代法学》2014 年第 6 期。
[④] 王贵松：《风险行政的组织法构造》，《法商研究》2016 年第 6 期。
[⑤] 何跃军：《风险社会立法机制研究》，中国社会科学文献出版社 2013 年版。
[⑥] 赵鹏：《政府对科技风险的预防职责及决策规范——以对农业转基因生物技术的规制为例》，《当代法学》2014 年第 6 期。
[⑦] 周柏红：《科技风险的法律防范》，《洛阳师范学院学报》2013 年第 10 期。

风险应对赔偿责任作具体分析。①刘银良从美国食品药品管理局对转基因食品的治理策略入手，总结美国生物技术的法律治理现状，认为美国生物技术法律治理体系主要基于科学的基础和法律的框架，其基础要素包括科学的立法、专业的执法、公平的司法以及对科学问题和法律问题的专业化处置，并认为这些经验或可有助于中国突破当前的转基因治理困境和僵局。②金自宁认为风险行政法研究风险，即以公共行政/行政法方式应对风险的正当根据在于保障公共安全，并对其中风险概念的维度、风险行政法研究所面临的真正难题、风险行政法的疆域等问题做了阐述。③

（二）国外研究

1. 社会学、科学学、管理学等学科对科技风险规制的研究

国外关于科技风险规制的研究较早，且形成了不同学科的理论体系。行政管理学、科学学、社会学、政治学、心理学等学科的研究者围绕"技术生态风险题""高后果风险题"，从早期对核能等特定科技的风险关注（客观论）发展至在认识论和方法论层面（建构论）思考。20世纪前后，欧美学者发表了大量有关科技风险（如核泄漏、臭氧层破坏、基因研究与克隆科技风险）的观点，形成了丰富的研究成果。例如：托马斯·麦加里蒂等提出"社会风险管理的公众参与理论"。④克里斯托夫·劳提出"风险社会的出现是由于出现了新的、影响更大的风险"的"新风险"理论。⑤1992年，联合国环境与发展大会上发表的《里约宣言》中第15条提出了风险预防原则，国家应依据其能力广泛地采用风险预防措施以保护环境，遇有严重或不可逆转的损害威胁时，不得以缺乏完全的科学确定性为理由推迟采取符合成本效益，且能防止环境恶化的措施。⑥尼尔·多尔蒂将金融工程理论和方法融入风险管理，提出企业等市场主体面对科技风险的"综合风险管理"理论。⑦皮特·斯特赖敦在《风险社会中的冲突和民意》中认为现代的人类已经对科技发展的种种副作用及其带来的灾难有了新的认识，

---

① 李承、周潞：《论科技风险责任的承担——以软件漏洞风险为例》，《科技进步与对策》2014年第5期。
② 刘银良：《美国生物技术的法律治理研究》，《中外法学》2016年第2期。
③ 金自宁：《风险行政法研究的前提问题》，《华东政法大学学报》2014年第1期。
④ See Thomas O. McGarity, Reinventing Rationality: The Role of Regulatory Analysis in the Federal Bureaucracy, Cambridge: Cambridge University Press, 1991.
⑤ See U. Beck ed., Politik in der Risikogesellschaft, Rankfurt/M: Suhrkamp, 1991, pp.248-265.
⑥ 方华基、许为民：《科技风险识别差异及其治理：以纳米科技发展为例》，《自然辩证法》2011年第6期。
⑦ Neil A. Doherty, A Portfolio Theory of Insurance Capacity, The Journal of Risk and Insurance, (3, 1980), pp.405-420.

科技由解决问题的手段同时变为产生问题的原因。这种认识使得科学技术在人们心目中的地位和作用发生了根本的转变，形成了一种当代社会特有的灾难文化。①2005年，芭芭科·亚当、乌尔里希·贝克等编著的《风险社会及其超越》一书中，提出了社会建构下的风险与风险样态科技化背景下的社会理论回应问题，书中讲到核风险、基因技术、器官再生技术、生物技术、人工智能等对风险社会理论、风险文化的发展以及风险管理的新挑战。②2005年，国际风险治理理事会（IRGC）发表了《风险治理白皮书——面向一体化的解决方案》提出一体化模式下的风险治理分析框架。③奥尔特温·雷恩等研究纳米技术风险与现今风险治理过程的失配问题，提出建立政府、行业、国际组织和其他利益相关者互动与协作的纳米科技风险治理模型。④陈洁总结世界科技风险认知研究及其治理理论的嬗变，从纵向角度总结了科技风险与公众认知的社会学研究经历的"科技至善论""科技中性论"和"科技建构论"三个阶段与横向的西方日趋成熟的三大风险理论范式和以公众理解科学为主要框架的经验成果，进而认为中国社会学界的科技风险研究有待完善。⑤

此外，涉及科技风险治理的经典著作还有：乌尔里希·贝克《从工业社会到风险社会：生存问题、社会结构与生态启示》⑥；克里斯托弗·胡德等《风险政府：了解风险监管制度》；凡尔·纳沃克《科学的汽笛声：走向决策者的科学不确定性分类》⑦；查默斯《调和欧洲风险与传统生活方式》⑧；米哈伊尔·克里特科斯《传统风险分析和向欧盟释放转基因生物：非科学因素的空间？》⑨；芭芭拉·亚当、乌尔里希·贝克、约斯特·房·龙等：《风险社会及其超越：社会

---

① ［南非］皮特·斯特赖敦：《风险社会中的冲突和民意》，王武龙编译，载于薛晓源、周站超主编：《全球化与风险社会》，社会科学文献出版社2005年版，第271-298页。
② ［英］芭芭科·亚当、乌尔里希·贝克、约斯特·房·龙编著：《风险社会及其超越》，赵延东、马缨等译，北京出版社2005年版。
③ International Risk Governance Council, White paper on Risk Management: an integrated solution, https://www.irgc.org/publications/irgc-related-articles-and-publications/, 2016.
④ O.Renn, M.C.Roco, Nanotechnology and the need for risk governance, Journal of Nanoparticle Research, (2, 2006), pp.153-191.
⑤ 陈洁：《科技、风险与公众认知的跨文化比较研究》，《科技与企业》2016年第5期。
⑥ Ulrich Beck, From Industrial Society to the Risk Society: Question of Survival, Social Structure and Ecological Enlightenment, Theory, Culture & Society, (1, 1992), pp.97-123.
⑦ Vern Walker, The Siren Songs of Science: Toward a Taxonomy of Scientific Uncertainty for Decision-maker, Connecticut Law Review, (23, 1991) pp.567-626.
⑧ D. Chalmers, "Food for Thought": Reconciling European Risks and Traditional Ways of Life, Modern Law Review, (4, 2003), pp.532-562.
⑨ Mihail Kritikos, Traditional Risk Analysis and Releases of GMOs into the European Union: Space for Non-Scientific Factors?, European Law Review, (3, 2009), pp.405-432.

理论的关键议题》，赵延东、马缨译，北京出版社 2005 年版；加斯顿·D H.、塞瑞德：《塑造科学与技术政策：新生代的研究》，李正风译，北京大学出版社 2011 年版；彼得·泰勒-顾柏、德詹斯·O.金：《社会科学中的风险研究》，黄觉译，中国劳动社会保障出版社 2010 年版；费尔曼等：《环境风险评价：方法、经验和信息来源》，寇文、赵文喜译，中国环境科学出版社 2012 年版；等等。

2.法学视野中的科技风险规制的研究

风险规制是一个典型的"决策于未知之中"的领域。① 联合国在应对生物技术风险时提出国际合作原则，合作共治可以实现如下六个方面的作用：一是通过显示个人信息达到信息共享；二是减少和克服单一主体可能导致的"有限理性"；三是在符合集体利益的基础上给予组织成员说明自我主张与诉求的机会；四是提高最终决策在组织内部的可接受性；五是借由合作改善与增强组织成员的素质与知识水平；六是关于合作的讨论本身就无可非议。2009 年欧盟条约第 191 条第 3 款则要求欧盟在研拟环境政策时，应当衡量及考虑采取或不采取行动的潜在利益与成本。

对于风险规制过程问题，1986 年开始实施的美国联邦《生物技术协调管理框架》将联邦法规范之完善与转基因生物技术的发展保持同步，从法制层面将生物技术风险纳入联邦规制议题。② 科林·凯斯等人比较分析了 2016 年 10 月美国白宫、欧洲议会与英国下议院发表的关于制定有利于"良好人工智能社会"发展政策的报告，认为三份报告虽然充分分析了人工智能技术应用下可能导致的伦理、经济与社会议题，但未能提出政治议题。西班牙学者米格尔认为环境风险往往转化为公民心理压力，进而影响公民的风险感知，该文认为公共机构和公民风险认知的信任呈间接联系，公司等经营主体直接影响公民的风险认知。③ 西班牙学者加梅罗等通过问卷和核心群体数据分析重大化学风险感知的信息和来源，实证研究表明，专业知识和信任是影响风险感知的两大核心要素。④ 2004 年，英国政府的一项研究报告指出，纳米科技带来许多潜在利益，但其发展路径必须以对于环境与人类之安全性评估以及风险最小化的安全性配套措施作为指

---

① See Vern R.Walker, Risk Regulation and the "Faces" of Uncertainty, Risk,（9, 1998），pp.29-34.
② 刘旭霞、刘渊博：《美国转基因产品市场化监管对中国的启示》，《华南农业大学学报（社会科学版）》2014 年第 3 期。
③ Miguel Ángel Ló pez-Navarro, The Effect of Social Trust on Citizens' Health Risk Perception in the Context of a Petrochemical Industrial Complex, Int. J. Environ. Res. Public Health,（1, 2013），pp.399-416.
④ Gamero, N.（ed.）, Institutional dimensions underlying public trust in information and technological risk, Journal of Risk Research,（14, 2011），pp.685-702.

标，只有通过风险（安全性）评估以及符合相关规范之纳米产品才能进入市场进行流通。亚历山大、利马等人介绍了巴西生物安全立法与转基因作物的应用，巴西转基因技术风险规制的机构设置具有一定的先进性，巴西国家生物安全技术委员会、生物安全内部委员会与其他技术性机构、私人企业职责分工明晰、互相监督，共同致力于转基因技术产品研发、应用与市场化的全过程。① 在美国，尽管风险治理被纳入公共行政范畴已近四十年，但系统分析现有法律制度及其应用可以发现，风险治理中如何确定某一法律之适用并提出纠正政策和行动仍是极具挑战性的过程，主要表现在社会庞杂与分化背景下，风险治理实践不断变化，提供一个适用于复杂风险环境的统一法律框架与组织结构变得极端困难。② 奥特恩·雷纳等人运用结构化框架为科技风险感知提供了一个综合和深究的视角，该框架能够直接帮助风险管理者考量公众的风险感知所在。③ 戈尔·林科夫等认为传统的风险评估方式——对象是针对一个可计量的风险，透过一套衡量基准，判定现存风险与安全标准的差距——难以估算许多高新技术的风险及其可能造成的损害，提出一套系统性的风险规制架构，即以市场机制进行系统性评估，以及受规范的社群运作，取代单一的政府单方管制。④ 约翰·布朗斯坦提出一种比较法律后果的替代方法，即"幸福分析"⑤，认为该方法能够避免传统成本效益分析方法的社会理性不足之弊端。德国行政法学者英格沃·埃布森提出了风险规制法的基本目标与主要方法，他认为风险规制法的主要目标是防御危险与预防风险；可以采用的方法与传统行政法领域的行政手段大同小异，将其分为调控性规制方法与非调控性规制方法。⑥ 多伦斯·杜重新思考是否应将社会经济与伦理考量纳入转基因技术风险监管（管理）之问题，提出了转基因技术应用不构成独特的健康与安全风险这一科学共识，认为虽然官方描述中并未说明，但转基因技术的社会经济与伦理道德的外部性才是风险的来源，监管部门

---

① ［巴西］那珀穆斯诺·亚历山大 等：《巴西生物安全立法与转基因作物的应用》，《华中农业大学学报》2014年第6期。
② Louise K. Comfort, William L. Waugh, Emergency Management Research and Practice in Public Administration: Emergence, Evolution, Expansion, and Future Directions, Public Administration Review, (4, 2012), pp.539-547.
③ Ortwin Renn and Christina Benighaus, Perception of technological risk: insights from research and lessons for risk communication and management, journal of risk research (16, 2003), pp.293-313.
④ Linkov, I., Satterstrom, F. K., et al., Nano Risk Governance: Current Developments And Future Perspectives, Nanotechnology Law & Business, (2, 2009), pp.203-220.
⑤ Bronsteen John, Well-Being Analysis vs. Cost-Benefit Analysis, Environmental Law Reporter: News and Analysis, (8, 2014), pp.10702-10704.
⑥ ［德］英格沃·埃布森：《通过规制实现健康保护——范围、方法和程序概览》，喻文光译，《行政法学研究》2015年第4期。

应当认识到围绕该技术的非科学性问题并将其纳入监管进程。①

围绕大量风险规制的实践，国外法律学者既从单一领域，如行政法、环境保护法、事故法②等进行研究，也进行整合性的风险规制研究，并使风险规制成为法律研究中的中心议题之一。如英国行政法学者伊丽莎白·费雪提出行政法应对诸多转基因食品等社会风险的良性规制应当采纳风险预防原则，从风险的不确定性出发制定更为灵活的规制政策。③美国第七巡回区上诉法院法官波斯纳、美国联邦最高法院法官史蒂芬·布雷耶、芝加哥大学法学院教授凯斯·R.孙斯坦等对此均有深入的研究。德国、英国、法国、澳大利亚等国学者也有广泛的讨论。其中，一些著作被译介到我国，例如，凯斯·R.孙斯坦著《恐惧的规则——超越预防原则》王爱民译，北京大学出版社2010年版；《风险与理性——安全、法律与环境》师帅译，中国政法大学出版社2005年版；《最差的情形》刘坤轮译，中国人民大学出版社2010年版；《权利革命之后重塑规制国》钟瑞华译，中国人民大学出版社2008年版。史蒂芬·布雷耶著《打破恶性循环》宋华琳译，法律出版社2009年版；《规制及其改革》李洪雷等译，北京大学出版社2008年版。这些研究对思考科技风险规制的合理性、规则制定、制度设计和人员匹配等问题，具有十分重要的基础性和指导性意义。也有一些学者针对具体科技领域的风险，提出法制建构方面的建议，如马修·塞勒提出制定《人工智能发展法》的建议，认为该法应当设立一个负责验证人工智能技术安全性的机构。④此外，美国作为全球科技风险规制法制与实践发展最为先进的国家，提出了不少关于具体科技风险规制过程的科学性机制，如同行评审机制、协商制定规则机制、规制的司法审查机制等。

涉及法学视野中的科技风险规制的著作还有：玛丽亚·韦默《欧盟行政治理中的风险规制与思考——GMO规制及其改革》⑤；约翰·沃尔等《关键信任：理解健康和安全风险监管的基本概念》⑥；克里斯托弗·胡德等《风险政府：理

---

① Dorothy Du, Rethinking Risks: Should Socioeconomic and Ethical Considerations be Incorporated into the Regulation of Genetically Modified Crops?, Harvard Journal of Law & Technology, (1, 2012), pp.375-401.
② 关于事故法的名称，参见［美］斯蒂文·萨维尔、翟继光：《事故法的经济分析》，北京大学出版社2004年版。
③ Elizabeth Fisher, Precaution, Law and Principles of Good Administration, Water Sci-Technol, (6, 2005), pp.19-24.
④ Matthew U. Scherer, Regulating Artificial Intelligence Systems: Risks, Challenges, Competencies, and Strategies, Harvard Journal of Law & Technology, (2, 2016), pp.354-400.
⑤ Maria Weimer, Risk Regulation and Deliberation in EU Administrative Governance—GMO Regulation and Its Reform, European Law Journal, (5, 2015), pp.622-640.
⑥ Walls J, Pidgeon N, Weyman A, Horlick-Jones T, Critical trust: Understanding lay perceptions of health and safety risk regulation, Health, Risk and Society, (2, 2004), pp.133-150.

解风险监管制度》①；达米安·查默斯《风险、焦虑与欧洲对生活政治的调解》②；霍莉·多勒斯《环境政策中的科学与政治廉正》③；路易斯·金等著《公共行政应急管理研究与实践：产生、演进、扩展与未来方向》④；哈琳娜·布朗等《风险评估中的科学家》，金自宁译，载《交大法学》2013 年第 4 期；沈岿教授主编的风险规制系列丛书中伊丽莎白·费雪著《风险规制与行政宪政主义》，沈岿译，法律出版社 2012 年版；《风险规制：德国的理论与实践》，刘刚编译，法律出版社 2012 年版；《风险规制与行政法》，金自宁译。这些著作对科技风险治理及科技风险治理的法治化具有重要借鉴意义。其中赵刚编译八篇德国风险规制研究论文，就德国风险规制中风险的一般概念、宪法背景、行政法的变革及部门行政法中的风险规制等问题作了介绍。此外，作为风险研究的顶级期刊，美国风险研究学会的官方出版物——《风险分析》与欧洲风险研究学会官方出版物——《风险研究期刊》中每期都会出现关于科技风险规制⑤的学术论文，成为域外科技风险规制研究的前沿阵地。

（三）研究评述

公法学界对于风险及其规制的研究颇多，但呈现碎片化、局部化，这主要基于风险规制本身就是一个系统工程，需要规制主体从方方面面的主客观因素出发予以考量。

1.国内研究之评述

行政法学领域关涉科技风险规制⑥的研究较多，但针对科技风险规制整体的研究较少。关涉科技风险规制的国内研究的主要特点有：（1）某一领域风险规制研究涉及科技风险。部分行政法学者对环境风险、食品安全等风险研究会涉及转基因生物技术风险、核能技术风险或其他科技风险。（2）关于科技风险规制的

---

① Christopher Hood, Henry Rothstein, Robert Baldwin, The Government of Risk: Understanding Risk Regulation Regimes, Oxford: Oxford University Press, 2000.
② Damian Chalmers, Risk Anxiety and the European Mediation of the Politics of Life, European Law Review, (30, 2005), pp. 649-675.
③ Holly Doremus, Scientific and Political Integrity in Environmental Policy, Texas Law review, (7, 2008), pp.1601-1653.
④ Louise K. Els, Emergency Management Research and Practice in Public Administration: Emergence, Evolution, Expansion, and Future Directions, Public Administration Review, (72, 2012), pp.539-547.
⑤ 两大刊物出版的文章中涉及转基因风险、核能风险、人工智能风险、网络技术风险等领域的文章几乎每期都会出现，其中不乏从公法学角度研究的学术论文。
⑥ 由于研究语境、重点与内容的不同，行政法学界关涉科技风险规制研究的其他表述多样，其中，科技风险的其他概念或存在交叉研究的表述有新兴风险、技术风险等，规制的相近表述有监管、治理、管理等。

重点过程研究较多，但其他过程的研究较少。在关涉科技风险规制的研究中，学者们主要聚焦于科技风险评估、科技风险沟通与科技风险管理等重点过程，对科技风险议题设置、科技风险标准制定以及科技风险规制过程整体的研究不多。通过文献综述发现，关涉科技风险（如转基因、核能技术）的法学研究，也多关注于科技风险评估、风险沟通等风险规制"热点环节"，相对忽视了科技风险议题、科技风险标准等的研究，关于科技风险规制过程开展整体性、系统性论述的研究不多。（3）现有研究重点关注公共（社会）风险整体，聚焦于科技风险这一新生事物的法学（特别是公法）研究不多。多数研究将科技风险置于公共（社会）风险之中，将其视为独立对象的研究不多。（4）对于风险规制过程而言，虽然有部分学者对科技风险规制过程的整体性作出界定并做了研究，但更多学者的研究主要针对风险规制的某一环节或研究聚焦于特定程序的法治化问题。（5）我国台湾地区关于科技风险整体或特定领域的相关研究颇多，为本书的研究思路、研究观点等提供了不少借鉴。

科技风险在很多领域呈现全球化的态势，对其规制活动的法治化需要明确厘定国际组织、国家、地区等多方主体的法律定位、权义分配、法律责任承担等问题。传统学术研究局限于国内或国内特定区域的研究范式不适宜于研究科技风险规制过程，科技风险规制过程中的行政法问题研究应当吸纳国际元素，拓宽行政法的研究疆域，积极探索行政法调整国家与国家之间、国家行政机关与国际组织之间就规制科技风险所产生的法律关系。

2.国外研究之评述

对于科技及其背后潜藏的风险，国外有较早的认知，不同学科的学者们针对不同领域的科技风险进行了较为详细的研究，实务界也形成了不少比较成熟的科技风险规制策略、模式。总体而言，国外关于科技风险规制的研究与实践主要表现为以下特点：（1）美国、欧盟等法治发达国家在科技风险规制方面形成了一些先进的法律制度，如美国风险议题形成的科学证据原则、欧盟谨慎的预防原则等，但在更多的科技领域，理论界与实务界并未达成共识，特别是面对新兴的科技风险，理论界的安全诉求与实务界的发展诉求间存在较大壕沟。（2）关于科技风险的概念界定，部分学者提出"新兴风险""技术风险"概念，这些概念与"科技风险"均存在不同程度的差异。域外学者们更倾向于从具体领域入手，从特殊中探求科技风险规制的一般性方法，不同学者聚焦于如核能技术、转基因生物技术、手机通信基站技术、纳米技术等具体领域的科技风险研究。（3）就风险规制的五大过程而言，国外学术界更多关注风险议题形成研究、风险标准制定及风险管理领域，这与国内学界的研究重点不同。例如，著名学者奥尔·梅因长期致力于风险议题中风险感知、风险判断等方面的研究。(4)国外关于科技风险规制的研究更加倾向于多学科、交叉式模式。法学领域多认为科技风险规制需要多学科智识，如美国行政法学者孙斯坦运用经济学理论解释政府规制风险中的恶性循环。

3.值得进一步研究的内容

结合国内外研究现状发现，目前学界对科技风险规制过程的整体研究有待加强；规制过程框架有待完善；规制理念与原则有待进一步厘清；具体过程之制度的主体、程序与机制也有待深入挖掘。为此，本书认为以下问题值得进一步研究。

第一，行政法视域下的科技风险规制过程框架问题。如何从行政法入手，剖析科技风险规制过程中的行政法问题，最终建构行政法调整科技风险规制过程的相关法律制度，以求从整体建构科技风险规制的行政法框架，是值得研究的首要问题。科技风险规制过程中的行政法问题不仅是具体领域的简单归纳，也不是简单地类型化科技风险类型和规制方式，笔者拟通过运用行政过程论、政府规制风险理论（包括国家任务理论与合作规制理论）、风险行政法的基本问题等理论，从科技风险及其界定入手（即欲明确科技风险之于普通风险的差异及其对行政法治的特殊意涵），探求现行科技风险规制中多元主体间的行政法律关系。

第二，科技风险规制过程关涉的行政法具体问题。科技风险规制过程关涉的行政法具体问题应结合各个过程展开，主要包括科技风险议题设置制度的正当性问题，科技风险标准制度的效率性问题，科技风险评估制度的科学性问题，科技风险沟通制度的民主性问题以及科技风险管理制度的实效性问题。这些问题可以从行政法理论体系与科技风险规制实践的结合中挖掘、提炼并总结出来，为同类研究提供一定的借鉴素材。这也是值得从行政法视角加以研究的重要问题。

第三，科技风险规制过程中具体制度的完善、优化与建构所应依据的行政法原则与理念问题。科技风险规制应当依据、遵循什么样的理念与原则，值得深入研究。顾名思义，理念与原则是规制机关依法实施规制行为的依据、准则。完善并厘清科技风险规制过程中具体制度完善的行政法原则与理念，可以给行政机关及其决策、行为提供原则保障、理念确信与规制思路。

第四，如何从行政法视域优化、完善科技风险规制过程的具体制度。规制体制的完善、规制程序的优化、运行机制的法治化等问题是应对、规避与消解科技发展、应用可能带来的社会风险，完善与建构我国科技风险规制过程中的具体行政法律制度的重要内容。此外，关于科技风险规制过程中具体制度建构的研究也可以给实务界提供一定的思路与借鉴，因而值得深入研究。

三、研究思路、方法及重点

（一）研究思路

不同于传统的行政行为法律关系论的视角，本书从行政过程论视角出发，将科技风险规制过程的宏观过程与微观过程作为研究对象，运用国家规制、合作规制、风险行政法的基本问题等理论，结合我国实践，探讨建构适宜我国国情的科技风险规制之法律制度。具体来看，借鉴传统风险规制框架[①]，笔者将我国科技风险规制的宏观过程划分为科技风险议题设置、科技风险标准制定、科技风险评估、科技风险沟通与科技风险管理，从现行法规范文本抽象出我国科技风险规制宏观过程的具体法律制度并加以分析，研究当前我国科技风险规制之具体法律制度的规范问题与实践困境。结合传统行政法治的合法性、合理性、程序正当、权责一致等基本原则，以及风险行政法的预防性、公正性、效率性、安全性、协商性等原则，探求科技风险规制法制建构的基本原理与可行路径。最后，提出建构我国科技风险规制具体过程的法律制度，主要法制建构包括科技风险规制的主体性法律制度、关联性法律制度及科技风险规制的具体机制。具体而言：

第一章厘定科技风险规制过程的行政法问题研究概念前提、理论基础与主要内容。论述科技风险内涵、特征与类型，行政过程论视角下科技风险规制过程的内涵、特征、阶段性划分及其演进；分析政府规制风险理论（包括国家任务与合作规制理论）在研究科技风险规制过程中的意义与作用；剖析行政过程论下

---

① 我国行政法学者戚建刚教授将食品安全风险监管类型化为食品安全风险议题之形成、食品安全标准之制定、食品安全风险评估、食品安全风险沟通和食品安全风险管理等环节。参见戚建刚：《食品安全风险属性的双重性及对监管法制改革之寓意》，《中外法学》2014年第1期。

宏观过程与微观过程在科技风险规制过程中的法律构造；论述风险行政法理论下国家干预与行政机关规制科技风险的宪法依据与行政法原理；针对性地将科技风险规制过程类型化为科技风险议题设置、科技风险标准制定、科技风险评估、科技风险沟通与科技风险管理五大过程，并抽象出正当性、效率性、科学性、民主性与实效性五大问题；探讨行政法规制科技风险中需要妥善处理的作为部门法的行政法与作为领域法的科技法，公权力规范行使与行政效率及目标实现，公民合法权利与国家利益、公共利益，社会主体权利与总体国家安全等关系问题。

第二章论述科技风险议题设置的行政法重塑问题。依据风险议题设置实践与主推主体的不同将科技风险议题设置类型化为行政主体主导、民意聚推、专家论证与媒体呼吁四种；结合实例，从权责与权义两个视角剖析我国行政主体主导型科技风险议题设置模式存在的正当性问题；论证风险认知因素、政治因素与法制因素作为科技风险议题设置模式正当性问题的内在根源；认为我国科技风险议题设置法制的建构可以在考察美国与欧盟调整科技风险议题设置法制及其实践的基础上，结合我国实际，从片面追求经济发展转变到兼顾公民权利保障，从现实主义的科技风险观转变到综合主义科技风险观，并重塑科技风险议题设置法制的依法行政、透明性、协商性与科学性原则，建构科技风险议题设置法制的主体性制度与动态的科技风险议题设置制度。

第三章探讨科技风险标准制度的行政法重构问题。将科技风险标准制度归为"技术法治"范畴，论述我国科技风险标准制度实施现状，总结现行科技风险标准法规范体系及其缺陷；分析科技风险标准制度缺陷的内外部原因，包括科学的不确定性、科学理性与社会理性的冲突以及科技风险与传统风险规制逻辑间的失配；进而从原理层面提出重构科技风险标准制定的效率性、公正性与科学性原则，从理念层面提出科技风险可接受标准的革新、标准层级的全球化与标准性质的公共化，从制度层面建构我国科技风险标准制定的主体性制度与关联性制度，包括发挥科技风险规制协商委员会下属科技风险标准制定小组之功用、改革标准层级制度、健全标准制定具体机制等。

第四章分析科技风险评估制度的行政法优化问题。总结我国现行科技风险评估制度的法律规范体系及其制度运行中的成绩与不足，包括科技风险评估体系不健全与专家委员会中立性不足；剖析科技风险评估制度困境之缘由，包括科学难以为风险评估提供确定性结论与科技风险的"社会建构"；论述科技风评估制度优化中基本原则之功用并提出科技风险评估的独立性、科学性、安全性与公开性原则；提出优化我国科技风险评估制度的具体内容，包括行政机关、专家委员会等组织机构之优化，独立性与契合性程序制度之优化以及风险识别、信息收集、监测和管理、评估指标体系、评估纠错与评估责任等运行机制之优化。

第五章论述科技风险沟通法律制度的行政法再定位问题。论证科技风险沟通有助于实现公民的知情权、参与权和选择权，消弭各方利害关系人之间因对风险认识差异到导致的不信任，促进科技风险规制过程的民主性等功能；提出我国科技风险沟通法制处于萌芽阶段，存在规定缺乏可操作性、部分领域规范空白、结构失之偏颇与权义配置失衡等问题；从实质法治考量，认为科技风险沟通法律制度应当在适用行政法基本原则的基础上引入科技风险沟通的明确性、有效性、民主性与安全性原则；具体制度建构应重新定位，明确行政主体、社会主体、私人企业与公民等主体在科技风险沟通中的权利与义务，建构科技风险沟通制度的信息共享、定期交流与多元互信机制。

第六章研究科技风险管理法律制度的行政法再造问题。科技风险管理是科技风险规制的重点环节，我国现行科技风险管理法律制度存在重科技经济创新与发展、轻科技风险管理的理念偏差，行政机关、社会主体、私人企业与公民等主体间的权义分配不均的规范困境，以及部门行政与综合管理矛盾、民意诉求与制度实践脱轨、交互式失配下的法治难题等实践困境；提出从注重安全价值、确立稳健预防型管理理念与明确差异化行政目标、部门职责与措施实效等方面实现理据再造，从建构科技风险管理中的权利保障、多元主体参与、预防性与必要的强制性原则等方面实现原则再造；再造管理主体专责化与协商主体责任化的科技风险管理主体性制度，开放决策与柔性管理的科技风险管理程序性制度；建构科技风险管理的协调联动、责任承担、规制补偿、动态登记、风险标识、多元主体参与协商、措施反馈与资源准备机制。

（二）研究方法

本书以问题意识为导向，从行政法学视角出发，以国内乃至全球政府、社会与民众普遍关注的科技风险问题作为选题。拟运用以下研究方法：

第一，文献资料分析法。笔者在研究中运用了文献资料分析法，主要通过中国知网、学校图书馆、自购图书、网络索引等方式获取大量国内外关涉科技风险及其规制的研究成果，对包括各类报纸、期刊、博硕士论文、学者专著、网络资讯和有关法律、法规、规章、文本等文献资料阅读、综述、分析并最终运用于书中，为科技风险规制过程的法治化提供了翔实论据。例如，在研究科技风险管理制度的行政法再造中，笔者借鉴了国外学者伊丽莎白·费雪、凯尔·孙斯坦与马修·韦斯利等关于技术风险、社会风险与新兴风险规制的研究成果。

第二，科际整合研究方法。观点创新之处往往来自多学科、跨领域的研究。对于科技风险规制过程中的行政法问题研究需要有跨学科的知识背景，研究者除了熟练行政法学科的知识外，还需对政治学、管理学、科学学、哲学和社会学等多门学科的研究方法与成果加以深入阅读、反思与借鉴，唯此才能更好地对国内外不同学科、领域的科技风险规制过程研究做出比较深入系统的研究，进而回归行政法学如何予以有效回应之目的。例如，笔者运用社会学中的"理想类型"与抽象科技风险规制的动态过程；运用哲学中的"人本主义"科技风险规制中的理念定位；运用社会学中的"商谈理论"探求科技风险沟通的行政法制建构路径；运用经济学中的"成本收益"分析科技风险标准制定问题，等等。

第三，法律文本分析的方法。法律文本分析方法是法学研究的重要方法之一，是一种基于法律、法规、规章与其他规范性文件的实证分析。我国虽然还没有统一的科技风险法或风险应对法，但国家层面存在诸多调整核能、生物技术、转基因食品的法律、法规、规范性文件。此外，法治发达国家也存在不少涉及科技风险的法律。因此，从法规范学角度对这些规范性文件中的规制程序与规制方式予以文本规范的梳理与比较分析，能够为建构我国科技风险规制过程中的行政法律制度提供裨益。

第四，比较分析的研究方法。比较研究注重共性与特殊性的关系，注重最新外文资料的收集、整理、归纳与提炼。域外法治发达国家科技发展水平较高，相关制度性研究也比较多，甚至形成不少科技风险规制的操作性制度，能为我国的科技风险规制的行政法法律制度建构提供丰富的样本。通过对域内外相关制度与理论的比较研究，并结合我国科技风险规制发展的历史与实践，可以为我国行政法调整科技风险及其规制活动提供一定的思路与经验。例如，美国有学者提出制定《人工智能发展法》的构想并论证了人工智能监管的机构、运行机制等问题。这一研究可以为我国科技风险规制法制的建构提供借鉴。

第五，类型化研究分析的方法。类型化的研究方法作为重要的学术研究方法，具有的概括性、整体性与规范性等特征，目前已为法学界，特别是公法学界广泛认可，日渐成为学术研究的基础性研究方法。将类型化分析的方法引入科技风险规制过程中的行政法问题研究中有助于克服主观认识上的偏见和价值的绝对化，对行政法调整科技风险及其规制活动具有重要的基础性意义。本书的类型化研究主要包括三大类：一是通过分析科技风险规制活动的不同特点，抽象出科技风险规制的五大过程；二是在行政行为类型化研究的基础上对科技风险规制五大环节的行政行为进行定性研究，分析具体过程蕴含的行政问题；三是对科技风险规制的主体、客体和行为的类型化分析，探求主体、客体和行为的理想类型，抛却现实个性寻找共性，为科技风险规制的法律制度研究提供框架与思路。

（三）研究重点与难点

1.政府规制科技风险的主要或关键环节

笔者认为需要运用行政过程论的分析方法，以科技风险规制行政的全过程为视角，将科技风险规制分为五个关键环节，即科技风险的议题设置、科技风险标准制定、科技风险评估、科技风险沟通和科技风险管理。从整体来讲，本书架构属于新领域的大问题，如何从行文与篇幅上把握最优尺度乃是研究的首要重难点。

2.政府规制科技风险活动的特征及其形成原因

从法律角度来研究科技风险规制，需要从学理角度明确科技风险规制活动的特有属性。科技风险的治理活动具有灵活性、暂时性、预防性、评价性和全球网络性等属性，而这种属性的确立是以科技风险本身的特征为基础的。这些特有属性也是研究行政法调整政府规制科技风险的基础要素。本书研究的主要切入点是，结合实践经验、规范文本与学界既有研究成果，总结、抽象出我国科技风险规制过程的基本特征及其蕴含的行政法要素。

3.科技风险规制的行政法律制度之创新

如何设计良好的科技风险规制的行政法律制度，是研究中需要重点解决的问题。笔者初步决定从原则、体制与机制三个层面展开，覆盖了科技风险规制的议题设置、标准制定、评估、沟通和管理五大过程，从行政法理视角挖掘不同过程法律制度中应有的基本原则，进而设计或建构卓越和独立的科技风险评估制度、理性和民主的科技风险管理制度、平等与开放的科技风险交流制度等。最终，为保障法律制度的良好实现，需要从主体性制度、程序性制度与关联性制度入手探求我国科技风险规制法制的基本内容。

4.科技风险规制对行政法律制度建构提出的挑战

科技风险的固有属性为科技风险规制提出了诸多挑战，主要包括"不确定性"对"确定性"的挑战、"科学"对"民主"的挑战、"复杂性"对"简单性"的挑战以及"特殊"对"一般"的挑战。从行政法治视角而言，科技风险规制给行政法律制度建构的挑战除了上述内因外，还包括科技风险的社会建构中风险认知、政治与法制本身等因素之挑战。只有从学理上回应上述挑战才能为法律制度的设计提供指引。如何从行政法角度回应科技风险规制的挑战，避免最终研究成果陷入理论化、空洞化或缺乏法理的极端，离不开对我国科技风险规制实践的行政法治分析。因此，科技风险的规制实践及其对行政法律制度建构的挑战也是本书研究的重点之一。

四、可能的创新点

（一）研究内容具有一定新意

本书聚焦于科技风险，从行政法研究科技风险规制过程，分析、论证与建构了我国科技风险规制法律制度的主要内容，其中，对于将科技风险议题设置与标准制定归为科技风险规制的重点过程、对科技风险规制法制建构的理论与原则以及对科技风险规制的行政法法律制度的建构在内容上有一定的创新。

1.突出了科技风险议题设置与标准制定作为科技风险规制过程的重要意义及其行政法制建构的主要内容

第一，传统行政规制领域，一般未将内部行政行为、抽象行政行为视为规制的一部分。但在合作规制与风险行政法领域，任何决策和行为都应基于普遍的共识而达成，要求行政机关将内部行政行为过程开放并吸纳多元主体共同规制。因此，将科技风险议题设置视为科技风险规制过程的一部分具有重要的理论意义与现实必要性。第二，诸多科技风险标准制定等类行政立法行为长期处在行政主导的"管理式"困局当中，然而，科技风险要求高度的智识与超级理性，这恰恰是行政机关单方面所欠缺的。唯一的出路就是在此领域放松管制而强化监督和审查，将科技风险标准制定权有条件地回归市场和协会。此时，科技风险标准制定就不再属于类行政立法行为，而是需要行政机关予以规制乃至自我规制的"私人行政"行为。①因此,将科技风险标准制定纳入科技风险规制过程是行政法治发展的必然选择。

2. 提出了科技风险规制法制建构的理念基础与基本原则

当前我国规范特定主体规制科技风险的法律制度存在诸多法治实践困境,包括行政主体依法规制意识不足、规制理念偏差、规制的科学性与民主性不足及技术主体中立性不足等问题。而要克服这些困境,应当从根本层面来分析,即从行政法理论述角度来阐述。现有研究已经认识到这一点,但很少有学者从科技风险领域出发研究行政机关风险规制的理念与原则问题。为此,本书提出科技风险规制法律制度建构的理念基础与基本原则,主要包括行政法的一般原则、安全性原则、预防性原则、协商性原则、科学性原则等。

3. 拓展了科技风险规制研究的理论依据

本书将"行政过程论"引入科技风险行政规制之中,从科技风险规制行政过程中的"宏观过程"与"微观过程"出发,从科技风险规制的动态过程中剖析公权力与私权利的内容、运行现状与规范建构,进而研究科技风险规制过程中行政法如何有效回应的问题。其中的宏观过程指科技风险议题设置过程、标准制定过程、评估、沟通与管理过程;微观过程指科技风险规制行为的形成过程,如科技风险议题设置中行政机关与其他主体的单方或多方行为引发的行政法律关系。

4. 建构了科技风险规制过程的行政法律制度

一是科技风险规制的主体性制度之创新:诸如建构权责清晰、权威、专业的科技风险规制协商委员会制度;重塑民主、协商、透明的科技风险议题设置委员会;优化公正、独立、科学科技风险评估专家委员会制度。二是科技风险规制的程序性制度之创新:诸如建构独立性程序与契合性程序结合的科技风险评估程序性制度;再造柔性、开放与责任共担的科技风险管理程序性制度。三是科技风险规制的关联性制度之创新:诸如改革科技风险标准制定中的标准层级制度;优化科技风险评估指标与体系制度,使其明确、正当与规范。四是科技风险规制具体机制之创新:诸如建构权责一致、程序正当的科技风险评估纠错机制;再造民主、协商的科技风险沟通多元互信机制。

---

① 关于私人行政的论述与主要研究,参见[日]米丸恒治:《私人行政——法的统制的比较研究》,洪英等译,中国人民大学出版社2010年版。

（二）研究视角具有一定新意

研究视角的新意主要表现在选题角度与切入角度两个方面。一方面，目前学界关于科技风险的研究还不多，法学领域的研究更是少之又少。本研究选择风险规制研究中的科技风险规制问题为对象，聚焦于政府、社会与公民都普遍关注的科技问题，具有一定新意。另一方面，不同于传统行政法研究中较为常用的行政行为及其产生的行政法律关系之切入视角，笔者以科技风险规制的五个过程为切入点来分析我国调整科技风险规制活动法律制度所面临的合法性问题，拓展了科技风险规制研究的新视角。我国当前调整科技风险规制活动的法律制度现状如何，存在哪些法治实践困境等问题，学界尚未作全面和客观的梳理。各种原因也比较复杂。笔者以科技风险规制的五个过程为突破口，从科技风险议题设置的法治实践困境、科技风险标准制定的法治实践困境、科技风险评估的法治实践困境、科技风险沟通的法治实践困境以及科技风险管理的法治实践困境等方面来展开。这些研究必须结合我国行政机关的规制实践，研究成果将对我国科技风险规制领域的后续研究与法治实践提供真实性素材与抽象性经验。

（三）研究材料具有一定新意

本书的研究材料内容与时效上具有一定新意。第一，本书选用的材料除了法律、法规与规章外，还包括规划、标准等规范性文件与技术性文件；新闻报道与网络资料，等等。第二，本书选用材料均为近年来关涉科技风险及其规制过程的最新法律法规、事件、新闻。例如，《新一代人工智能发展规划》印发于2017年7月8日、《中华人民共和国核安全法》（以下简称《核安全法》）颁布于2017年9月1日、《中华人民共和国标准化法》修订于2017年11月4日；又如，关于核技术处理工业废水的最新进展、国际原子能机构核安全标准委员会最新会议、人工智能与无人驾驶等技术的研究与报道等均选用了近两年，甚至是一年内的最新材料。

（四）研究方法具有一定新意

本书研究中除了采用文献资料分析法、比较分析法、法律文本分析法等传统写作方法外，还运用了类型化研究分析、科际整合研究与个案分析等新方法。类型化研究有助于理顺行政权力与公民权利在科技风险规制过程中的运行状况，进而实现从行政法视角建构科技风险规制的过程框架。科际整合研究中的社会学方法之运用有助于剖析行政机关决策以及企业、科研机构与公民等相对人行为背后的根源，解释科技风险规制过程中的非科学性问题；法哲学方法之运用有助于解析、归纳科技风险规制中不同主体的行动理念、行为抉择思路等问题。例如，笔者运用类型化研究方法将科技风险议题设置过程类型化为行政主导、民意聚推、专家论证与媒体呼吁四类；运用将行政法学中的行政过程论与社会学中系统论结合起来，依据不同阶段（系统）的功能差异、互补与递进等功用，提出科技风险规制的五大过程。

第一章
科技风险规制过程中的行政法问题之厘定

虽然科技风险规制绝非单一学科知识可以妥善应对，但无可否认的是，受行政法规范与调整的行政主体在科技风险规制过程中与其他主体之间所形成的各类权利与义务关系应当是行政法研究的重点领域。在这其中，科技风险类型、科技风险规制过程概念、特征、理论基础，以科技风险规制给行政法带来的挑战则是基础性问题。为此，本章研究如下问题：一是从学理层面界定科技风险规制过程；二是论述科技风险规制的合理性基础；三是明确科技风险规制给行政法带来的主要问题。

第一节　科技风险规制过程之厘定

一、科技风险规制的基本内容

（一）规制的含义

规制是一个具有多重含义的概念。它已经在经济学、政治学、管理学和法学等学科中广泛运用。从该词的起源来分析，它属于外来词，是 regulation 或 regulatory 的意译，在国内也有学者将其翻译为"管制""监管"等，其中，早期法学译作常用"管制"，后来逐渐演进为"规制"。在《辞海》中，规制的含义有三种。其中，第三种含义与笔者的研究密切相关。即在以市场经济体制、机制为基础的经济环境下，以规范、调整与改善市场经济活动导致的失范问题（广义的市场失灵）为目的，政府干预和干涉企业、科研机构、社会组织与公众活动的行为。

1. 经济学中的含义

经济学领域首先引入"规制"概念。美国经济学家施蒂格勒认为"规制作为一项规则，是对国家强制权的运用，是应利益集团的要求为实现其利益而设计和实施的"[①]。经济学家卡恩认为，作为一种基本的制度安排，政府规制是对该种产业结构及其经济绩效的主要方面的直接的政府规定。比如，进入控制、价格决定、服务条件及质量的规定，以及在合理条件下服务所有客户时应尽义务的规定。[②]可见，在经济学领域，规制的前提与主要目的是为了应对市场失灵，它是政府通过一定的方式，将行政权力介入市场经济活动之中，干预市场主体的活动，从而建立规范、有序的经济秩序，达到促进市场经济良性发展，实现经济效益最大化目的的政府规范性干预行为。

2. 管理学和政治学中的含义

在管理学和政治学领域中，我国学者陈富良认为，政府规制，是指政府部门依据有关法律，通过认可和许可等手段，对企业的市场活动施加直接影响的行为。[③]余晖则认为，规制是指政府的许多行政机构，以治理市场失灵为己任，以法律为根据，大量颁布法律、法规、规章、命令及裁决手段，对微观经济主体（主要是企业）的不完全的市场交易行为进行直接的控制和干预。[④]可见，在管理学和政治学的领域中，我国学者对规制的界定主要聚焦于规制主体与规制手段方面，对规制的界定更加具体，理解也隐含了较强的法律色彩。

3. 法学，特别是行政法学中的含义

在法学领域，作为动词的"规制"常用于法律行为或过程，即依规而制，突出行政机关的控制、调整与管理活动，但也包括服务、给付与自我约束等内容。作为名词的"规制"一般表示为法律规范或规则，即由具有立法权的机关制定的旨在调整特定领域社会关系的法律、法规、规章或规范性文件。例如，日本《振动规制法》《关于危险物规制的规则》等诸多法规范直接由"规制"构成。[⑤]从行政法角度考察"规制"的含义对研究将起到基础性、前提性的作用。美国法社会学家塞尔兹尼克认为，规制是指一个公共机构针对具有社会价值的活动进行的

---

① Stigler G. J., The Theory of Economic Regulation, Journal of Economics & Management Science, (1, 1971), pp.3-21.
② 转引自陈富良：《放松规制与强化规制》，上海三联书店2001年版，第4页。
③ 陈富良：《放松规制与强化规制》，上海三联书店2001年版，第6页。
④ 转引自陈富良：《放松规制与强化规制》，上海三联书店2001年版，第5页。
⑤ 杨建顺：《中国行政规制的合理化》，《国家检察官学院学报》2017年第3期。

持续、集中控制。规制是在认为市场行为具有社会价值,需要保护和控制时,才对其进行规制。规制也远非单纯制定一部法律那样简单,它强调持续、集中控制,因此,成熟的规制常常被定义为三方面基本元素的结合:制定规则、监督与检查、执行与制裁。①在我国行政法学界,学者杨建顺教授在 1995 年中国法学会行政法学研究会年会上首次正式使用"规制"这一概念,并将其理解为规范、制约之意。②此后,规制、规制行政、行政规制、社会性规制等用语逐渐为行政法学、政治学等领域普遍使用。进而,规制与治理一道开始慢慢取代管理成为公法学,特别是行政法学界研究的高频用词。有学者认为,行政法体系中调整行政机关对具有较强社会公共性的私人行为的规制之法律、法规、规章与规范性文件应归属"规制行政法"新领域、新类型,③由此,规制④与传统行政行为中的处罚、强制、给付等存在鲜明区别。作为现行公法学界最流行的词汇之一,"规制"意指国家行政机关基于授权制定具体法律规则并依规则对特定行业或领域实施调控与管理的活动,其被视为"对私人财产权、意思自治等原则的否定"⑤。

笔者认为,行政法中的规制,是指行政规制,指国家行政机关或者法律规范授权组织依据行政法律规范,通过采用各类抽象的或者具体的行政行为来对某种活动加以控制和管理的活动。它可能涉及对相对人权利、自由等的限制。它也蕴含着规范性、权利保障性、合作与强制并重性、责任性等特征。

(二)科技风险的基本内容

科学技术是各类自然科学及其应用的技术领域⑥,是反映自然、社会和思维发展规律的知识体系和人类在认识、改造自然的实践中积累起来的经验、知识的总称。⑦一般认为,高新科技主要包含六大领域,即新材料技术、新能源技术、生物技术、信息技术、海洋技术与空间技术。⑧根据德国著名社会学家贝克

---

① [英]卡洛尔·哈洛、理查德·罗林斯:《法律与行政(下卷)》,杨伟东等译,商务印书馆 2004 年版,第 557 页。
② 杨建顺:《规制行政与行政责任》,《中国法学》1996 年第 2 期。
③ 刘水林、吴锐:《论"规制行政法"的范式革命》,《法律科学(西北政法大学学报)》2016 年第 3 期。
④ 这里的规制指的是行政规制,而非规制、规制行政或社会规制。
⑤ [美]凯斯·R.桑斯坦:《权利革命之后:重塑规制国》,钟瑞华译,中国人民大学出版社 2008 年版,第 256 页。
⑥ 王春林主编:《科技编辑大辞典》,第二军医大学出版社 2001 年版,第 69 页。
⑦ 卓名信等主编:《军事大辞海·下》,长城出版社 2000 年版,第 2189 页。
⑧ 考虑实际情况,结合论证深度、论据说服力,本书主要聚焦于信息技术中的人工智能技术、生物技术中的转基因技术、新材料技术中的纳米技术、新能源技术中的核能技术,结合实例,探讨政府规制科技风险的行政过程中的行政行为以及由此产生的动态行政法律关系。

的观点，"当科学进入实践时，便面临它们自身客观化的过去和现在——科学自身是它们要去加以分析和解决的现实和问题的产物与生产者。以这种方式，科学不仅被当做一种处理问题的源泉，而且是一种造成问题的原因。……科学发展的风险似乎以更高比例在增长。"①的确，曾经用以解决现实问题的科技正在制造着越来越多的风险，科技风险已经逐渐成为风险社会的主要表现形式。与传统风险相比，科技风险在概念、特征、属性与分类等方面均具有独特意涵。

1. 科技风险的定义

科技风险的概念历经"传统风险——技术风险——科技风险"演进。早期的科技风险仅被局限地理解为"科研过程中所造成的环境污染等方面的社会风险"②。进入21世纪以来，部分学者认为科技风险是现代社会"科学理性"与"社会理性"断裂的结果，并将其分为三类，即由科学技术及其应用所造成的风险（科学技术的风险）、影响科学技术的风险（科学技术外部风险）、科学技术本身的风险（科学技术内部风险）。③近年来，陆续有学者提出"科技风险"概念，学术界也越来越关注科技风险的产生、表现特征、社会影响与根源等问题。不少学者从具体科技风险类型出发研究科技风险的预防、治理等问题。在行政法学界，不少学者从行政法角度论述政府的科技风险预防职责以及政府的科技决策规范与程序问题，科技风险交流的民主性与跨专业问题，科技风险的责任分担问题。④但从现有研究成果来看，法学界关于科技风险并未提出明确概念界定，只是笼统地将之描述为科技发展带来的不确定性，并通过纳米、转基因、生物工程等实例佐证其概念。诚然，对"科技风险"这一包容万千而又形态多样的研究对象予以界定孰非易事，但学术研究必须有明确而规范的对象。因此，在总结前人研究的基础上笔者认为，"科技风险"，是一种"人为制造的风险"，主要来源于人为的科技发明、创新与应用，并由科技自身或经济社会因素建构导致的社会危害的可能性。科技风险限定为由科技引发的风险，包括科技本身与科技的经济社会建构所产生的风险，但不包括可能引发社会公共安全事件的政治

---

① ［德］乌尔里希·贝克：《风险社会》，何博闻译，译林出版社2004年版，第191页。
② 谢科范：《创立科技风险学的构想》，《科学学与科技管理》1995年第3期。
③ 参见许志晋、毛宝铭：《论科技风险的产生与治理》，《科学学研究》2006年第4期；刘郦、扬力行：《科学技术的社会构成：风险与风险分析》，《自然辩证法通讯》2007年第1期，等等。
④ 参见赵鹏：《政府对科技风险的预防职责及决策规范——以对农业转基因生物技术的规制为例》，《当代法学》2014年第6期；金自宁：《跨越专业门槛的风险交流与公众参与——透视深圳西部通道环评事件》，《中外法学》2014年第1期；李承、周潞：《论科技风险责任的承担——以软件漏洞为例》，《科技进步与对策》2014年第5期。

风险、社会风险与商业风险等。①

2.科技风险的特征

科技风险除了具有一般社会风险的不确定性、公共性、潜在危害性等属性外，还具有自身独特的一些属性。

第一，影响的全球性。从范围和规模来看，科技风险的影响已大大超越传统风险所能波及的范围。科技风险发展大致经历了四个阶段。②第一阶段，20世纪五六十年代，主要涉及核武器、杀虫剂等科技风险。第二阶段，20世纪70年代，这一阶段主要涉及工业污染、公共卫生等领域的科技风险。第三阶段，20世纪80年代到21世纪初。在该阶段，苏联爆发切尔诺贝利核泄漏是标志性事件。由于此次核电厂爆炸事故，造成大量放射性核物质泄漏，使得科技风险的问题成为一个全球性关注的焦点。第四阶段，21世纪初至今。科技风险逐渐被人类社会普遍确认，以转基因生物技术、人工智能技术、网络技术等为代表的高新科技在给人类社会带来极大便宜、效益的同时不断制造着环境、生态、伦理等风险。科技风险的范围也不断扩大，从核辐射、环境污染、疾病逐渐扩展到生物技术、基因工程、人工智能。人们对科技风险的研究和讨论也不断深化，不同阶层、不同文化背景的人都参与其中。随着高科技以及其带来的后果和负面影响越来越多，人们已经开始意识到，科技风险是全球性的，一旦失控，任何人不会幸免。例如，2011年日本福岛核泄漏事件发生后，在韩国、中国、菲律宾等国家也造成了巨大的社会恐慌。③

第二，危害后果的高度不确定性。对于高科技（如核技术、克隆技术、转基因技术等）风险而言，其危害后果往往难以计测，即便是专业的科学家也很难确定科技风险的存在、表现可否控制等问题。不同于传统因自然灾害引发的风险，科技风险的高度不确定性更多源于人为的不确定。科技风险的表现形式、危害可能性等将伴随人的行为而不断变化。简言之，这种高度不确定不仅包括科技本身引发的技术不确定性，更包括人为的不确定性。科技风险危害后果的不确定性源于两方面原因：一方面，源于科学家都无法预知下一刻他们将发明什么科技产品，普通人更难知晓。科技发明与应用究竟会对人类、环境产生何种影

---

① 当然科技风险与政治风险、经济与商业风险、文化风险、生态风险等存在交叉领域，但科技风险具有更鲜明的危害特点，即科技风险要更加关注科学技术的发明、应用与市场化可能导致的危及公众众身体健康、生命财产与危害社会公共安全的风险，更强调科技的致因性。
② 姚立澄：《警惕科技文明背后的科技风险》，《学习时报》2017年04月03日，第A3版。
③ 肖海清等：《日本福岛核泄漏事件风险评估》，《检验检疫学刊》2011年第2期。

响,人们只有在影响发生后才会知悉。正如有评论家讲到的,当发展着的科技生产力忽略、脱离开民众精神力的时候,就会丧失它应受人控制并为人服务的真正本质,而变成与人对立的人的异化力量。①例如,转基因生物技术发明到应用已经有数十年之久,科学界仍未对其"是否有害"这一不确定性作出准确判断。另一方面,源于科技发展的速度已经远远超过人们的预测,科学也渐渐进入无知领域。自第二次工业革命后,被称作美国新保护活动的"先知"、"美国新环境理论的创始者"的奥尔多·利奥波德在其哲学论文集《沙乡年鉴》中讲道,"今天的国民假定科学可以解释一切,同样的,科学家确信他们没有,因为他们永远无法完全理解如此复杂的物质机理。"②无论是社会理念、认知,还是人的行为都只能在身后追赶科技发展,例如,人工智能技术打开了社会的新领域,智能医疗、智能社区、智能物联等新事物均需要新的规则来调整。此外,"高度不确定性"本身就意味着高度的风险,面对公众深感恐惧而欲求更多信息的科技风险,当权威机关无法提供相关信息或行政决策于未知时,这本身就在制造着恐慌与忧虑。

第三,潜在后果的极端性。从损害可能性程度分析,科技风险的潜在后果往往是不可计算的。核能技术风险、网络技术风险、基因工程技术风险、新化工技术风险以及其他科技风险的危害已经或将超出以往任何时代人们的想象力,进而严重威胁整个人类的生存和发展。虽然科技将人类活动的效率提升到了新的高度,但唯科技论孕育的"无目的的物质至上主义"使得人们忽略、漠视与科技伴生的风险。单向度技术目标的价值取向往往以牺牲民众安全、健康等权利为代价,甚至导致科技主导人类的危险境地。特别是进入21世纪以来,以信息科技引领的一些新工具制造的风险在潜在危害后果方面表现得更为极端。人工智能技术的广泛应用,有可能会减少人为操作失误的风险,而极端的、系统性的、不受人为控制的风险正在放大。例如,自动驾驶汽车作为人工智能技术的典型代表,它的智能系统可以有效避免因驾驶人疏忽、疲惫等导致的交通事故风险,但一旦自动驾驶汽车的技术系统或后台电脑系统发生故障,风险的规模与范围将不可估量。

第四,表现形式的复杂性。科技应用与未来可能造成的危害间具有复杂关联

---

① [美]凯文·凯利:《科技想要什么》,熊祥译,电子工业出版社2016年版,第300-301页。
② Irene Weintraubt, NEPA and Uncertainty in Low-Risk, High-Impact Scenarios: Nuclear Energy as a Case Study, Cardozo Law Review,(4,2016),pp.1565-1598.

性，科技风险的潜在危害通常难以计测，这就造成了科技风险比一般社会风险更复杂，更会给相关规制主体带来极大挑战。不同于已知的危险、隐患与传统风险——人们通常可以在其发生之前做出主观预测或判断，但对科技风险发生与否、发生时间、地点与结果等的复杂性很难准确获知。以转基因食品风险为例，民众通常难以直观地理解或者相信特定机构出具的证明转基因食品安全性的技术指标、单位、剂量，甚至专家之间对之都未能达成一致。即使假设转基因食品会对人体遗传、免疫等系统产生风险，专家们也无法可靠地证明危害产生的时间、大小。总体而言，科技风险表现的复杂性会因不同科技之特性而有所不同，复杂性既包括危害后果难以预测与计量，也包括危害结果复杂多变等。

第五，社会效应的集聚性。新奇事物总是更容易吸引全社会的视线，从核能技术、转基因技术，到人工智能技术、网络技术，科技发明与应用的风险引发着巨大的社会轰动效应与恐慌效应。普通民众一般对未知事物会有更多的关注，加之21世纪以来媒体产业特别是自媒体产业的高速发展，科技风险一经出现变成为全社会关注的焦点。从高危化学技术领域的化工安全事故导致谈"化"色变，日本福岛核事故导致群众的谈"核"色变及由此产生的邻避困境，到对转基因技术认识误区导致的谈"转"色变，以科学技术产业为代表的科技风险一次又一次集聚了全社会的目光。而社会效应集聚的背后，必然会滋生更多的失真信息、不实报道，进而干扰政府与民众的正确判断，给科技发明、创新与应用带来社会阻塞，更给政府的科技风险规制制造外部困难。

3.科技风险的主要分类

第一，依据来源为标准的分类。根据科技风险产生来源不同，可以将其分为三类：一是由科学技术发明与应用造成的风险，即科学技术制造的风险。例如，人工智能技术的出现在给经济发展与人类社会进步带来巨大动力的同时也制造了各种风险，包括机器人广泛应用可能引发的失业危机、系统智能化可能引发的系统性灾难等风险。二是影响科学技术的风险，即科学技术的外部风险。基于某些外部因素可能导致科技应用项目产生危害的不确定性，例如，转基因生物技术本身并无风险，现有科学也无法证明转基因生物技术产生的转基因食品的风险，但不同群体对其风险性的争议却可能产生社会危害。此类风险也可被称为社会建构的科技风险。三是科学技术本身的风险，即科学技术的内部风险。某些科技发明时就具有高度的不确定性，本身便可能导致巨大的社会危害，如可燃冰、核能等新兴能源本身就具有相当的不确定性，导致其可能无须外部因素作用便可能产生巨大的社会风险。

第二，依据风险要素与不同科技领域为标准的分类。依据风险要素与科技领域标准，可以将科技风险分为生物领域、能源领域、化工领域、网络领域与物理领域的科技风险等。其中，生物科技风险中的转基因技术风险、化工科技风险中的化学品技术风险、能源科技风险中的核能技术风险等均属于当前我国社会转型期挑动公众敏感神经的科技风险类型。根据要素与领域不同进行的科技风险分类符合现行科技风险规制体制之要求，条块结合的科技风险规制体制可以有效应对单一要素或单一领域的科技风险。然而，根据要素与领域的分类也具有一定弊端，主要表现为某些科技风险可能关涉两个或两个以上科技领域，该分类无法涵盖特定科技风险的全部特征，如具有单一生物性要素的转基因技术风险就涉及农业、食品、医学等各个领域。

第三，依据风险是否被发现，以及是否需要规制机关规制为标准的分类。依此标准，可以将科技风险分为显现的科技风险和潜伏的科技风险。显现的科技风险指已有证据证明某项科技可能存在危害性或科技风险未被发现但存在相似的风险致害事件，需要规制机关采取规制措施，如对二甲苯技术风险、核能技术风险、网络开发技术风险等；潜伏的科技风险指的是虽具有高度不确定性但风险的危害可能性并未显现，规制机关无法通过现有证据确定某项科技是否需要规制，也未采取规制措施的风险，如人工智能技术风险、手机通信与基站技术风险等。

4.科技风险与风险的关系

从形式逻辑而言，科技风险属风险的下位概念。科技风险属于现代社会最为常见的风险类型。不同于传统社会，伴随经济社会的高速发展，以科学技术为代表的先进生产力给人类社会带来诸多益处的同时，与此相伴随的科技风险亦愈来愈多。核能风险、转基因风险、通信辐射风险、高危化学风险等日渐成为当前我国乃至世界最普遍的风险类型。从时间流线来看，这些风险均为现代科学技术爆发后的产物；从表现形式来看，这些风险普遍以高新科技为载体，因此，科技风险已经成为当前社会的核心问题之一，也是当前风险的最主要表现形式。但我们必须注意到，科技风险是历史发展的必然产物。自第三次工业革命之后，特别是网络时代的到来，科学技术日渐成为经济社会发展的关键。科技在"成功地对付错误、过失和对它们的实践的批判"时发挥了指导性作用，但与此同时，"对错误和问题成因的预测使我们现在必须将科学和技术看做问题和过失的可能原因",这被贝克形象地称为"初级科学化"与"反思的科学化"①。可是,毋庸置疑的是,历史发展是不可逆的,人类不可能因"反思现代化"而否定并摒弃科技的发展与应用。历史规律表明,科技将以更快速的方式前进并影响人类社会,或许不仅仅是为了抵御不断增多的科技风险,更是源于人类精神的不安现状与超越的欲望。

(三)科技风险规制的基本内容

1.科技风险规制的含义

众所周知,政府规制、市场控制、个人分担是治理风险的基本方式。②然而,经验表明,在科技风险领域,市场自我控制会导致失灵,个人也难以承担科技风险的极端后果。这是因为,一方面,科技的发展与应用转变了生产方式,促进生产力的提高,其本身就是市场主体追逐利益的工具与手段。资本的逐利性正是利益集团将科技风险抛之脑后的关键所在,这就让市场自我控制风险处于动力不足的状态。另一方面,不同于传统社会中的风险,个人难以分担科技风险的不利后果。这是由于,科技风险的固有不确定性决定了风险规模的全球性、表现形式的多样性与危害后果的极端性,个人难以承受科技风险的可能危害后果,也难以承担规制科技风险的任务。此外,不同于西方的政府规制,我国的政府规制具有独特性。西方国家政府规制的目的是"弥补市场失灵",其建立在市场经济制度较为发达的基础上。而我国的政府规制则以"主权在民与依法行政的统一、行政效率与公平正义的兼顾、政府干预与市场机制的平衡"③为目标和要求。由此,我国的科技风险规制必须以政府为主导。

然而,仅仅依靠政府来规制风险有时也会失灵。当前我国正处于转轨期,社会矛盾频发,科技风险转化为社会危害的可能性以及科技风险规制的难度均高于历史上任何时期。单靠政府规制科技风险将面临"高成本、低收益"的必然困境。这是因为,一方面,传统风险规制手段中的行政处罚、事前审查等直接规制行为虽然具有规制效率较高的优势,但对科技风险所属载体的科技项目以及整个经济活动会造成较大负面影响;另一方面,受美国、欧盟等"新治理"思潮影

---

① [德]乌尔里希·贝克:《风险社会》,何博闻译,译林出版社2004年版,第190-196页。
② 戚建刚、易君:《灾难性风险行政法规制的基本原理》,法律出版社2015年版,第37页。
③ 杨建顺:《中国行政规制的合理化》,《国家检察官学院学报》2017年第3期。

响①，当代我国行政法越来越注重行政的指引、激励功能，通过合作和动态规划应对风险，且将科技发展与应用的主动权交由市场本身，但在实践中经常遭遇政府被"利益集团俘获"与科技产品的危害后果由公众"买单"的境况。政府规制科技风险的难题在于，如何调适预防科技风险与阻碍科技进步间的冲突与共生。可见，科技风险规制不应仅由政府、市场一方或双方承担，更应包括政府、非政府组织、企事业单位、社会公众等多元主体，共同参与、合作规制。

经过上述分析，笔者认为科技风险规制②是指包括政府（行政机关为主，法院、立法机关等）、非政府组织、企事业单位、社会公众等主体在内采取的针对科技风险议题形成、标准制定、评估、沟通、交流和管理科技风险的活动，从而实现预防、规避、消灭科技风险的目标。如果从过程角度来考察：科技风险规制其实包括科技风险议题之设置，科技风险标准之制定、科技风险评估、科技风险沟通和科技风险管理等五个环节。在当前我国语境内，科技风险规制的主要思路是为了防范可能导致的社会危险，保障人民生命财产安全，而对特定领域的公民、法人与其他组织附加义务或限制权利与自由的行政活动。科技风险规制旨在维护公共利益，其实现形式并不拘泥于负担性行政行为，还包括行政指导、行政合同等"软"措施。特别是针对风险高度不彰的特定科技项目，过于硬性与强制的规制措施不仅无益于保障人民生命财产安全，更可能导致"南辕北辙"的结果。

2.科技风险规制的属性

科技风险规制的属性是指特定主体，比如，国家行政机关、社会公共组织等运用各种手段预防、避免和消除科技风险的活动所蕴含的内外在属性。

第一，灵活性。它是指对于何种条件下需要规制科技风险、规制哪一种科技风险、采取何种措施来规制科技风险、何时需要规制科技风险等问题，规制主体享有较为充分的自主性裁量权。这主要是因为诸多科技风险的危害可能性不彰，是否需要采取规制或规制措施的强弱很难有明确、量化的标准。以转基因生物技术为例，即使是民众极度恐慌的转基因食品，截至目前也没有任何权威机

---

① Orly Lobel, The Renew Deal: The Fall of Regulation and the Rise of Governance in Contemporary Legal Thought, Minnesota Law Review, (2, 2004), pp.342-470.

② 本书的研究对象——科技风险规制——不同于科技风险治理，规制强调行政主体与相对人间的职权职责关系，而治理更加注重多元主体共同致力于特定对象，从这个意义上讲，科技风险规制更偏向于运用传统行政法律关系解释并调整科技风险。有关风险规制与风险治理的区别，参见 Elizabeth Fisher, Framing Risk Regulation: A Critical Reflection, Eur. J. Risk Reg, (4, 2013), pp.125-132.

构可以证明其危害性,故是否对其采取规制措施,政府拥有一定的自主考量空间。

第二,暂时性。它是指科技风险规制机构作出的各种决策,会因为环境的变化、新知识或技术的出现而变化,从而在很大程度上表现出阶段性特征。科学技术的快速发展变化导致科技风险的表现形式、危害等也不断变化,规制机构必须及时调整规制手段,此时,原有的规制手段自然被废止。例如,随着人工智能技术的发展,民众对人工智能的威胁感知不断加深,他们通过各种手段要求规制机构改变原有的鼓励与放任态度,果断采取规制措施预防人工智能技术风险。

第三,预防性。它是指即使对于潜在损害和原因之间缺乏因果关系的结论性证明的科技风险,科技风险规制机构也应当积极的、创造性的采取预防措施来遏制、消灭或控制科技风险。对于大部分科技风险而言,危害可能性与科学技术的应用间并不存在直接因果关系,如人工智能技术的推广与应用并不会直接导致系统性失业与社会的不稳定,但机器人智能化水平提高后的作业优势使得企业越来越倾向于使用机器人,适龄劳动力的大范围失业必然导致社会的不稳定。此时,预防性属性要求规制机构预见科技风险的未来发展态势,预先采取规制措施。

第四,评价性。它是指不同的规制主体对于哪些科技风险需要监管、监管到何种程度、个体需要承担哪些义务等涉及风险决定的问题,带有强烈的主观性。不同主体对特定科技风险评价可能有很大差异。科技风险具有高度不确定性,规制机构在科技风险议题设置中必须通过价值判断确定议题。科技风险标准制定主体也无法仅从科学性方面制定出无人质疑的标准。评估主体做出的科技风险识别、特征描述、暴露评估等行为也具有很强的主观性。科技风险管理主体的个人偏好也可能影响规制措施的实施。评价性来源于主体的主观评判,科技风险高度不确定之固有属性导致规制行为必然基于一定的主观评判而做出。例如,《中华人民共和国食品安全法》(以下简称《食品安全法》)确立了转基因食品标识制度,但未禁止转基因生物技术的应用,也未说明其危害性,但《黑龙江省食品安全条例》明确禁止种植转基因作物,并禁止转基因作物种子、食品在黑龙江省范围内流通,这显然与黑龙江省的立法机关的主观评价有关。

第五,全球网络性。它主要描述的是科技风险规制主体、科技风险影响范围的全球性与内在联系的网络性。科技风险规制实践要求科技风险的规制主体不仅限于国家行政机关，还应当包括非政府组织、企业、家庭、个人和国际组织等在内的所有社会行动者。随着经济全球化的不断发展，转基因生物技术、核能技术、人工智能技术的风险不再局限于一国内部的特定区域、群体。全球网络性表现为科技风险的范围既涉及地理意义上的多层次性，从村庄、城镇、区域、国家乃至全球，也涉及群体的多样性，从学生、工人、农民到全部社会成员，更涉及领域意义上的多样性，从政治、经济、文化、社会到生态，凡是人类活动的领域都可能面临科技风险的威胁，且不同区域与群体间存在网络联结，由此，科技风险规制必须从整体着手。

二、科技风险规制过程的基本内容

为了科学、有效地应对科技风险，学者们提出科技风险规制的不同框架。有的将科技风险规制描述为线性过程，即在科学层面的风险评估之后进行风险沟通与风险管理[1]；有的将其视为涉及不同的科学、政治、社会与其他资源投入的循环往复过程。[2]笔者认为，从实践而言，线性模型的研究范式并不能恰当地契合科技风险的特征、表现形式与现实要求。因此，科技风险规制研究需要重归动态研究，而行政法学领域的行政过程方法论回应了科技风险规制的现实要求，可以有效调整与规范科技风险规制过程中产生的权利义务与职权职责关系。

（一）科技风险规制过程的划分与界定
1.科技风险规制过程的阶段性划分及其演进

（1）二分法。二分法是目前实务界较为普遍适用的科技风险规制框架。从风险规制时代开启伊始，实务部门普遍将风险规制视为风险评估与风险管理的结合。风险评估/风险管理二元规制过程框架在实务部门领域占据主导地位的原因是多方面的，首先，作为最先被适用的风险规制框架，二分法已被诸多法律固化。例如，我国《食品安全法》第二章专门规定食品安全风险监测和评估内容，并指出国家建立食品安全风险评估制度，对食品安全风险评估的对象、手段与

---

[1] 将科技风险规制过程视为线性过程的观点主要集中于将科技风险评估独立起来。可以参见高建明、杨建安：《技术风险评估研究》，《科技进步与对策》2001年第2期。

[2] 当前学术界普遍将科技风险规制过程视为动态的循环往复过程。科技风险的固有属性导致对它的规制需要科学、精细的组织系统的综合应对，这一过程不可能"轻而易举"。持这一观点的代表性著作有《塑造科学与技术政策：新化代的研究》《社会科学中的风险研究》《风险与理性——安全、法律及环境》等。

内容作了规定。其次，二分法恰当地处理了科学与政治的关系，使得跨学科的风险规制变得更容易被理解和接受，专家与政府为了追求最佳规制达成了建设性伙伴关系。从某种程度上讲，风险评估仅仅是一个科学的过程而非科学的方法，正如美国国家研究理性会在其影响深远的1983年报告——以《红皮书》著称——对风险评估的界定那样，风险评估是对人体暴力于环境危害之下的潜在不利健康影响的描述。风险评估广泛奠基于科学信息。因此，风险评估被认为主要地基于科学证据和科学分析。[①] 第三，二分法中的成本收益分析方法是其在实务界占据主导地位的重要原因。在全球化规制时代，统一的规制框架解决了跨国间法律、文化与政治之间的差异问题。风险评估/风险管理二元规制过程框架作为一种不含有价值判断的中立方法，可以在任何情形下运作，即科学的相对普世性为全球性风险规制提供了知识基础。

然而，研究表明，风险评估/风险管理二元规制过程框架存在诸多问题，例如，不能有效应对科技风险的不确定性，风险评估被滥用，风险规制的实效性并未增强，等等。这主要源于传统行政规制的理念与思路，只能僵化、被动地应对风险，缺乏沟通、"就事论事"、标准模糊的科技风险规制模式不仅无益于规制科技风险，反而会制造更多的风险。谈到风险规制时，学者们普遍将特定规制框架的出现视为某一领域规制成熟的表现，但就风险规制，特别是科技风险规制而言，显然并未成为一个"成熟"的领域。[②] 因此，迥异于传统风险评估/风险管理二元规制过程框架之外的新的探索与研究变得可行。从现实而言，科技风险规制需要一系列科学学、法学、管理学等学科的专业，学术研究的多元性、多向度性促使人们建构不同的框架和模型以规制科技风险，传统风险规制框架的科学主义与管理主义导向抑制了风险议题设置、风险沟通等规制内容的出现。传统风险规制框架中的风险评估过于关注科学方法，而非风险评估过程本身，这给政府风险管理中的制度建构带来一些障碍。二分法注重科学知识的探求，忽略了作为风险规制过程的风险评估、风险管理的内部法律规则之建构，阻碍了风险规制领域法律制度的发展。二分法将风险规制的重心放在风险评估与风险管理环节，对跨学科的知识回应陷入困境。例如，风险评估环节行政主体关注的是探求风险评估的科学方法，而非风险评估过程本身，这无疑为其他领域专家、公众与决策者深入探讨科技风险设置了技术障碍。

---

① 转引自金自宁编译：《风险规制与行政法》，法律出版社2012年版，第128-129页。
② Elizabeth Fisher, Framing Risk Regulation: A Critical Reflection, Eur. J. Risk Reg, (4, 2013), pp.125-132.

（2）三分法。三分法是目前关于风险规制研究的主流分析框架，更是风险规制实践不可或缺的过程，行政机关履行风险规制职能主要围绕三个过程展开。沈岿教授提出"无论哪种情形、哪个层面的风险控制都离不开风险评估（识别、估算与评价）、风险管理（研究制定和采取降低或避免风险的计划、方案及措施）与风险沟通（利益相关组织体或个人之间传递风险及风险防范信息）"，并认为政府的公共风险评估、管理与沟通应当更加全面、系统、广泛和专业。[1]

笔者认为，风险沟通被引入风险评估/风险管理二元规制框架主要有两方面的原因，一是风险的科技化程度、范围与危害后果的不断扩大。专家无法依据现有科学知识对特定科技风险做出准确的判断，规制机关的行为需要"决策于未知之中"。如何保障规制科技风险的决策与行为有效落实成为摆在行政机关面前的重要课题。为了使相对人对规制决策与行为有更多了解，提高决策与行为的可接受性，最终实现良好规制，风险沟通被引入风险规制体系。二是当前世界民主政治发展要求国家回应利益相关者参与风险规制之诉求。保障公民宪法赋予的权利成为现代行政法发展的必然趋势。同时，风险评估、风险沟通与风险管理相互结合能够更好地实现行政目的，"作为风险分析或监管框架之中重要一环的风险评估，是风险管理、风险沟通的前提与基础。没有科学上可靠的风险评估，风险沟通会成为流言、谣传，风险管理也会如同无源之水、无本之木，失去可依托的真实基础。"[2]风险沟通为风险评估与风险管理活动提供了民主力量，使行政机关的风险规制活动拥有更强的正当性基础。而作为民主性考量的风险沟通与科学性考量的风险评估之结果的风险管理才会兼具科学性与正当性，也会更有效地实现规制目标。

（3）五分法。为回应民众对科技风险规制活动民主性与科学性的担忧，行政主体必须反思传统科技风险规制过程中三分法，将科技风险议题设置与标准制定纳入科技风险规制过程框架。在传统科技风险规制框架下，行政机关、依法成立的科技风险管理机构的行为或决策并不对外公开或公开不充分，民众仅是决策与行为的被动接受者。关于将何种科技风险纳入规制范围，为何对其实施规制的讨论仅被局限在行政机关工作人员与专家内部。这一模式在实践中产生了不少问题，民众质疑专家决策的科学性，特别是对于大部分依据现有科学技术水平无法确定风险属性与风险大小的科技发明与应用，反对声浪从未停止。而

---

[1] 沈岿主编：《风险规制与行政法新发展》，法律出版社2013年版，第114-115页。
[2] 沈岿：《风险评估的行政法治问题——以食品安全监管领域为例》，《浙江学刊》2011年第3期。

对于科技风险评估，民众的好奇心也致使他们希望了解更多的内容。传统科技风险规制框架无法满足上述要求时，理论革新与制度改良便顺理成章。于是，理论界在研究中将科技风险议题设置与科技风险标准制定也纳入科技风险规制框架之中。这就是科技风险规制的五分法。①

科技风险议题设置将行政机关决策与行为的对象公开，经由法定程序与民主讨论决定，旨在加强科技风险规制活动的规范性、民主性与可接受性。传统科技风险议题设置多为行政主导型，民众无法获悉议题范围、内容与确定依据，只能被动地接受并负担遵守与配合义务。不断涌现的邻避运动已经无形中瓦解了内部议题设置的正当性基础，为应对风险、危机而产生的"适应性治理"理论②要求传统政府转向回应型政府，将行政决策与行为过程公开，以公民的外部监督促进行政合法与效能的有机统一。因此，科技风险议题设置开始被纳入科技风险规制框架之中。

将科技风险标准制定作为一个环节纳入科技风险规制，也是为了回应民众诉求，顺应现代法治政府与服务型政府的发展潮流。在传统科技风险规制法制中，标准制定通常被视为行政主体的内部行为，并不属于行政法的调整范围。传统的科技风险标准大多由政府主导制定，行政机关通过吸纳技术精英获得知识和信息优势，整合信息和技术资源，实现"超越私人利益而为了公共利益制定标准"③。但在实践中，科技风险标准并不完全是科学的，"在技术标准制定过程中，政府不一定能成为公共利益的代表"④，利益集团、行业协会、专家往往会对其施加压力，加之科技风险标准制定的程序性与民主性保障机制本就不健全，导致了科技风险标准存在滞后、残缺不全、标准间相互矛盾等问题，进而影响了整个科技风险规制活动的合法性与正当性。2014年《中华人民共和国行政诉讼法》（以下简称《行政诉讼法》）修订后，此类行政行为也因间接关涉公民、法人与其他组织的合法权利而被纳入可诉范围。受法制发展与实践要求影响，笔者将科技风险标准制定作为科技风险规制的重要组成部分并从行政法视域加以讨论，希望通过提高科技风险标准制定的法制化水平，建构兼具科学性与正当性的科技风险标准制定制度来强化我国科技风险规制的法治化水平。

---

① 戚建刚：《我国食品安全风险规制模式之转型》，《法学研究》2011年第1期。
② See Marijn Janssen, Haiko van der Voort. Adaptive governance: Towards a stable, accountable and responsive government, Government Information Quarterly, (33, 2016), pp.1-5.
③ See Anthony Ogus, Regulation: Legal Form and Economic Theory, Oxford: Clarendon Press, 1994, pp.152.
④ 宋华琳：《规则制定过程中的多元角色——以技术标准领域为中心的研讨》，《浙江学刊》2007年第3期。

（4）其他划分方法。依据不同的判断标准，可以将风险规制过程分为不同的阶段。进入 21 世纪以来，风险规制研究方兴未艾，不同学者就自身所学与学科归属提出不同的风险规制研究框架，而风险规制作为一门综合性学科也并未形成相对确定的知识体系。作为风险的一部分，科技风险规制过程框架亦是如此。不同组织机构、学者提出繁芜的分析框架，如有学者认为风险识别、登记、预防等也是风险规制过程必要的组成部分①；又如，美国总统和国会风险评估与风险管理委员会于 1997 年提出的风险规制框架，将风险的利益相关者参与置于风险规制的核心，提出风险交流应贯穿于风险规制框架的整个环节。②美国有学者提出风险分析体系，将风险评估、风险交流与风险管理视为有机集合的风险分析系统，并将风险分析原则作为食品安全治理的基本原则之一，该风险治理的类型方法后来被日本等国家实务届所采纳。③此外，有些学者在分析风险规制时，将风险登记④、风险识别⑤、风险感知⑥、风险认知⑦、风险分配⑧等划分到研究的分析框架中，其中不乏关涉科技风险的研究。

总结而言，不同的分析框架自身并无优劣之分，关键在于研究者、规制者能否妥善地解决规制过程中不同阶段或部分间的衔接。笔者认为，从科技风险规

---

① 戚建刚：《风险规制过程合法性之证成——以公众和专家的风险知识运用为视角》，《法商研究》2009 年第 5 期。
② The Presidential/Congressional Commission on Risk Assessment and risk management, PCCRARM: Risk Assessment and risk management in Regulatory Decision-making, Final Report,（2, 1997）, pp.7.
③ ［美］乔治·迈尔逊：《哈拉维与基因改良食品》，李建会等译，北京大学出版社 2005 年版，第 3-21 页。
④ 风险登记是指通过风险登记单（表）将潜在风险事件与相关信息收集起来的活动。从行政法角度来看，风险登记制度相较于科技风险规制过程之法律制度整体而言仅为具体、微观的操作机制，本书从行政过程论的宏观过程与微观过程两个层面展开分析，其中科技风险议题设置、标准制定、评估、沟通与管理均为科技风险规制的宏观过程，故未将其划分为单独过程。但是，在科技风险管理的行政法律制度分析中会详细探讨风险登记制度的内容、功用、方式及其法制化问题。
⑤ 一般认为，风险识别是风险评估与管理的基础，主要指主体通过感知、判断或归类等方式对风险进行鉴别与分类、分级的过程，风险识别存在主体差异、目标差异、模式差异等。在科技风险规制过程中的行政法问题研究中，风险识别的主体必然是行政机关，目标是为了公共安全与公众健康，学科的限定缩小了科技风险识别的研究内容，为了研究的整体性，本书将风险识别视为科技风险评估过程的一部分。关于科技风险识别差异的研究，参见方华basis、许为民：《科技风险识别差异及其治理：以纳米科技发展为例》，《自然辩证法》2011 年第 6 期。
⑥ 风险感知是指不同主体依据直觉主观判断、评估各类风险的属性与可能危害大小的行为。See SLOVIC P., The Perception of risk, Risk Society & Policy,（3, 2013）, pp.112.学者们多从心理学、社会学专业研究风险感知问题，但近年来，行政法学界有学者从制度信任方面研究风险感知与规制制度间的关系。从本书而言，制度信任贯穿于科技风险规制的全过程，无论是科技风险议题设置、标准制定、评估、沟通与管理，都要求规制机关基于公民的风险感知决策，因此，故不将风险感知划分为科技风险规制的单独过程。
⑦ 风险认知结合了不同主体风险感知后的主观建构与对相关风险专业化知识的获取，其对应的风险规制手段主要为"风险认知调查"，但在本研究中，科技风险议题设置过程中，行政主体需要就具体科技风险是否应当纳入规制议题及其优先次序设置作了要求，将风险认知作为科技风险议题设置的前提与基础。因此，本书未将风险认知划分到科技风险规制过程框架内。关于风险认知调查的研究，参见陈思等：《北京市公众食品安全风险认知调查——从风险交流的角度》，《中国食品学报》2014 年第 6 期。
⑧ 风险分配是关于风险可能危害后果的承担问题。参见聂伟：《社会经济地位与环境风险分配——基于厦门垃圾处理的实证研究》，《中国地质大学学报（社会科学版）》2013 年第 4 期。从严格意义上讲，风险分配属于风险管理的后续过程，从行政法而言必然涉及可能危害后果、责任的分配，基于宪法法律规定，科技风险分配应当遵循主体平等、权利与义务同等的原则，本书将风险分配视为科技风险管理的有机部分加以分析。

制过程而言，规制的过程框架之建构不宜设置得过于宽泛或狭窄，"任何问题被设定得过宽、过窄或不契合，那么这一方案将遭遇同样的困境"①。只有从行政法律制度与科技风险规制的情景理性出发，结合实践要求，才能实现科技风险规制过程框架的科学性、合法性、合理性与可接受性。由于风险识别、风险感知、风险认知等更多属于规制行为的前提，或是属于单纯的技术性工作，不宜从行政法视角开展研究。而风险登记、风险分配则只是科技风险评估与管理制度的部分内容，不具有单独划分为规制阶段的必要。因此，笔者采用目前学界认可度较高的"五分法"作为研究的逻辑起点与分析框架。回归至行政法视阈，无论何种框架或模型，我们需要理解的不是本身，而是在该框架下理解科技风险的本质和要求，运用专业知识建构相应制度，虑及科技风险规制过程中不同阶段可能出现的现实情形。为此，将行政过程论引入科技风险规制的全过程，借鉴应急管理中"关口前移"理念，将科技风险规制的关口前移，把风险议题、标准制定、沟通等内容纳入规制框架，并从行政法的权义结构剖析行政机关、企业、科研组织、公民等主体在风险议题设置、风险标准制定、风险评估、风险沟通以及风险管理中的职权（权利）职责（义务）。

2.科技风险规制过程的界定

从不同学科出发，科技风险规制过程的含义可能有所不同。从管理学来讲，风险规制过程是公众和专家运用各自所掌握的关于风险的事实和价值进行交涉、反思和选择的过程。②科技风险规制过程就是指不同主体基于各自掌握的关于科技风险的事实和价值，通过有组织的行为，依据明确的制度规则进行治理的行为。而行政法学中的风险规制过程更多关注作为行政过程的风险规制中的权利义务关系之产生、发展与消灭，进而将具体科技领域的风险规制法视为调整行政法律关系的动态过程之法。为了分析科技风险规制过程，可以借鉴日本行政法中"行政过程论"，③将科技风险规制过程类型化为科技风险议题设置、科技风险评估、科技风险标准制定、科技风险沟通及科技风险管理五大阶段（见下图）。

---

① Charles Carnic, Neil Gross and Michele Lamont（eds）.Social Knowledge in the Making, Chicago： University of Chicago Press, 2011, pp.179.
② 戚建刚：《风险规制过程的合法性》，载沈岿主编：《风险规制与行政法新发展》，法律出版社 2013 年版，第 79—105 页。
③ ［日］远藤博也：《行政过程论的意义》，《北大法学论集》1977 年第 3 期。

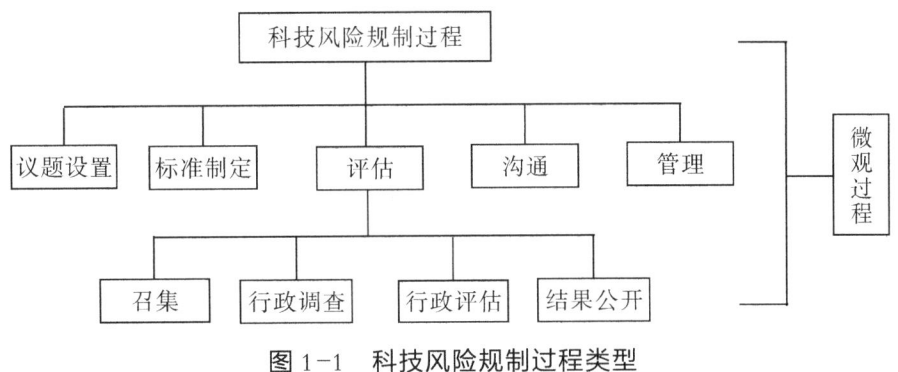

图 1-1 科技风险规制过程类型

（二）科技风险规制过程的特征

作为规制过程的科技风险具有时间与空间上的不同特征。作为动态的过程，科技风险规制过程具有时间轴线上的交互性与往复性，空间轴线上的统一性与指向性，两者共同构成科技风险规制过程的基本特征。

1.空间轴线上的统一性与指向性

科技风险规制过程的统一性与指向性旨在说明，科技风险规制过程是一个统一的、立体的行为体系，对其的研究也应当基于立体空间的考量，而非平面的、只针对规范文本的干瘪描述。这是因为，具体的科技风险一定发生在特定的空间下，必然存在对应的行政权力与公民权利，必然会对社会部分或全部成员产生影响，如果对科技风险规制过程的研究不从社会空间出发，无疑是"纸上谈兵"。从空间角度来看，科技风险规制过程发生在政府讨论、决策与行为领域，科技风险经由特定规制主体实施具体规制措施。例如，无论是转基因技术风险，还是核能技术风险，风险的影响对象均为普通民众，都需要行政机关实施规制，而两种科技风险的规制过程是统一的，即如果政府欲实施规制，则两种科技风险在空间上需要经过行政机关的议题设置、标准制定、评估、沟通和管理等环节。

科技风险规制过程在空间上的指向性是指作为立体的规制过程，科技风险规制过程指向特定的对象，包括行为、技术等，而指向对象也是立体的、不断运动变化发展的。如果政府欲对特定科技风险实施规制，则应当考虑产生科技风险的主体、行为、结果等立体内容，而不应只针对科学技术本身。例如，政府在规制转基因技术时，必须从转基因技术的实验空间、转基因产品的市场化空间、转基因技术可能导致的责任空间出发，而不应只考虑单一环节、单一主体。科技风险规制过程的指向性表明，正如科技风险必须指向特定的空间一样，科技风险规制也必然指向特定的空间，而在这一空间内发生的行为及由此产生的社会关系，则是行政法调整的对象。

2.时间轴线上的交互性与往复性

从时间角度来看，科技风险规制过程是动态的，各方主体的权利与义务处于博弈与演进之中。一方面，不同的规制行为相互承继与衔接，共同组成科技风险规制的全过程。科技风险管理活动的开展必须基于前置的评估，而评估则需依据一定的标准，科技风险议题设置、标准制定、评估与管理与科技风险沟通则是交互进行的。例如，如果政府欲对人工智能技术中的自动驾驶技术风险实施规制，需要经过议题设置、评估等交互承继环节。另一方面，同一规制行为蕴含的行政法律关系也在不断形成、发展与消灭。科技风险规制产生的各种法律关系绝非静态的，而是动态变化的，不同阶段产生的法律关系必然有所差异，这正是行政过程论的实践基础。例如，针对核能技术风险的规制，行政机关、科研机构与公民在标准制定阶段会产生科研生产与合法经营权保障、对公民引导宣教与生命健康权保障等行政法律关系，而一旦核能技术中的某项技术突破实验室，通过行政审批进入生产环节，行政机关、企业与公民等基于风险沟通与管理活动会产生其他行政法律关系。

科技风险规制过程在时间轴线上的交互承接性仅存在理想类型之中，实践中诸多科技风险会伴随着科技进步、经济发展与风险认知等因素的发展而不断变化，其内含的不确定性、表现形式的多样性与后果的极端性等特征也要求规制主体（行政机关）在实施规制中谨慎决策，因此，作为科技风险规制过程的不同规制行为与类型化后的不同阶段可能在时间轴线上循环往复。特别是面对部分危害可能性极高或可能危害结果极大的科技风险，民众的恐慌是无法避免的，一旦沟通无法达成合意，行政机关应当重新考虑议题的合理性、标准的安全性、评估的科学性，甚至在极端情形下，科技风险规制过程会戛然而止，例如，在江门鹤山"核燃料项目"事件中[①]，行政机关与民众多次沟通后均无法达成合意，最终鹤山市政府的上级政府江门市政府以正式文件确认取消该项目。

---

① 林春挺：《广东江门400亿核燃料项目遭质疑 官员承认与公众沟通不足》，《第一财经日报》2013年07月10日，第A05版。

第二节 科技风险规制的合理性基础

探讨科技风险规制的合理性基础,既要从实证角度来论述何种理论可以作为科技风险规制的理据,也要从方法论层面来阐述科技风险规制依据哪种方法来建构。因此,本节主要论证科技风险规制所应依据的理论与方法论基础,并由此构成科技风险规制过程研究的合理性基础。

一、政府规制风险理论

(一)国家任务理论

1. 国家任务理论的基本内容

公法学中的国家任务理论根植于近代宪制国家制度,其根本意涵在于国家基于宪法规定而应履行的国家任务。伴随不同时期宪制制度的发展变化,国家任务理论也随之不断发展变化。

域外公法学发展的历史脉络可梳理为三个阶段,即19世纪自由主义国家时期、20世纪福利主义国家时期与晚近时期。19世纪自由主义国家时期,英、法、德等国家奉行自由主义,国家仅作为"守夜人"承担维护公民个人自由与基本社会秩序的任务,这一时期宪法所保障的公民核心权利是自由权,即"不受国家干涉的自由"[①]。控制国家权力延展至行政法领域则表现为限制行政权力。20世纪福利主义国家时期以强调国家福利行政为主要特点,旨在克服自由主义国家发展带来的诸多弊端,如贫富差距拉大、环境恶化等。福利国家时期的国家任务的范围与内容得以扩大,宪法要求国家为公民提供从事经济生产、社会生活与文化等领域发展的基本条件,行政的疆域由此扩大到社会生活的各个方面。同时,科技、文化的发展导致各种风险丛生,预防与遏制这些风险成为国家任务

[①] 杨登峰:《国家任务社会化背景下的行政法主题》,《法学研究》2012年第4期。

之一。晚近时期国家任务发生新的转变，福利国家时期宪法要求国家在保障公民自由与给付公共福利等方面继续努力的国家任务继续存在，但科技日新月异、经济社会高速变化为国家任务的实现带来诸多难题，也提出了更高要求。

回溯至我国，按照恩格斯将国家权力产生于"分工及其后果即社会之分裂为阶级"以及"由人民意志的工具转变为独立的统治与压迫机关"的观点[①]，"国家"可以起源于夏、商时期。然而，古代的国家任务主要为维护统治秩序与社会秩序，并不直接具有现代公法所要求的国家内涵。20世纪七八十年代，我国公法学开始重建与复兴，发展伊始，我国宪法学与行政法学吸收了大陆法系与英美法系对于国家任务的内容的阐述，并在反思、扬弃与发展的基础上提出了我国公法学的"平衡论"[②]。依据该理论，我国公法学中的国家任务包含两个方面的内容，即国家管理任务与公民权利保障任务，并要求国家应实现管理与服务的"平衡"。进入21世纪后，高风险社会进一步拓展了国家任务理论的疆域，《中华人民共和国突发事件应对法》（以下简称《突发事件应对法》）、《核安全法》《农业转基因生物安全管理条例》等一系列法律法规的制定、修订也开拓了实践层面的国家任务范围。此外，我国正在进行的公私合营、政治体制改革等新现象、新问题的出现也赋予了国家理论新的内涵，国家任务的履行主体不再限于国家和政府；履行方式不再限于直接干预，等等。[③]

2.国家任务理论与科技风险规制的关系

民主国家的公民无须承担过多的公共任务，其对行政机关的科技风险规制活动提出诸多要求。这些要求主要表现为公民对行政机关行为的合理性要求，不仅表现为要求科技风险规制形式合理，更多的则是对实质合理的期待与诉求。科技风险规制领域的国家任务主要表现为宪法中的预防问题，进而发展到行政法中国家的风险预防任务。结合公法学发展的阶段性脉络可以发现，域外自由主义国家时期国家的预防义务仅在于对传统风险的预防，如直接侵害公民生命健康权的风险之预防，而对于个人决策可能导致的公共风险视若无睹。例如，这一时期发生的多次经济危机被视为经济发展的必然产物。又如，防止工业发展危害环境，潜在侵害公民的生命健康权也未被纳入国家任务。福利主义国

---

① 中共中央马克思恩格斯列宁斯大林著作编译局编：《马克思恩格斯选集（第四卷）》，人民出版社出版2012年版，第160-165页。
② 罗豪才、宋功德：《行政法的治理逻辑》，《中国法学》2011年第2期。
③ 参见陈军：《公私合作执行行政任务的国家责任探析》，《西部法律评论》2016年第1期；叶险明：《关于"中国道路"中的政治发展问题——再聚中国政治体制改革的共识》，《江海学刊》2016年第5期，等等。

家时期，自然环境与社会环境不断恶化，导致国家预防义务的疆域不断扩张。除震慑违法和抵御危险这些传统的应用领域之外，国家的预防措施主要还扩及生活和医疗用具以及技术设施和工具的领域内，借以防止疾病和突发情况的出现，避免越轨行为和社会动乱，对抗失业并保持经济发展，应对环境压力和资源枯竭。[①]情势变化重塑了国家与社会的关系，也为公法的发展带来新的内容，公民要求国家采取预防措施使其免受侵害。进入晚近时期，科技进步使国家任务中风险预防的领域不断扩大，国家也因此不得不一再投入更多精力，预防的成本也越来越高。国家任务理论面对成本效益分析与国家权力控制机制思潮时陷入新的瓶颈，一方面，预防所需成本的不断增加引发社会对于风险预防成本与社会效益的思考，似乎事后补偿比事前预防更能节省社会资源。另一方面，预防性国家行为极易逃脱传统的国家权力控制机制，为了预防"面向未来且错综复杂的风险"，宪法通过设定"普遍和抽象的法规范"赋予政府相对自由的权力。国家任务的抽象化导致实践中行政机关必须根据情势自主选择行为，而这类行为极易逃脱司法机关的控制，人们对于为了预防个别风险而将整体上削弱民主与法治性的预防任务变得不再信任。

随着全球风险社会的到来，风险早已不仅是对个体的潜在威胁，风险的公共性日渐彰显。国外权威专家将"风险"界定为"确定时段或因特定挑战出现特定不利后果的盖然性"[②]，并认为国家应采取必要的行动。德国行政法学者普洛伊斯认为，通过法所保障的安全的概念成为有机的社会变迁的重要条件，无论是传统警察国家抑或现代民主国家。[③]在当下时代，等待问题出现在未来并变为危险的认知模式已被证伪，将来已经变成延伸的现在，风险预防作为"消解未来危险"的基本方式成为国家任务的重要组成。特别是在 21 世纪国家任务社会化的浪潮下，风险预防除了涉及公共安全保障、市场活动监管外，还延展到了私人行为领域，民众要求政府积极、主动规制可能危害其自由与发展的任何现象或行为。科技风险规制中的国家的风险预防任务表现为危险防止型行政中的行政不作为责任，有学者借鉴日本政府责任追究的核心判断标准——预见可能性——提

---

① ［德］迪特儿·格林：《宪法视野下的预防问题》，刘刚编译：《风险规制：德国的理论与实践》，法律出版社 2012 年版，第 111-132 页。
② Robert Baldwin, Introduction—Risk: The Legal Contribution, in Rbert Baldwin, Law and Uncertainty: Risk and Legal Processes, Kluwer Law International, 1997, pp.4-5.
③ ［德］乌尔里希·K. 普洛伊斯：《风险预防作为国家任务——安全的认知前提》，载刘刚编译：《风险规制：德国的理论与实践》，法律出版社 2012 年版，第 133-164 页。

出我国灾害国家责任承担的核心要件。[①]预见可能性亦是大部分科技风险（除少数无法预见）规制不作为责任承担的必要条件。

3.国家任务理论对行政法规制科技风险的寓意

从总体而言，国家任务疆域的扩张不仅给政府责任带来新问题，更为行政法调整行政权力运行与保障公民权利带来许多变化，政府同公民、法人与其他组织的关系呈现新的形式，也给从行政法视域研究科技风险规制过程问题带来新的挑战。首先，传统行政中的"政府—公民"的直接关系被"政府—社会组织—公民"的三角关系取代，在公共服务、基础设施建设、科技引导等方面，社会组织发挥了越来越重要的作用，分担了部分原为国家的任务。在从行政法视域研究科技风险规制过程中，需要将行业协会、自治团体等行使公共权利的组织纳入规制体系与过程，在研究政府与企业、公民等主体之间的行政法律关系时，必须考虑到社会组织在其中的法律地位及其与政府、企业、公民等主体之间可能产生的行政法律关系。其次，公共利益与私人利益的界限越来越模糊，政府与公民的利益追求日渐趋同。特别是在科技风险规制领域，政府追求的公共安全之利益与公民追求个人安全之利益是一致的，少数地方政府片面追求经济利益而忽视公共安全的行为也被普遍反对。第三，政府执行国家任务的效率价值逐渐被重视，民众在关注政府维持社会秩序与保障公共安全的同时，开始将目光投向政府如何有效率地完成上述任务。近年来，"三公"经费等政府信息公开便是效率价值被重视的结果。在科技风险规制过程中，政府如何降低规制成本、节约社会资源也成为行政法研究科技风险规制过程的重点问题。立法如何优化科技风险规制过程使其更具效率，行政机关在为公共利益限制某些私人利益、保障公民健康与安全、维护社会稳定时如何提升效率等问题应当为政府所重视。

（二）合作规制理论

1.合作规制理论的基本含义

合作规制理论受到德国著名政治学家、法学家哈贝马斯的话语理论的影响，他认为，"只有当在所有受影响的主题参与决策，提出各自的论据并进行相互论理，政府决策才具有合法性。"[②]公法领域的合作规制理论并未带有某个具体指

[①] 杜仪方：《政府在应对自然灾害中的预见可能性——日本国家责任的视角》，《环球法律评论》2017 年第 1 期。
[②] 戚建刚、易君：《灾难性风险行政法规制的基本原理》，法律出版社 2015 年版，第 231 页。

向,而是所有以合作、参与与协商为手段、方式的规制模式的总称,其代表性学说为美国的利益代表理论、合作治理理论①。"合作规制"最早出现在美国公法学领域,经历了放松管制、规则革新、合作规制、自我规制等不同阶段。这些阶段与学说在时间与空间上尚可能存在交叉重叠,但无不预示了行政法基础理论的革新方向,即由二元对立的"主体—相对人"规制模式转向多元共同参与的合作与协商式规制模式。

美国行政法学者朱迪·弗里曼较早在行政法领域提出合作规制理论,其认为合作规制具有以解决问题为导向、利害关系人与受影响者参与决定过程的所有阶段、临时性的解决方案、超越传统规制中公私角色的责任以及灵活、投入的行政机关等特征。②具体而言,最初的合作只是为了提出临时方案,最终决议仍需要待事态缓和后由行政机关作出,但随着民主政治的发展,合作规制逐渐发展为以解决以往行政机关通过管制措施难以解决或引发较大争议的社会事务为目的,行政机关以外的利益相关者通过法定程序和方式参与到行政决策的全过程并享有表达意见、监督等权利,构成多元主体信息共享、责任共担的治理模式。合作规制具有民主性、灵活性强的优势,但这一优势需要通过法制建构来实现。例如,合作需要法律为社会组织、市场主体与公民的参与赋予权利;合作应当基于明确、规范的程序;合作规制的责任归结应由法律事先确定,等等。

协商制定规则是合作规制的实践例证。美国《协商制定规则法》的颁布是这一规则法制化的开端,美国国会认为这部法案能够高效、省时地减少法律争端,从根本上提高行政效能,降低政府成本。③此外,该理论对提升行政决策的正当性也有较大作用,哈特认为,协商性行政立法旨在回应传统的对抗性规则制定过程的失败,协商制定规则过程中利益相关者可以自由地就关涉具体领域的规则进行协商并产生实质影响,这无疑大大提高了规则制定的正当性。④在全球化规制背景下,合作规制已经不再局限于国家、跨国机构与组织、区域性组织、地区间法律原则、裁判结果层面的协作,而是"庞大、复杂、细致的技术性与程序

---

① 参见[美]理查德·B.斯图尔特:《美国行政法的重构》,沈岿译,商务印书馆2011年版;[美]朱迪·弗里曼:《合作治理与新行政法》,毕洪海、陈标冲译,商务印书馆2010年版。
② 关于合作规制主要特征的描述,本书总结自美国行政法学者朱迪·弗里曼的著作《合作治理与新行政法》。参见[美]朱迪·弗里曼:《合作治理与新行政法》,毕洪海、陈标冲译,商务印书馆2010年版,第34-35页。
③ [美]朱迪·弗里曼:《合作治理与新行政法》,毕洪海、陈标冲译,商务印书馆2010年版,第54-56页。
④ See Philip J. Harter, Negotiating Regulations: A Cure for the Malaise.Environmental Impact Assessment Review,(1, 1982), pp.75-91.

性规则体系"①。与传统的合作规制理论不同,全球化背景下合作规制要求一国政府作为规制的参与方而非决定方。合作规制意指公权力部门和私人主体共同完成行政任务,几乎所有的国家公权力领域均可以适用这一规则。依据合作程度的不同,合作规制分为行政委托、公私合营、参与规制、共同规制等模式,其中行政委托与公私合营的合作程度较弱,参与规制与共同规制的合作程度较强。依据合作方式的不同,可以将公共行政中的合作规制分为决策中的合作与行为中的合作。决策中的合作主要指私人主体参与行政决策,政府与其在协商达成共识的基础上决策。行为中的合作是指政府通过特定形式,如公私合营、委托、授权、特许等,将本应由政府承担的公共职能转移给具有资质的社会组织,或是为了更好地实现规制目的,政府将行政规制任务公开,召集私人主体一道行动,在行政目标与行政效益、公共利益与私人合法利益间取得较好平衡。

当然,合作规制理论存在多种形态,其最低形态为合作行政,最高形态为"合作国家"。合作行政作为一种规制方法给行政法学的发展带来一些挑战,最重要的挑战是,在合作过程中如何妥善处理权力与权利的问题。德国行政法学者恩斯特哈索·里特提出行政法规制定应由上位阶决定下位阶模式转变为协商模式②,这与美国的协商制定规则法案的思路不谋而合。而在合作规制的高级形态——合作国家中,国家的规制角色"被弱化",其他主体的角色得以增强。但这并不意味着国家与政府之宪法责任的免除,行政法需要回应的是,国家责任在合作中的承担问题。因此,合作国家必须放到民主法治国的宪法基本要求下探讨,国家合作行为的规范性、责任性也应由行政法予以实现。

合作规制理论在我国历经十余年的本土化发展,逐渐形成了中国特色的合作规制、合作治理理论与实践路径,并日渐影响着我国行政主体的规制选择。党的十七大报告提出"健全党委领导、政府负责、社会协同、公众参与的社会管理格局",意味着我国社会管理开始引入合作规制理论。我国行政法学者王锡锌教授提出的行政过程自我合法化理论③;戚建刚教授等指出合作规制中政府的四大角色定位并探索我国行政执法中的竞争性执法乃是合作规制的实践路径④;宋华

---

① [美]本尼迪克特·金斯伯里、尼科·克里希、理查德·B.斯图尔特:《全球行政法的产生(上)》,范云鹏译,《环球法律评论》2008年第5期。
② [德]施密特·阿斯曼:《秩序理念下的行政法体系建构》,林明锵等译,北京大学出版社2012年版,第119—120页。
③ 王锡锌:《行政正当性需求的回归——中国新行政法概念的提出、逻辑与制度框架》,《清华法学》2009年第2期。
④ 参见戚建刚、郭永良:《合作治理背景下行政机关法律角色之定位》,《江汉论坛》2014年第5期;戚建刚、刘菲:《论竞争性食品安全监管执法制度》,《武汉大学学报(哲学社会科学版)》2016年第3期。

琳教授论述政府规制与合作治理的关系及其对我国行政法的挑战，为合作规制的本土化提供了新思路[①]；杨建顺教授认为我国行政规制需要从减量、增量与优良化三个角度入手[②]，等等。

2.合作规制理论对科技风险规制的意蕴

在科技风险规制领域，科学技术跨越国界、超脱物理界限成为常态，行政主体欲有效应对并科学规制科技风险，更需要从全球视野引入合作规制理论。我国科技风险规制过程中的行政法问题研究领域引入合作规制理念可以增强行政合法性、正当性，提高规制效率与质量。具体表现为：

第一，科技风险的高度不确定性与极端复杂性导致行政机关单一行为无力应对，政府不得不面对行政任务极端复杂与行政行为难以应对的矛盾。为了应对科技风险这一新问题，政府不得不召集社会各方共同参与到规制过程中来。合作规制的理念经由行政机关吸纳至规制过程而变为现实，合作贯穿于科技风险规制的各个行政活动领域。欧盟的转基因技术风险的合作规制为我国科技风险的合作规制提供了一个可行路径，即通过建立统一的体制框架与多元的运行机制，实现规制中法律制度的多元统一，使全面的冲突消解成为可能。例如，跨国协商论坛被视为以纯粹的科学为基础的技术官僚与专家的协商治理平台，该论坛较好地平衡贸易、卫生、环境、社会经济和道德等因素同科技风险规制中政治维度的关系进而实现科技风险规制目标。[③]

第二，合作规制概念具有的开放性、包容性等特征使其具有磅礴的生命力，为科技风险规制提供了新的规制方向。科技风险规制呼吁合作规制，科技风险规制也应当摆脱传统社会管理领域行政机关单方行使管理权的规制理念与模式，选择更加多元、柔性与包容的规制理念与模式。学者们与决策者们可以通过设计不同的合作规制框架，采取形式各异的合作规制手段、措施，特别是在高度不确定的科技风险规制过程中，具体问题具体分析地引入合作规制可以大大提高规制质量与效率。例如，在科技风险沟通中，现行法制确定的沟通方式有座谈会、听证会、咨询会等，面对固定形式将导致沟通不彻底、难以获得真实众意等消极后果，立法可以授权规制机关通过其他灵活形式开展科技风险沟通，而不是拘泥于固定的形式，科技风险沟通的效率与效果将会大大提高。

---

① 宋华琳：《论政府规制中的合作治理》，《政治与法律》2016年第8期。
② 杨建顺：《中国行政规制的合理化》，《国家检察官学院学报》2017年第3期。
③ Maria Weimer, Risk Regulation and Deliberation in EU Administrative Governance—GMO Regulation and Its Reform, European Law Journal, (5, 2015), pp.622-640.

第三，科技风险规制领域引入合作规制理论有利于实现规制手段与规制目标的有机统一。科技风险规制的目的是为了实现在保障科技发明与应用安全的基础上，以科技经济驱动社会发展，为公民自由发展与追求美好生活提供保障。一方面，合作规制理论旨在使公民的宪法和法律上的应然权利转化为现实的参与权、知情权、监督权等直接权利，为公民自决提供可行路径。作为规制手段的参与、合作同科技风险规制的目标均是为了保障公民的自由与权利。另一方面，合作规制可以将科技发明与应用主体引入规制过程，更好地保障市场主体的经济自由与发展权利，更好地实现在保障安全的基础上促进科技经济助推经济社会转型升级之目的。

第四，即使在科技风险规制的部分领域，行政机关可以较好地自主应对，但为了增强其决策与行为的正当性，它也不得不选择合作规制。这是因为，科技风险规制具有很强的政治维度，它涉及社会冲突的再分配，换言之，由谁承担经济、环境与社会成本的政治问题。政治问题给规制机关的行为带来阻力，他们不得不通过沟通、合作降低阻力。而合作规制的一个基本观点便是"超越传统行政管理中行政机关与相对人之间就管理事项严格区分公与私的界限，多元主体公共决策，责任共担"[①]。共同决策与责任共担能够有效降低政策阻力，妥善解决科技风险规制中的政治问题。

二、行政过程论

（一）行政过程论的基本含义

"行政过程论"起源于"二战"后的日本，面对行政法律制度的重构及公共行政转型的需要，远藤博也、盐野宏、山村恒年等日本行政法学者在批判与反思的基础上提出改良日本传统行政法学理论之呼吁，认为行政法学应当考察行政过程中动态的行政行为及其他行为。其中，远藤博是行政过程论概念的发明者，他呼吁行政法学研究应关注行政过程中的具体法律关系；盐野宏认为行政法律关系应"动态地考察"；山村恒年关注行政政策的动态构成要素，考察自由裁量在行政不同阶段的合理性。

---

① 戚建刚：《我国食品安全风险规制模式之转型》，《法学研究》2011 年第 1 期。

行政过程论产生伊始是为了应对传统行政法学理论之弊端，探讨行政活动的实际运作过程及其关涉的各种利益冲突。普遍认为该理论超越了公私法二元区分，直指行政活动过程的互动结构、权利义务。目前，学术界并未就行政过程论提出统一、明确的界定，借鉴圆部逸夫、远藤博也及我国部分学者的观点，行政过程论是指将行政权力运行过程作为研究重点，全面、动态地考察行政权力运转不同阶段的行政法律关系的行政法学方法论。从行政法角度而言，行政过程并非单纯的行政之过程，而是行政权力的运行过程、行政法律关系的发展变化过程。我国行政法学者在介绍日本行政过程论观点的基础上，也提倡在结合本土情况的基础上，在我国行政法学研究与实务中导入行政过程论。因此，我国的行政过程论观点与日本有所不同，例如，湛中乐针对传统行政行为理论存在的问题，提倡导入行政过程论进行补充和完善，其认为传统行政法研究某个行政行为通常选择静态的研究并形象地称之为研究行政行为体系中一个"点"，而通过行政过程角度研究由不同的行政行为所构成的一条"线"和"链"，进而研究行政行为及其背后的"面"和"体"①，因此，从行政过程角度研究行政法问题，可以动态、全面地考察行政行为背后的权义结构，深入探讨行政法的本质性问题。

笔者认为，之所以在中国行政法学中导入行政过程论，是因为中国的行政法学者们充分地意识到传统行政行为理论的瓶颈以及行政过程论对于现代行政法学的意义。例如，朱新力、宋华琳认为现代行政法学已经由以司法审查为中心转向以行政过程为中心，以行政过程为中心的现代行政法学至少要直面"无法被类型化的行政活动形式""动态的行政过程"等"极具理论魅力和现实意义的课题"。②宋功德认为行政过程论有助于厘清行政行为的意涵、更好地处理一般制度与个别制度之间的关系、实现实体与程序之间的交融、架构起行政主体与相对方之间的对话空间。③此外，行政过程论也有助于解释法律规范及其实施的内在脉络，提高行政法学研究的整体性、逻辑性与规范性。正是基于对行政过程论的理论价值和现实意义的考虑，中国的行政法学者们在介绍日本行政过程论观点与主要内容的基础上，逐步地将该理论引入中国行政法学研究领域内，形成了与行政行为（关系）理论迥异的研究范式。我国行政法学者江利红教授专注于

---

① 湛中乐：《现代行政过程论——法治理念、原则与制度》，北京大学出版社2005年版，第11页。
② 朱新力、宋华琳：《现代行政法学的建构与政府规制研究的兴起》，《法律科学》2005年第5期。
③ 宋功德：《行政法哲学》，法律出版社2000年版，第501—505页。

研究行政过程论,提出行政过程的阶段性法律构造[①],依据行政行为是否属于复数行为(单一行为)将现实行政过程分为宏观与微观过程。宏观行政过程指复数行政行为之集合,根据《最高人民法院关于规范行政案件案由的通知》(法发〔2004〕2号)将行政行为分为27种,除较为常见的行政许可、行政处罚、行政复议、行政强制外,还有行政批准、行政命令、行政撤销、行政合同、行政救助等。微观行政过程是相对而言的,意指更为具体、特定的行政行为或行政权力运行过程。

(二)行政过程论对科技风险规制的意蕴

作为一种新兴事物,行政过程论在科技风险规制领域能够弥补传统行政法解释学的缺陷。一方面,传统行政法解释学强调依实定法行政,调整行政决策与行为的法规范的存在是开展法解释的前提。然而,在科技风险规制过程中,大多数风险类型与表现形式所能依据的实定法有可能是不存在的,或是缺乏具体的法规范指引。例如,我国规范与调整科技风险沟通的法规范多存在于法律原则层面,实践中可供行政机关适用并作为行政行为直接依据的法律规则相对较少。另一方面,行政过程论重视对现实行政的考察,即弥补了传统行政法解释学方法论注重行政法规范的弊端,又较为契合科技风险规制的现实需要。前文讲到,行政法领域的"规制"以实现特定的行政目标为目的,行政过程论能够完美地适用于对科技风险规制过程中的行政法问题研究。此外,随着行政法的不断发展,传统"公私二元论"被打破,行政法理论也亟待创新。传统行政法解释学忽视"对行政行为之外其他行政形式、对内部行政决定过程及整体行政过程、对直接相对人之外的利害关系人"[②]的考察之缺陷在行政法的发展革新中不断被放大。行政过程论的核心是行政过程方法论,将行政视为全面、动态与反复演进的过程,过程中包含各种行政行为及由此产生的诸多行政法律关系,通过分析动态过程中的不同行政法律关系能够有效助益于实现行政目的。

将行政过程论引入科技风险规制的行政法问题除了能够使研究更加关注行政机关权力运行的微观过程与动态的行政法律关系演变外,还具有另一项重要的功能。这就是,基于合作规制、国家责任理论指导下被视为行政过程的行政权

---

① 江利红:《行政过程的阶段性法律构造分析——从行政过程论的视角出发》,《政治与法律》2013年第1期。
② 江利红:《日本行政过程论研究》,中国政法大学博士学位论文2008年。

力运行方式之民主性大大增强了。当行政机关更多时候不再被视为有权威的决策者,而更多的是被视为公共政策形成和执行的诸多参与者之一时,行政过程变得不那么正式化,但政治性更强了。实践中,兼具合法性与正当性的决策与行为更易被接受,直接提高了科技风险规制的行政效益。

三、风险行政法的基本理论

传统行政法律制度体系调整现代风险的失灵是风险行政法研究的现实背景。自风险社会以来,风险的主要内容数次变换,而以科技风险为主要面向的现代高风险社会中科技风险与人类社会之间的关系已经成为科技法律研究的重要主题之一。科技时代的法律必须是一种能规避科技风险的法律。在国家行政中,政府是公共事务的主要调节者和公共管理职能的主要承担者,其如何建构科技法律并转化为规制科技风险的实践规制将直接影响一国乃至全球人类社会的安全、繁荣与发展。作为规范与调整政府行为的法律规范体系,行政法如何构建能够回应科技风险的制度体系已经为学术界普遍重视,风险行政法应运而生。风险行政法的主要功能表现为规范与调整政府规制风险之行为,保障公民的生命与财产安全。

(一)现代风险社会与国家干预风险

贝克指出:"在风险社会中,风险一般都会从技术风险自我转换为经济风险、日常风险、健康风险、政治风险等。"[①]现代风险社会已经倒逼国家采取各种措施预防风险。自由秩序型国家拒斥预防机制,自由主义的鼓吹者坚持相信社会生活也一样受客观规律支配,只要保证规律顺畅生效,就会自动实现福祉与正义,认为可以尽可能地削减国家职能,国家只需要履行遏制对自由的侵害行为之责任,无须为风险操心。然而,自由主义的危机逐渐显现,国家的正当性要求它们在可能的危机初露端倪时就通过防范措施予以遏制,为经济、社会与文化发展担负起责任。国家任务不断扩张,预防的作用日渐重要。一方面,借助预防措施,国家可以及早发现问题并及时处理,另一方面,通过预防措施,国家

---

① [英]芭芭科·亚当、乌尔里希·贝克、约斯特·房·龙编著:《风险社会及其超越》,赵延东、马缨等译,北京出版社2005年版,第334页。

可以在风险处于萌芽状态时就阻止发生。国家干预风险成为国家职能扩张的主要方面。但是，国家任务的增多并不意味着国家干预职权的相应扩张，宪法与法律规定的公民基本权利要求政府在追求经济发展时，仍需保障个人的高度自决权。传统用以确定法律制度的成本收益方法在处理科技风险时面临诸多难题，但该方法"又使这些力量有效合法化，科学理性已经无法把握这一局面，伴随科技能力增长的是它们后果的不可计算性"①。这一后果绝不因财富多寡、群体差异或地域范围而有所不同，恰恰相反的是，全世界共同面临着科技风险及其不确定性后果。

国家干预风险被称为"预防性国家行为"，公法学，特别是行政法学必须给予关注。首先，预防性国家行为的公法学认识前提是，预防是对自由的保护。"如果人们试图把国家干预嵌入宪法与行政法的价值系统当中，首先需要解答的问题就是，国家干预对源自人的尊严并具体化为基本权利的个人自治有何影响。"②对基本原理的保护义务很可能成为侵害自由的手段，从受害者视角来看构成保护的权利，在行为人的视角看来就是限制。例如，国家强制接种疫苗行为就属于预防性强制所运用的限制权利的措施。其次，基于国家干预必然加重公民负担之现状，确保预防与保护的均衡便成为行政法学研究的重要内容。国家干预行为必须遵守比例原则，预防与保护冲突的法益地位、限制措施的强度等问题应当为立法者所考量。例如，面对公众承受的个别科技风险，如科技适用人群数量相对较少的电子烟技术风险，政府完全可以采取较为严格的规制措施，但面对许多人承受的科技风险，如转基因技术风险，政府不得不慎重考虑规制思路与策略。当然，少数与多数本身就是相对的概念，这也为国家干预措施的选取制造了不少麻烦，行政法学如何回应这一问题也成为国家干预理论在行政法学领域适用的重大难题。最后，国家干预行为的不固定性导致了法律审查的困境。从实现法治国的要求与目标来看，法律主要是为了遏制国家恣意的手段，要求行政权力的行使遵守事先制定的规则乃基本要求。但是，国家干预科技风险与法治国要求之间的矛盾制造了大量法律问题。国家干预理论在行政法学中的发展，需要回应并解决这一矛盾。

---

① [德]乌尔里希·贝克：《风险社会》，何博闻译，译林出版社 2004 年版，第 22 页。
② [德]迪特儿·格林：《宪法视野下的预防问题》，载刘刚编译：《风险规制：德国的理论与实践》，法律出版社 2012 年版，第 124-125 页。

（二）风险行政法与科技风险规制

风险行政法的研究在我国已有近二十年历史，早期研究主要以介绍、翻译与论述国外理论与研究成果为主，沈岿教授、宋华琳教授等学者翻译了一批与风险规制相关的公法研究著作，如英国行政法学者费雪的《风险规制与行政宪政主义》、美国布雷耶大法官的《打破恶性循环：政府如何有效规制风险》等；戚建刚教授出版的《法治国家架构下的行政紧急权力》论述了行政紧急权力的理论及其中国化生成路径；刘刚、金自宁等编译了德国、美国公法学者关涉风险的研究论文。在此前后，《突发事件应对法》的起草、制定与实施为我国风险行政法的理论建构提供了实践土壤，大批著作、论文的陆续出现标志我国风险行政法理论体系的初步建构。但是，此时的风险行政法理论主要聚焦于对具体危险的预防，对风险的研究仍未形成定说，而且，学者们的研究多注重实然层面的制度建构，相对忽略了应然层面的学理基础、理论建构与法理论证。由上述介绍可知，风险行政法的主要目标包含两个方面：一是具体危险的预防；二是预防（可能的）风险。[1]两者最大的区别在于，风险是可能发生在现在或未来的具有不确定性的危险，例如，人工智能技术应用中的智能机器人可能导致的社会伦理道德或其他系统性社会灾难的风险是难以预测与评估的。回溯至法律制度层面，风险行政法之规范多散见于一般法律规范之中，其理论目标与实践指向为，要求行政机关规制风险的行为应当遵守行政法的基本原则，严格依据法规范规定与程序要求，即风险规制的法治化。

预防原则是风险行政法的核心原则。风险行政法希望国家对未来担负责任，使预防原则成为国家行为的主导性原则，此时，风险规制依托于法律制度系统的建构而形成体系，诸如《中华人民共和国原子能法》（以下简称《原子能法》）、《农业转基因生物安全管理条例》等成为其外在载体。前文讲到，现代风险的主要表现形式是科技风险，风险规制的主要对象是科技风险，风险行政法的研究内容也转向科技风险规制。然而，"科技风险规制"这一简单词汇掩盖了一个重要事实，即何种科技风险才需要规制的问题。[2]对行政主体而言，科技风险规制意味着针对科技发展与应用项目有关的特定社会管理手段，而对整个社

---

[1] ［德］英格沃·埃布森：《通过规制实现健康保护——范围、方法和程序概览》，喻文光译，《行政法学研究》2015年第4期。

[2] Devra Lee Davis, The Shotgun Wedding of Science and Law: Risk Assessment and Judicial Review, Columbia Journal Of Environmental Law, (10, 1985), pp.67-109.

会而言，其可能意味着与应对任何关涉科技蕴含的不确定性有关的治理活动。对行政法学者而言，科技风险规制具有三个重要的内涵：其一，科技风险规制法律制度不可能具有普世性。不同国家的法律体系会因为经济、文化、社会、政治等因素而有所不同，同时，不同国家面临的科技风险类型更有所差异，因此，科技风险规制并非单纯的行政主体执行法律的活动，而是关涉立法（行政立法）、国家政策、行政主体组织结构和社会经济发展进程的复杂规范体系。这就导致科技风险规制无法简单照搬国外经验或遵循前例。其二，科技风险规制本质上是跨领域的，科技风险规制研究是跨学科的，很难建构统一、整体的跨学科分析框架。科技风险规制需要行政主体结合科学、法律、政治等多学科知识，但兼具跨学科智识的复合型人才极为少见。在法学中，不确定性既不允许与其他社会科学，也不允许与自然科学上那种客观的技术操控发生联系，法学研究进路与它们均有所不同，主要原因就在于法律必须从归责上限缩社会任务的复杂性。即使是高度不确定的科技风险，法制建构也必须制定具体对象的责任承担规制，否则便不构成法学问题。其三，科技风险规制的巨大挑战遭遇当下的社会背景导致科技风险规制并不只是简单的监管、管理或治理活动。经济、法律、政治与社会高度全球化的今天，任何一国均无法独立应对科技风险，同时，科技风险的全球性加剧了这一矛盾，这就严重影响了科技风险规制的连贯性与实效性。

从本书研究的逻辑起点在于反思现行调整科技风险规制过程之法制，而并非挑战规范主义法制建构，也不是对于现有法律制度的全盘否定，更不是对风险行政法适用的挑战，而是基于一种批判性思维之上的带有功能主义意涵的反思。任何法律制度均应在实证层面的不断反思、修订、完善与再反思之中不断演进，正如卢曼所言，循环性并不是一种需要加以避免的瑕疵，实际上，法律就是由许许多多的循环过程构成的，这是由它的规范封闭性所决定的。[1]从行政法视域研究科技风险规制过程正是建立在公法的规范主义与功能主义双重进路之中的批判性反思，即现行法制实证性的再演进。例如，尽管对立法机构科技风险规制的优劣势讨论较少，但学术界普遍认为立法机构的行为具有民主合法性、缺乏专业知识、集中代表能力等基本特点。[2]这些特点导致立法机关成为制定指导性、原则性法律规范的理想机构，却很难就法规范的具体实质内容（即规制的具

---

[1] ［英］马丁·洛克林：《公法与政治理论》，郑戈译，商务印书馆2013年版，第360页。
[2] Matthew U. Scherer, Regulating Artificial Intelligence Systems: Risks, Challenges, Competencies, and Strategies, Harvard Journal of Law & Technology,（2，2016），pp.353-400.

体手段、方式）作出规定。因此，风险行政法理论将为科技风险规制过程研究提供学说体系、理论依据与规范进路。

（三）从规制视角研究科技风险

法治作为业已被人类历史所证明的有效治理系统在助推和护航各领域科技创新发展中发挥着不可或缺的作用①，风险行政法调整与规范科技风险规制活动已为大多数人认同，此处主要讨论的问题是，同为风险行政法调整与规范科技风险的行为选择，在我国科技风险应对的行政法问题研究中，为什么选择规制进路而不是治理进路。讨论起点在于，规制与治理存在差异，规制更强调规范性，强调对特定主体的权利和义务的规范，而治理更强调实效性，强调多元主体共同致力于特定行政目标。在全民呼吁治理取代管理的时代，我们应当理性地看待"治理"。学术界目前普遍认为行政机关应从监管模式转变为"治理"模式，认为"治理"模式既有效调节了传统国家管理法制的痼疾，又可以较好地解决监管和市场失灵的普遍性问题。然而，治理并未独立于监管、规制，治理只是"进一步保证了那些拥护集中自上而下监管的人和那些主张权力下放、解除管制和私有化的人之间的新对话"②，具体的决策与行为，则仍需要行政机关通过行使行政权力的方式来实施。新的治理模式提倡以更多参与、更多协作的模式取代科层与管制，治理模式下，实现政策目标与实施治理的责任由政府、行业、社会与公众共担。治理模式强调让非政府行动者在规范制定方面发挥更加重要的作用，但行政法如何回应政策目标的责任共担，即行业、社会与公众的决策责任如何承担的问题仍需回归法规范之建构，这也是实践中治理只能停留在决策层面的重要原因。此外，治理意味着放松管制，但科技风险的表现与影响提示我们放松管制并不能解决这一问题。政府负有对牵涉某些严重风险的物质加以规制的职责，也应当容许规制机构以带来更多安全且不会带来更高昂成本的规制进路改革。③

从概念逻辑上讲，治理与规制均为一种国家管理模式，前者强调多元主体的作用力，后者更加突出国家、行政公权力的作用发挥。而科技风险不仅关涉公共

---

① 石佑启、刘茂盛：《论创新驱动发展的法治支撑》，《学术研究》2016年第1期。
② Orly Lobel, The Renew Deal: The Fall of Regulation and the Rise of Governance in Contemporary Legal Thought, Minnesota Law Review,（2, 2004）, pp.342-470.
③ ［美］史蒂芬·布雷耶：《打破恶性循环：政府如何有效规制风险》，宋华琳译，北京大学出版社2005年版，第56-57页。

利益，还涉及国家利益与公民利益，单纯从公法与私法的任一学科出发都无法全面阐释，但不可否认的是，基于国家的安全保障义务、预防义务等宪法义务，权力机关与其执行机构负有不可推卸的责任。行政法如何调整科技风险规制过程进而规范规制权力已经成为亟待解决的关键课题，这也是笔者选择从行政法角度的原因所在。

科技风险需要规制的问题解决之后，我们不得不反思的是，与其他领域以及法学领域中的其他部门法相比，行政法调整科技风险规制过程的可能性与必要性何在。在科技风险规制中，社会组织、企业与公众的力量显得极为薄弱，企业可能掌握不少风险信息但无力将其上升为公共议题，其独立开展的风险评估和风险管理活动也仅能作用于企业内部；社会组织相对拥有组织化力量但缺乏强制性权力，也不具备相应的专业化水平和能力；公众是科技风险的直接受众，也是行政权力直接作用与保障的对象，但当前并未设置公众直接参与规制的体制机制。面对诸如人工智能、核能、生物技术等科技风险，唯有行政机关拥有制度性优势、资源优势以及信息的相对优势，由行政机关采取规制手段成为应对科技风险的必然选择。

第三节　科技风险规制过程中的行政法问题

科技风险规制过程是一项宏大、复杂的系统工程，但不可否认的是，法治——尤其是行政法治——绝对是其中不可或缺的规制范式。然而，面对核能、网络、转基因工程、危险化工品等技术带来的科技风险，有组织的集体行动并未发挥其规制风险的能力。现实情况是，科技风险或科技风险现象长期以来被认为是科技进步与发展中不可避免的，与科技议题两面的"伴随物"。作为传统风险规制模式的"国家行政"还未能寻找到科学、有效的规制路径。政府面对科技风险，往往漠然视之，或是运用常规手段加以应对，再或是选择顺应民意"一闹即停"。无论是何种处理手段，行政机关均构成形式与实质意义上的不作为，更无益于科技风险治理长效制度之建构。基于上述原因，笔者旨在从行政法层面描述科技风险规制过程中行政主体行为及其依据的法律制度存在的问题，剖析科技风险规制过程的难题所在,进而探讨我国科技风险规制过程中行政机关的最佳定位,建构兼具合法性与正当性的科技风险规制过程规则体系。

一、行政法调整科技风险规制过程的必要性与可行性

科技风险规制行为分为两种情形:一是行政机关决定是否应进行或支持一些本身涉及科技风险的活动,如科技成果转化与科技创新支持项目等;二是行政机关是否应限制个人或实体从事涉及科技风险的活动的自由,或追究从事此类活动且造成社会危险的行为人之责任。基于将规制狭义理解为对行政相对人权利具有损益性的行政手段,故笔者主要关注于规制行为的第二种情形,因此,如何保障行政法在调整科技风险规制过程的主要目的是实现行政法治并达致风险的可接受,必须首先分析行政法调整科技风险规制过程的必要性与可行性。

(一)学理探讨

我们在讨论法律制度相关问题时,很容易将其归为相对孤立的学术问题,学者们很少考虑执法人员、司法人员或私人主体的实际需要。然而,作为显学的行政法学必须回应实践需要。因此,将科技风险置于行政法视域作为一类独立对象并从实践层面加以探讨,便具有学理意义。

1.必要性分析

行政法之于科技风险规制过程的功用在于其规范与调整科技风险规制过程的独有特征。第一,行政法在建构、限制行政权力运行并确定相应主体责任方面发挥着主要作用。行政法为行政主体的科技风险规制活动提出了合法律性要求,这也是现代民主法治国家行政的基本要求。第二,行政法为风险规制权力的行使提供了场域。作为行政权力的科技风险规制权力将被置于法律场域之中,任何关涉科技风险规制的争论、决策或其他行为都应通过行政法术语和法定程序展开。第三,行政法调整科技风险规制过程拥有远比道德、宗教等更多的优势。行政法的民意性、程序性与责任确定性等特征为科技风险规制过程这一兼具权利损益与更强程序要求的社会问题提供了恰当的环境。通过侵权行为法和

通过刑法控制风险的理路受到极大限制①，运用行政法规范、调整与应对科技风险成为必然选择。

2.可行性分析

基于风险认知与管制俘获双重因素影响，科技风险的规制路径不同于传统风险规制路径②，其挑战性根源于现行风险治理体系与科技风险内外在属性间的失配。探讨行政法调整科技风险规制过程的可行性分析路径时应当基于科学的工具理性与民主的价值理性，这是因为，创新的野心往往难以考虑新策略试验及其错误的代价，不适宜性在确保稳定和正常社会运作的治理中常导致相反的结果。因此，科技风险规制应由尊重民主价值观的行政机关发起，基于明确的目的并分析规制有效性和科技风险的高度复杂性的和不确定性等因素（可能涉及影响政治、经济、社会与科技等多方面），选择最优路径。

通过行政法调整风险规制活动已经为国内外学者普遍认同，奥利弗·雷普希斯对风险归责问题属于损害之盖然性抑或可能性的法规范学分析，认为风险规制中是法的社会任务是回归个体的责任③；史蒂芬·布雷耶通过对公众的认知、国会的应答以及科学不确定性三者之间的关系探索公法（行政法）调整风险规制的因应之道④；戚建刚通过对行政法基本原理的解读探索我国灾难性风险行政法规制的法制建构⑤，等等，但行政法如何调整科技风险规制过程，特别是建立在高度不确定性、全球性与极端危害性基础上的科技风险显得并不那么容易被"捕捉"。因此，唯有从行政法学领域论证行政法调整科技风险的可行性，才能真正实现科技风险规制过程的正当性。⑥

笔者认为，科技风险规制与行政法有着极强的内在关联性。具体表现为两个方面：一方面，如何规避、减少以及分担科技风险，从而保障社会公共利益，维护公民、法人和其他组织的合法权益，是国家以及社会存续、发展必须解决的首

---

① 关于其他部门法规范与调整科技风险规制过程的不适宜性，可以参见戚建刚教授在《灾难性风险行政法规制的基本原理》、奥利弗·雷普希斯在《通过行政法的风险调控：对革新的促进还是限制？》以及史蒂芬·布雷耶在《打破恶性循环：政府如何有效规制风险》中的论述。参见戚建刚、易君：《灾难性风险行政法规制的基本原理》，法律出版社 2015 年版；刘刚编译：《风险规制：德国的理论与实践》，法律出版社 2012 年版，第 177-224 页；［美］史蒂芬·布雷耶：《打破恶性循环：政府如何有效规制风险》，宋华琳译，北京大学出版社 2005 年版。
② Matthew T. Wansley, Regulation of Emerging Risks, Vanderbilt Law Review, （69，2016），pp.401-478.
③ ［德］奥利弗·雷普希斯：《通过行政法的风险调控：对革新的促进还是限制？》，载刘刚编译：《风险规制：德国的理论与实践》，法律出版社 2012 年版，第 177-224 页。
④ ［美］史蒂芬·布雷耶：《打破恶性循环：政府如何有效规制风险》，宋华琳译，北京大学出版社 2005 年版。
⑤ 戚建刚、易君：《灾难性风险行政法规制的基本原理》，法律出版社 2015 年版。
⑥ 关于行政法学研究科技风险规制过程的正当性，本书在科技风险规制过程的分析框架内，针对各个规制过程的不同特点，提出了科技风险规制过程的行政法律制度建构的理论、基本原则，其中，科学性、协商性、安全性等原则贯穿于科技风险规制过程中的行政法问题研究之全过程。故，此处并不展开论述行政法调整科技风险规制各个过程的学理基础。

要问题,也必然成为政府行政的核心任务和宗旨。社会的变迁和转型引发了政府行政任务和宗旨的转变,法律作为社会关系的"调整器"也必然随之变迁,即在工业社会背景下产生并与之相容纳的行政法必然要对政府行政任务和宗旨的转变作出回应。另一方面,面对具有独特属性的科技风险,行政机关负有不可推卸的应对责任,但如何以科学、民主和合法的方式规制科技风险却给政府带来巨大挑战,政府规制行为正面临着系统危机。虽然行政机关的行为方式林林总总,但无论行政行为的内容、表现如何迥然不同,公法的使命依旧是万变不离其宗,依旧旨在追求和确保行政机关行为的合法性。政府在科技风险规制过程中面临的诸多合法性与正当性问题已经使传统行政法理论体系陷于危机四伏的状态。作为控制和规范行政权力的行政法迫切需要变革,其应当对政府规制科技风险的活动作出可操作性的制度安排,从而为政府规制行为提供一种兼具合法性与正当性的评价和理解框架,这样才能实现政府保障社会公共利益,维护公众生命、健康与财产权利之任务。

(二)实践分析

科技风险伴随社会生产力一同呈爆炸式增长,但这并不意味着科技风险无法应对,从某种意义上讲,正是科技风险的不断"显化",引发社会的感知、关注与思考,迫使行政机关基于维护社会稳定与秩序之目的对其实施规制。实践中存在不少科技风险与规制契合的成功案例,如厦门对二甲苯技术项目事件就是科技风险规制中科学理性(依法治理)与社会理性(社会效果)的较好结合[1]。然而,极个别案例不能代表当前我国科技风险规制之现状,绝大多数实例表明,行政机关的不作为与作为偏差仍是常态,科技风险规制依然是我国政府治理体系现代化建设中的"空白地带"。

从实践角度,分析行政法调整科技风险规制过程的必要性与可行性,可以从三个比较笼统的角度来考察,包括由科技风险议题形成与科技风险标准制定构成的前期过程,由科技风险评估、科技风险沟通构成的中期过程,由科技风险管理构成的后期过程。

1.科技风险规制的前期过程

科技风险的议题设置与标准制定有赖于相应主体对科技风险的认知与解

---

[1] 金自宁:《风险决定的理性探求——PX事件的启示》,《当代法学》2014年第6期。

释，而科技风险规制过程中的认知与解释取决于行政机关的认知限度。[1]结合我国科技风险规制实践可以发现，以行政机关为主导的公权力往往发挥着决定性作用，行政机关及其工作人员的风险认知水平与解释能力是科技风险议题设置与标准制定的关键所在。

现实情况是，行政机关及其工作人员的风险认知水平与解释能力同科技风险议题设置与标准制定的要求失配，结果造成科技风险规制前期过程中的行政不作为。以湖北仙桃垃圾焚烧发电项目事件[2]为例，从2014年2月19日市委书记带队视察垃圾焚烧发电项目到6月25日"项目即将被专家组评估"的消息在自媒体广泛传播并引发热议，当地政府并未采取任何措施，最终导致群体性抵制事件的爆发。从风险属性而言，该项目宣传"采用具有国际先进水平的逆推式、倾斜多级炉排的机械炉排炉技术"，毫无疑问属于科技风险。从风险标准来看，该项目通过了政府的必要性论证与环评审批，"二噁英排放指标优于国内排放标准，达到了世界最严格的欧盟Ⅱ标准"。从风险认知来看，民众的坚决反对与当地政府领导要求为"项目推动再加把力"的态度截然相反，其认知结果呈极端相悖。从风险解释能力而言，当地政府掌握权威、官方的技术资源与宣传资源，而民众只能通过网络搜索与自媒体传播来了解项目、呼吁联手抵制，民众的风险解释能力远远弱于当地政府。

从表面来看，当地政府的最终妥协属于顺应民意的无奈之举。但是，进一步分析可以发现：第一，该项目的风险议题由政府单方、单向设置。从项目伊始，政府就重点关注于项目的科技含量与经济利益，"日处理500吨生活垃圾"将解决当地垃圾处理难题并将垃圾转化为经济效益，而对项目与居民住所地距离、项目污染排放等风险因素漠然视之。第二，面对民众从始至终的参与愿望与停建诉求，当地政府在风险议题设置中既未组织公民参与，也未将诉求纳入风险议题。直至群体性事件爆发后政府才决定"暂缓项目，征求意见后决定"。第三，垃圾焚烧发电项目的国家标准严重滞后。我国《生活垃圾焚烧污染控制标准》（GB18485—2014）于2014年7月1日实施，仙桃市垃圾焚烧发电项目启动时仍沿用2000年的国家标准。该项目满足的国家标准（GB18485—2001）对于污染物排放控制、二噁英与重金属排放控制等的规定都远低于2014年出台的国

---

[1] Yuko Shimabayashi, Proposal to realize accountability of science and technology——How should professionals explain risk to society?, Progress in Nuclear Energy,（2, 2008），pp.712-718.
[2] 沙雪良：《处置群体事件不力仙桃市委书记被免》，《京华时报》2016年8月24日，第014版。

家标准。

2. 科技风险规制的中期过程

科技风险评估、风险沟通旨在获取更多风险信息，精确判断科技项目有无风险与民众对科技风险的可接受标准，为行政决策提供技术与信息支撑。行政机关是传统风险规制体系中风险评估、风险沟通的发起者与主导者，专家技术人员、社会团体、新闻媒体及社会民众是参与者与从属者。作为特殊风险类型的科技风险，对行政机关开展科技风险沟通与评估活动提出了更高要求，其能否切实有效履行职责直接决定科技风险规制中期过程的实际效果。

现实情况是，部分行政机关未有效履行科技风险评估的法定职责，对于科技风险沟通也因为缺乏明确的法律规范而不作为。从近几年发生在厦门、宁波、彭州，到昆明、成都、茂名等地对二甲苯项目不断遭遇社会民众抵制情况来分析，这些项目遭到社会公众抵制的重要原因不仅在于项目风险的不确定性，还在于当地政府对民众采取信息封锁，试图形成既定事实的态度，以至于引发社会民众抵触。依据中共中央办公厅、国务院办公厅《关于建立健全重大决策社会稳定风险评估机制的意见（试行）》规定，重大决策社会稳定风险评估应从合法性、合理性、可行性、可控性四个方面展开，而涉及风险沟通的法律规范一般散见于其他法律法规的具体条款之中。面对危害后果高度不确定的科技项目，地方政府决策前应当严格依法进行风险评估，研判对二甲苯项目建设的合法性、合理性、可行性与可控性，并主动开展风险沟通。在传统科技风险规制体系中，行政机关将专家技术人员、社会团体、新闻媒体及社会民众视为沟通的客体、信息的接收者，面对沟通诉求与反馈信息，常以种种原因搪塞或搁置。上述实例中有关风险沟通的不作为表现在关于对二甲苯项目的风险沟通更多发生在项目遇挫受阻之后。

3. 科技风险规制的后期过程

科技风险的后期规制主要指对危害结果高度不确定的科技项目应用后的监管，其目的是防止科技风险转化为现实危险，保障民众的生命、健康与财产安全。科技风险后期规制的主要客体包括：（1）科技发明与应用时人们无法获知、难以预测危害后果的，如转基因食品；（2）虽悉危害但因为各种原因继续应用的，如核能技术；（3）科技项目已知的风险较小而选择应用的，如对二甲苯项目。科技风险后期规制是整个科技风险规制体系的关键环节，而行政机关是科技风险后期规制的关键主体。行政机关对蕴含科技风险（包括风险是否存在及发生概率大小）的项目监管不力可能直接导致危害结果的发生。以广西龙江镉污染事件①为例，2012年1月15日，龙江河宜州市怀远镇河段水质出现异常，河池市环保局在调查中发现龙江河拉浪电站坝首前200米处，镉含量超《地表水环境质量标准》Ⅲ类标准约80倍。事件起因于龙江河上流两家化工企业违法偷排含有镉的工业废水超过20吨，而负有监管职责的河池市环境监察官员未能及时发现并报告，最终造成巨大的社会恐慌与财产损失。面对科技风险，行政机关疏于监管，或适用常态的监管模式都构成行政不作为。

行政行为的合法律性与正当性问题一直是行政法治的核心问题。科技风险规制无序与混乱现象的频发，正是行政机关未能有效处理行政活动中合法律性与正当性的结果。从规制过程视角提炼当前我国科技风险规制过程中存在的实践难题，更能展现规制现状与理想图景间的巨大差距，进而佐证科技风险规制过程应当由行政法调整的必要性与可行性。总结而言，如何平衡科技利益与科技风险是科技风险规制过程中诸多问题的主要来源，也是科技风险规制的主要难点。目前我国科技风险规制法律制度体系并不足以应对科技风险，加之随着社会经济的发展，民众对安全的追求已经超过了经济诉求，因此，国家应当重视这一问题，从法制层面回应民众诉求，建构民主、科学、合法与正当的科技风险规制制度体系。

二、科技风险规制给行政法带来的主要挑战

从法治国家建设的要求来看，法律应当具有保证预见可能性、平等和稳定性。法律由实体规范与程序规范构成，既是私人竞争利益关系的冲突解决方式，也是保障国家利益、公共利益的手段。行政法规范、制度、程序与组织的规范架构旨在保障公民权利与自由，同时，为了能够有效执行国家治理与社会管理任务，行政法也从法定层面调整与规范行政主体的权限。在时代高速变化、情势变更迅猛的大背景下，事先拟定规则的社会管理方式难以适应科技发展的动能转换速度，行政法律制度如何调整，以适应科技发展与科技风险规制的需要，成为科技风险规制过程中的行政法基本问题。传统以"程序—责任"为流线的行政法体系遭到巨大挑战，特别是在科技风险规制过程中，科技风险议题设置的正当

---

① 谢洋：《广西两名环保官员被控收受排污企业财物》，《中国青年报》2012年12月12日，第03版。

性问题、标准制定的效率性问题、评估的科学性问题、沟通的民主性问题、管理的实效性问题已经成为行政法不得不回应并加以解决的理论与现实问题。

（一）科技风险议题设置的正当性问题

议题设置乃科技风险规制起始环节。行政机关将何种科技风险列为规制议题，对不同科技风险规制的优先次序设置都关乎数以万计民众的切身利益。现行科技风险议题设置多由行政主体主导确立，专家、媒体与民意处于弱势地位。行政主导的科技风险议题设置模式在现实运转中遭遇正当性①困境。这主要体现在两个方面。

1. 行政机关的科技风险议题设置行为存在较大的合法性问题

无论是权责视角的分析，还是权义视角的解读都表明，现行科技风险议题设置权存在违反行政法基本原则，损害公民宪法权利之现状。例如，传统行政法对行政机关的内部行为并不多加关注，虽然2014年《行政诉讼法》修订后这一问题有所改观，但作为内部行政行为的科技风险议题设置特别是议题纳入行为，行政法如何规范、监督，仍需要相关规定予以明确。

2. 作为实现行政机关科技风险规制之任务的首要环节，行政机关的科技风险议题设置行为存在科学性与合理性问题

国家行政是执行、管理国家与社会事务的活动，行政法规范与调整下的行政权力也必然负有这一职责，然而，现行行政法制未能为行政机关科学、合理地设置科技风险议题提供规范性依据，也未能有效确定优先次序并为其他规制活动提供正确指引。例如，《食品安全法》对转基因食品的性质、危害以及国家是否纳入规制议题等模糊规定导致黑龙江省人大出台的"禁止种植、销售转基因作物"②之规定遭到社会极大质疑，引发大范围争论，也损害了行政法整体的权威性。

（二）科技风险标准制定的效率性问题

标准制定是科技风险规制的基础环节。科技风险标准是否科学、标准制定是

---

① 这里的正当性问题意指行政主体在依法行政时，除了考虑行政行为的合法律性（形式合法性）问题外，还应当将可接受、可预测等正当问题考虑在内。行政法关于正当性问题的讨论应当包含两个方面的内容：一是合法律性问题，即形式合法性问题，这是行政行为是否正当的首要前提；二是可接受性问题，行政行为是否被认可是衡量行为是否正当的重要标准。相关论述，可以参见王锡锌：《行政正当性需求的回归——中国新行政法概念的提出、逻辑与制度框架》，《清华法学》2009年第2期。

② 参见《黑龙江省食品安全条例》第55条。

否规范、标准更新是否及时将直接决定科技风险规制活动的效率性。在科技风险规制中，一切关于科技风险的评估、沟通、议题设置与管理活动都离不开一定标准下的判断，经由成本收益分析法确立的可接受标准成为科技风险标准制定的通用方法，行政法也据此确立了规范与调整科技风险标准制定的法律制度。

从行政法视域而言，效率原则乃行政法治的基本原则之一。行政法的效率原则是指以最小的行政法的制定、实施成本尽可能地促进行政主体行政活动的效率与行政相对人行为效率的提高。[①]国家资源的有限性与科技风险的高度不确定、复杂性与多变性要求行政机关在科技风险规制中贯彻效率原则，作为行政行为依据的科技风险标准制度也必须贯彻效率原则。然而，现行行政法在调整与规范科技风险标准制定活动中存在的最大问题便是效率性问题，科技风险标准体系残缺不全、标准规范间相互冲突、标准制度总体滞后等问题严重影响了科技风险规制的效率。以人工智能技术中的自动驾驶为例，该技术仍处于实验室阶段，但少数发达国家以及我国已经开展了特定范围的上路实验。但是，用以规范与调整自动驾驶技术的科技风险标准还未出现，自动驾驶汽车的生产、行驶与上路等标准直接参照传统汽车安全标准，这无疑给其他驾驶人员与普通民众的生命健康安全带来极大风险。

为了反思现行规范与调整科技风险标准制定活动的法制之弊病，促进科技风险标准制度的制定规范化、更新及时化、层级科学化、标准权威化，必须从科技风险与社会建构两个方面剖析科技风险标准制度的实践困境之根由，从行政法的基本原理出发探求科技风险标准制度中行政权力与公民权利的合法、科学的运行方式，进而从原则重塑、标准革新与制度重构三方面展开科技风险标准制度之重构。首先，无论是科技风险标准制定规范化、层级科学化、标准权威化，还是标准更新的及时化，都离不开行政法上的效率原则。其次，效率性原则与其他行政法基本原则一同构成我国科技风险标准制定活动的法定原则。第三，我国科技风险标准制度的行政法优化离不开标准的革新，标准化法的修改在一定程度上提升了科技风险标准制度的科学性，但是，专门调整我国科技风险标准制度的具体法规范的缺失仍是困扰行政主体科技风险规制的问题之一。最后，我国科技风险标准制度的行政法之重构必须立足于行政法律制度的优化与建构，特别是具体科技风险领域安全标准的制定、更新。

---

① 王成栋：《论行政法的效率原则》，《行政法学研究》2006年第2期。

（三）科技风险评估的科学性问题

评估是科技风险规制的关键环节。科技风险评估的科学性问题指的是科技风险评估的行政主体与技术性主体能否严格依据科技风险标准对具体风险给予科学的价值判断。这里的科学性不仅包括技术、知识层面的科学，更包括科技风险评估组织、程序的科学。

现行科技风险评估实践面临的两大问题是，一方面，作为科技风险规制的关键环节，科技风险评估并未完全被确立，诸如人工智能技术、网络信息技术等新兴科技领域并未建立相应的科技风险评估制度；另一方面，即使是在部分存在风险评估制度的科技领域，如转基因生物技术、核能技术领域，科技风险评估制度的科学性也饱受质疑。除了科学知识难以为风险评估提供依据外，科技风险评估的"社会建构"进一步加剧了科技风险评估的科学性问题，其中，评估体系不健全与专家委员会制度的中立性不足乃关键因素。较之科技风险规制的其他过程，科技风险评估对科学性的要求更高，无论是没有确立风险评估制度的部分科技领域的制度建构，还是存在风险评估制度的部分科技领域的制度优化，都离不开精确的制度定位、专业的评估机制与独立的科技风险评估专家委员会，这些问题的核心在于科技风险评估科学性之满足。这里的科学性不仅是自然科学意义上的，更包括社会科学意义上的促进制度最优的专业、精确、独立等要素。

从推进依法行政，加快法治政府建设的要求出发，行政机关与技术性主体的评估权力应当在行政法设定的轨道内运行，面对科技风险评估领域"无法可依"与所依之法科学性不足的现实问题，唯有从行政法视阈入手，探讨适应科技风险属性与特点的评估组织、方式与手段，讨论科技风险评估制度建构所应遵循的行政法基本原则，进而从行政法领域优化科技风险评估的主体性制度、程序性制度与运行机制，方能真正增强科技风险评估的科学性。

（四）科技风险沟通的民主性问题

沟通是科技风险规制的必要环节。自21世纪初"风险沟通"萌芽以来，我国科技风险沟通制度已经由宏观层面的原则建构逐步发展至微观层面的机制确立、方式创新等内容。民主性问题是科技风险沟通的核心问题，作为规制过程中弱势一方的社会性主体、公众是否有机会自由完整地表达自己的意见并使其合理意见获得行政机关采纳将直接决定行政机关开展的科技风险沟通活动是否民主。

由于我国现行科技风险沟通制度体系粗疏、规范过于原则，呈现出制度体系与现实沟通需求的巨大鸿沟，同时，"强制与命令"式沟通模式造成科技风险沟通中行政主体与公民之间的权利义务极不匹配，面对实践中屡屡发生的科技风险事件，我们不得不反思现行科技风险沟通中存在的民主性问题。首先，民主的实现离不开法制保障，只有从行政法治角度研究如何建构更具民主性的科技风险沟通制度，才能回应公民的权利诉求。其次，从科技风险规制实践而言，科技风险沟通应当贯穿规制的全过程中，不同阶段、过程中行政权力与公民权利的表现形式、实现方式、行使与享有程序都离不开行政法的规范与调整。最后，科技风险沟通必须遵循一定的方式、手段，如信息公开、共享、交流等，如何保障沟通方式与手段的规范性、民主性也离不开行政法的调整。因此，唯有严格依照行政法的基本原理对科技风险沟通的理念、组织形式与沟通机制重塑，方能实现我国科技风险沟通法律制度之再定位。

（五）科技风险管理的实效性问题

管理是科技风险规制的最终环节。科技风险管理措施的设计是否实用、有效、能否真正落到实处，发挥功效将直接决定科技风险规制的成败。我国现行科技风险管理法制存在价值、规范与实施困境，其中，法制价值与规范困境影响了科技风险管理的实效性，反过来，科技风险管理措施的实效性欠缺更是加剧了法制实施困境。科技风险具有的高度不确定性、极端复杂性等特征给科技风险管理带来极大困扰，更为科技风险管理法律制度的设计与完善提出了巨大挑战。

究其原因在于，首先，科技风险管理理念与实践要求的失配，重科技经济轻科技风险的管理理念制约着科技风险管理的科学化。其次，规范与调整科技风险管理活动的法律规范并不健全，主要包括科技风险管理主体的法律地位不明确、管理理念滞后、管理措施种类与力度不足等。最后，科技风险管理体制与机制同实践要求并不匹配。传统管理措施中的部门管理体制、事中事后管理模式、处罚为主的管理手段难以适应科技风险管理的现实要求。科技风险管理实效性的提高离不开管理体制与机制的转型升级，其中行政机关管理体制与机制的转变最为重要。因此，只有重新厘定科技风险管理所应遵循的行政法基本原理，从行政法入手，重构科技风险管理的主体性、程序性与关联性制度，才能切实提高科技风险管理的实效性。

上述问题乃笔者对我国现行科技风险规制具体过程中突出问题的简要分析。当然，科技风险规制过程不可能仅存在上述问题，具体过程可能出现多个问题交织的情形。例如，我国科技风险评估制度中除了存在科学性问题外，还会出现民主性问题、实效性问题；科技风险沟通也可能涉及沟通制度重构中的正当性问题与科学性问题，等等。因此，唯有对科技风险规制的具体过程展开深入、整体的研究，方能真正获悉当前我国科技风险规制过程中的法制实施困境及其根由，进而研究规范与调整科技风险规制过程中的行政法规范的原理优化及具体制度的建构、优化、重塑、再造与再定位问题。

（六）需要行政法妥善处理的几对关系

从总体而言，科技风险规制过程中的行政法基本问题就是行政权力、公共权力的行使问题与公民合法权利、私人企业权利与其他组织权益的保障问题。行政法在规范科技风险规制活动过程中需要处理好如下几对关系。

1.作为部门法的行政法与作为领域法的科技法的关系问题

我国科技进步法颁布前后，学界对科技法①的基本概念达成普遍共识，即科技法是指国家调整因科学技术所产生的各种社会关系的法律法规的总称。其中，"各种社会关系"体现在国家（主要指国家行政机关）对科技活动的干预、指导与监督，形成了科技法领域中包括科技促进关系、科技奖励关系、科技监督关系等在内的法律关系体系。不可否认的是，无论上述法律关系，还是其他由科技法确立的行政主体之活动依据均属行政法范围。申言之，行政机关规制科技风险的活动本属科技监督法律关系之一种，然而，当前科技法领域并未建立科技风险规制法律体系。可行之道是，科技风险规制可以借由行政法磅礴而全面的制度体系建构及其实施来实现。

2.行政法中公权力规范行使与行政效率及目标实现之间的关系问题

这里的矛盾关系核心是，作为传统行政法治核心要件之责任与科技风险规制过程中确保公共安全之行政目标的冲突问题。科技风险规制需要国家公权力机关的介入，作为调整国家公权力机关行为的行政法自然必须将科技风险规制

---

① 严格意义上讲，科技法仅属于领域法，其诞生与发展均基于公法特别是行政法确立的基本法律规范体系。作为领域法的科技法在大多数领域被作为部门法的行政法所涵盖。

纳入调整范围。传统的风险规制模式以程序与责任为核心，政府必须严格遵循权力运转规则，任何对于法定程序的违反都将会被要求承担相应的法律责任。然而，在科技风险规制过程中，行政机关的决策正面临着新的发展，面对的规制任务是高度不确定性、复杂化的与信息化的科技风险实际。"组织制度自身的枷锁导致其改进与创新程度明显与社会民众期望不符"[①]，传统的科技风险规制模式妨碍着行政机关法定职责的履行。唯有从行政法治角度探究科技风险规制过程的基本问题与主要内容，方能促使科技风险规制过程法治化。

3.公民合法权利与国家利益、公共利益间的关系问题

国家利益与公共利益主要指作为国家利益与公共利益代理人的政府追求科技经济发展与公民追求健康、安全的权利间如何平衡的问题。一般而言，国家利益和公共利益高于公民权利。但在科技风险规制过程中，国家利益与公共利益具有两个面向，即追求国家安全、公共安全的利益与追求国家富强、公共繁荣的利益。当国家、公共利益与公民合法权利诉求相一致时，政府实施科技风险规制会变得较为简单，但当国家、公共利益与公民合法权利诉求相违背时，政府实施科技风险规制将遭遇较大阻力。一方面，在追求国家安全、公共安全利益时，国家、公共利益与大多数公民的合法权利诉求是一致的。面对科技风险，绝大多数公民考虑的首要问题是，该风险的社会危害性，或是对自身带来何种危害的可能性及危害大小等问题。绝大多数情形下，政府会根据公民的合法权利诉求作出决策，但是，实践中可能会出现两种截然不同的社会效果。政府通过法定渠道合理收集、分析与处理公民意见，并据此开展科技风险规制会收到良好的社会效果；政府根据个人偏好决策，在受到公民抵制、对抗后选择对抗民意则会造成恶劣的社会效果。另一方面，在追求国家富强、公共繁荣的利益时，国家、公共利益与部分公民的合法权利诉求并不一致。大多数情况下，政府的考量可能更为客观，他们会在社会危害可能性与可能创造的经济、社会价值间作出取舍，此时，少部分公民的合法权利诉求应当让位于国家、公共利益。但是，一定场域内对安全、健康的合法权利诉求的公民多于对经济效益、自由发展的合法权利诉求的公民时，政府就不能以国家、公共利益为借口忽视科技风险。

需要注意的是，科技风险是动态的、阶段性的，公民合法权利的诉求也会随时间、空间而变化。此时，给行政机关的挑战是，如何科学、及时与有效地把握

---

① Marijn Janssen, Haiko van der Voort. Adaptive governance: Towards a stable, accountable and responsive government, Government Information Quarterly, (33, 2016), pp.1–5.

公民合法权利与国家利益、公共利益间的关系问题，这是科技风险规制的根本问题。

4.企业、科研机构围绕科技发生的经济权利与高度不确定之科技风险可能影响公共安全间的关系问题

经济自由是个人自由的重要部分，发展权也是世界主流国家普遍认同的基本人权，这一点也为我国宪法所承认，依据《中华人民共和国宪法》（以下简称《宪法》）第47条之规定，中华人民共和国公民有进行科学研究、文学艺术创作和其他文化活动的自由。面对社会危险性不彰的科技风险，政府采取规制是否构成对企业、科研机构与公民从事科学研究、应用等经济自由的侵犯，需要从行政法理层面加以论证。一般认为，国家利益、公共利益大于个人利益，当科技风险可能危及社会安全与国家稳定时，毋庸置疑，对于存在危害结果先例的科技风险，如核能技术风险，政府必须对其加以规制。但是，多数科技风险的危害性是高度不确定的，例如，民众对转基因食品的恐慌或人工智能取代人类的猜想均没有确定的科学依据。对于这些科技风险，政府是否应当予以规制、规制的正当性依据何在、规制方式与手段的选择、规制过程中如何实现公权力的规范行使与公民权利的依法保障，这些问题都需要行政法予以回应并解决。

总结而言，行政法中的规制意指通过规范权力、设定权利或限制自由的方式实现行政目标。在科技风险规制中，行政法的基本问题也主要涵盖行政机关与科研机构、企业、新闻媒体、公众等相对人的职权职责与权利义务问题。科技风险规制过程中的行政法问题主要是指科技风险议题设置、科技风险标准制定、科技风险评估、科技风险沟通与科技风险管理过程中行政机关、其他行政主体、私人企业、公民等主体的职权职责与权利义务问题。科技风险规制过程中，议题设置、标准制定、评估、沟通与管理均会涉及行政机关、科研机构、企业、新闻媒体与公众的权利保障与义务履行问题，特别是在行政机关行使规制权力时，与之对应的公民义务及宪法法律确定的公民合法权利问题应当是行政法必须予以规范、调整的基本问题。

第二章
科技风险议题设置制度的行政法之重塑

科技风险议题设置是科技风险规制活动的开始，关涉科技风险规制资源的投入方向与力度。它能影响特定行政相对人的权利和义务。依据风险议题设置实践中占主导地位主体的不同，笔者将科技风险议题设置类型化为行政主导型、民意聚推型、专家论证型与媒体呼吁型四种。我国现行科技风险议题设置多采用行政主导型，这一模式满足了效率与程序要求，但也存在权责与权义两个视角的正当性问题。风险认知因素、政治因素与法制因素成为科技风险议题设置模式出现正当性危机的根源与内在作用力。我国科技风险议题设置法制的建构可以在借鉴美国与欧盟科技风险议题设置的法律规定及其实践的基础上，结合实际，重塑科技风险议题设置的理论基础，重构科技风险议题设置法制的基本原则以及健全风险议题设置法制的主体性制度。

第一节 我国科技风险议题设置实践及其类型化

虽然我们很难从具体法律规范中获悉我国科技风险议题设置的主要模式，但通过收集、分析经济社会发展规划、地方政府的行政决策等，可以总结出我国科技风险议题设置的基本情况。实践分析是研究我国科技风险议题设置制度重塑的逻辑起点，类型化的研究方法有助于我们精确聚焦问题所在。

一、我国科技风险议题设置的历史

（一）科技风险议题设置的含义解析

一般而言，议题简称"会议讨论的题目"后延伸指需要议论、讨论的问题。①议题设置是确定什么问题构成优先处理的问题。科技风险规制的议题设置是指,对各种科技风险议题依重要性予以排序并确定将何种科技风险纳入行政规制范围的活动,具体环节包括议题纳入、优先次序设置与议题确定三个环节。1962年,美国政治学家巴查赫和巴热兹提出"权力两方面"论点,认为参与议题方面的权力和参与决策方面的权力同等重要。②实践中,民众往往聚焦于参与决策方面的权力,对议题选择过程的参与权诉求甚微。当前我国科技风险规制领域亦面临这一问题,科技风险议题经由参与规制主体的风险感知、风险识别与风险认知形成。行政机关应当如何设置科技风险议题,行政法应当如何调整科技风险议题设置中各方主体间的权利义务关系,不仅事关科技风险规制后续活动的展开,更是法治政府建设不可忽视的重要领域。

(二)我国科技风险议题设置的历史发展

我国科技风险议题设置可以追溯到20世纪60年代。作为典型的科技风险议题设置行为,国家在提出自主研制"两弹一星"战略决策后,号召、组织大批优秀的科技工作者在沙漠、戈壁开展原子弹、氢弹与卫星研究。之所以选择在荒无人烟的区域开展研究,除了防止别国的间谍活动外,最主要的原因是为了避免科研活动可能造成的巨大危害后果波及全社会,危机广大人民群众的人身、财产安全。进入21世纪后,国家的科技风险议题设置活动逐渐发展到核能技术风险、转基因技术风险、网络技术风险及最近兴起的人工智能技术风险领域。以转基因技术风险的议题设置为例,自1992年加入《生物多样性公约》,我国开始将转基因生物技术风险纳入政府议题。1999年我国发布的《中国国家生物安全框架》提出国家将逐步建立国家生物安全政策体系、法律体系、技术准则体系与能力建设。1993年原国家科委颁布《基因工程管理办法》、1996原农业部颁布《转基因生物基因工程安全管理实施办法》、2001年国务院颁布《农业转基因生物安全管理条例》、2006年原农业部颁布《农业转基因生物加工审批办法》……这些规范与调整转基因生物技术的实验、生产、加工等领域活动的法规范的出现,表明我国已经将转基因生物技术风险纳入科技风险规制议题。2010年以来,国家对核能技术、人工智能技术、网络通信技术等领域的科技风险均开展了不同程度的立法规范、政策调控工作,主要包括2016年颁布的《中华人民共和

---

① 黄河清编著:《近现代辞源》,上海辞书出版社2010年版,第930页。
② Peter Bachrach Morton Baratz, Two Faces of Power, American Political Science Review, (4, 1962), pp.947-952.

国网络安全法》、2017年修订通过的《中华人民共和国核安全法》、2017年国务院发布的《新一代人工智能发展规划》等。上述法规范的出台,标志着我国已将核能、网络、人工智能等领域的科技风险纳入国家层面的规制议题。

但从整体来看,我国科技风险议题设置实践仍存在不少问题,主要表现为议题设置不充分,包括议题纳入的不充分、模糊地设置优先次序与议题确定不透明。一方面,我国政府的科技风险议题设置行为往往表现出极强的目的性,导致特定科技风险的其他表现形式未被纳入规制议题。仍以转基因生物技术风险领域为例,行政机关虽然认识到该风险的公共性并将其纳入规制议题,但对转基因技术中的微生物技术,农业活动以外的转基因技术应用等活动,行政机关并未纳入规制议题。另一方面,科技风险议题的优先次序模糊,未形成合理、系统及先后有序的议题序列形成机制。由于我国的科技风险议题设置基于较强的目的性,科技风险议题的优先次序在实践表现为不分先后,导致行政机关在规制中难分轻重,最终导致的问题是,行政机关只能优先回应那些引发社会广泛关注的科技风险议题,而对可能危害巨大但未引发民众关注的科技风险则视若无睹或消极以待。最终陷入"头痛医头,脚痛医脚"的制度运行悖论。

二、我国科技风险议题设置的类型化

我国公共政策议题设置主要有传媒议题、公众议题与政策议题三类。[①]聚焦至科技风险规制领域,依据风险议题设置中占主导地位主体的不同,可以将科技风险议题设置类型化为行政主导、民意聚推、专家论证与媒体呼吁四种类型。[②]

(一)行政主导型

行政主导型科技风险议题设置是指行政机关在科技风险议题设置中起决定性作用,在科技风险议题纳入、优先次序设置与议题确定环节均发挥主导功能。该模式是当前我国科技风险议题设置中最为常见的类型。最典型的形式就是上级行政机关要求下级行政机关对某一科技风险实施规制。例如,2017年7月8

---

① 王绍光:《中国公共政策议程设置的模式》,《中国社会科学》2006年第5期。
② 这一方法,其实就是德国著名社会学界马克斯·韦伯创立的理想类型分析方法。参见[德]马克斯·韦伯:《社会科学方法论》,韩水法等译,中央编译出版社2002年版,第19页。

日国务院向各省、自治区、直辖市人民政府,国务院各部委、各直属机构印发《新一代人工智能发展规划》(以下简称《规划》)并要求各单位认真贯彻执行。《规划》提出人工智能存在的不确定性对法律、伦理等问题提出了挑战。行政机关主导科技风险议题设置具有议题设置效率高,权威性强的优点,但也存在公众参与程序低,易受利益俘获与议题设置准确性存疑等劣势。

(二)民意聚推型

民意聚推型科技风险议题设置是指在科技风险议题设置中,民众的集体舆论或行为推动行政机关将科技风险的议题纳入规制程序,并在优先次序设置与议题确定中影响行政机关对于科技风险的判断,间接决定科技风险议题设置。该模式属于当前我国科技风险议题设置的少数类型。民意聚推科技风险议题设置有公众参与程度高、力度强的优点,但也存在效率低、科学性不强与易受煽动等短处。

(三)专家论证型

专家论证型科技风险议题设置是指科技风险议题设置主要源于专家对特定科技风险的论证,专家在科技风险议题纳入、优先次序设置方面提供了决定性的科学证据。该模式在当前我国并不常见,实践中主要附随于前两种类型之中。专家论证型科技风险议题设置方法具有科学性与准确性强的优点,但存在易受政治与利益俘获的短处。例如,针对转基因生物的环境影响风险研究,南京环境科学研究所与绿色和平组织的研究结果认为作为转基因生物的抗虫棉对生物多样性造成负面影响,2010年,原农业部在官方网站的"转基因权威关注"频道对抗虫棉环境影响的研究结果逐条反驳,此后,该组织迅速改变态度,认为"Bt基因是比较安全的,反对者把整个转基因技术都妖魔化,我是不赞成的,但是说风险绝对没有,我也不同意"[①]。专家论证意见被权威机关干预导致的结果是,虽然专家在议题纳入中起到了较大作用,但在议题优先次序设置和议题确定中的作用大打折扣。

---

① 赵鹏:《政府对科技风险的预防职责及决策规范——以对农业转基因生物技术的规制为例》,《当代法学》2014年第6期。

（四）媒体呼吁型

媒体呼吁型科技风险议题设置是指，媒体的广泛报道成为影响科技风险议题设置的关键因素，直接或通过裹挟民意间接地影响政府纳入科技风险的议题、优先次序设置与议题确定。该模式在我国科技风险议题设置实践中很少单独出现，更多情况下成为行政机关与民意聚推的手段、方式。媒体呼吁型科技风险议题设置有公众参与程度较高、效率较高、力度较强的优点，但也存在科学性与准确性一般、易受政治与利益俘获的短处。

依据李斯特量表法，可以将上述科技风险议题设置模式的特点归纳为公众参与程度、效率、科学性与准确性、受政治或利益俘获与力度五个指标，进而量表化以便理解（见下表）。[①]需要强调的是，关于五大指标的评判对象主要来源近年来发生的科技风险事件，评判标准也是相对而非绝对的。

表 2-1　科技风险议题设置模式特点

类型/特点	公众参与程度	效率	科学性与准确性	受政治或利益俘获	力度
行政主导型	较低	高	较强	较易	较强
民意聚推型	高	低	较弱	一般	强
专家论证型	低	较高	强	较易	一般
媒体呼吁型	较高	较低	一般	易	较强

第二节　科技风险议题设置实践困境之根由

科技风险议题设置之所以会遭到正当性困境，存在诸多原因。既有风险认知

---

① 笔者收集涉及科技风险议题设置的相关案例、报道共计 50 余条，其中包括茂名、漳州等市地的 PX 项目事件相关报道，连云港等市地的核风险事件相关报道，厦门、仙桃等市地垃圾焚烧发电项目事件相关报道，崔永元事件等转基因技术风险相关报道，以及学术界对转基因技术风险、核能技术风险等的研究数据。

因素、政治因素，也有法制因素，本节将分别对之加以分析。

一、风险认知因素

风险认知因素是造成科技风险议题设置模式正当性困境的首要原因。科技风险认知是不同主体对于科技风险的感知、识别与认知的过程。当前我国科技风险规制主体主要包括行政机关及其职能部门、具有公共职能的社会组织（包括专家组成的科研机构与企事业单位）与公众，其中行政机关是主导主体，而专家往往受行政机关聘请并协同配合行政机关做出决策。由于在我国行政法上行政机关工作人员往往是某方面的专业人员，由此，行政机关工作人员也是专家，他们与受其聘请的专家共同构成"科技风险认知中的专家"。这两类专家其实主导了行政机关的科技风险议题设置。实践中，专家与公众对科技风险认知结果的差异往往影响着具体的科技风险议题的设置结果。

（一）公众的邻避效应

邻避效应是指公众希望自身生活区域免受具有负面效应的公共或工业设施的干扰①，在科技风险议题设置领域则表现为公众对于风险不明的科技应用项目建设在其生活区域周边的抵触与拒斥。

从客观上讲，邻避效应是公众对于风险分配错位结果的非理性认知，可能正确也可能错误，但对于科技风险规制而言，公众对于科技风险的邻避效应不仅破坏了社会管理秩序，更严重的是消解了公众对行政机关科技风险议题设置的信任。对于科技风险议题设置而言，信任是公众服从于政府基于不确定性情景而制定或实施规制措施的关键所在。②加之在互联网时代下，公众联结方式由以往的信息交流转为网络集结模式，邻避效应的速度、规模与邻避运动的表现样态都变得越来越难以控制。长此以往将形成恶性循环，行政机关的科技风险议题设置方案引发邻避运动，邻避效应消解公众对科技规制的信任进而反对规制方案，最终瓦解行政机关规制活动的合法性与正当性基础，致使科技风险议题设置陷入正当性困境。

---

① 杜健勋：《邻避运动中的法权配置与风险治理研究》，《法制与社会发展》2014 年第 4 期。
② 戚建刚、张景玥：《论信任对公共风险监管法制之构成性意涵》，《政法论丛》2015 年第 4 期。

归根结底,邻避效应乃是公众对高度不确定的科技风险的有限理性之回应,本身并不具有利弊,诸多邻避运动的发生其实是因为行政机关并未正确看待并回应公众对科技风险议题设置的公正、民主与公开诉求。仍以连云港"核循环"项目事件为例,作为一项建在市区附近且具有较大科技风险的公共决策项目,当地政府与企业并未在议题设置前期通过听证、协商等方式听取公众意见。在有效的沟通制度缺位后,公众只能选择以冲突对立方式维护自身权益。从理论而言,地方政府和当地公众生活在共同场域内,休戚与共,在科技风险议题设置中应该遵循利益同享、风险共担的原则。而事实上,政府部门为了追求项目所带来的高额经济效益,盲目向公众保证该项目无风险、无隐患,但公众并不信任政府的承诺,为后续邻避运动埋下隐患。中山大学政治与公共事务管理学院教授郭巍青曾就如何化解邻避运动表示:"政府不要去承诺和担保一定会安全,因为你也不能百分之百的控制。"[①]

(二)科技研究成果的争议性影响科技风险认知的客观性

科技研究成果是行政机关与公众了解科技发展与应用是否具有风险的最主要通道,但在实践中,不同科研机构的科技风险研究成果在结论上大相径庭,例如,针对电子香烟是否具有危害性的风险研究[②]中,2014年4月英国皇家医学院声称电子香烟可能导致英国吸烟率显著下降;美国食品药品管理局证实在电子香烟盒中发现有毒微量化学物质;美国疾病防控中心官方媒体报道称,近年来不断发生电子烟中毒事例,其中51.1%为五岁以下的儿童。三个机构对于电子烟的危害性认知存在较大差异,这种结论相悖的科学研究成果影响了行政机关及其工作人员、社会公众,以及专家对具体科技风险的客观认知。

(三)民众与专家对科技风险认知的偏差

对于具有高度不确定性的科技风险而言,风险议题的设置属于价值选择问题,规制主体的偏好与价值取向通常会对议题设置结果起决定作用。在科技风险规制的风险议题设置环节,源于不同的背景、知识、信息与思维,民众与专家

---

① 江作苏、孙志鹏:《环境传播议题中"三元主体"的互动模式蠡探——以"连云港核循环项目"和"湖北仙桃垃圾焚烧项目"为例》,《中国地质大学学报(社会科学版)》2017年第1期。
② Matthew T. Wansley, Regulation of Emerging Risks, Vanderbilt Law Review,(69, 2016), pp.401-478.

的偏好与取向可能相悖。①科学家所试验的心理测量范式揭示了公众与专家风险认知的差异。②研究表明,决定公众风险认知的因素往往是对特定未知风险的恐惧的心理感知,而不同经济发展水平、社会文化环境、知识能力以及是否利益相关等因素也可能影响民众对科技风险的认知。例如,有学者通过问卷调查研究孟加拉国公民对手机通信技术的风险认知,抽样调查显示,多数人认为手机通信技术的风险小于其所带来的收益,这项研究结论与发达国家民众普遍忧虑手机通信技术的风险认知观点相悖。③决定专家风险认知结果的则是数据与概率,专家习惯于在风险认知中抛却感情、价值等主观偏好,他们习惯于通过理性地统计数据分析与概率计算结果认定科技风险。

可见,不同主体对科技风险认知存在较大差异。这种主体性认知差异成为当前科技风险议题设置出现正当性困境的主要动因。以生物技术的主要负面产物超级细菌为例,荷兰鹿特丹的马斯城医院2011年7月26日宣布,近两个月内一种不明疫情已在荷兰造成27人死亡,所有死亡病例均感染了克雷伯氏超级细菌。④2015年以来我国也不断发生超级细菌事件。2015年10月29日,广州地铁系统检出超级细菌——耐甲氧西林的金黄色葡萄球菌,检出率2.5%。此外,2015年湖北省一位幼童感染超级细菌并迅速死亡的报道更是引发全社会关注。⑤抗生素的滥用导致了"超级细菌"的出现,作为生物技术的负面产物,超级细菌已经成为全球医疗卫生领域的难题。医学专家从科学角度解读了超级细菌,认为并不是所有具有抗药性的细菌均无法治愈,并将超级细菌分为可以治疗与目前缺乏治疗手段两种。然而,于此不同的是,公众看待超级细菌时往往只关注于危害后果,欧洲民众对超级细菌的恐慌便是最好例证。新闻媒体在其中发挥了推波助澜的作用,这是因为,民众通常并不与专家直接接触,他们往往只能通过新闻报道获取科技风险信息。新闻媒体的夸张报道加剧了民众恐慌,也进一步拉大了民众与专家间的科技风险认知差异。

---

① 戚建刚教授认为风险规制过程是公众和专家运用各自所掌握的关于风险的事实和价值知识进行交涉、反思和选择的过程,两者的观点可能出现分歧。参见戚建刚:《风险规制过程合法性之证成——以公众和专家的风险知识运用为视角》,《法商研究》2009年第5期。
② [澳]狄波拉·勒普顿:《风险》,雷云飞译,南京大学出版社2016年版,第16-17页。
③ Ellen van Kleef, Risk and Benefit Perceptions of Mobile Phone and Base Station Technology in Bangladesh, Risk Analysis, (06, 2010), pp.1002-1015.
④ 冯国忠:《荷兰超级细菌夺走27条人命》,央视网2011年08月12日。
⑤ 胡彩丽:《"超级细菌"致湖北一幼童死亡》,搜狐网2015年04月15日。

二、政治因素

政治因素是科技风险议题设置出现正当性困境的内在原因。科技风险议题设置中的政治因素包括利益集团的干涉与社会观念的变迁两个方面。这两方面因素共同影响行政机关的科技风险议题设置行为。利益集团通过利益诱惑、干涉决策等行为影响行政机关科学、公正地设置科技风险议题。社会观念的变迁主要是公众的科技风险认知、行政机关治理理念等观念的历时性变化，这些变化会干扰行政机关对待不同科技风险的态度，进而影响科技风险的议题设置。

（一）利益集团的不正当影响

利益集团不正当影响其实属于政府规制俘获理论的主要内容。政府规制俘获理论认为，俘获政府规制、促使政府进行规制的，或者是规制对象本身，或是其他有可能从中获益的人。规制的供给是应产业对规制的需求（立法者被产业俘获），或者随着时间的推移规制机构逐渐被产业控制（规制者被产业俘获）。政府往往并不是规制的最初发动者，在产业组织的游说下，政府规制的实质是规制者和立法者被产业组织所俘虏和控制，规制由产业谋取，并主要根据其利益来设计和运作。政府规制的目的更大程度上是为了满足产业对规制的需要而产生的，是特殊利益集团间接干预的结果。规制俘获理论的基本观点是：不管规制方案如何设计，规制机构对某个产业的规制实际是被这个产业"俘虏"，其含义是规制提高了产业利润而不是社会福利。在部分情况下，政府规制行为的确使普通民众有所受益，但这并非政府规制的原始初衷和实际目的，这些有益之处可以被视为仅仅是规制的偶然的意外结果而已。[①]这项理论也为政府科学地制定和实施规制政策敲响了警钟，因为在政府规制过程中确实存在着规制决策制定过程中的任人唯亲现象和贪污腐败现象，存在着其他寻租和创租的情形。[②]

具体到科技风险议题设置问题，政府对何种领域的科技风险设置规制议题，对何种领域的科技风险不设置规制议题，也极易受到规制对象本身，或者其他

---

① 参见［美］理查德·波斯纳：《法律的经济分析》，中国大百科全书出版社1997年版，第475-476页；又见董炯：《政府管制研究：美国行政法学发展趋势评价》，《行政法学研究》1998年第4期。
② 参见王俊豪：《英国政府管制体制改革研究》，上海三联书店1998年版，第45页；王俊豪：《中国政府管制体制改革研究》，经济科学出版社1999年版，第141页。

可能从中获益的人的影响。经验表明，科技应用通常会带来巨大的经济利益，进而形成以科技为核心的利益集团并经过一段时期的发展形成固化的利益集团。利益集团固化导致的结果是，行政机关欲将某个科技纳入风险议题，必然招致利益集团的阻挠与反对。虽然现代社会的概念已经假定了科学知识与政治行动的可专业化，但贝克认为，风险引发的社会变迁将导向科学和政治的特有解放，对知识和政治行动的垄断将发生分化。①其结果是，利益集团介入政治变得可能，其可以通过对行政机关的利益俘获、煽动民意等方式影响行政机关的科技风险议题设置进程。例如，手机通信技术的发明与应用创造了巨大的经济效益与社会效益，手机通信技术不仅带来了财富，更从根本上改变了人类的生产生活方式。然而，围绕手机通信技术的风险研究认为手机存在一定的辐射风险，尚未明确其是否会对人体造成危害以及危害大小。如果政府欲将手机通信技术纳入科技风险议题②，手机通信技术关涉的利益集团肯定会通过各种方式"阻挠"行政机关的行动。

（二）社会观念的影响

科技应用进入社会领域后必然导致社会观念的变迁，新的社会观念一旦形成与固化将给科技风险议题的设置带来观念困扰，并在特定条件下成为影响行政机关设置科技风险议题的重要因素。透析科技风险规制实践可以发现，科技发明之始为规制活动的开展提供了短暂契机，许多科技风险（如克隆技术风险）被第一时间纳入风险规制议题加以规制，但也有部分科技风险（如核能技术风险）未被第一时间纳入规制议题，随着最优规制时段的过去，将此类科技风险纳入规制议题并实施规制变得越来越困难。社会观念对科技风险规制议题设置的影响主要表现在社会观念固化的阻碍与规制成本增加的困扰两个方面。

1.为民众逐渐接受后的社会观念固化导致的科技风险议题设置难题

当科技风险规制的最佳窗口期错失后，公众逐渐接受了特定科技发明与应用并形成了与之对应的社会观念。如网络通信技术的发明改变了人类交流、互动的方式，日积月累之下公众逐渐习惯于通过各种通信软件交流，网络互动及其背后的新生社会观念逐渐被社会大众认同。然而，任何科技发明与应用必然

---

① ［德］乌尔里希·贝克：《风险社会》，何博闻译，译林出版社2004年版，第189页。
② 关于是否将手机通信与基站技术纳入政府规制议题的讨论在欧洲部分国家已经公开化。See Ellen van Kleef, Risk and Benefit Perceptions of Mobile Phone and Base Station Technology in Bangladesh, Risk Analysis,（06, 2010）, pp.1002-1015.

伴随着或多或少的风险，客观的风险判断结果经常不为普通大众所认可。网络通信技术背后的网络病毒、个人信息被运营商交易、个人隐私被普遍泄露所带来的风险日渐困扰社会民众。民众总是希望享受科技发明与应用给生活带来便利的同时能够免受科技风险的侵害，事实证明，这只是"一厢情愿"。2016年轰动全国的济南20万儿童信息泄露事件①再一次将网络通信技术风险摆在公众眼前。但是，我国7.31亿网民组成的规模庞大网络群体已经形成了网络时代的新观念。如果为了规制网络通信技术可能带来的风险而将网络通信全面禁止，根本不可能为社会大众所接受。民众逐渐接受网络通信技术后，政府已经错过了以最小成本规制该技术风险的窗口期。此时，政府只能在应用该技术的既定事实下讨论网络通信技术风险的规制议题设置问题。

2.固化观念变迁带来的规制成本上涨给科技风险议题设置带来更多困扰

某项科技发明与应用蕴含着较大的社会风险，但已经为社会大众所接受，或是已经形成了与之对应的社会观念，那么，政府欲将其纳入科技风险规制议题将付出更多的成本。以人工智能技术为例，虽然人工智能技术还存于新生发展阶段，但政府、社会与公众已经普遍认可、接受，甚至期待该技术应用给人类社会带来的经济与社会效益。少数人对人工智能技术风险满怀担忧，但这并非社会主流观念。倘若人工智能技术应用所孕育的社会观念固化后，公众再想去改变将变得异常困难。例如，当人们习惯于自动驾驶技术带来的轻松、便利后，为了其可能蕴含的交通安全风险而宣布禁止自动驾驶将遭到更多的反对。即使政府为了保障交通安全，选择对自动驾驶技术风险实施规制，也需要付出更多的规制成本。

社会观念的固化与变迁对科技风险规制议题设置的影响往往是潜在的，当人们习惯于某项科技发明与应用时，将其纳入规制议题实施规制会变得异常困难；相反，当人们并不认可某项科技发明与应用时，长期以来形成的社会观念会引发其对该技术风险的恐慌，最终影响行政机关的规制议题设置。

三、法制因素

法制因素是科技风险议题设置陷入正当性困境的直接原因。目前我国调整

---

① 邢婷：《济南警方侦破儿童信息泄露案》，《中国青年报》2016年05月05日，第04版。

科技风险议题设置活动的法规范基本处于空白状态。这导致行政机关的科技风险议题设置活动长期游离于法制监督之外。具体表现为两个方面。

（一）传统行政法难以调整科技风险议题设置活动

科技风险的固有特征导致以"主体—行为—责任"为流线的传统行政法制①很难将其纳入调整范围。传统行政法的基本要求是行政机关的决策与行为的内容、范围与幅度均应于法有据。然而，科技领域繁多，具体项目不胜枚举，风险表现各不相同，例如，仅就转基因技术而言就包括转基因食品风险、转基因生态风险、转基因环境风险等。行政法难以将将形形色色、纷繁复杂的科技风险纳入调整范围，否则，成本过大，而且对于风险不彰的所有科技项目均制定法律规范也不现实。此外，科技风险具有较高的动态性，其表现样态、形式会随时间推移而变化，而行政法律规范需要以稳定性实现适用的权威性，两者之间在某种程度上存在天然的冲突。

（二）行政程序法的缺失成为科技风险议题设置陷入正当性困境的重要因素

行政程序法是现代民主法治国家规范行政权力的基本法，对行政权力的运行具有重要影响。②在行政法领域，程序法制提供行政权力运行的具体规则，为行政机关依法行政提供程序保障，特别是在实体规范空白的情形下，程序法制可以通过程序约束、保障结果的合法性与可接受性。在科技风险议题设置过程中，将何种科技风险纳入议题属于价值判断问题。从行为类型看，科技风险议题设置通常属于行政机关内部行为，难以适用重大行政决策程序。如果存在规范科技风险议题设置的行政程序法，那么无疑能增强行政机关行为的正当性。例如，当前我国并未存在专门调整纳米技术风险的法律规范，行政机关可以基于自身的风险认知与政治考量决定是否将其纳入科技风险规制议题，但是，如果行政程序法对行政权力运行设定程序规范，行政机关的科技风险议题设置活动就必须严格遵循公众参与、科学论证或实验性程序等程序规则，无法恣意决定，科技风险议题设置结果的正当性也会大大提高。

---

① "主体—行为—责任"为流线的传统行政法制以管理为内核、强调秩序行政，行政机关在管理国家与社会事务时更加注重形式合法性。其在规范与调整科技风险议题设置中面临着常态秩序与动态变化的科技风险、行政机关管理与科技风险治理多主体要求等方面的失配。参见江国华：《行政转型与行政法学的回应型变迁》，《中国社会科学》2016年第11期。
② 应松年：《中国行政程序法立法展望》，《中国法学》2010年第2期。

第三节 域外科技风险议题设置法制实践之借鉴

美国与欧盟的科技风险规制议题设置各自坚持不同的路径，从科技哲学的范畴归纳，美国的科技风险规制议题设置整体上遵循唯科学主义路径，兼顾人本主义路径，实践中表现为规制议题设置的市场路线与"科学证据原则"；欧盟的科技风险规制议题设置整体上遵循人本主义路径，兼顾科学主义路径，实践中表现为规制的公众安全路线与"谨慎预防原则"。①聚焦于科技风险议题设置法制之实践，美国与欧盟的科技风险规制议题设置活动遵循了上述路径。

一、美国科技风险的议题设置法制实践

美国的科技风险议题设置法制起源于 20 世纪中叶，主要以联邦政府确立与立法确定议题为主。在美国，尽管风险治理被纳入公共行政范畴已近 40 年，但系统分析现有法律制度及其应用可以发现，风险治理中如何确定某项法律之适用并提出纠正政策和行动仍是极具挑战性的过程，主要表现在社会庞杂与分化背景下，风险治理实践不断变化，提供一个适用于复杂风险环境的统一法律框架与组织结构变得极端困难。②因此，美国的科技风险议题设置中行政机关的设置理念、原则与方式直观显示了该国科技风险议题设置的主要特点，具体包括。

（一）美国科技风险议题设置中政府的政府角色

依据联邦法律授权，联邦政府及其职能部门有权在具体科技风险规制领域，依据行政程序法、组织法、司法原则与行政命令规定的授权，制定具体规则，但其规则制定权必须满足一系列条件，其中最重要的内容包括公告与评论程序、

---

① 这里借鉴科学哲学的观点旨在根据美国与欧盟科技风险规制的主要特点进行类型化的分类，并未绝对意义上的"二元论"。关于科学主义与人本主义的论述，参见金炳华主编：《马克思主义哲学大辞典》，上海辞书出版社 2003 年版，第 428 页；杨寿堪、李建会：《现代科学主义与人本主义哲学的基本特征及其走向》，《学术月刊》2001 年第 11 期。
② Louise K. Comfort, William L. Waugh, Emergency Management Research and Practice in Public Administration: Emergence, Evolution, Expansion, and Future Directions, Public Administration Review, (4, 2012), pp.539-547.

成本效益分析以及司法审查。①而作为补充，议题设置（协商性程序）发生在拟议规章草案形成之前，通过利益主体参与协商委员会的形式，致力于共识的达成。②利益主体包括利益相关的技术产业界、学界、社会媒体和公众，由多方共同通过规制性协商机制决定是否将具体科技纳入风险规制议题，后续的程序就衔接于传统"公告—评论"程序，进入公共评论阶段，并且最终规章也受制于司法审查。③此外，风险议题设置的全过程应保留程序记录并向社会公开。美国联邦政府的科技风险规制议题设置强调程序法治与协商参与，在拥有较大自主权的同时受司法审查的监督。

（二）美国科技风险议题设置的理念与方式深受"自由主义"思想的影响

罗尔斯认为正义并不意味着绝对的平等，公平才是正义的内核，其在论述政治的正义理念提出，"当从平等分配出发而产生的这些不平等能够有效地改善每一个人的处境时，当事人将会接受收入和财富方面的不平等"④。政府可以因公共利益干预市场，但应保持在特定限度内以防破坏正义。自由主义理念在晚近的人工智能技术风险议题设置领域表现得尤为明显。2016年10月12日，美国白宫科技政策办公室（OSTP）发布了《准备迎接人工智能未来》战略报告与美国《国家人工智能研究发展战略计划书》。⑤该报告是在五次公开研讨会和官方正式要求提供关于人工智能技术相关信息后编写的。这份报告的整体基调是自信的，反映出人们对科技的积极看法。它针对的是技术部门和一般公众。这份报告将人工智能定义为一种技术，如果经过深思熟虑的使用，它可以帮助增强人的能力，而不是取代人的能力。它展示了迄今为止我们称为"良好的人工智能社会"的形象，该报告还提出三项应对人工智能技术的具体议题：一是为了更好地发挥作用应当加大对人工智能的投资与开发；二是为美国公民提供适应未来社会的就业与教育培训；三是应对人工智能及风险导致的失业风险，确保转型期工人的权利。两份报告显示，美国联邦政府并不急于对人工智能的研发进行大

---

① Matthew T. Wansley, Regulation of Emerging Risks, Vanderbilt Law Review, （69, 2016）, pp.401-478.
② 蒋红珍：《治愈行政僵化：美国规制性协商机制及其启示》，《华东政法大学学报》2014年第3期。
③ See Wendy E. Wagner, Administrative Law, Filter Failure, and Information Capture, Duke Law Journey, （59, 2010）, pp. 1321, 1329-1334.
④ ［美］约翰·罗尔斯：《作为公平的正义——正义新论》，姚大志译，中国社会科学出版社2014年版，第149页。
⑤ Executive Office of the President, Artificial intelligence, automation and the economy, whitehouse.gov, 2016-10-12.

规模监管,而是会在交通、金融等垂直领域先行制定应用标准。科学证据原则的确立体现了美国科技风险规制法制的内在精神,即保障私主体的权利与自由,尊重科技创新,防止政府过多干预。因此,联邦政府对自己作为人工智能技术监管者的角色的看法是有限的,认为政府行为的重点是确保不会阻碍人工智能技术的发展。①

(三) 美国科技风险议题设置中的科学证据原则

"科学证据"原则是指以科学证据界定风险,只有当具体科技及其应用的风险被证实后,联邦政府方能决定是否将其纳入规制议题。以与转基因相关的杀虫剂管理为例,1986年开始实施的美国联邦《生物技术协调管理框架》将联邦法规范与转基因生物技术的发展保持同步,该框架将生物技术风险纳入联邦规制议题。②其中,美国环保署负责包括对杀虫剂生产、销售、配送与使用环节的注册、控制与管理。一般情形下,"如果没有证据证明某种杀虫剂对人类健康或环境有不合理的损害,环保署就应予以注册,许可该转基因生物进行大田试验并批准使用其产品。"③根据美国《国家环境政策法》的规定,如果有足够证据表明该转基因作物是安全的,经农业部出具环境评价报告后,转基因作物可以"去管制化"。美国联邦法律体系将转基因技术风险规制议题设置的权力交由农业部与环保署负责,两个部门可以针对具体项目自主决定是否将其纳入规制议题。科学证据原则为联邦政府的科技风险议题设置提供了法定原则,但对其的批判也一直存在。有学者认为科技风险无法证实时,规制机关的迟缓应对"迅速关闭了纳入行政规制议题的最佳窗口"④,科学证据出现后,规制将面对的两大阻碍是,利益集团的形成与社会观念的固化。一方面,在立法或规则制定过程中,力量小却集中的利益集团将压倒大而分散的公众,成为影响科技风险议题设置的主导力量;另一方面,即便没有利益集团的介入,一旦某项科技项目获得广泛的公众接受,规制机关也很难将其纳入科技风险议题。例如,即使手机通信技术显著增加了癌症的发病率,规制机关也几乎不可能将其纳入科技风险议题予以规制。

---

① See Corinne Cath et al., Artificial Intelligence and the 'Good Society': the US, EU, and UK approach, Science & Engineering Ethics, (7625, 2017), pp.1-24.
② 刘旭霞、刘渊博:《美国转基因产品市场化监管对中国的启示》,《华南农业大学学报(社会科学版)》2014年第3期。
③ 刘银良:《美国生物技术的法律治理研究》,《中外法学》2016年第2期。
④ See Albert C. Lin.Revamping Our Approach to Emerging Technologies, Brooklyn Law Review, (76, 2011), pp.1309-1332.

(四)美国科技风险议题设置中政府同社会组织、私人企业、公民等的关系与互动越来越紧密

自《协商制定规制法案》出台后,美国联邦政府越来越注重在议题设置中加强与市场主体、公民等的协商、沟通,例如食品药品管理局欲对某项转基因技术实施规制,必须事先通知相关企业、利害关系人等。这一趋向显示了美国科技风险议题设置的人本主义理念,例如,奥巴马政府于2011年9月1日出台了一项政策,宣布白宫官网将开设一项"网络问政"的新功能,美国公民可在一个名为"我们人民"的白宫子网页上,根据自己关心的重要议题提交请愿书,参政问政,相关部门负责人必须对请愿书作出书面回应。

二、欧盟科技风险的议题设置法制实践

欧盟的科技风险规制整体上遵循人本主义路径,兼顾科学主义路径。人本主义体现为科技风险规制中"非科学性"因素占较高地位,并在实践中表现为规制的"谨慎预防原则"。具体而言,现行欧盟调整科技风险议题设置的法律规则建构于对风险社会与科学双重复杂性认知之上,通过程序性建构为不同主体间的合作性议题设置提供制度路径。主要有以下特点。

(一)通过追求政治的合理性保障科技风险议题设置的民主性与规范性(正当性与合法性)之统一

有学者认为合作程序的确立旨在调适科技风险议题设置中科学与社会理性间的潜在冲突[1],科技风险议题设置应在科学因素之外依据其他非科学的合法性因素,如谨慎预防原则、科技的不确定性以及民众忧虑等。欧盟委员会的科技风险议题设置实践遵循了上述理念,以人工智能技术风险议题设置为例,2016年5月31日,欧洲议会法律事务委员会公布了关于机器人民事法律规则的报告草稿,并向欧洲联盟委员会提出了建议。[2]该法律规范虽主要关注于智能机器人侵

---

[1] See T. Christoforou, The precautionary principle and democratizing expertise: a European legal perspective, Science and Public Policy, (3, 2003), pp.637-709.
[2] European Parliament Committee on Legal Affairs, Civil law rules on robotics (2015/2103 (INL)), www.europarl.europa.eu, 2016-05-31.

权责任方面的问题,但也提及该技术的社会风险问题。与美国的《准备迎接人工智能未来》战略报告相比,欧盟的报告篇幅更短,更多地关注机器人,而不是人工智能,并立即关注自主车辆、无人驾驶飞机和医疗机器人,以及在这些领域可能需要制定具体规则的建议。欧盟报告中对人工智能的处理也反映了对该技术的不同理解。人工智能不是一种独立的技术,而是作为"智能自主机器人"的一个基本组件来实现的。因此,人工智能被认为是能够在其他技术系统中实现自主性的东西。然而,决定不列入未实现的人工智能技术使得该报告与之前出台的两个报告有所不同,并产生不同的政治和法律后果。报告强调,在现实社会生活中测试机器人对于识别和评估机器人可能带来的风险及其技术应用与发展至关重要。

(二)不断被强化的谨慎预防原则主导了欧盟科技风险议题设置之实践

欧盟里斯本条约第191条第2款指出,在考量不同地区差异性的基础上,欧盟的环境政策以高标准保障为目标,以预防原则为基础,并允许成员国在适当情形下采取临时性措施。①具体到科技风险议题设置中,欧盟当局基于谨慎预防原则之要求,在科技风险议题选择、优先次序设置与议题确定环节均采取积极的预防措施。以欧盟转基因技术风险规制为例,自20世纪80年代起,欧盟成员国中的奥地利、保加利亚、法国、德国、希腊、匈牙利、卢森堡等国家先后禁止转基因作物的商业化种植;2011年下半年,欧盟提出了一个"技术性解决方案"——"零阈值"政府——即对饲料种混杂的未批准转基因成分采取0.1%的阈值②;2015年1月,欧洲议会通过了2001/18号令修正案,重申"除非为公共健康或环境安全之目的,欧盟所属成员国应限制或禁止转基因生物种植及其恶意环境释放"③。欧盟积极将转基因技术列入科技风险议题并采取切实的预防措施源于其科技风险规制法律体系确立的谨慎预防原则。欧盟科技风险议题设置的谨慎预防原则不可避免地带来一些负面结果,例如科技发明与应用的积极性受挫、成员国经济发展放缓等,但人本主义的科技风险议题设置路径形成于苏联切尔诺贝利核灾难发生后,其将保障公众生命健康权作为国家首要保护义务的做法值得借鉴。

---

① 里斯本条约网(The Lisbon Treaty)。
② 徐丽丽、田志宏:《欧盟转基因作物审批制度及其对我国的启示》,《中国农业大学学报》2014年第3期。
③ Maria Weimer, Risk Regulation and Deliberation in EU Administrative Governance—GMO Regulation and Its Reform, European Law Journal,(5,2015),pp.622-640.

（三）科技风险议题设置过程的组织建构表现为去中心化的行政合作原则

欧盟的成立主要基于《欧洲联盟条约》等一系列条约，其中，《政治联盟条约》确立了欧盟委员会的科技风险议题设置权。为从根本上防止欧盟组织结构的单边行为，欧盟委员会、食品安全局、环境署等机构应严格依据法定程序框架履行各自职权并不得越权，这主要是为了防止欧盟的组织与成员国政府组织间的职能冲突问题。去中心化的行政合作原则表现为两个方面，即欧盟组织内部机构间的合作以及欧盟组织与成员国政府职能部门间的合作。例如，转基因作物规制中食品安全局负责风险评估、欧盟委员会负责风险管理[1]，欧盟委员会、食品安全局也应当与成员国食品安全监管机关进行充分的交流与合作。

（四）合作原则与集中规制原则仅停留在法律规范层面，还未得以落实

以转基因风险规制为例，实践困境在于欧盟委员会风险管理的科学性与欧盟组织体系决策的政治性间的冲突，其根本在于如何由跨国间的合作转变到统一决策、管理与责任承担以保障权威的问题。[2]具体到科技风险议题设置中，谨慎预防原则内涵了透明性程序原则与协商性设置原则，直接结果是，多主体协商结果对科技风险议题设置具有重要影响。例如，公众对于核能技术的风险认知影响欧盟成员国的科技风险议题设置。德国核能法颁布实施后，核能的商业利用在德国社会一直处于政治与公法领域争论的风口浪尖，公众对核燃料、核反应堆等风险的恐慌迫使德国议会通过法案宣布 2022 年前逐步推出核能发电。[3]

三、美国与欧盟议题设置法制实践之借鉴

虽然在路径与理念方面存在一定差异，但是，美国与欧盟的科技风险规制都基本遵循着实验主义的科技风险议题设置路径，即严格的科学实验证明是科技

---

[1] Maria Weimer, Risk Regulation and Deliberation in EU Administrative Governance—GMO Regulation and Its Reform, European Law Journal,（5, 2015），pp.622-640.
[2] Maria Weimer, Risk Regulation and Deliberation in EU Administrative Governance—GMO Regulation and Its Reform, European Law Journal,（5, 2015），pp.622-640.
[3] 伏创宇：《核能规制与行政法体系的变革》，北京大学出版社 2017 年版，第 8 页。

发明与应用的基本前提。在科技风险议题设置环节，美国与欧盟的规制策略既有共同之处，也存在不少差异。一方面，美国与欧盟在科技风险议题设置中均注重多元主体平等参与协商依其程序建构，只是参与议题确定的渠道、方式与程序不同，如美国白宫请愿网站就是极具特色的公众参与渠道；另一方面，美国与欧盟科技风险议题纳入、优先次序设置以及议题确定的理念、规则与权利保障的侧重点不同，美国的科技风险议题设置遵循科学主义路径，注重科学证据原则，强调保障公民与市场主体的自由发展权；欧盟的科技风险议题设置遵循人本主义路径，注重审慎预防原则，强调保障更大多数人的生命健康权。结合我国科技发展与风险规制现状，针对美国与欧盟议题设置法制实践，我们可以扬长避短、兼容并蓄，选择适合现阶段我国国情的科技风险议题设置模式，具体表现为议题设置理念与议题设置原则两方面。

（一）我国科技风险议题设置应当遵循科学主义与人本主义相结合的议题设置理念，并以人本主义理念为重心

片面强调科技发展与进步必然导致科技发展脱离正常轨道，甚至给社会带来巨大灾难；片面强调安全必然会抑制科学生产力，阻碍社会进步与人们生活水平的提高。科学主义与人本主义相结合的科技风险议题设置理念绝非两者间的绝对平衡，在具体历史阶段下，政府应当作出取舍并选择重心。当前我国经济社会发展已经进入新阶段，习近平总书记在党的十九大报告中指出，我国社会主要矛盾已经转化为人民日益增长的美好生活需要和不平衡、不充分的发展之间的矛盾。人们的需要从物质层面扩展到安全、环境、健康等方面，政府必须在经济与社会管理中重视、回应与满足这一"需要"。因此，当前我国科技风险议题设置应当以人本主义为重心。

（二）我国科技风险议题设置应当坚持科学证据与审慎预防相结合的议题设置原则，并以审慎预防原则为重心

科学证据原则强调，当科学证据证明某项科技发明与应用的风险后才将其纳入规制议题，否则坚持市场的自由发展与人的自由选择；审慎预防原则强调，即使没有具体、明确的证据，只要人们对某项科技风险产生集体恐慌，政府就应当将其纳入科技风险议题并实施规制。两大原则各有优势，也有其弊端。为了实现科技对经济与社会的推动作用的同时，尽可能地保障人民健康、安全与社会

稳定，结合我国科技发展与风险规制现状，我们应当坚持科学证据与审慎预防相结合的科技风险议题设置原则。在当前社会环境下，之所以选择以审慎预防原则为重心，主要是源于长期以来政府片面强调 GDP 与经济发展，已经形成了行政决策与行为中的固化思维，特别是进入 21 世纪以来，片面注重科技经济已经给环境、安全与健康带来诸多问题。面对经济社会发展实践与行政法发展的需要，不少学者已经提出将预防原则纳入行政法的基本原则之中[①]，将审慎预防原则作为现阶段我国科技风险议题设置的基本原则之重心成为规范与事实两个层面的必然要求。

第四节　我国科技风险议题设置法制之重塑

当前我国的科技风险议题设置缺乏科学、完整的法律框架，风险认知因素、政治因素与法制因素交叠混合，成为科技风险议题设置陷入正当性危机的根源所在。借鉴美国与欧盟科技风险议题设置法律制度及其实践，笔者认为，我国科技风险议题法律制度应从理念、原则、主体性制度等方面予以重塑。

一、转变科技风险议题设置法制的基本理念

（一）从片面追求经济发展转变到兼顾公民权利保障

从法哲学视域而言，任何法律制度的哲学基础并不能简单采取科学主义与人本主义的二分法，许多问题并非"黑白分明"，而是"你中有我""我中有你"，其划分依据在于法律制度的内在倾向与本质方面。[②]因此，重塑规制科技风险议题设置的法哲学基础并由此确定我国科技风险议题设置的基本理念中，既要反对绝对主义，又要反对相对主义。具体而言，科学主义主要倾向于依靠科

---

① 戚建刚：《风险规制的兴起与行政法的新发展》，《当代法学》2014 年第 6 期。
② 杨寿堪、李建会：《现代科学主义与人本主义哲学的基本特征及其走向》，《学术月刊》2001 年第 11 期。

学知识的地位、价值与作用来探讨、阐释与建构具体问题；人本主义倾向于将人的处境、生存、自由等作为探讨、阐释与建构具体问题的依据与追求。

上文讲到，当前我国科技风险议题设置仍属于行政机关主导模式，其法制建构尚不完全。从科技风险议题设置法制体系上讲，规范与调整核能技术、转基因技术、互联网技术等的法律制度正在陆续出台与修订，但其主要目的是为科技经济发展提供制度保障，或是预防可能出现的科技风险事件。例如，《核安全法》在总则中较为明晰地规定了核能技术风险议题设置中安全与技术利用间的关系。[①]从立法目的来看，我国政府承认核能技术中的核设施、核材料等具有潜在的放射危害性，认为立法有利于防范危害并为核安全提供法律保障。但进一步分析，立法机关对待核能技术的观点是：核能技术的利用虽有风险，但通过规划、许可、审批、报告等监管手段可以妥善应对，故仍应积极开发与利用核能技术。因此，我国现行科技风险议题设置制度的建构主要遵循着科学主义的理念基础。但与美国不同的是，我国传统法治体系仅处在基本建成阶段，程序法治并未被全体社会成员自觉遵守，加之风险认知与政治因素，造成了当前我国科技风险议题设置实践的法治危机。部分具有社会危害可能性的科技风险（如人工智能技术风险）还没被纳入科技风险规制议题，部分纳入规制议题的科技风险（如具有高收益的高危化工技术风险）却因为地方政府的个人偏好、选择性执法等导致其未能严格被确定为具体规制议题。因此，结合我国国情，公民基本权利的国家保护义务在科技风险规制领域应有所扩大，科技风险议题设置的价值选择应侧重于安全。进而言之，重塑我国科技风险议题设置法律制度的关键在于实现理念基础的转变，即从片面追求经济发展转变到追求科技经济发展并兼顾公民权利保障。

（二）从现实主义的科技风险观转变到综合主义科技风险观

重塑我国科技风险议题设置法制的重点任务就是重塑规制科技风险议题设置的基本理念，并由此形成从现实主义的科技风险观到综合主义科技风险观转变。一般而言，科技风险属性认知存在现实主义与建构主义的方法论张力，前者关注科技风险的物理属性并将其视为自然界冲突的延伸，后者关注科技风险的

[①] 2017年9月1日审议通过的《核安全法》第1条规定，为了安全利用核能，保证核设施、核材料安全，预防与应对核事故，保护从业人员和公众的安全与健康，保护环境，制定本法。

社会属性且更注重科技风险的社会感知与不确定性。①两者的张力在于诸多科技风险——如化学项目、电磁辐射等——是否仅属于物理世界的组成部分，或只是媒体或民众的主观忧虑。如果将其视为物理世界的组成部分，则我们可以运用科学方法预测、避免和控制；如果将其视为主观忧虑，这时需要应对的不是科技风险本身，而是如何缓解民众的恐慌与忧虑，保障社会的整体和谐与稳定。当前我国科技风险议题设置法制内含的科技风险属性认知更多属于现实主义方法论范畴，行政机关经常低估科技风险规制的复杂性，对于科技风险高度不确定的社会感知反应迟缓，导致议题设置中法律工具主义范式仍然普遍占据主导地位。②现实主义的科技风险观造成的直接后果是，立法机关对于风险高度不确定的科技风险往往基于以保障安全为目的的被动预防式立法，行政机关的具体科技风险议题设置活动也往往被动进行。为了确保国家安全保障责任的有效实现，我国科技风险议题设置应从现实主义的科技风险观转变到综合主义科技风险观。

一方面，综合主义科技风险观要求行政机关基于立法授权积极地通过行政立法、规范性文件制定将关涉公众安全、健康的科技风险确定为规制议题。面对高度不确定的科技风险，立法机关无法面面俱到，它们只能通过框架式立法或基础式立法保障特定科技领域风险议题设置的"有法可依"，因此，大量的空白授权被赋予行政机关。借鉴域外"不确定法律概念"，行政机关应当建构更为开放、灵活的科技风险议题设置权力运行机制，从而更好地将不同类型、领域的科技风险纳入规制议题，实现公民权利的动态、全面保护。实践路径应是在注重与上位法相一致的前提下，强化科技风险议题设置的基本内容与具体法律规则之设计。

另一方面，综合主义科技风险观要求行政机关的具体科技风险议题设置行为正当化、规范化。从科技风险规制过程而言，科技风险议题设置属于行政机关实施风险管理必要的前置程序。但不同于常态行政下强调遵守法定程序的"依法行政"，行政机关在具体科技风险议题设置中必须综合考虑多方诉求，确保议题纳入、优先次序设置与议题确定的正当性与可接受性。因此，科技风险议题设置法制重塑应当由行政主导的科技风险议题设置模式转向开放、柔性、灵活、协

---

① Andreas Metzner-Szigeth, Contradictory approaches? On realism and constructivism in the social sciences research on risk, technology and the environment, Futures, (3, 2009), pp.156-170.
② ［英］伊丽莎白·费雪：《风险规制与行政宪政主义》，沈岿译，法律出版社2012年版，第4页。

商的科技风险议题设置模式。

二、重塑科技风险议题设置法制的基本原则

科技风险议题设置法制建构的基本原则之重塑是科技风险规制法制的实践要求。社会科学不去管基因改造产品（科技风险）是否安全，因为那是自然科学的问题，但透明化的问题、制度的问题、资讯的问题、沟通的问题应被关注。结合行政法治的现实要求，科技风险议题设置具体法律原则的制度设计应在注重依法行政原则的同时，增设透明性原则、协商性原则与科学性原则。

（一）科技风险议题设置中的依法行政原则

常态社会秩序下的行政法治原则要求行政机关实施行政行为应当遵循依法行政原则与正当程序原则，且行政权力应与其所承担的法律责任相适应。囿于科技风险议题设置法制之缺失，实践中科技风险议题设置只能遵循行政法的基本原则。一方面，依法行政原则要求行政机关的科技风险议题设置活动严格依据法律进行，但法制缺失与科技风险的固有特征恰恰阻碍了这一原则的适用；另一方面，秩序行政下科技风险议题设置活动属于行政机关内部行为，不直接影响相对人的权利义务，且科技风险的不确定性"阻断"了责任追究链，权责一致原则要求的权力行使与责任承担在科技风险议题设置中无从适用。面对常态行政下的行政法治原则中面临的适用困境，我们必须从科技风险议题设置过程这一特定场域出发，为行政法的基本原则之适用提供新的解释。

第一，依法行政原则中的"法"应内含合法律性与正当性双重要求，而非单纯地依法律原则或规则行政。特别是在科技风险议题确定环节，纯粹的价值考量及决断并不关涉"合法"与"非法"的问题，此时应回溯到政治意义上的正当性标准[①]，以公共行政正当化作为科技风险议题设置是否正确的评价依据。以人工智能技术为例，对于人工智能技术风险，可以从社会、法律、伦理等多方面展开讨论，仅从行政法领域政府规制风险而言，人工智能技术风险表现为可能引发大量技术性失业、可能造成新的不平等、责任空白与可能的极端灾难性后果，人工智能技术发展与市场化给法律带来极大挑战，法律能否规范、如何有效规

---

① 王锡锌：《行政正当性需求的回归——中国新行政法概念的提出、逻辑与制度框架》，《清华法学》2009 年第 2 期。

范人工智能技术风险将成为法治政府建设的重要内容。对此，有学者提出"技术中立不代表可以脱离法治"的观点，认为科技必须在法律的轨道下发展，法律规制人工智能技术风险的制度体系建设应遵循"鼓励创新、包容审慎"的原则。①此种情形下要求的行政机关依法行政绝不是单纯的依据法律规则行政，一方面，行政机关很难对人工智能技术的风险与可得收益作出价值判断；另一方面，调整人工智能技术的法律规范基本上处于空白状态，法律并未给予行政机关明确的依据与指导。因此，除了遵守形式合法性要求外，行政机关必须将正当性要求引入科技风险议题设置过程，特别是科技风险议题设置法律制度及其实践中来，以正当性原则规范与调整行政机关的科技风险议题设置行为，避免行政权力不作为或恣意作为。

第二，科技风险议题设置中的权力与责任都应基于科技风险议题设置委员会的设置而放开，即对多元主体共同协商达成共识的科技风险规制，其最终决议之责任也应由多元主体共同承担。责任共担主要对应科技风险议题设置中的行政民主决议之权力，下文将在科技风险议题设置委员会设置中详细阐述。此外，责任共担并未否定行政机关依法履职之责任，亦即行政机关始终应为科技风险议题设置的不利法律后果承担法律责任。例如，对科技风险议题设置偏差之责任，行政机关应负总体性责任，议题设置委员会成员应就组织、召集与决策等行为负失职责任，科研机构、企业与公民等相对人应承担因参与权、表达权与决策监督权等行使不到位的负面法律效果。

第三，依法行政原则要求行政机关必须依法定程序行政。为保障科技风险议题设置的科学性、合法性，科技风险议题设置法制应为科技风险议题设置权的运行提供规范、明确与具体的规则与程序，程序要求在于强化科技风险议题设置的透明性与公开性，防止内部决断。与此同时，新的程序性要求虽然在某种程度上损害了作为科技风险议题设置追求之一的行政效率②，但其实质上通过提高行政的科学性概率而提升了行政效率。例如，美国成立专门机构负责科技风险议题设置的实验程序，对实验环境外的技术延迟或限制应用。基于安全性保障之目的，实验程序对具体科技的应用设置了一定阻碍，但长远来看，规制机关在对经过安全性审查的科技应用项目的历时性监管中可以节省大量的人力、财力资源。

---

① 刘权：《人工智能时代，如何用法律按下"规制键"》，《新京报》2017年11月15日，第A04版。
② Matthew T. Wansley, Regulation of Emerging Risks, Vanderbilt Law Review, (69, 2016), pp.401-478.

（二）透明性原则

透明性原则是现代民主政治发展过程中形成的行政法基本原则之一。透明性原则要求原用于对新闻媒体的报道中，后逐渐延伸至政治、经济与社会生活的各个方面。进入21世纪以来，网络时代下新兴媒体的出现给行政权力运行提出了新的要求。行政机关必须通过增强决策与行为的公开度、透明性来强化行政的正当性基础，这便是科技风险议题设置中的透明性原则。在科技风险议题设置中，行政机关必须告别过去行政中常用的内部决策形式，选择将议题设置过程公开化、透明化，以增强社会主体、私人企业与公民对议题设置的参与度提高议题的接受性。此外，"因科技而生的风险问题较为复杂，且具有不确定性，确保透明性更有必要，以便保证专业知识能够独立运用，并接受社会监督。"[①]专业知识独立运转与社会公众的监督参与为行政机关的科技风险议题设置提供了正当性基础。具体而言，透明性原则应当体现在科技风险议题设置主体、程序、内容与结果四个方面。

首先，科技风险议题设置的主体应当公开透明，方便社会主体、私人企业与公民了解议题设置主体。当相对人认为自身权利受到行政机关的科技风险议题设置行为侵害时，可以直接向该机关提出意见或向其上级部门申诉。将科技风险议题设置主体透明化还有助于相关法律责任的清晰查证与归结，当行政机关的科技风险议题设置行为造成严重的社会危害结果时，行政监察部门可以直接找到相关责任单位与责任人，提高行政监察效率。

其次，科技风险议题设置程序的公开透明有利于提高规制议题的正当性。程序公开倒逼行政机关严格依照法定程序开展科技风险议题设置活动，防止内部决断，也强化了社会监督。虽然程序透明增加了行政机关的成本，但其实质上通过提高行政的科学性概率而提升了行政效率。[②]

再次，将科技风险议题设置内容公开有利于方便公众理解行政机关决策的法律依据与事实依据，增强科技风险议题设置中行政机关与相对人的互信，提高科技风险议题设置的正当性。

最后，科技风险议题设置结果的公开能够有效保障公民的知情权、监督权的行使，促进科技风险议题设置的规范化与正当化。

---

① 王贵松：《风险行政的组织法构造》，《法商研究》2016年第6期。
② Matthew T. Wansley, Regulation of Emerging Risks, Vanderbilt Law Review, (69, 2016), pp.401-478.

(三)协商性原则

协商性原则源于美国《协商性规章制定法》确立的协商式规则制定程序,其核心要素在于利益主体的纳入、协商程序与共识的达成。在科技风险议题设置法制中确立协商性原则能够大大增强多元主体间的互信,提供科技风险议题的可接受性,并为最终的科技风险规制决策与行为提供正当性基础。聚焦至科技风险议题设置法制之建构,协商性原则的确立应解决两大核心问题,一是何种公众参与问题,即模式与平台的问题;二是公众参与中的表决权归属问题。前者关乎形式参与与实质参与的问题,后者决定公众参与的实效,这也是协商性原则不同于传统公众参与原则的根本所在。

第一,协商性原则要求行政机关将社会主体、私人企业与公众纳入科技风险议题设置过程之中,共同协商决定最终的规制议题。公共治理时代,"作为治理主体之一,公民不再满足于在国家剧场之外排着长队去领取政府分配好的权益、制定完的规则和作出了的公共决定。"①社会主体、私人企业与公众参与政府议题设置、监督政府行为的诉求变得越来越强烈,在这一治理逻辑下,科技风险议题设置应当引入协商性原则。行政机关应当通过行政立法方式成立专门的科技风险议题设置委员会负责科技风险议题设置,规定社会主体、私人企业与公众参与议题设置的具体权利与义务。

第二,协商性原则要求法律制度为公众参与设立相应的表决权利。科技风险议题设置法制应引入合意性原则,即基于科技风险议题设置委员会这一平台实现参与多方合意确定科技风险议题之目的。具体而言,协商性原则要求科技风险规制法制在议题设置全过程建构起公开、公正、透明、民主、科学、正当的科技风险沟通体制机制,包括明确科技风险议题设置参与主体的法律地位与法律责任;强化行政主体在科技风险议题设置全过程的沟通与协商职责;增强科技风险议题设置全过程协商的程序性规则建构,等等。

(四)科学性原则

科学指关于自然、社会和思维领域的各种具体规律性知识的理论体系。②科学性则是要求主体行为应当符合、遵循规律性知识的理论体系。在科技风险规

---

① 罗豪才、宋功德:《行政法的治理逻辑》,《中国法学》2011年第2期。
② 刘炳瑛主编:《马克思主义原理辞典》,浙江人民出版社1988年版,第603-604页。

制过程中，关涉科技风险的任何决策均需基于前提性的知识确信，但不同规制过程的科学性要求又有其独特内涵。不同于科技风险标准制定、评估与管理过程，科技风险议题设置过程中的科学性原则是指科技风险的议题纳入、优先次序设置与最终确定均应基于科学研判。科学研判的依据包括科技研究成果（科学证据）与公众民意评论（民意）两方面。总体而言，科学性原则要求既保障行政机关能够切实、有效地将关乎公众安全、环境安全与社会安全的科技风险纳入规制议题，又要保证为影响较小或没有影响的科技发明与应用提供合理空间，促进科技对经济发展的引领作用。这一合理空间指科技发展与应用的自我空间，更是避免科技问题政治化的独立空间。任何把科技问题"政治化"的倾向都可能导致社会文化、法律制度等因素迟滞或阻碍科技进步与发展应用的效益最大化。因此，科技风险议题设置法制应明确科学性原则的指导性功用，将科技风险的科学判断与价值判断结合起来，防止科技风险议题设置陷入唯科学主义或唯人本主义的极端倾向。

一方面，科学性原则要求行政机关的科技风险议题设置行为均应基于确定的科学研究成果，而不能单凭主观偏好决定。例如，行政机关欲将转基因生物技术纳入规制议题，则必须基于科学证据证明该技术的危害可能性。因此，在科技风险议题设置中，行政机关负有严格依据科学知识确定规制议题的义务。

另一方面，在基于确定的科学研究成果的基础上，科学性原则要求行政机关的科技风险议题设置行为符合民意。欧盟《食品安全的欧洲政策》报告认为科学在风险分析中作用的发挥经历了三个阶段，其中，新兴模式下科学与政治、经济、文化与社会在风险议题设置中共同发挥作用。[①]科学知识是基础，它与政治、经济、文化与社会在科技风险议题设置中共同发挥作用，其中，民意诉求属于政治、经济、文化与社会等方面的内容。因此，在科技风险议题设置中公众拥有参与议题设置、表达意见等权利；行政机关负有尊重、回应与结合民意确定规制议题的义务。

三、科技风险议题设置的主体性制度之设计

面对科技风险，单一主体根本无力应对。首先，企业的逐利性导致其在自我

[①] Antonia Trichopoulou, European Policy on Food Safety, Working document for the STOA Panel, Luxembourg, (26, 2000), pp.62-64.

规制中会考虑成本效用，经常陷入自我规制挫败；其次，无论是社会民众或是作为民意集合体的社会团体，受制于信息获取障碍、组织性不强及强制性权力缺乏等因素，无力成为科技风险议题设置的主导者；第三，作为当前科技风险议题设置主导主体的行政机关容易陷入"左右摇摆"的局面，因为利益集团的极力俘获和社会民众汇集的民意都可能影响行政机关决策与行为的科学性、正当性。此外，即使行政机关掌握大量公共资源的，也会因为技术快速发展致使现有知识出现过时现象，"被认为可接受的风险常会被不断推陈出新的科学知识推翻，过去属于正常的现象往往于一夕间变成危险状况。"①

随着公共治理理论及其实践发展，在科技风险规制领域，由行政主体单方主导风险议题设置的时代已经终结，社会团体、新闻媒体、公民等都已成为科技风险议题设置的主推力量，不断发生的科技风险事件就是最好的反向例证。法制应通过授权形式赋予行政机关成立专门的科技风险议题设置委员会负责科技风险议题设置。科技风险议题设置委员会由行政机关主动发起，专家技术人员、社会团体、新闻媒体及社会民众代表共同参与，"基于达成共识之目的，通过确定的协商程序为决策提供支持。"②科技风险议题设置委员会建构的法律依据与理论基础是法定的行政决策程序与行政法学中的适当注意原则。一方面，党的十八届四中全会决定要求"把公众参与、专家论证、风险评估、合法性审查、集体讨论决定确定为重大行政决策法定程序"。另一方面，行政法学领域提出行政机关决策与行为应当坚持适当注意原则，要求行政机关决策与行为时，应以审慎的态度考虑所有相关因素和情形。而在科技风险议题设置领域，行政法上的适当注意原则要求行政机关在"涉及专业性、技术性的事务上应听取专家意见，通过听证等方式考量相对人的利益诉求以平衡决策事项牵涉的各方利益"③。笔者从以下三个方面阐释科技风险议题设置委员会。

（一）科技风险议题设置委员会的含义

科技风险议题设置委员会是由各种不同的主体组成的、按照一定的宗旨和规则建立起来并依法承担各类科技风险议题设置任务的内部有机统一的组织，其职能主要是合法、科学与公正地设置科技风险议题。具体而言是承担科技风

---

① Ulrich Beck, From Industrial Society to the Risk Society: Question of Survival, Social Structure and Ecological Enlightenment, Theory, Culture & Society, (1, 1992), pp.97-123.
② Jody Freeman, Collaborative Governance in the Administrative State, Social Science Electronic Publishing, (1, 1997), pp.1-98.
③ ［荷］勒内·J.G.H.西尔登等编：《欧美比较行政法》，伏创宇译，中国人民大学出版社2013年版，第27-29页。

险议题设置相关科学数据、技术信息、检验结果的收集、处理、分析等任务；承担科技风险监测相关技术工作，参与研究提出科技风险监测计划，汇总分析科技风险监测信息；开展科技风险议题设置相关科学研究工作，组织开展全国科技风险监测、科技风险议题设置培训工作等职能。其宗旨是吸纳科技风险议题设置中多元主体代表，为关于科技风险的多种价值和知识进行相互交流与沟通提供平台。

（二）科技风险议题设置委员会的特点

英国下议院于 2016 年 10 月 13 日发布《人工智能：决策者综述》[①]，该报告提出设立一个关于人工智能的独立的国家级常设机构，用以应对关于人工智能技术应用与发展可能导致的风险、问题。但该报告仅处于政策层面。借鉴该报告提议与本土国情，我国科技风险议题设置委员会制度与现行的以国家行政机关主导的科技风险议题主体制度相比，具有如下特点。

1.科技风险议题设置委员会的构成主体具有多元性

科技风险议题设置委员会打破了由清一色的行政机关工作人员及其聘请的专家组成科技风险议题设置主体的现状，将科技风险议题设置过程中的各种利益相关者，如对科技风险感兴趣的人士代表、某一科技产品使用者的代表、科技产品企业界代表，都纳入科技风险议题设置委员会的主体构成之中，使科技风险议题设置委员会的主体由"单一式"转为"多元式"，它的组成人员均需经严格遴选产生，由多元主体参与的科技风险议题设置委员会可以促进科技风险规制议题的设置兼顾、平衡各方利益。

2.科技风险议题设置委员会的各主体成员既相互独立又相互制约

该委员会的各主体在履行各自职责时，拥有独立、平等的陈述权、提供证据的权利和质证的权利，都承担说明理由的义务。同时，各成员之间还存在相互制约的关系，以避免科技风险议题设置权力的过度集中。如在科技风险危害描述、科技风险利弊分析等问题上，专家成员享有决定权，其他组成人员则享有知情权，并享有要求专家作出解释和说明的权利。在科技风险议题评估结论的形成上，专家成员享有决定权，但承担举证和说明理由的义务，其他成员则享有评议权、建议权并要求专家说理的权利。行政机关则主要行使组织、监督、协调和领

---

① UK Government Office for Science, Artificial intelligence: An overview for policy-makers, 2016-10-13.

导等权力,当然最终的决策权由行政机关行使。但如果行政机关改变委员会的结论,则要重新召集委员会再次进行议题决策。

3.科技风险议题设置委员会的规模具有开放性

该委员会的总规模并不是一成不变的。它将依据特定科技风险的范围、形式等特点,作相应的调整或变动。比如,对于那些具有科学上的不确定性、社会和政治上模糊性的科技风险,典型的如转基因食品风险、辐照食品的风险,则需要更多的专家代表、公众代表和更多的科技产品代表。此时,协调委员会的人数将会增加。而对于相对为公众熟知的、风险范围较小的科技风险,如核能技术风险,公众代表、科技产品代表则可以仅选取核电、核能项目选址附近的居民与直接相关的企业。

(三)科技风险议题设置委员会的主要功能

1.有利于增进公众对于科技风险议题设置结果的可接受性

为了寻求公众对科技风险议题设置结果的理解,我们特别强调科技风险议题设置委员会中专家组织的作用,客观地说,这一路径在很多方面都具有优势。但不能因此而将专家的作用绝对化、极端化。科技风险并不是一个绝对的命题,而是一个程度的问题,绝对安全并不存在。科技风险所具有的天然的相对性和不确定性,以至于纯粹基于专家知识所做出的结论进行议题设置仅成为理论上的可能。科技风险议题设置的结论并不是纯粹客观中立的量化推理,而是一种掺杂各种价值和利益选择的构建过程,是受到了社会价值制约的价值妥协的产物。然而,在相互竞争的社会价值中做出选择,专家并不比公众更有正当性,企图利用冷冰冰的数字来限制公众需求、左右公众价值的做法是不尽正确的——专家设置了科技风险意图,而公众要毫无条件地接受这种"被设置风险"——谁愿意把自己的健康与生命,交给一个自己素不相识,甚至还可能有点不可靠的专家呢?仅靠专家做出的决策,很难被公众理解和接受。科技风险并不是独立于人的存在,脱离社会公众的科技风险议题设置组织机构根本是空中楼阁,缺乏坚实的社会基础。因此,我们需要改变完全秉承专家治理理念而由专门的专家设置科技风险议题的模式,让社会组织、公众和企业参与到科技风险议题设置主体制度之中,这样有利于使公众正确认识到科技风险的存在及发展,增进公众对于议题结果的可接受性,因为公众参与的过程"是说服而非强制,决策也是在公民及其代表的公共讨论中形成的,它就比较容易获得广泛的政治支持,并能够比较顺利地推动遵守执行"[①]。

2.有利于实现科技风险议题设置的透明性

因科技风险引发的事件在我国不断爆发之后,不少人开始思考科技事故屡禁不止的原因,学者们从不同角度对此予以了探讨。其中,科技风险议题设置过程的不透明和不公开性是很重要的一个原因。不透明性或不全面的公开性严重侵害了公众的知情权,使公众无法监督行政机关、科技开发和应用企业的行为,科技事故变得日益猖獗。虽然《政府信息公开条例》已经颁布施行多年,但实践中科技风险议题设置的信息公开仍然存在诸多困难,主要表现为《政府信息公开条例》对保障科技风险议题设置信息的公开与透明的指导作用并不明显。科技风险议题的结果事关科技产品和科技应用的安全问题,事关公众的生命健康,应该予以公开,接受社会公众和新闻媒体的监督。因此,有必要在科技风险议题设置环节特别强调公开、透明的重要性,真正保障公众获得科技风险信息的权利。如果科技风险议题设置主体是一个单一、封闭的主体制度模式,仅要求在议题结束阶段将结论告知公众并要求公众接受,是远远不够的,公众仍然无法了解科技风险议题设置主体的权力运行方式,那么就很难让这些权力机构的行为对公众负责,公众也难以监督它们的行为。同时信息不对称和不透明使公众对科技风险议题设置结论产生隔膜和抵触。为此,需要在科技风险议题设置活动的各个环节和层面都贯彻透明性的要求。科技风险议题设置委员会通过多元主体的参与和协调,实现科技风险信息的资源互享,能让公众和企业切身体会到科技风险议题设置的过程,使科技风险议题设置活动不再是"黑盒子式"的活动,从而实现真正意义上的透明。

四、建立动态的科技风险议题设置制度

法律规范的制定、修订与废除是国家科技风险议题设置的主要手段与表现形式之一。例如,在核能技术风险规制领域,《核安全法》标志着我国核能领域的科技风险规制已经上升到法律层面。作为我国首部核安全法,该法贯彻落实了总体国家安全观,建立从高从严核安全标准体系,为实现核能的持久安全和健康发展提供了坚实的法制保障,更意味着核能技术风险议题设置问题已经法

---

① 肖巍:《风险社会中的协商机制》,《学术界》2007年第2期。

制化。不同于其他社会领域，科技领域发展迅速，技术更新换代迅猛，常态法律立改废制度很难适应快速变化的科技风险。为了实现科技风险议题设置的规范化，实现科技风险规制"有法可依"，科技风险议题设置法律制度的建构必须明确动态的立改废制度。

（一）通过简易立法程序将科技风险议题纳入法制化轨道

对于有证据证明具有风险或虽风险不彰但引发社会性恐慌的科技发明与应用，立法机关或者行政机关应及时通过简易立法程序将其确立为科技风险规制议题。如在当前高度发展的人工智能技术领域，我国无人驾驶技术已经达到世界领先水平，但无人驾驶汽车上路试验、测试等活动依然面临合法性问题，公众也存在不少质疑。与我国不同的是，2017年6月，德国联邦议院通过专门规范无人驾驶的"道路交通法第八修正案"；2017年9月，美国众议院通过了《自动驾驶法案》。[①]立法机关或行政机关必须快速回应自动驾驶技术应用后的自动驾驶技术失灵风险、系统性崩溃风险与其他社会风险，为行政执法提供规范依据。

（二）通过立法后评估程序来及时废除或修改涉及科技风险议题设置的法律规范

对于因科技更新换代导致风险属性与表现变化或科学证据证明存在新的风险的科技发明与应用，立法机关或行政机关应当对相关科技法律规范加以评估，并予以快速修订，确保相关科技风险议题的准确性。例如，在日本福岛核电站泄露后，我国积极调整核能技术风险议题设置，颁布实施了《核安全法》等法律法规，核能技术风险议题内容被重新修订。对于基因工程、网络技术、高危化学、新兴能源等科技领域，也应当确立相应的动态议题修订制度与机制。此外，对于已有科学证据证明不具有风险的科技应用，立法机关应及时废止相关法律法规，将具体科技应用从科技风险规制议题内删去。

---

① 刘权：《无人驾驶，立法应先行》，《第一财经日报》2017年11月08日，第A11版。

第三章
科技风险标准制度的行政法之重构

长期以来，由于行政法学界对科技风险标准的公共性、致权利损益性等性质的理解不足，因而相对忽视对科技风险标准制度的研究。科技风险规制过程离不开科学、法定的标准，从行政法视角研究科技风险规制必须从现行调整科技风险标准制定的法律、法规等规范文本入手，分析当前我国科技风险标准制度及其实践中存在的问题，探讨现行调整科技风险标准制定的法律制度之难题，进而结合行政法治的基本原理与实践要求，提出重构我国科技风险标准制度的基本原则、主要理念与具体制度。

第一节 科技风险标准制度的合法性审视

一、科技风险标准的含义及其法制现状

受传统观念的影响，行政法学界关于标准，以及科技风险标准的基本含义与内容体系的研究并不多。[①]然而，界定标准的含义是研究技术法治问题的基础，厘清科技风险标准之含义是研究科技风险标准制度的前提。由此，揭示标准，特别是科技风险标准的含义具有相对理论价值。

（一）科技风险标准的含义

1.标准与风险标准的定义

《辞海》中对"标准"的定义是，衡量事物的准则。[②]据此，标准是指为未来情势的行为提供基本指引、授权的规范与规则。作为行政规制工具的标准可

---

① 宋华琳：《中国食品安全标准法律制度研究》，《公共行政评论》2011年第2期。
② 夏征农、陈至立：《辞海》，上海辞书出版社2010年版，第255页。

以妥善处理行政裁量过宽、信息不对称等问题。风险规制领域的风险标准会有不同内涵,英国健康与安全执行局将风险标准描述为"适用于消除或减少特定风险的基本控制措施"[1];英国皇家环境委员会承认风险标准的多样性,提出环境风险标准的三要素"人类行为的可接受性、正式制定且普遍适用、作用于环境与行为的价值判断"[2]。不同主体的界定在表述、理解上有所不同,但上述关于标准的含义都承认的是,风险标准应当具有规范性、减控风险能力与普遍接受性。

2.科技风险标准的定义与分类

聚焦至科技风险规制领域,科技风险规制是建立在科技风险标准基础之上的具体公共职能的组织开展的规范性活动,而科技风险标准是以科学、认知与经验为基础的社会规范,能够为立法机关制定法律以及行政机关执行法律提供具有可操作性的具体支撑,进而成为法治的重要技术保障。申言之,科技风险标准是指关于科技风险是否达致危害社会公众安全与健康的科学、观念与价值层面的判断标准,其核心是可接受性问题。科技风险标准是整个科技风险规制的前提,也是科技风险评估、沟通与管理的重要依据,良性的科技风险规制要求科学、合理的科技风险标准。

然而,在立法与行政规制语境中,可接受性的定义是多种多样的,如最低合理可行原则、未预见负面影响的水平等,这就使得可接受性变得难以精确描述。一般意义上讲,科技风险标准并不具有直接法律效力,行政机关无法直接依据科技风险标准作出损益相对人权利与义务的行为,其主要是行政机关或其他权威组织基于技术数据、未来预测、伦理价值等考量以及公众关注的混合产物。但从科技风险标准对行政机关的自我约束作用以及对相对人会产生外部法律效果的特性看,科技风险标准应当归属于与法律规则具有类似规范功能的社会性规范。依据不同要素,实践中科技风险标准可以分为对象标准(如核安全标准、基因安全标准);指标标准(如死亡人数、财产损失、波及范围);[3]主体标准(如执法人员标准、从业人员标准);客体标准(如产品标准、技术标准),等等。分类本身并无优劣之分,不同分类也仅是为了给科技风险标准提供清晰、明了的分析框架,方便行政机关理解具体科技风险标准的科学界限。

---

[1] Health and Safety Executive, Reducing Risks, Protecting People, 1999, p.57.
[2] Royal Commission on Environmental Pollution, Setting Environmental Standards, 21st Report, 1998, pp.1–16.
[3] 高建明、王喜奎、曾明荣:《个人风险和社会风险可接受标准研究进展及启示》,《中国安全生产科学技术》2007年第3期。

3.科技风险标准的特征

尽管科技风险标准种类繁芜，但从总体上看，可以归纳出科技风险标准的如下特征。

第一，科技风险标准是经权威机关制定或认可的规范性文件。与制定法规范活动相同，我国科技风险标准也是经由权威机关制定或认可的规范性文件。2017年11月4日通过全国人大常委会修订的《标准化法》第6条明确规定，对保障人身健康和生命财产安全、国家安全、生态环境安全以及满足经济社会管理基本需要的技术要求，应当制定强制性国家标准。该条最后一款明确规定："强制性国家标准由国务院批准发布或者授权批准发布。"标准的制定主体一目了然，制定机关的法律地位直接决定了标准的效力，科技风险标准的规范性进一步强化。其中，国务院标准化行政主管部门是国家标准的制定主体，国务院其他行政主管部门是行业标准的制定主体，此外，经国家民政主管部门批准成立的中国标准化协会积极开展制定中国标准化协会标准（简称：CAS标准），为经济全球化背景下的高新科技领域企业提供展现其质量领先的个性化服务来满足其特殊的需求，参加中国标准化协会的企业受协会标准约束。

第二，科技风险标准是在科技的高度不确定性下制定的。与普通标准不同的是，科技风险标准通常需要面向未来，立法机关或者行政机关在信息和知识高度不确定的情形下制定科技风险标准。高度不确定的科技风险表现形态多样、风险类型各异，给科技风险标准制定带来极大挑战。以2003年至2004年发生在我国的鱼腥草注射剂事件为例，鱼腥草注射剂被广泛运用于非典、禽流感等流行病的防治中，发挥了举足轻重的作用，但在该注射剂发明三十余年后被证明出具有严重的不良反应，并在两年内爆出了数百起医疗事故。20世纪70年代制定的中药注射剂标准依据当时的科学技术制定，只对含个别指标成分或有效成分进行定量定性，也未能发现鱼腥草注射剂对人体的潜在危害。科技风险标准继承了科技的高度不确定性，只有通过标准的自我完善、更新与修订才能更好地发挥现实作用。

第三，科技风险标准制定需要极强的专业知识和判断。科技风险标准制定面向未来，需要制定者具备极强的专业技术水平与未来判断能力。根据2017年修订的《标准化法》规定，标准是"农业、工业、服务业以及社会事业等领域需要统一的技术要求"，因此，科技风险标准的制定者们必须具有专业的技术知识、综合的标准分析能力以及较强的预测与判断能力。例如，转基因技术风险标准制定中，农业转基因生物安全评价标准的制定权被授权给国家农业转基因生物安全委员会，该委员会专家组成员均为不同行业、领域内的专家以及专门从事农业转基因活动的人员。

第四，科技风险标准具有时效性。立法机关通过制定法规范确立的应对科技风险的标准会随着时间的推移而失去科学性，特别是其在基于调适经济发展与科技风险规制关系的基础上确立的风险标准。在科技风险标准的基本要求中，除了科学性与规范性外，最重要的便是时效性。从历时角度而言，时效性要求科技风险标准实现及时更新并且能够在一定历史时期内具备适用性。以变电站、交换机等科技项目中的输电线路保护装置通用技术为例，该技术条件标准自1994年出台后，历经2001年、2008年两次更新，而在智能变电站技术应用后，该技术条件标准于2017年再次修改、发布，并于2018年2月1日起正式实施。[①]

第五，科技风险标准蕴含了权威机关的价值判断。从标准性质而言，它们是有权机关统一制定并通过、所有成员共同遵守、一定的强制力或惩罚机制保障实现的，并不是任何人或主体的价值判断都会上升为科技风险标准，在行政法领域，能够为相对人认可并自觉遵守的科技风险标准只能由行使公共权力（包括行政权力、社会公权力与其他公共权力）的机构来制定。这些机构在制定标准时，必然以自身价值判断为基础。例如，行政机关的科技风险标准制定必然蕴含了其维护经济发展、社会稳定与安全的价值判断。

（二）现行科技风险标准的法律体系

科技先发国家面对科技风险事件，一开始基本采取以市场为中心的科技风险标准制定路线，在遭遇科技系统性灾难（如切尔诺贝利核电站事件）或社会性恐慌（如"克隆人"恐慌）后国家开始介入，通过制定国家标准、监督行业协会制定标准、协调制定国际标准等形式确立了以公权力为保障方式的科技风险标准路线。科技后发国家基本奉行国家中心主义的科技风险标准路线[②]，典型国家有中国、俄罗斯等。从国际行政法角度来看，我国缔结或参加国际条约、公约中也有关涉科技风险标准的法律规则。限于篇幅与研究重心，这里主要讨论国内法律规范，但在特定问题分析时也会讨论国际法律规范。从我国来看，现行规范

---

① 参见 GB/T 15145-2017。
② 刘瑾、王艳林：《论协会标准与标准化法》，《武汉大学学报（哲学社会科学版）》2012年第3期。

与调整科技风险标准的法律制度形式多样，既有单行法律法规，其他法律法规中涉及科技风险标准之规定，也有规章、导则、国家标准等规范性文件，以及诸多具有公共性的私人标准，如行业标准、企业标准等。

1.专门调整科技风险标准的法律规范

目前，专门调整科技风险标准制定的法律法规有《标准化法》《中华人民共和国标准化法实施条例》（以下简称《标准化法实施条例》）《行业标准管理办法》等。作为专门调整科技风险标准制定的法规范，《标准化法》《标准化法实施条例》等对科技风险标准作了明确界定，其中，《标准化法实施条例》第11条规定，对需要在全国范围内统一保障人体健康和人身、财产安全的技术要求的，应当制定国家标准。

2.单行法律规范涉及科技风险标准之规定

其他法律规范涉及科技风险标准之规定较为抽象、宏观，立法往往通过大量的"不确定法律概念"确立科技风险的安全标准。将其他法律规范涉及科技风险标准制定之规定单列是因为，《标准化法》制定于1988年，很多规定已经不适应社会现实，许多单行法律规范均特别规定了具体领域的科技风险标准，依据"特别法优先于一般法"的法律适用规则，这些科技风险标准成为科技风险规制领域的主要标准。以核能技术为例，《核安全法》《节约能源法》《核设施安全监督管理条例》《核安全设备监督管理条例》等法律法规都规定了相应的标准。

3.规章、导则等规范性文件的规定

行政机关通过制定部门规章、导则等形式将法律法规要求的科技风险标准具体化。以核能技术为例，《核电厂厂址选择安全规定》《核动力厂设计安全规定》《核动力运行安全规定》以及设计核电厂厂址选择、设计、运行、放废等相关的导则，旨在为核能技术的安全标准提供方法。而在技术规范标准与行业（协会）标准层面的《电离辐射防护及辐射源安全基本标准（GB18871-2002）》《核动力厂环境辐射防护规定（GB6249-2011）》等则属于具体标准，直接指导行政机关的核能风险评估与管理活动。[1]

---

[1] 有学者从标准制定主体出发认为行业标准与协会标准存在根本性差异。参见刘瑾、王艳林：《论协会标准与标准化法》，《武汉大学学报（哲学社会科学版）》2012年第3期。但从我国行业协会公共性以及协会权力的公行政权属性来看，即使其标准制定主体属于社会组织，本书亦将其列为具有公共权力属性的科技风险标准。参见石佑启：《论协会处罚权的法律性质》，《法商研究》2017年第2期。

(三)现行法制下的科技风险标准制定程序

科技风险标准制定程序是指科技风险标准制定权运行过程中所应遵循的法定程序。科技风险标准制定程序与规章制定程序存在相似之处,都有立项、起草、征求意见、决定、公布环节,但也存在不少差异。《标准化法实施条例》第12~17条确立了各级标准化行政主管部门编制计划,组织草拟,统一审批、编号、发布的法定职责,第19条明确科技风险标准制定中用户、生产单位、行业协会、科学技术研究机构、学术团体及有关部门的专家组成标准化技术委员会负责标准草拟和参加标准草案的技术审查工作之权利。结合其他单行法中涉及标准制定程序之规定,笔者将科技风险标准制定程序类型化为:根据议题编制计划;组织草拟与技术委托程序;草拟标准的审查、审核与质证程序;标准确定与公开程序。

1.根据议题编制计划

经由法定议题设置程序确立的科技风险需要制定相应的科技风险标准,而编制标准制定计划则是科技风险标准制定的首要步骤。依据现行法规范,我国科技风险标准的制定计划编制主体是各级标准化行政主管部门,其他组织(如行业协会、生产单位等)并无参与计划编制之权利。各级标准化行政主管部门根据科技风险议题设置程序所得结果,确定标准编制的基本计划,计划内容包括科技风险标准制定的具体对象、委托单位、审查与确定时间等内容。

2.组织草拟与技术委托程序

《标准化法》第12条第2款规定:"制定标准的部门应当组织由专家组成的标准化技术委员会,负责标准的草拟,参加标准草案的审查工作。"标准化技术委员会按照《全国专业标准化技术委员会章程》组织草拟科技风险标准。技术委托的对象是行业协会、科学研究机构或学术团体,《标准化法实施条例》第19条规定:"制定标准应当发挥行业协会、科学技术研究机构和学术团体的作用。"《标准化法》规定技术委托是标准制定的必经程序。

3.草拟标准的审查、审核与质证程序

标准的审查、审核与质证由具体行政主管部门负责。标准起草工作组通过拟定标准内容的构成和起草依据、收集有关资料、进行专题调查研究和必要的试验验证,按照标准编写要求,提出标准征求意见稿,提交相关行政主管部门审查、审核。相关行政主管部门经内部修正后,通过向社会公开征求意见、专家论证等程序形成具体科技风险标准送审稿并报送上级行政机关审查。上级行政机关的标准审查方式可采用会议审查或函审,参加审查还应有与具体科技风险标准有利害关系的生产、经销、使用、科研、检验等企事业单位及科研院校的代表。例如,全国专业标准化技术委员会或标准化技术归口单位,对标准送审稿的技术内容和编写质量进行全面审查后,得出审查结论,并形成最终报批稿。

4.标准确定与公开程序

无论是《政府信息公开条例》的规范要求,还是标准适用的客观需要,科技风险均应在确定后以特定的方式向社会公开。以国家标准为例,国务院批准某项国家标准后,应当通过网站、文件、公报等形式向社会公开,并规定新标准的生效日期。

二、科技风险标准制度的主要缺陷

当前的风险标准作为技术规范与安全标准曾在风险评估、风险管理环节发挥重要作用。然而,伴随科技经济的高速发展,科技风险日渐成为风险社会的核心问题,原有风险标准基于多种原因——如科技更新换代、科技研究的深入等——难以适应快速发展变化的社会现实,造成当前我国科技风险规制中风险标准残缺不全、标准相互矛盾、标准制定滞后等问题。此外,由于经济社会的高度关联性与复杂性,科技风险的社会分布并不均匀,社会的各个群体的利益诉求各有差异,这就导致制定普遍适用且要求全体社会成员共同遵循的科技风险标准变得十分困难。以核电站与化工项目建设中的邻避效应为例,即使核能技术风险标准的安全水平达到极致也难以回应科技项目周边民众的恐慌心理。

《标准化法》自1989年实施以来已近三十年,主要调整以工业产品标准制定,并未考量风险社会下许多科技发明与项目的风险标准问题。为顺应经济社会快速发展与风险社会对标准化工作提出的新要求,全国人大常委会在进入21世纪后便开始组织《标准化法》的修订工作,该法最终于2017年修订完成。但是,与之配套的法律法规仍亟待修订、完善。作为直接影响科技风险规制活动科学性、合法性与实效性的科技风险标准制定法制的缺陷主要表现为科技风险标准制度残缺不全与现有标准规范之间相互冲突,这些缺陷导致了科技风险标准制度的效率性不足问题。

（一）科技风险标准法律制度残缺不全

科技风险标准可能涉及公民生产生活的方方面面，其对象既包括科技产品质量标准，也包括诸多仍处于研究中心尚未进入市场的科技项目。因关涉社会稳定、环境安全与公民健康，科技风险标准应当全面、具体与完备。然而，当前我国科技风险标准制度并不健全，主要表现为标准的残缺不全。科技风险标准的残缺不全是指调整科技风险规制活动的技术性规范的缺失。以人工智能技术为例，相关技术（如无人驾驶汽车、机器人等）的市场化已如火如荼，但用以规范具体技术的风险标准相对不健全。

1.某些科技领域的风险标准主体性制度并不完善，给规制机关的科技风险标准制定活动带来诸多体制性阻碍

当前我国政府与新领域、新科技相匹配的科技风险标准制定缓慢。以人工智能领域的主体性标准制定为例。根据2017年7月8日《国务院关于印发〈关于新一代人工智能发展规划的通知〉》（国发〔2017〕35号）可知，我国人工智能技术的战略规划是，于2025年初步建立人工智能法律法规、伦理规范和政策体系，逐步建立并完善人工智能基础共性、互联互通、行业应用、网络安全、隐私保护等技术标准。加快推动无人驾驶、服务机器人等细分应用领域的行业协会和联盟制定相关标准。鼓励人工智能企业参与或主导制定国际标准，以技术标准走出去带动人工智能产品和服务在海外推广应用。虽然国家越来越重视人工智能科技标准化（包括科技风险标准），但目前仍处于政策层面。此外，现行一些科技风险标准的修订和更新落后于现实需求。在科技风险标准制定中，行政机关无法掌握科技的前沿动态，具体科技信息更多需要企业与科研机构提供。企业可能因既得利益或缺乏激励而不愿提供，甚至会通过利益俘获影响行政机关的行为。而科研机构、高校的理论研究可能同市场脱节，造成科技风险标准适用性低的问题。

2.一些科技风险标准协调配套制度仍空白

科技风险标准的协调配套制度是科技风险标准制度的必要组成部分，主要调整特定科技发明与应用项目非主要用途外其他领域的风险标准。《标准化法》第15条规定："制定标准应当做到有关标准的协调配套。"然而，在实践中，协调配套制度建设仍处于相对落后状态。近年来，虽然部分领域科技风险主体标准继续出台，填补了科技风险规制的无"标准"可依之现状，但协调配套标准的空白、滞后阻碍了主体标准的适用。有学者依据1996—2006年全国人大常委会执法情况检查工作报告总结指出我国生态环境、农业、安全生产、食品卫生等领域风险标准的协调配套技术规程、设计规范等不完善问题。①协调配套制度严重滞后之现状不仅阻碍了科技风险主体标准的适用，也给科技风险规制实践带来诸多危害，更在无形中助长了科技风险的滋长、演变，给国家、社会与公众带来极大风险。

（二）科技风险标准规范相互冲突

抛开现有科技风险标准法律制度残缺不全之现状，仅总结现行适用标准可知，不同标准之间的规定存在诸多冲突之处。现有科技风险标准以《标准化法》等法律法规调整的国家标准、地区标准与行业（协会）标准为主，私人标准为辅。我国科技标准的项目过多过细，特定科技事项的上、中、下游各个环节被拆分为不同的标准领域。②以国家标准为例，大多数国家标准都是由国务院相关部委组织编制的，囿于不同部门间的职责权限不同，制定标准时的出发点也不同，造成不同标准的规范对象、功用和目的存在较大差异。"每个部门都试图围绕自己的机构名称和主要职责，来捍卫自己的核心职能，努力抵御其他机构的入侵；并且努力在职能交叉、职能缺漏的空白地带，扩张和维护自己的权力，开拓自己的行政疆域。"③加之，调整科技风险标准制定领域的基本法——《标准化法》将科技风险标准分为强制性标准与推荐性标准，更容易导致不同科技风险标准间的冲突，进一步加剧现行适用标准间的矛盾。

由于每个行政部门所管辖事项的出发点和侧重点不同，背后暗藏的利益也各不相同，加之分散化的公众利益被忽略，导致的各种科技风险标准不契合、脱节乃至冲突现象在实践中并不少见。以转基因技术的标准制定与应用为例，《食品安全法》明确规定了转基因食品的标识制度，国务院制定的《农业转基因生物安全管理条例》也规定了农业农村行政主管部门对转基因产品颁发生产、销售或加工许可的职权，证明国家层面认为转基因技术应用的转基因作物、食品具备"可接受性"，然而，2016年12月某省第十二届人大常委会第十三会议重新修订的《食品安全条例》明确规定该省行政区域内依法禁止种植转基因粮食作

---

① 赵鹏：《我国风险规制法律制度的现状、问题与完善——基于全国人大常委会执法检查情况的分析》，《行政法学研究》2010年第4期。
② 宋华琳：《规则制定过程中的多元角色——以技术标准领域为中心的研讨》，《浙江学刊》2007年第3期。
③ ［美］安东尼·唐斯：《官僚制内幕》，郭小聪译，中国人民大学出版社2006年版，第229页。

物，禁止非法生产、经营和为种植者提供转基因粮食作物种子，禁止非法生产、加工、经营、进境转基因或者含有转基因成分的食用农产品。无疑，该省地方标准否认转基因技术及其衍生的作物、种子与食品等应用技术的"可接受性"。该行政机关依据《食品安全条例》制定的转基因种子、作物等标准无疑会与相关国家标准发生冲突。实践中，类似国家标准之间，以及国家标准与地方标准、行业（协会）标准不一致或相互矛盾的情况并不少见，国家标准与国际标准也未完全接轨，这都成为科技风险标准制定的问题表征，并严重影响行政机关的科技风险规制活动。

（三）科技风险标准制度缺陷带来的危害

制定标准的目的在于适用。只有适切、有效地得到适用，科技风险标准制度才可能发挥其规范与调整科技发明与应用以及科技风险规制活动的作用。现行科技风险标准制度残缺不全与规范间的冲突带来一系列危害，其中最为突出的危害便是科技风险标准制度权威性不足、同实践要求脱节与相关人员专业性不足导致的效率性问题。

1.科技风险标准制度权威性不足导致的效率性问题

就科技风险标准制度整体而言，标准的权威性是其效用发挥的核心要求，然而，囿于主客观因素，现行科技风险标准的权威性饱受质疑。科技风险标准制度的权威性不足主要表现为标准残缺不全导致的"无标准可依"与不同主体间制定的标准相互冲突。以2008年上海磁悬浮事件[1]为例，作为磁悬浮项目的直接推手，政府决策前并未制定相应的风险标准，本来简单的依法、依标准决策的项目最终演变为磁悬浮项目的利害关系人之间政治化的利益关系交锋，极大地损害了法律权威与政府威信。

2.科技风险标准制度与实践要求脱节导致的效率性问题

当前我国科技风险标准制度总体发展滞后，具体科技领域的标准制度建设更是很难匹配科技发展的速度与需要。无论是适用旧的标准，还是新标准的缺失，都大大降低了科技风险标准的适用效率。以药品领域为例，截至2009年3月，我国约有一万五千种上市药品，现行《中国药典》仅收载了其中3214种。[2]未被收载的药品，特别是新型药品的安全标准与现实要求脱节现象十分严重，

---

[1] 郑卫：《邻避设施规划之困境——上海磁悬浮事件的个案分析》，《城市规划》2011年第2期。
[2] 宋华琳：《推进药品标准法律制度改革》，《医药经济报》2009年03月02日，第F02版。

规制机关实施规制中面临技术标准缺失、滞后等问题,无疑会严重影响新药品技术风险的规制效率。

3.负有科技风险标准制定、实施、修订等职责的行政机关工作人员专业性不足以及部门间壁垒导致的效率性问题

当前我国公务员选拔采取精英模式,但仍不能与科技发展与进步的速度相匹配,任何专业精英在年复一年从事机关工作后都很难有精力和时间继续追踪专业研究的最新动态。专业性不足直接导致科技风险标准的科学性不足。加之行政机关不同职能部门间的"部门壁垒"导致的标准重复、标准冲突等问题,最终阻碍了科技风险标准的适用效率。科技发展日新月异,单靠行政机关工作人员很难及时回应科技风险标准制定的现实需要。以 3D 打印技术风险为例,该技术最主要的风险表现便是颗粒物风险,颗粒物排放所涉及的大气质量标准成为该技术应用与市场化是否安全的重要判断标准。然而,"我国现行大气质量标准明显落后于当前的社会需求和欧美发达国家的标准"[①],即使在 2012 年该标准修订后也远低于发达国家相关标准规定的安全水平,呈现出较大的滞后性。虽然当前我国科技风险标准制度进行了诸如专家制定与行政审查结合、部门间协调联动等一系列改革,但仍未切实改变当前我国科技风险标准制度体制性难题。

第二节 科技风险标准制度缺陷的原因分析

科技风险标准制定法律制度的残缺不全、相互矛盾等表征的原因应一分为二地剖析。从客观方面而言,风险分析结果是科技风险标准制定的基础,也是划分强制性标准与推荐性标准的主要依据。然而,真实世界从来不存在"零风险"状况,科技风险标准制定者实际寻找的是"可接受"标准而非安全标准。在科技风险标准制定过程中,经常会面临的问题是,"概念选择、度量、样本、数学模式以及因果模型的高度不确定性"[②],甚至连基因工程技术、化学、物理等领域

---

① 柴发合等:《大气细颗粒物监测的政策制定和标准设计》,《环境保护》2011 年第 16 期。
② [美]弗恩·沃克:《风险规制与不确定性的多种面貌》,金自宁译,《行政法论丛》2009 年第 12 期。

的专家也无法给出确定答案。从主观方面来讲，公众对科技风险标准制定结果的不信任主要源于对行政决策程序的不信任，他们不得不将目光转向立法审查与科学性审查，希望通过强化立法机关对科技风险标准制定过程的审查和增强科技风险标准制定过程的科学性、专业性。然而，行政法并未对此做出有效回应。

一、内部原因：科技风险标准属性的影响

（一）科学性：科学的不确定性

在科技风险标准领域，如果说贝克认为后工业社会形成的风险社会以工资劳动的"解标准化"——"从标准化的充分就业系统到灵活多元的不充分就业系统"[①]为主要特征的话，那么，全球风险社会下经科技放大的风险中科学的"自我挫败"则引发了世界范围内新一轮的"解标准化"运动。已定的科技风险标准显得并不那么可靠，科学研究成果的未知与矛盾性助长了这一不确定性。传统社会乃至风险社会早期，人们可以通过成本收益、可接受标准等方式以及既定的"真理"判断社会生活中存在的风险。然而，在科技风险社会下，科技不仅成为风险社会的主要诱因，更是风险社会放大化的客观因素，甚至科技本身是风险社会"不确定的客观后果"。以核能技术为例，核能技术的发明、应用与民用化成为当前全球核风险的主要来源，与此同时，核能技术成为风险社会建构的材料源泉，加剧了社会恐慌，并以核事故、核泄漏等方式产生着危害结果。简言之，传统科技风险判断标准中的成本收益、可接受风险标准等方式属于自然科学层面概率与结果的结合，通常需要通过大量的数据收集、整理与分析才能得出。[②]2016年7月，原国家环境保护部科技标准司组织制定的《二氧化碳捕集、利用与封存环境风险评估技术指南（试行）》将可接受风险水平界定为"依据危害性和脆弱性分析、成本效益分析、技术手段可行性分析等确定的生态环境或人群健康可接受的风险水平。"然而，科技发明与应对，特别是高新科技的发明与应对的风险是未知的，其影响社会与公众的风险性无法预知或还在潜伏期，

---

① ［德］乌尔里希·贝克：《风险社会》，何博闻译，译林出版社2004年版，第169页。
② See Baruch Fischhoff, Stephen Watson Chris Hope, Defining the Risk, Policy Sciences,（17, 1984），pp.123-139.

此时，计算科技风险的可接受标准就变得异常困难。在实践中，不同科研机构可能就同一科技发明与应用得出截然不同的结论，关于转基因技术的争论便是最好例证。

更为重要的是，科学家之间的讨论还受到其自身价值判断的影响。这使得科技风险的不确定性问题变得更加复杂化。这正如澳大利亚学者狄波拉·勒普顿所指出的，科学家和其他专家常常围绕着这样的不确定性展开讨论，如什么会被视作有害现象的充分证据，有害程度是否可以接受和试图控制损害可能会有的后果。虽然对技术数据有效性的争论导致了这些讨论，在一个更基本的层面上，不同的价值系统和认识事物的方法影响专家对这些数据的判断。[①]科学家之间意见与观点的分化更加剧了科学的不确定性，成为科技风险标准制度缺陷的主要来源。

（二）专业性：科学理性与社会理性的冲突

简单而言，科学理性强调实证逻辑与价值无涉，社会理性则强调社会成员的价值判断与理性认知。[②]在科技风险标准制度中，科学理性与社会理性的冲突主要聚焦于两者对社会价值的排序、标准分析方式与决策逻辑三个层面。社会理性强调安全价值，注重科技风险标准制定中的多元分析方式与决策中的民主逻辑；科学理性强调发展价值，注重科技风险标准制定中的科学分析方式与决策中的权威逻辑。

科学理性与社会理性在科技风险标准制定中的冲突表现为社会成员对科技风险标准制定主体专业性的质疑。作为传统社会治理体系的主要判断依据，科技理性曾经在行政机关规制社会活动中占据重要位置。党的十八届四中全会确立的重大行政决策中的专家论证制度就是科学理性影响行政机关活动的一大表现。然而，随着高风险社会的到来，反思现代性思潮背景下，科学理性开始遭到质疑。20 世纪中期英国反理性主义的主要观点是，专家应当是技术提供者而非标准制定主导者，科学理性并非行政决策的唯一权威参考。[③]传统行政规制领域

[①] ［澳］狄波拉·勒普顿：《风险》，雷云飞译，南京大学出版社 2016 年版，第 26 页。
[②] 关于科学理性与社会理性的论述很多，参见［德］乌尔利希·贝克：《风险社会——通往另一个现代的路上》，汪浩译，台北：巨流 2003 年刊，第 63-65 页；周桂田：《独大的科学理性与隐没的社会理性之"对话"——在地公众、科学专家与国家的风险文化探讨》，《台湾社会研究季刊》2004 年总第 56 期，第 1-6 页；黄彪文：《转基因争论中的科学理性与社会理性的冲突与对话：基于大数据的分析》，《自然辩证法研究》2016 年第 11 期。
[③] J. Roberts, The Professional Expert and Administrative Control, Public Administration, (7, 1929), pp.247-259.

确立的可接受风险标准、成本效益分析等方法自然不能幸免。每部拟制法律（或决策）需要解决的问题就是收益与成本的关系，立法者（决策者）需要通过各种方式量化地衡量诸如健康、安全与行为成本与收益关系。①而可接受标准则直观地表现为经由特定价值判断的可接受的风险标准。长期以来，可接受风险标准、成本收益分析一直是评价政府规制行为的主要方法，但正如其一开始就饱受质疑一样，该方法在科学与民主、合法与合理等方面存在许多问题。具体表现为科技风险对经由可接受风险标准、成本收益分析而制定的科技风险标准制度的四个方面挑战，包括"高度不确定性"对"确定性"的挑战；"科学"对"民主"的挑战；"极端复杂性"对"相对简单性"的挑战；"特殊"对"一般"的挑战。②如何恰当处理科学理性与社会理性的冲突自然成为科技风险标准制定的智识性前提。

二、外部原因：科技风险与传统规制逻辑间的失配

自风险规制兴起以来，以确保环境与民众不受不可接受风险的危害一直是困扰行政机关的领域之一。特别是近年来，科技风险成为风险社会的核心问题，在科技风险规制领域，科技风标准制定的合理性、科学性与可接受性遭致许多批评，已经严重影响科技风险规制与行政过程的合法性。

伴随着民主政治思潮与民众法治意识的提高，以往局限于行政机关与技术专家内部范围的科技风险标准制定制度因为缺乏透明度和行政裁量权过大而饱受质疑，③导致了科技风险标准制定的效率低下、标准不一致与公私利益冲突等问题。比如，在环境科技风险领域，随着越来越多"合法"环境污染事件的发生，公众开始注意到环境污染风险标准确定，及其背后关涉的法律制度问题。现行环境污染风险标准确定的透明度、自由裁量权、标准更新等问题逐渐被挖掘并遭受公众批评。

政府通过立法形式改革科技风险标准制定的主体结构、制定过程与责任承

---

① See David A. Dana, A Behavior Economic Defense of the Precautionary Principle, Nw.U.Law Review, (97, 2003), pp.1315.
② 关于风险，特别是科技引发的社会风险对行政法制度的挑战之论述，参见戚建刚、易君：《灾难性风险行政法规制的基本原理》，法律出版社 2015 年版；[英]伊丽莎白·费雪：《风险规制与行政宪政主义》，沈岿译，法律出版社 2012 年版；赵鹏：《政府对科技风险的预防职责及决策规范——以对农业转基因生物技术的规制为例》，《当代法学》2014 年第 6 期，等等。
③ Elizabeth Fisher, Drowning by Numbers: Standard Setting in Risk Regulation and the Pursuit of Accountable Public Administration, Oxford Journal of Legal Studies, (1, 2000), pp.109-130.

担机制，追求更负责任、更加透明的科技风险标准制定方式，以回应公众不信任。进入21世纪以来，科技领域修法与立法活动不断增多，从《食品安全法》加入调整转基因作物的条款到《核安全法》，无不体现了政府积极回应公众对科技风险标准制定的质疑、批评。然而，这些改革并未取得相当实效。例如，作为行政法治最重要内核的"责任"并未在这些改革中化为法律规则。

现行法制规定的风险标准制定理路是自上而下的，从国务院标准化行政主管部门对全国标准制定实施统一管理，省、自治区、直辖市有关行政主管部门统一负责本行政区域标准制定工作，到省级人民政府职能部门分工负责本行政区域内本部门、本行业的标准制定工作。行政机关自上而下，单方单向的风险标准制定方式与科技风险规制的现实要求呈失配状态。

第一，在传统风险标准制定体制下，作为类行政立法活动的科技风险标准的制定以行政机关为主导，企业、科研机构、高等院校与公众参与度有限。"每一个大型组织都会与那些同它打交道的其他社会机构产生或多或少的冲突。"[1] 科层制官僚体制无法避免的弊端就是权力的向上向中心集中，作为决策参与主体的企业、科研机构、高等院校与公众无力介入决策内部，最后参与成为形式。长此以往，一方面，行政机关通常无法掌握科技发展的最新动态，很难准确判断具体技术的风险及其大小，随意的、单方的科技风险标准制定常常与分散的公共利益产生冲突，导致行政与经济效能不断降低。另一方面，利益集团的俘获进一步损害了科技风险标准的公正性。近年来国家标准化管理委员会不断鼓励以企业为主的技术委员会和分技术委员会参加国家标准和国际标准制订，企业特别是大企业通过各种手段影响、干预行政机关的科技风险制定活动，造成的结果是，科技风险的不确定性被异化为大企业追逐私利的"借口"，公众安全、公共利益被忽略。实践中诸多关涉科技风险的国家标准远远落后于国外标准与国际标准，甚至个别领域的国家标准迟迟未出台，不能说没有利益集团干预的影响。例如，新修订的《标准化法》第22条第1款规定："制定标准应当有利于科学合理利用资源，推广科学技术成果，增强产品的安全性、通用性、可替换性，提高经济效益。"该法律的出台正是国家鼓励科技创新的政策驱动之结果，条文中提出了"安全性"，但在政府绩效评定指标等制度与理念未转变的情况下，如何保证法律实施中推广、提高经济效益等与安全的有机统一，仍是具体科技风险标

---

[1] [美]安东尼·唐斯：《官僚制内幕》，郭小聪译，中国人民大学出版社2006年版，第230页。

准制定、适用中的现实问题。

第二，科技风险标准制定的审查机制与责任承担机制不健全。当前我国行政法上的责任审查主体包括立法机关、司法机关与行政机关中的上级机关与监察机关。然而，这些制度运用于科技风险标准制定的审查却面临着审查难的问题。一方面，我国设区的市级以上人大及其常委会是权力机关，同时也是立法机关，理论上其可以审查行政机关的行政立法活动。然而，当前我国行政法制度下的科技风险标准的法律属性仍不清晰，科技风险标准制定的主要法律依据是法律法规的授权（包括直接授权与通过不确定法律概念的间接授权），设区的市级以上人大及其常委会无法基于宪法、立法法的规定审查科技风险标准制定这一类行政立法活动。另一方面，司法机关难以科技风险标准中的事实问题，对于复杂和技术性的问题，法院通常尊重行政机关的判断。此外，行政机关中的上级机关与监察机关只能审查行政机关工作人员的违法违纪活动。对于下级行政机关是否制定、是否及时修订和更新科技风险，上级行政机关通常难以准确判断，也很难追求下级行政机关工作人员的法律责任。

第三，科技风险标准制定程序规则不健全，主要表现为计划编制程序规范缺失与标准修订与更新程序规则效率过低。首先，当前的法律规定标准化工作应当纳入国民经济和社会发展计划。由于科技风险的种类、属性各不相同，有些科技风险需要行政机关快速反应并及时制定科技风险标准以便进行风险评估与管理，而有些科技风险则需要在明确的科学证据与审慎的政治考量后决定是否予以规制。但是，行政机关对于科技发展前沿动态的了解情况往往落后于企业、科研机构与高等院校，科技风险标准制定计划的编制容易陷入"风吹哪页读哪页"的随机、无序境况。① 计划编制的无序化直接导致科技风险标准制定的无序化，进而影响标准制定的效率与公正。其次，虽然《中华人民共和国标准化法》第13条规定了标准的修订后，制定标准的部门应当根据科学技术的发展和经济建设的需要适时进行复审，以确认现行标准继续有效或者予以修订、废止。但由于无具体化规则，科技风险标准修订与更新程序滞后于社会经济发展的景况，效率过低成为常态。以垃圾焚烧发电项目中的二噁英排放标准为例，《生活垃圾焚烧污染控制标准》对生活垃圾焚烧炉排放烟气中二噁英的排放限值为测定均值下每立方米0.1ngTEQ，并要求现有生活垃圾焚烧炉于2016年1月1日起执行。这

---

① 宋华琳：《规则制定过程中的多元角色——以技术标准领域为中心的研讨》，《浙江学刊》2007年第3期。

一标准落后日本 20 年，落后德国、瑞典、荷兰等国近 30 年。[①]对于行政机关在科技风险标准制定中的迟延制定行为，有权机关无法通过现行法律规范予以问责。

第三节　科技风险标准制度重构的基本内容

现行科技风险标准制定法制存在的困境要求我们重新审视科技风险标准制定中的基本原理与具体规范，科技风险标准制定法制建构也应当从原则与制度两个层面展开。

一、基本原则之确定

科技风险标准制度重构的核心在于明确科技风险标准制定所应依据的基本原则。针对现行科技风险标准制度面临的科学性、专业性、及时性与权威性不足等问题，科技风险标准制度应将高效性原则、公正原则、科学性原则与信赖利益保护原则等确立为基本原则。

（一）科技风险标准制度中的效率性原则

行政的效率性原则一直是行政法的基本原则之一。特别是"福利国家"时代来临后，为了有效实现保障公民安全与权利，促进公共服务供给之目的，政府必须拥有"一个有效率的行政权"[②]。效率性原则要求行政机关在行使法定职责时，考虑时间、人力与成本的最优，具体要求为遵守法定时限，积极履行法律职责与提高行政行为效率。聚焦至科技风险标准制度中来看，科技风险标准制定、修订与废止的客观需要与行政法的效率性原则要求是一致的，一方面，为了保

---

① 日本于 1997 年 12 月 1 日确立了 0.1ng TEQ/m³ 垃圾焚烧设施二噁英排放标准，德国、荷兰于 1991 年，瑞典于 1986 年确立该标准值。参见余刚：《从发达国家实践看我国二噁英减排成效与挑战》，《中国环境报》2016 年 11 月 10 日，第 04 版。
② 章剑生：《行政程序正当性之基本价值》，《法治现代化研究》2017 年第 5 期。

障科技风险标准的科学性、及时性，标准制定主体必须紧跟科学研究前沿，及时出台具体科技领域的风险标准。当出现新的科学研究成果时，标准制定主体也应当及时修订原有标准或废止旧标准。另一方面，科技风险标准制定、修订与废止行为属于行政权力的一种，标准制定主体必须遵循行政法确立的效率性原则。具体而言，行政法的效率性原则对科技风险标准制度的重构提出如下要求。

第一，科技风险标准制度应当具有时间上的效率性，具体要求科技风险标准制定主体应当及时、快速地出台、修订与废止科技风险标准。科技风险标准呈现出很强的时效性。这是因为，随着科学技术的快速发展变化，为了实现对公众健康、社会安全的及时跟进，政府应当及时回应科技发展现状，快速制定与出台具体科技风险标准，而在原有标准不能适应快速变化的社会现实时，政府应当及时更新、修订相应科技风险标准。以人工智能技术为例，国务院《新一代人工智能发展规划》对人工智能相应技术风险标准制定提出了时间上的要求，该规划要求行政机关加快研究制定相关安全管理法规，为新技术的快速应用奠定法律基础。回到科技风险标准制度整体，时间上的效率性要求行政机关建立科技风险标准快速反应与制定机制、动态修订与废止机制，保障科技风险标准制度的科学性与效率性。

第二，科技风险标准制度应当具有人力上的效率性。当前我国政治体制改革的重点任务之一便是精简行政机关的机构与人员，以提高行政机关工作人员的能力和职业化水平建立高效运转行政管理系统。然而，科技风险标准需要及时、快速的制定、修订以保障其适用效率。科技风险标准制定对人力的要求与行政机关精简改革间的冲突给科技风险标准制度带来极大挑战。行政机关应当通过重构科技风险标准的主体性制度与具体机制，实现组织结构与分工的合理化，促进人力效用的最大限度发挥。

第三，科技风险标准制度应当具有成本上的效率性。行政必然伴随着成本，在制定科技风险标准中一开始就考虑成本与收益的问题有利于社会资源最大化利用。成本上的效率性原则要求科技风险标准制定主体在标准制定中放弃"为了安全不计成本"的幻想，运用成本与效益分析方法，在避免不可接受的风险与不可接受的成本间形成恰当平衡。因此，在科技风险标准制度重构中，法律规范应当为科技风险标准制定、修订等活动提供科学的制定方法、规范的制定程序与合理的制定手段。

（二）科技风险标准制度中的公正原则

公正原则要求行政机关行使行政权的过程和结果可以为社会一般理性人认同、接受，旨在规范行政自由裁量权的行使。当前我国科技风险标准制度发展与完善中面临的主要问题是依靠什么原则将掌握科技风险核心知识的科研机构、企业同掌握科技风险标准制定权的行政机关分离开来。一方面，行政机关在科技风险标准制定中为了履行法定职责，不得不依靠科研机构、企业；另一方面，这些科研机构与企业会通过各种手段追逐自我利益最大化。例如，汽车尾气排放是空气污染的重要因素，而汽车尾气排放的标准主要是由"中石油"公司制定的，而中石油公司是国务院国资委的下属企业。[①]此时，行政法的公正原则为行政机关的科技风险标准制定活动提出了"依法办事、不偏私、不专断与合理说明"[②]等要求。

首先，行政机关应当依法制定科技风险标准。严格依法办事不仅是合法性原则的基本要求，更是公正原则的首要要求。在科技风险标准制度中，行政法的公正原则要求行政机关在科技风险标准制定中严格保持中立，不能以自我偏好、私利或以科技经济发展为借口放松相应科技风险标准。具体而言，科技风险标准制定主体应当严格依据《标准化法》与其他法律法规的规定制定相应科技风险标准；严格遵守《政府信息公开条例》等法规公开科技风险标准并合理说明科技风险标准制定的必要性、制定过程等内容；严格依据《中华人民共和国行政许可法》（以下简称《行政许可法》）等法律法规受理相关科技风险标准适用申请，公正地审核、许可与审查相关科技应用项目申请。

其次，行政机关应当协商制定科技风险标准。公正性原则中的不专断要求行政机关将协商贯穿于科技风险标准制定、修订与适用的全过程，不仅包括科技风险标准制定的企业、第三方机构与公众的参与，还包括标准制定过程中标准确定的决策参与，以及行业（协会）标准、私人标准的公共化。行政机关通过规章、技术规范与程序规范明确标准制定中协商方式、规则、程序与责任等具体内容。具体而言，科技风险标准制度可以引入美国行政法中的协商原则。政府与私人主体之间应就科技风险标准制定形成良性的互动关系。美国联邦政府在协商标准制定中形成了许多互动，例如，有些法律要求美国联邦政府向一些自愿性

---

① 李容华：《后工业社会背景下我国〈标准化法〉的修改》，《河南财经政法大学学报》2017年第3期。
② 姜明安主编：《行政法与行政诉讼法（第6版）》，北京大学出版社、高等教育出版社2015年版，第79—80页。

的私人机构、标准制定协会咨询,参与这些机构形成标准的过程。[1]当然,这种互动联系不可能一蹴而就,我国《标准化法》修订后规定了行政机关在制定强制性标准、推荐性标准时,应当在立项时对有关行政主管部门、企业、社会团体、消费者和教育、科研机构等方面的实际需求进行调查,对制定标准的必要性、可行性进行论证评估;在制定过程中,应当按照便捷有效的原则采取多种方式征求意见,组织对标准相关事项进行调查分析、实验、论证,并做到有关标准之间的协调配套。从原则层面确立了标准制定的协商性原则,但这一规定过于抽象,如何收集"实际需求",如何回应诉求、征求意见的处理等内容仍需要具体规则的支撑。

最后,在科技风险标准适用过程中,行政机关也不得偏私,其应当严格依据法律许可或审批私人主体的符合科技风险标准的申请。虽然我国不存在统一的行政程序法,但在具体行政法律规范中已经形成了相对严格的行政程序规范,如在《农业转基因生物安全评价管理办法》形成了针对转基因生物技术申报、审批、监测、监控等行为的一般性程序规定。但是,与正当程序原则的要求相比,我国科技风险标准制度的程序性有待加强,表现为程序规定不完善与不科学、程序实施不规范、程序审查不严格等。我国《标准化法》修订后,科技风险标准制定的正当程序原则之落实开启新的局面,但是,不容忽视的问题是,科技风险标准制度在适用新修订的《标准化法》也面临不少问题,包括行政机关能否严格依法制定科技风险标准;协会标准、企业标准等私人标准的制定活动如何纳入法律的调整范围;行政机关如何监管私人标准制定的程序问题,等等。上述问题的解决均需要通过重构现行科技风险标准制度来实现,以科技风险标准制定程序要求为例,与行政标准的制定程序相比,协会标准、企业标准等私人标准的程序要求并不严格,但诸如公开、协商、行政审查、批准等程序仍然需要行政法来调整。然而,《标准化法》仅仅是调整围绕标准制定、修订与完善活动的基本法,无法针对性地规定诸多兼具高度不确定性与个性特征的科技风险的程序规则。因此,科技风险标准制度应当通过强化行政立法与引入第三方审核、强化司法审查等方式实现制度重构,保障科技风险标准制度的公正性。

---

[1] Jonathan L. Rubin, Patents, Antitrust, and Rivalry in Standard-Setting, Rutgers Law Journal,(38,2006),pp.509-538.

(三) 科技风险标准制度中的科学性原则

科技风险标准制定应当遵循科学性原则。科学性原则就是在科技风险标准制定中，行政机关应当遵循科学的方式与路径制定标准。高度不确定性是科技风险的核心特征，这在很大程度上引发了民众对科学性的质疑，但是，任何决策都必须以健全的知识基础和科学的专门知识为基础，即使这种基础知识是暂时性的。[①]科技风险标准以科学、技术和实践经验为基础，因而在科技风险标准制定中必须树立科学性原则。但是，科学往往是抽象的，如何解释科技风险标准制定中的科学方式与路径便成为重要议题。专业知识不应狭义地理解为科学、数据或方法，相反，它需要标准制定者基于直觉、创造力与问题敏感性，权衡标准制定中规则与实践的关系，准确把握高度不确定中的安全界线。

第一，科学性原则要求科技风险标准应当科学、合理，任何主观臆断都必须让位于科学判断，任何个人偏好都必须服从于国家利益、社会公共利益与公民合法权利。科技风险标准制定应当遵循科学方法，这也是科学性原则的基本要求。但是，科技风险标准制定应当在依据科学证据证明的标准外设定"安全余地条款"[②]。科技风险标准制定的科学性原则要求并不意味着行政机关应当完全依照科学知识确定的安全标准制定相关科技风险标准。在具体科技风险标准制定中，行政机关应当结合社会理性作出具体判断。例如，即使现有技术并未证明转基因生物的具体危害，但基于其社会负面影响、公众安全诉求等综合因素考量，行政机关在转基因生物技术风险标准制定中应当将科学与民意要求结合起来，综合确定具体安全标准。

第二，科学性原则要求科技风险标准制定权力的行使应当符合行政理性与行政效能。20世纪末21世纪初，法政策学研究路径下的行政规制论逐渐占据主要地位，即政府行为的最优性与合法性应当是行政法评判规制行为的同等重要的标准。根植于规制理论（包括经济学、行政管理学中的规制理论）强调行政理性与行政效能，行政法对此的回应应从行政任务与行政组织的改革、行政手段与政策工具的优化选择、程序设置与决策理性的匹配、司法政策功能与国家责

---

① See Elen Stokes, Demand for Command: Responding to Technological Risk and Scientific Uncertainties, Medical Law Review, (1, 2013), pp.11-38.
② 安全余地条款要求行政机关在科技风险标准制定中不能完全依据科学研究确定的、可能发生最低程度不利影响的水平，而应在水平之上的一定幅度内确定科技风险标准。See EElizabeth Fisher, Drowning by Numbers: Standard Setting in Risk Regulation and the Pursuit of Accountable Public Administration, Oxford fournal of Legal Studies, (1, 2000), pp.109-130.

任多元化等角度展开。①科技风险标准制定权属于具体的行政权力,因而应当遵循规制行政下的理性与效能要求。

第三,科学性原则要求行政机关在科技风险标准制定中科学地运用专家知识。从严格意义上讲,科技风险标准制定是行政机关运用知识为市场主体的行为设定标准的活动。实践中,行政机关通常将科技风险标准制定权委托给具有专家资质与能力的机构,这便是专家知识的运用。然而,当前科技风险标准制定中专家知识的运用存在不少问题,如委托主体选择中的不公正问题、标准制定技术主体的价值中立问题等。科学性原则要求行政机关为专家知识的运用设立科学的平台与渠道,保障专家知识运用在科技风险标准制定中的价值无涉、平台中立与渠道畅通。例如,科技风险标准制度可以通过在科技风险规制协商委员会下设立科技风险标准制定小组的方式,为专家知识作用于标准制定搭建制度平台与传输渠道。

第四,科学性原则还要求科技风险标准制定主体还应当预测到未来一定时期内的科技发展水平,并本着预防原则在科技风险标准制定中为未来科技发展留有空间,实现科技风险标准在时间流线上的科学、有效。特别是在部分发展日新月异的科技领域,规制机关的科技风险标准制定活动更应遵循科学性原则。以人工智能技术中的机器人技术风险为例,虽然目前的职能机器人技术仅停留在智能加工制造阶段,机器人还未能具备独立的思维能力,但在制定机器人技术风险标准时,不能仅依据现有的机器人技术发展水平,还应当考虑到未来可能出现的机器人自主化、主体人格化、思维独立化等发展前景。否则,人工智能技术风险标准将会面临一出台即落后的尴尬境地。

二、科技风险标准制定理念之革新

(一)可接受性标准的反思

长期以来,风险规制中普遍采用基于成本收益分析基础上的可接受性风险

---

① 朱新力、唐明良:《行政法基础理论改革的基本图谱——合法性与最佳性二维结构的展开路径》,法律出版社2013年版,第5页。

标准。①可接受性判断涉及两种情形，一是授益性规制行为，即行政机关在支持某项涉及科技风险的活动时，应当基于一定标准；二是负担性规制行为，即行政机关是否应限制或禁止公民、法人与其他组织从事涉及科技风险的活动，在实践中此类规制通常对相对人的自由、权利造成损害。此时，风险规制的可接受性标准因关涉权利之克减而变得更为严格。

在风险规制研究日益深入的背景下，许多学者开始反思这一判断标准。美国行政法学者贝尔认为孙斯坦教授解释与捍卫了不同于传统成本效益分析的第二代政府成本效益分析方法。第一代成本效益分析建立在古典经济学知识体系基础上，行动者基于理性作出成本效益判断，而行政规制的主要目标是"采取社会性规制以保护公众健康和安全"②。然而，在孙斯坦提出的行为经济学理论背景下，相对人并非完全基于理性而行为，有时可能是冲动、感性或无意识的行为，这一理论为传统成本效益分析带来极大挑战。他认为第二代成本效益分析有利于推动解决政府面临的挑战，但必须建立在个体具有真正的选择自由以及关涉之公共利益与公众紧密相关。个体具有真正的选择自由要求政府采取强制与禁止性规制措施外，更多地适用"助推式"规制措施，③如政府通过披露更多信息帮助行政相对人了解成本。这一模式更多表现为政府规制方式、策略的转变，并未改变政府监管特定领域或事项之目的。

有学者提出一种比较法律后果的替代方法，即"幸福分析"④。该分析方法直指法律效果中的人的生活幸福质量，提出利用愉悦心理学数据来评估现行法制及将要制定的法律。当有人希冀通过某种方式改善自身福利时，这种预测可能存在错误，这是因为对于未来的预测充满着不确定性，相比之下，人们更善于表达现在的感受。幸福分析基于人们现时感受作出评估，通过参与主体表达自身主观幸福感受与追求⑤。幸福分析方法长期以来被使用于社会学领域，社会学家通过问卷调查、访谈等研究方法衡量人们的幸福指数。当这一分析方法适用于科技风险标准确定领域时，首先需要解决的方法是如何保证数据的真实、有

---

① ［美］凯斯·R.孙斯坦：《风险与理性——安全、法律及环境》，师帅译，中国政法大学出版社 2005 年版，第 198-210 页。
② Bernard W. Bell, Reviewed: Simpler: The Future of Government by Cass Sunstein, Journal of Legal Education, (1, 2014), pp.126-135.
③ ［美］凯斯·R.孙斯坦：《为什么助推》，马冬梅译，中信出版集团 2015 年版，第 1-25 页。
④ Bronsteen John, Well-Being Analysis vs. Cost-Benefit Analysis, Environmental Law Reporter: News and Analysis, (8, 2014), pp.10702-10704.
⑤ Peter A. Ubel et al., Disability and Sunshine: Can Hedonic Predictions Be Improved by Drawing Attention to Focusing Illusions or Emotional Adaptation?, Experimental Psychology Applied, (2, 2005), pp.23-111.

效与可靠。社会学领域通过经验抽样与满意度调查双重方法克服数据信度问题,并可以使其实现较高的稳定性。

笔者认为,综合学界现有研究,可接受性标准的反思与革新需要两个方面的入手:一是可接受标准的再思考,即如何实现科学层面的成本收益分析结果与公众安全保障诉求间的协调。传统风险,如地震、事故灾难的风险标准一般为死亡人数(生命)与物质损失(财产)。但在科技风险领域,一旦风险转为社会危险,其生命与财产损失将是无比巨大且不可逆的。例如,科幻电影中描述的人工智能技术应用机器人技术最终毁灭人类与地球不是没有可能。科幻电影中智能机器人的首要指令都是"以人类安全为第一",这又何尝不是电影导演、编剧对此类技术风险标准的诉求呢?因此,科技风险的可接受标准应以安全为标准,严守科技安全底线。二是幸福分析标准的引入。在科技风险规制标准确定中,规制机关通过幸福分析方法更能直观地获取行政相对人的主观感受,进而在标准确定体现科技项目主体的意愿以及更大多数公众的民意,增强标准的可接受性。虽然幸福分析标准也存在一些弊端,如它可能因为民众对未知情形的不安心理抑制科技发明与应用、问卷调查的成本过高等,但不可否认的是,幸福分析可以与成本收益分析方法互补,为科技风险标准制定提供更体现公共利益的可接受性标准。

(二)推进科技风险标准的全球化

笔者认为,在标准层级上,应在科技风险标准传统分级外延伸出全球标准、国际标准与区域性标准。科技风险具有全球性,单靠一国的力量很难实现有效规制,国家与国家、地区、区域性组织之间的标准不一致会给科技风险规制活动带来许多障碍。例如,美国与欧盟针对转基因技术的不同标准为国际贸易、转基因技术的规范应用与发展乃至风险管理带来不少问题。[1]遵循人本主义科技风险标准的欧盟禁止种植转基因作物并禁止转基因食品流入欧洲,而遵循科学主义路径的美国则并不禁止转基因技术。由于转基因技术的可能危害后果将是全球性的,一旦其风险被证实则直接转化为全球性的生态灾难。因此,在科技风险标准制定中,不同国家标准之间应当统一整合为全球标准。我国行政机关主导的国家标准已经迈出这重要一步,我国《标准联通"一带一路"行动计划(2015—

---

[1] Jody Freeman & David B. Spence, Old Statutes, New Problems, University of Pennsylvania Law Review, (1, 2014), pp.1–93.

2017）》规定，通过组织翻译优先领域标准，围绕装备、产能、动植物检疫等"走出去"优先领域，发挥国内专业标准化技术委员会的平台作用，开展面向"一带一路"沿线国家标准"走出去"，优先组织开展服务设施联通、贸易畅通等急需领域 500 项国家、行业标准外文版翻译及出版工作，维护了国家标准的权威性、超国家适用性，实现"一带一路"统一标准的传播和利用。①

1. 我国科技风险标准应实现国家标准与公共标准的共同全球化

一方面，我国标准化行政主管部门应继续将国家标准推出去，通过外文出版、签订条约等各种方式实现科技风险标准的区域化、全球化，为科技风险的跨国规制提供技术支撑。另一方面，我国各级各类公共性组织（行业协会、技术研究组织等）应当与相关领域的国际组织合作，积极制定科技风险的国际标准与全球标准，并通过增强科技风险标准的科学性、先进性与可接受性，从而实现科技风险公共标准的跨国、跨地区适用。

2. 我国标准化行政管理部门应当积极推进、落实关涉科技风险之全球标准与国际标准在国内的适用

在科技发明与应用越来越呈现全球化趋向的背景下，一国制定的科技风险标准往往无法完全应对全球化的科技风险，而且，国家与国家、国家与地区之间科技风险标准的差异也无形中加剧了科技风险难度。为此，我国应当在推进国内科技风险标准国际化与全球化，主动参与制定科技风险国际标准与全球标准的同时，积极推进科技风险国际标准与全球标准的国内适用。一方面，国内相关科技领域风险标准存在空白或残缺情况时，国务院标准化行政管理部门应当积极引进发达国家的先进标准，填补国内空白；另一方面，国内相关科技领域存在风险标准但落后与国际标准与全球标准的，国务院标准化行政管理部门应当及时修改国内标准或通过引入国际与全球标准提高科技风险标准的科学性与先进性。

（三）强化科技风险标准的公共性

强化科技风险标准的公共性是增强科技风险实效性与公信力的关键所在。对公共性的强调并不意味着否认国家标准在科技风险标准体系中的核心地位，而是将国家标准的制定与适用置于公共场域，并积极发展其他科技风险标准的

---

① 王艳林、陈俊华：《大标准化时代与〈标准化法〉之修改——以政府职能转变为中心的讨论》，《河南财经政法大学学报》2017 年第 3 期。

公共性。在科技风险标准体系中，行业协会标准、企业标准等均具有不同程度的公共性，强化科技风险标准的公共性应当从行业协会标准与企业标准着手。一方面，企业较之行政机关更直接接触科学技术，更是科技转化为生产力的直接主体，企业通过制定相关科技风险的私人标准并经行政机关审查而上升为公共标准，更能反映科技发展的安全需要；另一方面，行政机关退出其他标准制定过程并强化对公共标准（如行业标准）以及企业标准的审查与监管，可以精简行政力量并发挥行政机关保障公民基本权利之功用。

1.通过立法确认并强化协会标准的公共性

我们可以参考美国的灵活式科技风险标准制定的手段，同我国《标准化法实施条例》的规定相类似，美国《国家交通与汽车安全法》规定了无行政标准的情况下企业应当制定私人标准。但美国国家交通与安全管理局通过更加灵活的方式，特别是强化私人标准的方式保障民众生命、健康与社会安全。以美国自动驾驶汽车技术应用为例，公众担忧自动驾驶汽车可能对交通安全带来危害，这一因素成为美国国家交通与安全管理局制定自动驾驶汽车技术风险标准的主要障碍。但是，在无法确定其危害性及风险大小的情形，美国国家交通与安全管理局通过行政命令手段实施了科技风险的私人标准制定，其规定"自动驾驶汽车技术研究机构可以先行制定自动驾驶汽车安全生产、行使与售后标准"①。此外，美国国家交通与安全管理局还通过对各州实施行政指导的方式鼓励科研机构在公共道路以外测试自动驾驶技术的安全性。相关科研机构也承认"过早规制有利于将自动驾驶技术朝着越来越安全的方向演进"②。此外，作为后发国家的日本与俄罗斯也已经越来越重视协会标准在调整经济活动中的重要地位，并通过协会标准的合法化、权威化实现协会标准弥补国家标准的空白。③

2.鼓励、支持与引导私人标准④的发展，逐步推进企业标准公共化

我国《标准化法实施条例》第 17 条规定了企业标准的制定条件，即没有国家标准、行业标准和地方标准的，应当制定相应的企业标准以及已有国家标准、行业标准或者地方标准的，企业制定严于国家标准、行业标准或者地方标准。一

---

① See 49 U.S.C. §30102（2012）.
② See National Highway Traffic Safety Admin, Preliminary Statement of Policy Concerning Automated Vehicles, 2013, pp.5-9.
③ 刘瑾、王艳林：《论协会标准与标准化法》，《武汉大学学报（哲学社会科学版）》2012 年第 3 期。
④ 本书所指的私人标准是指私人企业、非政府组织等私人主体为增强竞争力与履行社会责任而制定的行为守则、示范条款与指导原则。在科技风险标准制度体系中，企业、科研机构往往掌握第一手的科技风险信息，故它们制定的标准具有相对的先进性、科学性。参见高秦伟：《跨国私人规制与全球行政法的发展——以食品安全私人标准为例》，《当代法学》2016 年第 5 期。

方面，科技风险的私人标准体现了科技风险规制中的自我规制与反思性规制理念，是私主体履行公共义务的直接体现。另一方面，科技风险的高度不确定性、风险的长期潜伏性等特质决定了行政机关往往难以及时制定科技风险国家、行业和地方标准。此时，立法通过赋予科技发明与利用主体负担性义务的方法弥补行政行为可能出现的漏洞。立法机关对缺乏行政权力机关制定标准的情况，可以适用科技发明与应用主体制定的私人标准，更起到兜底作用。因此，科技风险标准制定的重构中应正确看待私人标准，逐步推进企业标准公共化，为科技风险规制的评估、沟通与管理提供技术支撑与客观依据。

三、科技风险标准具体制度之完善

《标准化法》第 14 条规定："对保障人身健康和生命财产安全、国家安全、生态环境安全以及经济社会发展所急需的标准项目，制定标准的行政主管部门应当优先立项并及时完成。"对于国家而言，科技风险绝对属于对保障人身健康和生命财产安全、国家安全、生态环境安全以及经济社会发展所急需的标准项目，例如，为强化芯片技术的安全性，避免因技术应用存在漏洞或监管不当造成社会性问题，国家应当及时制定芯片生产应用技术标准，特别是在国务院标准化行政主管部门未将其列入标准制定规划时，国务院科技主管部门或地方政府应当优先制定行业标准与地方性标准。其中，无论是标准化主管部门，还是其他行政机关职能部门与地方政府，均需严格依据法规范与行政法理制定标准，针对现行科技风险标准制定存在的实践困境，科技风险标准制定法律制度的建构应从明确行政机关与其他主体间的关系之主体性制度以及改革与完善科技风险标准层级与具体制定机制等关联性制度着手。

（一）健全科技风险标准制定主体

科技风险标准的主体制度涉及事权划分。笔者认为，我国应在一级政府设立专门从事科技风险规制组织、协调、沟通与管理的议事协调结构——科技风险规制协商委员会[①]，作为该协商委员会的一个重要职能机构，笔者建议成立科技风

---

① 我国部门科技领域的风险规制体系中已建构了相应的科技风险规制议事协调机构，例如，《核安全法》第 54 条规定："国家设立核事故应急协调委员会，组织、协调全国的核事故应急管理工作。"笔者认为，从法律层面设立科技风险规制议事协调机构确有必要，而且应当扩展到所有的科技领域以及科技风险规制的全过程。

险标准制定工作小组。在科技风险标准制定过程中,科技风险标准制定工作小组在承担原有行政机关所应履行的与科技风险标准制定有关的法定职责外,还应承担组织标准制定与修订、上下级与部门协调、地区联动与社会沟通、信息公开等工作职责。

我国目前的科技风险制定主体属于"多龙制险"的体制格局,各种风险标准政出多门,不同职能部门可能就同一科技事项制定不同标准。例如,尽管转基因作物种子销售、种植等行为应属农业农村行政主管部门管辖,但实践中市场监督管理部门承担着转基因食品的安全监管职责。①因此,为了更好实现科技风险标准制定的规范化,助益科技风险评估与管理活动,科技风险标准制定工作小组应当具有一定的权威和行政级别;组成人员应具备相对专业化的知识水平;要有完备的资金、信息与技术支撑和保障。对此,笔者将作如下展开。

1. 科技风险标准制定工作小组明确的法律地位

科技风险标准制定工作小组应具有一定的权威和行政级别以保障其能够独立组织开展科技风险标准计划编制、协调委托技术机关制定草案、组织公众参与标准制定过程、监督第三方机构的草案制定行为、审查审核草案并组织质证程序以及公开科技风险标准等活动。当前食品安全领域已经建立了农业转基因生物安全委员会与农业转基因生物安全管理部际联席会议制度,其中安全委员会属于转基因技术领域科技风险的标准制定与评价机构。笔者认为,国务院可以行政立法的形式建立人工智能、核能技术等重点领域的科技风险标准制定工作小组,如借鉴国际原子能机构核安全标准委员会制度建立我国核安全标准制定工作小组。

2. 科技风险标准制定工作小组的组成人员应具备相对专业化的知识水平

这一专业化并非指专业技能,而是指对科技风险规制所涉领域的知识背景有一定的了解,熟悉一定的法律知识。因此,工作小组的组成人员应当包括不同学科的专业人员,并能够通过定期培训与教育,培养工作人员妥善协调专业领域复杂问题、沟通专家与公众等方面的能力。该小组的组成人员应努力做到均衡、合理。由于知识背景、地缘分布、利益冲突、学术恩怨等因素,专家们之间的学术观点有时候会"针尖对麦芒",有时甚至因意气或利益之争影响了科学咨询的结果。基于类似的考虑,美国《联邦咨询委员会法》规定其成员必须"根据

---

① 宋华琳教授认为风险规制体系的事权划分不清是当前我国风险规制失范的重要原因。参见[美]史蒂芬·布雷耶:《打破恶性循环:政府如何有效规制风险》,宋华琳译,北京大学出版社2005年版,第11页。

咨询委员会所持观点及所履行功能，实现适当的均衡"。①在选聘我国科技风险标准制定工作小组人员时，也应注重在不同学术机构、不同学科背景、不同学术见解之间的大致均衡。②

3.科技风险标准制定工作小组要有充裕的资金、信息与技术支撑和保障

关涉科技风险的信息常常多变，科学的信息网络建设变得异常重要，特别是在科技风险标准制定过程中，信息来源与信息内容成为科技风险标准制定的重要依据。而资金保障则是信息网络建设与技术支撑的后勤保障，专业智识、科学信息都离不开资金保障。因此，各级行政机关应保障科技风险标准制定的财政投入，促进科技风险标准制定工作小组切实履行组织、协调与监督科技风险标准制定职责。

（二）强化科技风险标准制定关联性制度建设

1.改革科技风险的标准层级制度

第一，强化国家标准不断自我更新、完善的机制。国家标准的科学性与合法性水平直接反映我国科技风险标准体系的科学性与合法性水平。在科技风险标准层级制度建构中，应通过立法机关和行政机关定期评估、修改等方式确保国家标准的合法性与科学性，不断提高国家标准公信力。

第二，确立协会标准的法定地位。作为《标准化法》修订的热点之一，协会标准的法律地位并不明确，协会标准的法律适用以及由此产生的法律争议长期困扰着司法机关、私人主体。2017年11月4日修订通过的《标准化法》仅在第18条提及团体（协会）标准，规定协会标准"由本团体成员约定采用或者按照本团体的规定供社会自愿采用"。然而，对于协会标准的对外效力、与国家标准与地方标准间的关系等内容，新法也未作出规定。为此，应尽快修正《标准化法》，赋予协会标准明确的法律地位，明确协会标准的制定主体、监督主体、适用对象、程序及其法定效力等问题，实现协会标准预防科技风险，规范、指导与促进科技发明与应用之目的。这是由协会标准的特有功能所决定的。较之政府，行业协会更了解本行业的发展方向与最新情况，协会标准对国家标准能够形成良好补充。由于我国的行业协会主要分为两种，即官方背景与民间行业组织，前

---

① 苏苗罕：《联邦咨询委员会法》，《行政法学研究》2006年第4期。
② 宋华琳：《中国食品安全标准法律制度研究》，《公共行政评论》2011年第2期。

者存在对政府依附度较高的问题，后者存在易被利益集团俘获的问题。因此，协会标准的制定、修订与完善必须从法律层面加以规范，确保协会标准既能独立、严格依据市场形成标准，又不至于被利益集团操纵，沦为大型企业垄断或追逐利益的工具。

第三，建立提升科技风险标准的国际化、世界化水平的机制。面对国家标准自我完善机制欠缺、行业协会标准照顾少数落后企业、私人标准以经济利益为主要考量的现实问题，行政机关、行业协会与企业应积极努力推进国家标准、行业协会标准及私人标准的国际化、世界化建设，提升自身标准的权威性与适用性。行业协会、科研机构与企业应加强对内外科技风险标准动态及其相关科学前沿的跟踪，强化同相关域外机构、国际组织的交流与合作，使得科技风险标准能更好地回应科技风险规制全球化的需要，反映国际科技发展与应用无害化研究的发展水平，从而提高我国高新科技领域的国际竞争力，更好地保障公众身体健康和生命安全。以核能技术风险为例，2017年11月1—3日在维也纳召开的国际原子能机构核安全标准委员会第42次会议通过两项核安全标准。[①]定期举行的国际原子能机构核安全标准委员会会议实现了核能技术风险标准的及时更新，提升了国际标准的科学性。

第四，建立鼓励、支持企业标准、科研机构标准等私人标准发展的机制。行政机关通过激励性措施促进企业不断提高自身风险标注的安全性、可用性、操作性等建设，实现私人标准引领公共标准建设，公共标准规范私人标准发展的互进局面。在科技发明与应用前期（主要指实验室阶段），由公共权力介入科技风险标准制定受制于成本、资源等因素并不可行，但这类行为往往会造成巨大的科技风险。例如，在克隆技术研究早期，缺乏相应的伦理约束与行为守则导致了一系列恶性事件并引发巨大的社会恐慌[②]，直至国家介入后克隆技术的发展才逐渐步入正轨。因此，科技风险标准制定法制应当鼓励、支持与引导企业、科研机构在科技发明与应用早期制定相关标准，通过立法规定、技术支持与政策激励方式促进私人标准的发展。此外，针对部分直接关涉公民健康与安全的科技发明，应当修订现行法律法规，强制性规定相关企业、科研机构制定私人标准，行政机关应当在政策、技术、程序与内容方面予以引导、支持与监督。

---

① 科技部网站：《国际原子能机构核安全标准委员会第42次会议在维也纳召开》，2017年11月30日。
② 王小蕾：《克隆人技术的伦理思考》，吉林大学硕士学位论文2013年。

2. 健全科技风险标准制定机制

第一，完善科技风险标准制定过程的平等协商机制，实现多元主体共同参与，达成共识后集体确定科技风险标准并就该标准共同承担责任。首先，科技风险标准制定应有确定而透明的程序。它的程序应当具备这些要素：对于受拟议标准实质性影响的个人或者利益，制定主体负有在合理的时限之内告知的义务；利益相关者与其他利害关系人应有机会参与与标准相关的讨论和审议；标准制定主体应认真考虑针对标准所提出来的少数人的意见和观点；标准制定不应遵循简单多数原则，标准通过不一定非要获得一致同意，但最少应为全体参与人员的三分之二；对标准不满的主体应有申诉的权利，以保证程序性权利获得保护；应保有完备的记录并就标准制定过程向社会公开，接受公众的监督和审查。平等协商机制旨在增强科技风险标准制定过程的公正性与透明度，保障科技风险标准制定活动的依法进行。

第二，健全科技风险标准制定与立法、执法、司法衔接机制。针对科技风险标准制定法制化程度不足的问题，应当通过建立科技风险标准制定机构同立法机关与行政立法机关间的沟通机制，提高科技风险标准的法制化程度，使标准成为科技风险规制的实体性规范。此外，科技风险标准的法律效力离不开执法和司法活动保障，行政机关与司法机关通过执法与司法活动及时察觉与确定具体科技领域是否需要制定风险标准，某项科技风险标准是否需要修订，并及时反馈给标准制定主体。

第三，健全科技风险标准的动态审查与修订机制，保障各级各类标准紧随科技经济发展现状，促进科技风险标准的动态化、科学化。《标准化法》已经通过空白授权的方式将技术标准的修订权赋予行政机关，行政机关应当通过行政立法的方式健全科技风险标准的动态审查与修订机制，将动态审查与修订机制具体化、明确化、程序化。特别是针对直接影响公民身体健康与安全但尚未出台具体标准规范的涉及食品、药品、环境等领域的科技风险标准。新修订的《标准化法》第14条明确了国务院其他行政主管部门标准制定的法定职责以及地方政府的标准制定职权，下一步，国务院其他行政主管部门与地方政府应当制定配套的部门规章与地方性规章①，建立健全科技风险标准的动态审查与修订机制，使科技风险标准与科技风险规制间实现动态、良性匹配。

第四，建立与完善科技风险标准的责任共担机制。为了确保科技风险标准制定、修订在一个更加透明和负责任的方式进行，笔者提出在科技风险标准制度重构中确立科技风险标准制定的平等协商机制，此时，行政机关外的其他主体也应就协商制定科技风险标准承担相应责任，反过来，开放的科技风险标准制定过程会强化责任承担，一方面，责任共担并不意味着行政机关的责任减少，其仍应对科技风险标准整体负责。著名行政法学者伊丽莎白·费雪认为风险决策应在"多中心的、可塑性强的、开放式的公共行政的机构情景中发生"②。多中心下的多元主体监督科技风险标准制定，能够有效减少行政权力恣意行使。与此同时，科技风险标准制定中的行政权力主要集中于制定程序与确定标准结果中，行政机关应对科技风险标准制定程序、标准结果与科技风险标准整体负责。另一方面，社会主体、私人企业与公众等参与主体也应就其参与的科技风险标准过程负法律责任。例如，在科技风险标准制定中，私人企业隐瞒相关科技风险信息，造成科技风险标准制定、修订与适用出现社会问题的，应当负相应的行政法律责任。

---

① 2017年11月4日经全国人大常委会修订的《标准化法》第12、13、14条规定了行业标准与地方标准的制定主体、情形等内容，但这两条对国务院其他行政主管部门与地方政府的职权职责划定有所不同，该法第12、13条规定了国务院其他行政主管部门与地方政府"对没有推荐性国家标准、需要在全国某个行业范围内统一的技术要求"与"为满足地方自然条件、风俗习惯等特殊技术要求"，可以制定行业标准与地方性标准，而第14条明确规定"对保障人身健康和生命财产安全、国家安全、生态环境安全以及经济社会发展所急需的标准项目"行政主管部门应当优先立项并及时完成。

② ［英］伊丽莎白·费雪：《风险规制与行政宪政主义》，沈岿译，法律出版社2012年版，第28页。

第四章
科技风险评估制度的行政法之优化

科技风险评估在科技风险规制过程中居于非常重要的地位。科技风险评估不仅是依照风险标准对具体风险给予价值判断，更为行政机关制定风险规制规则、政策提供技术支撑与决策依据。这正如有学者所指出的，风险评估被普遍认定是为风险监管的决策和执行提供科学上的依据。[①]我国目前仅在食品安全、核安全等领域法律规范规定了风险评估制度，但不是很健全。在新兴科技领域，比如，人工智能领域，有关风险评估的法律制度处于相对空白状态。本章主要分析如下问题：首先，审视现行规范科技风险评估活动的法律制度及其存在主要缺陷；其次，论述行政法优化科技风险评估制度的基本原理；最后，阐述行政法优化科技风险评估的主要制度。

第一节 现行科技风险评估制度的合法性审视

一、科技风险评估主要法律规范之梳理

（一）科技领域基本法规定情况

作为科技领域的基本法，《中华人民共和国科学技术进步法》（以下简称《科技进步法》）虽然并没有明确规定科技风险评估制度，但该法在第62条规定，建立健全科学技术基金项目、科学技术计划项目的专家评审制度。笔者认为，专家评审制度属于科技风险评估中的一项重要制度。

---

① 沈岿主编：《风险规制与行政法新发展》，法律出版社2013年版，第115页。

（二）不同科技领域的单行法规定情况

考察特定科技领域的风险评估，可以发现目前不少科技领域建立了科技风险评估制度。比如，《核安全法》第 14、15 条规定了国家对核设施的选址、建设进行统筹规划，科学论证等内容。

（三）与科技风险相关的法律规范对风险评估的规定情况

在我国与科技风险密切相关的两个领域是食品安全和生态环境保护。虽然这两个领域的风险并非全部是科技风险，但它们主要是因科技发展所引发的风险。由此，这两个领域关于风险评估的法律制度也调整科技风险评估活动。我国《中华人民共和国环境保护法》（以下简称《环境保护法》）第 39 条规定，国家建立、健全环境与健康风险评估制度。2015 年修订的《食品安全法》是目前我国较为完整的规定食品安全风险评估的法律。该法第 17 条规定，国家建立食品安全风险评估制度，运用科学方法，根据食品安全风险监测信息、科学数据以及有关信息，对食品、食品添加剂、食品相关产品中生物性、化学性和物理性危害因素进行风险评估。此外，该法还规定了食品安全风险评估主体、专家参与、适用情形、评估建议的提出，并将风险评估结果作为制定、修订相关法律法规、标准与管理的科学依据等内容。

（四）其他规范性文件对科技风险评估的规定

2010 年 1 月 21 日公布的《食品安全风险评估管理规定（试行）》将风险评估描述为国家食品安全风险评估专家委员会"遵循危害识别、危害特征描述、暴露评估和风险特征描述的结构化程序"而开展的活动[①]，即食品安全监管领域风险评估的主要内容和步骤包括危害识别、危害特征描述、暴露评估、风险特征描述。国务院出台的《农业转基因生物安全管理条例》第 6 条 1 款、第 7 条规定："国家对农业转基因生物安全实行分级管理评价制度""国家建立农业转基因生物安全评价制度"。具体评估过程包括风险识别、实验研究、中间试验、环境释放、生产性试验、控制措施等。[②]2016 年环境保护部科技标准司组织制定的《二氧化碳捕集、利用与封存环境风险评估技术指南（试行）》以当前技术发展和应

---

① 《食品安全风险评估管理规定（试行）》第 13 条。
② 参见《农业转基因生物安全评价管理办法》第 10-14 条。

用状况为依据,规定了环境风险评估一般原则、内容以及框架性程序、方法和要求。该试行可作为二氧化碳捕集、利用和封存环境风险评估工作的参考技术。

依据上述法律、法规、规章与规范性文件的规定,我国科技风险评估过程主要包括科技风险识别、科技风险与危害特征描述、暴露评估与科技风险界定等步骤。其中,科技风险识别涉及具体科技的基本信息、风险受体、风险表现、现行技术与安全生产管理水平、现有环境风险防控以及应急措施与应急资源等。科技风险与危害特征描述是科技风险评估的第二步,指将关涉科技风险及其危害因子的性质进行定性或定量的评估,并将评估的实验结果推理至社会现实。国际化学品安全规划署对暴露评估的定义为"对一种生物、系统或(亚)人群暴露于某种因素(及其衍生物)所进行的评价。暴露评估是风险评估的第三步"[①]。风险界定则是科学风险评估科学进程与政治、社会进程的综合产物。

二、科技风险评估法律制度的成绩与不足

(一)现实作用

1. 为行政机关管理科技风险评估活动提供了法律依据与技术支撑

行政机关履行涉及科技项目决策的法定职责时,首要便是明确具体事务中涉及的事实问题,这时便需要行政机关具备一定的专业能力。特别是在科技风险规制领域中,事实问题不清将引发公众对行政决策科学性的质疑,削弱行政机关行为的合法性。科技风险评估作为能够强化行政活动理性基础的方式,是行政机关作出涉及科技风险决策前的必然选择。经由权威机关制定的科技风险评估法律制度为行政机关规制科技风险活动提供了法律依据与技术支撑。一方面,具有一定透明度与独立性的科技风险评估可以控制行政权力的滥用,防治科技风险规制活动陷入"单方恣意"。科技风险评估是科技风险规制的核心环节,决定行政机关是否规制以及采取何种措施规制具体科技风险。现行法律制度对行政机关在转基因食品与作物、核能技术项目等领域的风险评估活动提供了法律依据,给行政权力的规范行使设置了界限。另一方面,现行法制规定了专家介入科技风险评估的渠道与程序,一定程度上实现了科技风险评估活动的科

---

① 蒋琦等:《总膳食研究在人群膳食暴露评估中的应用》,《中国食品卫生杂志》2012年第3期。

学性与中立性。科技风险评估规制主体以行政机关为主,但在某种情形下,为了保障科技风险评估活动的客观性、科学性,行政机关通过法定程序将部分科技风险评估权委托给由多元主体组成的技术性评估机构,这些机构具有制定科技分割线评估的指南与技术规范权,以及一定的技术审核权。以转基因生物技术为例,风险评估是国家行政机关发放转基因生物安全证书的前提,也是风险管理的前置程序。①《食品安全法》与《农业转基因生物安全评价管理办法》将技术审核权交由国家农业转基因生物安全委员会行使。

2.为企业、科研机构等市场主体的行为提供准则与指导规范

科技风险评估法律制度为科技风险评估活动提供了规范框架与行为指南,调整与约束企业、科研机构等主体的市场行为。科技风险评估法律制度要求企业、科研机构等市场主体应当依法成立风险评估部门,负责本单位的科技风险评估以及申报工作。例如,《农业转基因生物安全评价管理办法》第6条规定:"从事农业转基因生物研究与试验的单位是农业转基因生物安全管理的第一责任人,应当成立由单位法定代表人负责的农业转基因生物安全小组,负责本单位农业转基因生物的安全管理及安全评价申报的审查工作。"

3.为保障公民健康、环境与社会安全发挥了一定作用

科技风险评估法律制度的立法目的主要是为了保障人类健康和环境安全。科技风险评估活动为科技风险管理提供决策依据,确保行政机关决策与行为的科学性,而行政决策与行为的主要目的之一就是保障公民合法权利。在科技风险评估领域,公民合法权利的主要表现形式就是公民追求健康的权利、拥有良好环境的权利与享有安全社会环境的权利。科技风险评估法律制度在回应公民权利诉求方面发挥了重要的现实作用,特别是进入21世纪第二个十年后,党和政府愈来愈重视科技风险评估方面的立法,诸如《农业转基因生物安全管理条例》《农业转基因生物安全评价管理办法》,以及《核安全法》等法律都涉及风险评估,也规定了保障公民健康与环境、社会安全的目的。

(二)科技风险评估制度的现实问题

虽然我国科技风险评估制度取得了一些成绩,但在实施中仍然存在不少问题,传统风险评估法律制度与科技风险评估要求间的失配问题成为阻碍科技风

---

① 参见《农业转基因生物安全评价管理办法》第25条。

险规制的重要因素。虽然我国目前已在不少科技领域建立了风险评估制度，但诸多科技风险领域还没有建立起风险评估制度。即使在确立科技风险评估制度的转基因生物领域、核能技术领域，其中规定的"风险评估"也相当原则和笼统，具体的法律规则的缺失也大大降低了科技风险评估制度的可操作性。我国科技风险评估制度缺乏普遍共识的、权威性的评价组织，部门、机构之间缺乏沟通，评估风险的指标、程序各不相同，进而造成科技风险评估结果难以达成一致。具体而言，当前我国科技风险评估法律制度实践中存在的主要问题包括如下方面。

1. 科技风险评估制度体系不健全

科技风险评估制度体系不健全直接阻碍了风险规制活动的有效开展。在实践中，我国主要在转基因技术领域建立了较为完整的风险评估体系，而诸如人工智能、核能、其他生物科技、网络新技术领域的风险评估制度相当不足，例如，2017年7月8日国务院《关于印发新一代人工智能发展规划的通知》才首次在国家层面提出"加强对人工智能潜在危害与收益的评估"，但与人工智能风险评估相配套的法律制度还处于规划层面。进一步分析，现行科技风险评估制度体系不健全主要表现为技术体系、指标体系与责任体系等不健全。

第一，科技风险评估是一个科学的过程，缺乏技术支撑的风险评估容易导致科学性不足的问题。一方面，与科技风险评估的现实需求相比，当前我国科技发展水平难以支撑评估活动的有效开展。即使在现行科技发展水平下，科技风险评估的技术体系建设也落后于科技发明与应用的技术体系。例如，在《食品安全法》与《农业转基因生物安全管理条例》修订（制定）之前，我国在转基因食品安全检测技术、监测网络、毒理学基础研究与技术发展上极为缓慢。[①]另一方面，传统科技风险评估方法很难适用于科技风险评估。传统科技风险评估适用的风险评估方法主要有成本效益评估、敏感性分析、显示性偏好等，其中为我国科技风险评估主体常用的是成本效益评估法。但是，适用成本效益评估法进行科技风险评估将遭遇很多问题。有学者批判了成本效益评估法在评估许多可能造成环境问题的科技应用项目中的诸多问题，包括成本与效益的不公平分布；风险的空间分布；风险和效益如何影响现有的特权模式和社会不公模式；代际公平；对生态系统或非人类生物影响的价值评估；效果的直接性、严重性和严密

---

① 余健：《〈食品安全法〉对我国食品安全风险评估技术发展的推动作用》，《食品研究与开发》2010年第8期。

性;风险的可控性与熟知性。①

第二,科技风险评估指标体系存在相互冲突,以及部分科技风险评估指标存在空缺现象。科技风险评估指标体系是指用于证明某项科技发明与应用是否具有风险及其危害可能性的统计学依据。科技风险评估过程不能局限于某个部门、某个环节、某个影响因子,而必须分析作为一个完整系统所具有的全部风险。部门之间、机构之间以及部门与机构之间的科技风险评估指标体系不一致,可能会得出完全相反的评估结果。当前我国部分科技领域甚至还未能形成各自的风险评估指标体系。例如,我国自主的自动驾驶平台技术体系仍处在实验室阶段,也根本谈不上建立相应的风险评估指标体系。

第三,科技风险评估责任体系不明确。科技风险评估责任体系是与科技风险评估权相对应的,旨在厘清科技风险评估职责归属与责任承担的规范性体系。在我国,除转基因技术、核能技术外,许多科技风险评估的责任体系并不明确。这主要源于许多科技风险呈现出跨领域、跨行业的特征,例如,对于人工智能中的智能机器人的风险评估,到底由行政机关的哪个职能部门牵头负责仍处于争议阶段。

第四,现行科技风险评估体系欠缺可操作性。一方面,现行科技风险评估制度主要是从行政管理的角度开展的,对于企业、科研机构更多做义务性规定。而在科技风险评估中,较之行政机关而言,企业、科研机构等相对人往往掌握更多、更新的风险信息。义务性规定抹杀了相对人参与科技风险评估的积极性,加之资本追逐利益与科研机构的商业化趋势,科技风险评估最终流于形式。另一方面,现行科技风险评估制度的细节性、可操作性有待补强。传统领域的行政组织、程序性、法律责任等条款难以适用于科技风险评估之中,因此,科技风险评估制度需要从无到有地建构适宜自身的法律制度。然而,现行科技风险评估法律制度体系发展得并不健全,许多条款直接沿用传统领域的行政法规范。适用性偏差造成了制度实践的操作性欠缺。例如,环境领域的诸多科技项目在适用传统的成本效益评估法进行科技风险评估遭遇不少问题,有学者批判了成本效益评估法在评估许多可能造成环境问题的科技应用项目中的诸多问题,包括成本与效益的不公平分布;风险的空间分布;风险和效益如何影响现有的特权模

---

① [英]费尔曼等:《环境风险评价:方法、经验和信息来源》,寇文、赵文喜译,中国环境科学出版社2012年版,第114-115页。

式和社会不公模式；代际公平；对生态系统或非人类生物影响的价值评估；效果的直接性、严重性和严密性；风险的可控性与熟知性。①

第五，科技风险评估的透明度不足。公开科技风险评估过程及其结果是为了使未介入科技风险评估规制过程的利益相关者们可以通过公开记录获知风险评估的科学信息与评价指标，判断科技风险评估是否存在违法或缺乏科学依据的问题。现行科技风险评估法律制度并未确立风险评估公开机制，实践中行政机关也未将科技风险评估活动视为应受《政府信息公开条例》调整与约束的行政行为，利益相关者与社会公众被拒之于评估活动之外。例如，2014年6月，有学者向原农业部网站申请公开转基因大豆的安全评审意见，几经波折也未得到评审过程和评审结论的相关报告。②

2. 专家委员会制度的中立性不足

风险评估经由立法成为科技风险规制的法定环节后，通过科学方式探求规制对象事实问题，通过专家知识规范裁量成为专家们的法定权利（同时也是法定职责）。③然而，不少社会组织和公众对专家们能否履行好这一任务存在相当程度的忧虑，同时也对科技风险评估的专家评估制度提出了不少疑问。例如，在《农业转基因生物安全管理条例》审议过程中，不少人大代表和政协委员就对农业转基因生物安全委员会的体制、机制与责任承担等问题提出异议：一方面，行政机关能否切实保障委员会实施转基因生物风险评估活动；另一方面，专家的"经济人"属性是否会导致他们秉承客观公正的视角解读科学问题。④实践证明，科技风险评估中的专家委员会制度确实产生了许多问题。不少学者论述了我国科技风险评估中专家中立性不足问题，认为当前我国风险评估的专家遴选制度公正性差、专家易受利益俘获问题、独立性保障机制不健全等问题。⑤总结而言，包括三个方面：

第一，现行科技风险评估中的专家委员会成员遴选过程由主管的行政机关职能部门、事业单位与行业协会来完成，专家成员的遴选缺乏公正、公开的程

---

① Stirling Andrew, The Limits to the Value of External Costs, 载［英］费尔曼等：《环境风险评价：方法、经验和信息来源》，寇文、赵文喜译，中国环境科学出版社2012年版，第114-115页。
② 成协中：《同行评审与行政法治——以转基因安全评价制度为例》，《浙江学刊》2015年第6期。
③ 例如，农业部制定的《农业转基因生物安全评价管理办法》第5条规定，根据《农业转基因生物安全管理条例》第9条的规定设立国家农业转基因生物安全委员会，负责农业转基因生物的安全评价工作。国家农业转基因生物安全委员会由从事农业转基因生物研究、生产、加工、检验检疫、卫生、环境保护等方面的专家组成，每届任期五年。
④ 国际组织可持续发展科学咨询调查分析委员会：《知识与外交：联合国系统中的科学知识》，王冲等译，上海交通大学出版社2010年版，第3页。
⑤ 沈岿主编：《风险规制与行政法新发展》，法律出版社2013年版，第158-161页。

序，多为内部决策。首先，专家委员会成员应当是相关领域具有一定特长的专家、实务工作者或技术人员。然而，当前我国转基因技术、核能技术等领域从事风险评估专家委员会多挂靠在行政机关主管部门之下，其人员选取受制于行政机关。在传统风险评估实践中也不乏行政机关工作人员占风险评估专家委员会人员多数的现象。其次，科技风险评估中的专家委员会成员遴选应当遵循法定、公开程序，但是，囿于当前我国科技风险评估法制刚刚起步，也仅有少数科技领域的法律法规涉及程序性规定。例如，《农业转基因生物安全管理条例》第9条的规定设立国家农业转基因生物安全委员会，负责农业转基因生物的安全评价工作，作为该《条例》配套的部门规章，《农业转基因生物安全评价管理办法》仅仅规定了"国家农业转基因生物安全委员会由从事农业转基因生物研究、生产、加工、检验检疫、卫生、环境保护等方面的专家组成，每届任期五年"[1]。对于国家农业转基因生物安全委员会专家成员的遴选程序则未作规定。

第二，现行从事科技风险评估的专家成员多来自企事业单位、公立高等院校、科研机构等与行政机关存在隶属关系或日常联系，专家成员与行政机关之间的利益关系模糊，专家委员会有可能成为行政机关科技项目决策的"助手"。由于科技风险的高度不确定性导致服务于政策制定的科学过程需要大量的假设、推论与实验，一旦科技风险评估混杂了政策考量与个人偏好就会影响科技风险评估的权威性与结果的科学性。[2]

第三，专家委员会实施科技风险评估的信息获取主要来自行政机关与企业。在实践中，专家、企业和行政机关之间就某一科技风险的评估信息存在不对称问题，当委员会的评估结果同行政机关决策要求与企业的诉求不一致时，专家们可能为了金钱、知名度、自身研究利益或是"怕得罪人"、维系合作关系等原因选择以和为贵，妥协专业见解，甚至不惜谄媚迎合主管单位以维系利益，这会影响科技风险评估结果的科学性与公正性。如何保障科技风险评估专家委员会中立、公正、客观地开展科技风险评估已经成为当前我国科技风险评估制度实践中突出的现实问题。

---

[1] 参见《农业转基因生物安全评价管理办法》第5条第1款。
[2] 赵鹏：《风险评估中的政策、偏好及其法律规制——以食盐加碘风险评估为例的研究》，《中外法学》2014年第1期。

第二节 科技风险评估制度困境之缘由

科技风险评估法律制度出现困境的缘由在于科学技术与社会建构两方面：一方面，科学在科技风险评估法律制度实践中发挥着"提供真理"与"制造不确定"两种截然相反的作用①；另一方面，科技风险的社会建构给现行科技风险评估法制带来诸多难题。

一、内因：科学难以为风险评估提供确定性结论

科技风险评估包括定量评估与定性评估，这些都依赖于科学数据。然而，在高度不确定的科技风险领域，代表科学的专家们很难达到或逼近绝对的真实，在这种情形下，科学研究只能给出一定的范围②，甚至连定性评估都不可能，科技风险评估掉入污泥沼泽。科学难以为风险评估提供确定性主要表现为科学技术本身的不确定性、作为科学代表的专家以及隐藏在科技背后的政治社会因素对科技风险评估的影响。

（一）在"反思现代性"的自反时代，科学不再被视为"唯一真理"

诸多研究与实践证明了科学的不确定性。简言之，科学不确定性可大致分为五类：（1）参数不确定，系指出于科学分析的瑕疵或讯息不明确所造成的不确定性；（2）模型不确定性，系指受限于科学理论的不充分及研究模式不精确所造成的不确定性；（3）系统不确定性，系指许多已知或未知因素之累积及交互作用所造成的不确定性；（4）障眼法不确定性，系指由人为控制某些研究变项或制造不确定证据之方式所造成的不确定性；（5）政治不确定性，指国家机关有意地作为或不作为所造成的不确定性，例如，可以忽略或选择性引用咨询及分析结果。科

---

① See Sheila Jasanoff, Serviceable Truths: Science for Action in Law and Policy, Texas Law Review, （7, 2015）, pp.1723-1749.
② 叶俊荣：《环境政策与法律》，中国政法大学出版社2003年版，第84-85页。

学的科学性一旦得不到保障，那么公众对安全的诉求就无法通过"数据"来判断。以美国转基因三文鱼规制为例，2017年8月7日，美国阿克邦特科技公司宣布已向加拿大客户出售10000磅转基因三文鱼。20世纪90年代初期，阿克邦特公司凭借此技术成立，他们通过加入来自大鳞大马哈鱼中的生长激素基因和大洋鳕鱼的基因调控元件，这些基因改造使得转基因三文鱼能够持续分泌低水平的生长激素。美国食品药品监督管理局于2015年11月批准这种三文鱼可供食用，六个月后，加拿大相关机构做出了相同决定。两个国家均不要求此类三文鱼标注经基因改造的标识。2016年，位于美国华盛顿特区倡导环保的一个组织向联邦法院提起诉讼，声称美国食品药品监督管理局并不具备监管基因改造的动物的法定权力，且美国食品药品监督管理局做出这一决定时，未充分考虑环境风险。美国政府在2017财年预算法案中针对美国食品药品监督管理局的一项条款规定，在消费者完全了解他们购买的基因改造产品之前，美国食品药品监督管理局应当禁止销售转基因三文鱼。①回顾该项目的风险规制过程可以发现，规制机构的观点一直是左右摇摆的，其重要原因在于科技风险评估制度本身的科学性问题。科技的经济效益是显而易见的，更多的就业机会、更高的成本收益率等，科技的风险是高度不确定的，部分科技发明与应用依据当前技术无法探知其危害性，或者即使证明其危害性，也无法获知其危害结果大小，这无疑给科技风险评估带来极大困境。

（二）科学本身的不确定性导致作为科学代表的专家在面对科技风险时，往往无法得出"标准答案"

事实证明，技术专家们对事关全人类生死存亡的巨大风险和灾难而作出的所有预测都是模棱两可的，都是既无法证实又无法证伪的，因此，无论某种可以毁灭全人类的巨大风险和灾难是否真的存在，技术专家们的所有这些预测都早已失去了其作为预测的本真意义。②在实践中，专家们关于转基因技术、人工智能技术的论辩与争锋，无不证明了这一点。一旦专家们无法从科学维度解释并得出结论，科技风险评估活动也就极易陷入"无知之幕"或"民主旋涡"的无意义争论之中，也为行政机关以自身利益代表科学或利益集团追逐利益提供了

---

① Emily Waltz, First genetically engineered salmon sold in Canada, Nature, （01, 2017）, pp.148.
② ［德］乌尔里希·贝克：《从工业社会到风险社会（上）》，王武龙译，载薛晓源、周战超主编：《全球化与风险社会》，社会科学文献出版社2005年版，第92页。

掩护。

（三）隐藏在科技背后的政治社会因素成为科技风险评估的主导因素，专家们不再被信任

在被定义为科学进程的时代，"科学"这一宏观词语在科技风险评估与管理过程中几乎占据统治地位。然而，事实证明科技风险评估并不仅涉及科学问题，反而在很大程度上，风险评估结果要受政治、社会、法律与文化的深刻影响。[①]以英国的核能技术规制实践为例，核能风险评估中"风险和收益的量化计算为风险评估提供了物质的和'理性的'基础，而那些拥有内在价值或生命的收益是不可计算的观点被核机构作为误导的和反科学的理论而摒弃"，设计和发展核能的体制与实践导致了核能项目决策中的制度结构与信念系统失灵，公众讨论与民主参与的范围也被缩减。特别是 1976 年的温茨凯尔质询案中（质询英国 Windscale 核电站核泄漏事故），公众评论最高法官"几乎每个问题上都去寻找对英国核燃料有限公司有利的证据"[②]。科学的不确定导致的结果是，许多科技风险的界定与评价都可以被人为操控。此时，如果专家们不能公正地依循科学作出判断，那么科技风险评估将成为权威集团获取决策与行为的工具，而不是科技风险规制后续活动的科学依据，整个科技风险规制活动的科学性、公正性与实效性无从谈起。

二、外因：科技风险的"社会建构"影响评估过程

科技风险评估是建立在这样一个假设基础之上的，即专家能够依据科学技术手段，运用概率分析工具，确定科技风险的危害程度。这一假设其实是建立在科技风险具有客观性的依据基础上的，对科技风险的评估也被称为对科技风险概率的评估。[③]然后，无论在什么语境或者情况下，任何风险评估都应该有赖于对潜在结果赋予的价值，而非仅仅依赖于结果的概率。科技风险的社会建构性影响了评估结果的确定性和客观性。

---

① See David Winickoff, et al., Adjudicating the GM Food Wars: Science, Risk and Democracy in World Trade Law, Yale fournal of International Law, (30, 2005), pp.81 -123.
② [英]芭芭拉·亚当、乌尔里希·贝克、约斯特·房·龙编著：《风险社会及其超越》，赵延东、马缨等译，北京出版社 2005 年版，第 125-126 页。
③ [英]珍妮·斯蒂尔：《风险与法律理论》，韩永强译，中国政法大学出版社 2012 年版，第 22 页。

（一）科技风险社会建构的基本原理

科技风险属性是指，科技风险所具有的性质和关系。科技风险社会建构性源于科技风险具有建构主义的属性。由此，理解科技风险社会建构的基本原理，关键是认识何为科技风险建构主义属性。科技风险属性类型是一种抽象的思维建构，虽然它们不会以纯粹形态存在于现实之中，也没有完全的经验例证与之相对应，[①]但它们并非是研究者的主观意志之想象，而是透过对科技风险问题的经验分析，参考对现实因果关系的了解，并充分运用现有科技风险的研究文献，予以高度抽象。社会学、心理学、人类学等其他学科对风险以及科技属性类型的研究表明，从哲学上讲，风险属性存在着实证主义与相对主义，以及现实主义与建构主义之分。比如，英国学者托马斯就认为，风险属性之间存在着根本性差异。他们认为，一种观点是将风险视为具有危险性质的物理属性，一种独立于主观价值的客观事实，能够被科学所解释、预测和控制。另一种观点则将风险视为具有社会建构的属性，而不是一种能够独立于评估主体的客观实体。[②]美国学者舒德尔-弗雷谢特则提出了哲学上关于风险属性的两种观点——实证主义与相对主义。前者认为，风险属性是一种纯粹客观性，可以通过数据收集和定量方法来进行全面的描述与分析。后者则认为，风险属性是一种主观性，是对个人的经历中所遇到的现象的纯粹主观反应。[③]

笔者认为，社会学、心理学、人类学等其他学科关于一般意义上的风险属性类型的研究成果，为我们科学认识科技风险的建构主义属性，进而理解科技风险的社会建构性提供了背景性知识，结合这些学科的研究成果，可以从理解科技风险的逻辑起点、衡量科技风险负面后果的因素以及确定科技风险负面后果的方法三方面认识科技风险的社会建构性。

1.从理解科技风险的逻辑起点层面认识科技风险的社会建构性

科技风险属性的建构主义类型的逻辑起点不是科技风险现象本身，而是科技风险的感知者和承受者。换言之，该模式将社会公众作为认识科技风险的逻辑起点。以这样一种逻辑起点来认识科技风险，就将科技风险视为是由社会公众、团体或组织所编造的人工制品，即现代社会所面临的科技风险并不是一种

---

① [德] 马克斯·韦伯：《社会科学方法论》，韩水法等译，中央编译出版社2002年版，第19页。
② See Otway, H. J., K.Thomas, Reflections on risk perception and policy, Risk Analysis,（2, 1982）, pp.69-82.
③ See Kristin S. Shrader-Frechette, Risk and Rationality: Philosophical Foundations for Populist Reforms, California: Univeristy of California Press, 1991, pp.29-46.

客观实在，在相当程度上，它们是由社会公众定义和建构的。由此可见，科技风险不单纯是自然现象，更大意义上是伴随着社会的和心理的社会事件。同样，这样一种科技风险属性观是以人类学和社会学意义上的风险属性观为依据的。以美国学者玛丽·道格拉斯和维尔达沃斯基为代表的人类学学者所主张的风险文化理论就将风险视为一种社会建构，并且这种社会建构是由社会中的结构性力量所决定的。他们认为，健康、不平等、不公平等问题不是由科学分析来决定的，而仅仅是社会内部不同群体间各种观念和理性的重新建构形式。这些建构的面料和纹理，既体现了各种不同风险领域中的每一个团体或制度的利益与价值，也反映了团体之内的人们所共享的术语之意义。[①]德国社会学家尼古拉斯·卢曼等人提出的风险系统理论，也认为风险是一种认知或理解的形式。他们认为，任何事情本身都不是风险，世界上也本无风险。但在另一方面，任何事情都能成为风险，这有赖于人们如何分析危险，考虑事件，风险的重要性不在于风险本身，而在于风险的附着对象。因此，将科技风险归为社会中的人是理解其社会建构的复杂性的逻辑起点。

2.从理解衡量科技风险负面后果的因素角度来理解科技风险的社会建构性

科技风险属性的建构主义类型通常从多个维度衡量科技风险的负面后果，包括物质、道德、政府、文化等。该类型认为，物质性维度，虽然是衡量科技风险负面后果的重要方面，但并不是唯一方面，甚至不是最重要的方面。道德的维度、政治的维度以及心理的维度在衡量科技风险的负面后果方面同样重要。[②]除了可见的累计死亡或受伤人数、经济损失外，科技风险属性的建构主义模式至少还会考虑这些因素：（1）科技风险是否产生社会性灾难；（2）科技风险是否能够被控制；（3）科技风险的损害是否无法弥补或代际传递；（4）科技风险产生的特定历史阶段与社会条件，这一点与科技风险的内在属性、社会观念与社会公众的主观选择等因素有较大关系；（5）科技风险是否平等分布，又或者是风险受众是否局限于可以识别的、无辜的或在传统上就属于弱势者的身上，比如，婴幼儿，老年人和孕妇，这一点与公共道德思想具有密切联系；（6）科技风险为公众所熟悉的程度；（7）某类科技风险能够导致的恐慌程度及可以观察到的程度。由此可见，就衡量科技风险负面后果之因素而言，科技风险属性的建构主义模式

---

① See Douglas, M., Wildavsky, A Grid-group theory and political orientations: Effects of cultural biases in Norway in the 1990s, Scandinavian Political Studies, (3, 1991), pp.217-244.
② 杨小敏：《我国食品安全风险评估模式之改革》，《浙江学刊》2012年第2期。

认为，这种负面后果是与多个维度相联系的，人们根据对科技风险的认知，而不是根据一个客观的科技风险情形或对科技风险的科学评估来对科技风险的负面后果作出反应。科学评估虽然能够影响人们对科技风险的反应，但仅仅是作为个人认知的一个组成部分而已。①

3.从确定科技风险负面后果方法角度来认识科技风险社会建构性

由于科技风险属性的建构主义模式认为科技风险是一种人工制品，并且判断科技风险负面后果的因素是多元的，因而就确定科技风险负面后果的方法而言，并没有提供一种通行的方法，而是采用不同的判断方法。比如，可得性启发，即最容易被人们所想起的科技风险事件通常被认为是经常发生的科技风险事件，结果是不适当地扩大该科技风险事件的负面后果，而低估相对缺乏关注或戏剧性的原因所导致的科技风险的概率。对此，美国学者凯斯·R.孙斯坦也认为，人们对危机事件的风险的判断经常受到可得性启发的影响。比如，人们是否会买自然灾害保险极大地受其近期经历的影响，如果洪水并不在最近发生，住在冲积平原上的人就不大可能买保险。②笔者认为，自2008年奶粉行业中的"三聚氰胺"事件之后，我国消费者对国产奶粉的信任度不断降低，造成国产奶粉的市场占有量一路下跌，与消费者使用可得性启发的方法来判断我国奶粉添加剂风险的负面后果有一定联系。这属于可得性启发对科技风险程度的扩大化理解。科技风险属性的建构主义模式使用的另一种方法是价值定性分析方法，即由不同团体或组织，甚至是个人，对某一科技风险的态度、理解、感受等主观性标准来判断该科技风险的负面后果。由于不同主体的价值偏好具有多元性，因而关于某一科技风险的负面后果也因主体价值观的不同而不同。③比如，人们往往重视使用非传统的方式——合成、调制、勾兑、添加——生产的科技风险的负面后果，而轻视天然或传统的科技风险（如使用先进技术开采的可燃冰）的负面后果，这与人们所持的对技术的价值观有很大关系。

（二）科技风险社会建构对科技风险评估法制带来的难题

科技风险的社会建构可能导致的结果是，依据现行法律制度，科技风险评估主体很难将立法精神与具体法律规则落到实处。科技风险评估的实效性也大打

---

① Covello V.T., The perception of technological risks: A Literature review, Technological Forecasting and Social Change, (23, 1983), pp.285-297.
② [美]凯斯·R.孙斯坦：《风险与理性——安全、法律及环境》，师帅译，中国政法大学出版社2005年版，第41-42页。
③ See Wildavsky A., Dake K., Theories of risk perception: Who gears what and why?, Daedalus, (4, 1990), pp.41-60.

折扣。科技风险评估的法治难题主要有两方面原因：一是科技风险评估的科学性与科技风险的高度不确定性之间的冲突。冲突的根源既包括风险本身，更包括政治、社会因素叠加下的"社会建构"。二是现行法制的不适宜性。许多学者论述了以"行为—程序—责任"为流线的传统行政法制之于风险规制的不适宜性。[①]这一不适宜性在科技风险评估活动中表现得尤为突出。

1.传统的行政行为理论难以解释科技风险评估行为的系统性、极端复杂性特征

传统行政行为法律关系是静态的，而科技风险评估中的法律关系是动态的；传统行政行为法律关系的对象是确定的，而科技风险评估法律关系的对象具有高度不确定性；传统行政行为法律关系的主体主要指行使行政权力的行政主体，而科技风险评估中的主体指向的是公共权力，其主体包括行政机关、国有企事业单位、国家实验室、集体性科研机构等。

2.传统行政法确立的程序性条款难以适用于调整科技风险评估活动

科技风险评估是一个动态反复地寻求科学真理与社会安全结合点的过程，限制或明确规定科技风险评估主体、时限、情形与流程的法律规则往往将陷入无法适用的困境。传统行政法治强调严格依据法定程序行政，有法律规则的必须依据法律规则。但科技风险的"社会建构"性，使得科技风险评估过程与传统行政法治强调的依明确的法律规则、法定程序行政之间存在紧张关系。实践中关于调整科技风险评估（例如，转基因技术安全评估）的立法难、法规范制定后的实施难问题无不证明了这一问题。

3.与传统行政法律关系中的责任归结不同，科技风险评估的责任归结显得异常困难

一方面，依据当前的科技水平无法判断或经判断不存在威胁公众健康与社会、环境安全的科技发明与应用可能在以后被证明其危害性。多数科技风险的危害可能性往往呈现爆发性代际转移态势，即科技风险的潜在后果通常短时间内不彰，一旦爆发将是灾难性的。例如，一旦转基因作物的实验性危害化为现实，对人体的健康危害乃至人类繁衍生息都将产生不可逆转的损失。当然，这种极端后果可能被夸大或者被认为是杞人忧天。但是，正如19世纪的科学家们为发现煤炭这一经济性能源而爆发性地研发蒸汽机、发电机等技术的背后，又怎

---

① 王贵松：《风险行政的组织法构造》，《法商研究》2016年第6期；张哲飞、戚建刚：《公务员免责制度的规范分析》，《理论探讨》2017年第4期；戚建刚、张景玥：《论我国公共风险监管法制之信任危机——以过程论为分析视角》，《云南社会科学》2015年第4期，等等。

会预见到 21 世纪之后，他们的后代正在日益承受着全球变暖的生态危机。[①]另一方面，科技风险评估过程及其结果是科学过程与政治过程叠加的产物，科学的非真理性与价值判断的主体差异性均会对科技风险评估结果产生影响。特别是在更为强调数据准确性、过程公正性与结果正确性的科技风险评估领域，行政机关的评估结果往往与公众期待相去甚远。对于普遍认为高风险的核能技术却是行政机关大力推广应用的新型能源，对于公众忧虑的对二甲苯材料技术等化工项目却是颇受地方政府欢迎的高经济效益项目的代表，此中个例，不胜枚举。事实上，面对科技风险潜在后果极端性，作为科学代表的行政机关、专家与作为民主代表的公众都会判断错误，但无可否认的是，这一社会建构大大增加了科技风险评估及其后续活动的开展难度，更成为现行科技风险评估法律制度实践难题的重要症结之一。

第三节　科技风险评估基本原则之建构

科技风险评估之于规制整体的重要性要求其应当在法律制度的框架内进行。科技风险评估法制的优化应当遵循行政法的基本原则及其他特定原则，而关于科技风险评估基本原则的作用、具体原则建构等问题，行政法学界尚未展开细致讨论。为了给科技风险评估法制提供原则指引，本节将从两方面展开。

一、科技风险评估基本原则的作用

（一）指导科技风险评估制度之建立与实践

科技风险评估原则是科技风险评估性质最集中的体现，直接决定了科技风险评估法律制度的基本性质、内容和价值取向，构成了整个科技风险评估制度

[①] ［美］彼得·索尔谢姆：《发明污染——工业革命以来的煤、烟与文化》，启蒙编译所译，上海社会科学出版社 2016 年版，第 12-15 页。

的理论基础,各类评估制度都是围绕基本原则建立的。例如,为了保障科技风险评估的科学性原则,需要建立科学顾问制度;为了保障科技风险评估的透明性,需要建立科技风险信息公开制度;为了保障科技风险评估的独立性原则,需要建立关于科技风险评估专家的利益声明或回避制度,等等。科技风险评估基本原则指导整个科技风险评估制度体系的建立和完善,确保了科技风险评估法律制度的和谐和统一协调,使其能保持珠联不散的整体性。如果没有基本原则或基本原则提炼得不够完整、科学,那么庞杂的科技风险评估制度将呈现碎片化状态。

(二)规范科技风险评估之行为

科技风险评估原则能规范特定主体实施科技风险评估行为,是指导科技风险评估中的特定主体合理的行使自由裁量权的依据。由于科技风险评估本身是基于防患于未然的思想理念对科技风险中未知领域的探究,由此,在一定程度上,科技风险评估的法律制度往往具有较大的制度弹性空间。科技风险评估是一个系统、复杂的工程,除了涉及定量的技术环节之外,也涉及定性的价值判断。所以,科技风险评估主体经常采用证据权衡的方法[①]来评估人类健康风险,根据这种方法,评估主体考量所有被提交的研究,根据其力量和弱点来决定给予每种研究何种分量。显然,科技风险评估过程中往往涉及自由裁量权的使用,那么如何判定这些自由裁量行为的合理性呢?或者我们只是简单的确信科技风险评估主体能合理的行使自由裁量权力?然而,这正如有学者所指出的:因为作为行使自由裁量权的行政官员个人本身具有多变的情感,无论他有多么强烈的自律能力,都不能保证他在每次行使自由裁量权的过程中不渗入一点私心杂念,况且在任命行政官员时,我们无法将这种自律能力作为选择的标准。[②]由此,需要法律规则来约束包括科技风险评估主体在内的所有行使权力者的自由裁量行为。可是,具体的法律规则有时恐怕鞭长莫及,这时,需要使用基本原则这把标尺从价值、精神等更高的层面上来衡量自由裁量权的合理性。可见,科技风险评估基本原则既为科技风险评估主体的行为提供合理性、正当性的依据,又制约着他们滥用自由裁量权力,从而在更为宏大的意义上给人们提供了一个

---

① 美国环境保护署在致癌风险评估的背景下是这样解释证据权衡方法的:证据分量的判断涉及对数据质量及重复性和特定物质引发反应的一致性的考虑。对于某种证据的最初看法在其他信息被引入解释时可能发生重大改变。See U.S.Envtl, Protection Agency, Proposed Guidelines for Carcinogen Risk Assessment, Federal Register, (61, 1996), pp.17.
② 章剑生:《行政程序法比较研究》,杭州大学出版社 1997 年版,第 8 页。

评价科技风险评估行为合法、合理的参照。

（三）弥补科技风险评估制度之漏洞

科技风险评估原则有利于弥补科技风险评估制度的漏洞，强化科技风险评估法律制度的调控能力。现阶段，我国科技风险评估事务正处在不断发展变化的时期，评估理念、技术、方法等内容均在快速更新、变换之中。即使科技风险评估制度能够通过法规范的出台、修订与完善实现自我更新，也很难适应快速发展变化的科技风险及其评估的实践要求。此外，民众对科技风险认知的历时性变化也会对科技风险评估过程产生一定影响。最终的问题是，科技风险评估制度始终存在漏洞，其在规范与调整科技风险评估活动时总是面临着规范滞后的弊端、规范不足局限和规范不够具体的困境。那么，面对难以避免的制度漏洞，企图制定一部一劳永逸的、无所不包的科技风险评估法典以解决社会中科技风险评估的问题，往往很不现实。此时，基本原则是用来补充制度漏洞的基本机制和必要工具，从而确保对科技风险评估中的法律关系进行有效调整。总之，当科技风险评估的法律制度因种种原因出现了对新科技事物的滞后反应或者其根本就存在调整内容上的缺陷时，就需要行政机关借助科技风险评估原则来补救其不足，使得科技风险评估法律制度能更好地调整科技风险评估中不同主体间围绕评估产生的权利义务关系，尽可能地保障科技风险评估制度的适用性。

二、建构科技风险评估原则的基本内容

目前我国指导科技风险评估的基本原则相当不健全，除了个别与科技风险有关的领域法律规定了风险评估基本原则[①]之外，缺乏整体意义上的科技风险评估基本原则，亟须从行政法角度加以建构。

（一）科技风险评估中的独立性原则

1.独立性原则的基本含义

独立性原则是科技风险评估法律制度的首要原则，即行政法制应当通过立

---

① 主要是食品安全风险评估领域，2010年《食品安全风险评估管理规定（试行）》第5条直接规定了食品安全风险评估的基本原则，即遵循科学、透明和个案处理的原则进行。第6条则间接规定了食品安全风险评估的另一基本原则，"国家食品安全风险评估专家委员会依据本规定及国家食品安全风险评估专家委员会章程独立进行风险评估"。

法将科技风险评估的技术问题与政治问题切割开来,保障专家独立自主地行使科技风险评估权。目前我国主要在食品安全风险评估领域确立了独立性原则。《食品安全风险评估管理规定(试行)》第 6 条从正面和反面两个层面对该原则做了全面的诠释。首先,它从正面肯定国家食品安全风险评估专家委员会享有依据《食品安全风险评估管理规定(试行)》及国家食品安全风险评估专家委员会章程独立承担并实施食品安全风险评估的权利;其次,它从反面排除了其他任何部门对国家食品安全风险评估专家委员会开展食品安全风险评估相关工作的干预。

2.独立性原则的必要性

科技风险评估中确立独立性原则具有很强的必要性。从理论而言,技术问题应当交给专门的科技风险评估机构。早在 1983 年美国国家科学院就已经指出,风险评估与风险管理应当相互区别。[1]面对科技风险的肆意蔓延,世界各国为了更好地规制科技风险,保障科技风险评估机构的独立性,纷纷设立了独立的科技风险规制机构及其评估机构。例如,在福岛核事故后,为了强化监管的独立性,日本通过《原子能规制委员会设置法》(2012 年)将分散的核安全监管职能整合纳入新成立的独立规制机关——原子能规制委员会。[2]我国转基因技术领域、核能技术领域科技风险评估的独立性原则已经初步实现。但这一独立性是非常脆弱的,例如,负责转基因作物技术评估的国家农业转基因生物安全委员会是类行政组织,并不负责转基因作物技术的技术评估。技术评估则是由原农业部委托具备检测条件和能力的技术检测机构进行。学理层面的科学与政治分立则远远还未实现。此外,科学的不确定性加之代表科学的专家们可能引发的问题是,行政机关可能借"科学"来掩盖其政策追求、价值偏好并逃避对其规制的监督。[3]在科技风险评估中,价值判断不可避免,但科技风险评估中的独立性原则要求任何主体的单方价值追求都不应成为其干预科技风险评估技术过程的理由。

---

[1] See National Research Council, Risk Assessment in the Federal Government: Managing the Process, Washington.D.C.: National Academy Press, 1983, pp.18-19.
[2] 胡帮达:《论核安全法的基本原则》,《中国地质大学学报(社会科学版)》2017 年第 2 期。
[3] [美]阿德里安·沃缪勒:《不确定下的裁判——法律解释的制度理论》,梁迎修、孟庆友译,北京大学出版社 2011 年版,第 168 页。

3.独立性原则的保障机制

为确保独立性原则能够实现,行政法需要规定各类机制。比如,科技风险评估法制应当建立专家委员会成员选取的独立性机制,通过专家成员选取、评估结果的外部评审实现科技风险评估不受外部因素干扰;科技风险评估法制应当建立集体评估与决定机制,每位专家都拥有平等的发言权与投票权,少数意见也应当被记录在评估报告之中。科技风险评估法制应当建立科技风险评估的利益冲突解决机制,通过强化专家与某项科技发明与应用间的利益冲突、利益相关回避,实现科技风险评估的独立性。科技风险评估法制应当完善科技风险评估的经费保障机制,通过给予科技风险评估委员会专家评估薪酬、补贴及相关技术支持等经费保障实现科技风险评估的独立性。

事实上,从比较法角度来看,为了确保科技风险评估独立性,世界上许多国家和地区的法律都规定了独立性原则的保障机制。对此,可以以与科技风险评估密切相关的欧盟食品安全风险评估独立性原则保障机制为例加以分析。欧盟《统一食品安全法》第37条特别单独规定了独立性原则。"为了达到这个目的,他们应当制作一份承诺宣言和一份利益宣言,以表明不存在违反他们独立性的直接或间接利益,这些都应当以书面形式对外宣布。管理委员会成员、执行董事、咨询论坛成员、科学委员会和科学小组的成员以及参与工作小组的外部专家,在每次会议时都应当声明不存在任何与议程项目有关而影响其独立性的利益存在。"[①]在科技风险评估法制之优化中,为确保独立性原则得以实现,应当确立如下机制:首先,科技风险评估法制应当建立专家委员会成员选取的独立性机制,通过专家成员选取、评估结果的外部评审实现科技风险评估不受外部因素干扰。其次,科技风险评估法制应当建立集体评估与决定机制,每位专家都拥有平等的发言权与投票权,少数意见也应当被记录在评估报告之中。第三,科技风险评估法制应当建立科技风险评估的利益冲突解决机制,通过强化专家与某项科技发明与应用间的利益冲突、利益相关回避,实现科技风险评估的独立性。第四,科技风险评估法制应当完善科技风险评估的经费保障机制,通过给予科技风险评估委员会专家评估薪酬、补贴及相关技术支持等经费保障实现科技风险评估的独立性。

---

① 参见欧盟《统一食品安全法》第37条。

（二）科技风险评估中的科学性原则

1.科学性原则基本含义

科技风险评估的科学性原则，意指科技评估主体在进行科技风险的识别、特征描述、暴露评估和风险特征描述等过程中都应该坚持以科学地可验证性的实验、试验结论以及其他科学方法和科学信息为依据。科技风险评估主体在向科技风险管理主体提供科技风险评估建议时应当具有高质量的科学性。科技风险评估制度的构建和具体措施的出台，都应该坚持科学性的引导，都应该切实保障科技风险评估的客观科学。这种科学不仅体现为一次或者一段时期内科技风险评估数据的精准和科技风险评估方法的科学。这种科学性更应该是一种与时俱进的、动态的科技风险评估过程，即被该评估所引用的数据和信息一定要随着科学技术的发展而不断更新，而科技风险评估的结论也要随着其工作的进展而适时地予以变更。

2.科学性原则的必要性

在我国科技风险评估领域确立科学性原则的必要性存在诸多方面，其中一个重要方面是消除近年来各种科技风险事件所造成的公众对我国科技产品、项目和科技风险管理监管制度所带来的不信任。恢复公众对我国科技风险管理体系的信任的最有效方法是提高包括科技评估制度绩效，而确保科技风险评估制度在科学上的卓越性，则是增强其绩效的根本途径。[①]

3.科学性原则的保障机制

科技风险评估中的科学性原则的实现，需要有一系列保障机制：

一是确保负责科技风险评估的委员会组成人员应由本领域最高水准的科学专家、实务工作者组成的机制。这可以借鉴欧盟食品安全管理局内部指引之规定，"成员选择应当确保高水平的科学能力与专业知识"[②]，科技风险评估法制规定确保科技风险评估专家人员的最高水准之条款。此外，专家人员组成还应当体现成员背景、地理分布等方面的多样性，保障科技风险评估委员会专家成员组成的可靠性与公正性。

二是需要建立同行审查机制。科技风险评估过程的科学性是指通过何种机

[①] 杨小敏、戚建刚：《欧盟食品安全风险评估制度的基本原则之评析》，《北京行政学院学报》2012年第3期。
[②] EFSA, Decision of the Executive Director Concerning the Selection of Members of the Scientific Committee, Scientific Panels and External Experts, 2017-08-06.

制保障科技风险评估技术结果的科学性。美国在科技领域的规制决策中普遍采用同行评审，对于风险评估过程的透明度、扩大信息来源及保障控制结果的科学性方面发挥了很大作用。① 欧盟在转基因技术风险评估领域则通过强化自我审查、内部审查、外部审查与年度报告公开程序保障评估过程的科学性。②

三是建立科技风险评估辅助机制。科技风险信息瞬息万变，科技数据往往是市场主体的核心机密，如何实现科技信息与数据网络建设及其有效运作，将直接影响科技风险评估结果的科学性。因此，科技风险评估法律制度应当通过立法手段增加行政机关与科技风险评估委员会法定职责、增设市场主体信息与数据提供义务等方式保障科技风险评估的信息与数据网络建设，通过建立科技风险信息数据库与数据交换平台实现"行政机关—科技风险评估委员会—市场主体"间信息与数据的有效收集与沟通。

四是激励旨在增强科技风险评估科学性的其他机制。在很多情形下行政机关、民众等主体很难获取第一手科技信息，此时，可以行政法通过激励企业、科研机构自证的方式增强科技风险评估的科学性。2007 年，以科研为基础的全球性企业杜邦公司在"纳米材料安全性评估研究报告"中提出了"预设值与预设假设"概念，认为某项科技应用在信息严重缺乏、无法明确具体评估风险时，科技通过设定"预设值"作为判断基准。该基准以"合理之最糟状态"原则为主要标准，鼓励相关部门与风险制造者积极收集信息，填补信息鸿沟，避免其以无法开展风险评估作为规避责任之借口。详言之，如果风险制造者未能通过收集最新资料或其他方式证明特定物质风险低于"合理之最糟状态"，并已采取符合当下科技水平的防护措施，则其所负责任标准一概以"合理之最糟状态"作为判断基准，政府与民众也可以受此提醒对该项科技产品之风险抱以谨慎态度。

五是规定科学证据不充分时行政机关采取临时规制行为的法定职权。借鉴世界贸易组织的《实施动植物卫生检疫措施的协议》（《SPS 协定》）第 5 款 7 条规定，在有关科学证据不充分的情况下，一成员可根据可获得的有关信息，包括来自有关国际组织以及其他成员实施的卫生与植物卫生措施的信息，临时采用卫生与植物卫生措施。在此种情况下，各成员应寻求获得更加客观地进行风险

---

① 2005 年，美国白宫管理与预算办公室（OMB）首次提出同行评审政策，打破了美国《行政程序法》确立的规制决策结果，成为政府回应新时代科技风险之规制改革的典型。See OMB, FInal Information Quality Bulletin for Peer Review, 转引自成协中：《美国规制决策中的同行评审》，《环球法律评论》2014 年第 1 期。
② 参见杨小敏、戚建刚：《欧盟食品安全风险评估制度的基本原则之评析》，《北京行政学院学报》2012 年第 3 期。

评估所必需的额外信息,并在合理期限内据此审议卫生与植物卫生措施。①该项法律规则的确立将为行政机关规制科技风险评估活动提供更强的合法性基础,实践中也将避免行政机关以科学证据不足为由逃避科技风险评估职责。此外,"合理期限"内获取更多"额外信息"也将督促行政机关以及各类科技风险评估专家委员会提高科技风险评估能力,进而增强评估的科学性。

(三)科技风险评估中的安全性原则

1.安全性原则的基本含义

从形式逻辑而言,科技风险评估的安全性原则是一个总体性原则,它要求科技风险评估过程与结果均以"人类、社会与环境安全"为目的。安全性原则包含了"预防性原则""最优性原则"等子原则。其中,"最优性原则"(也称"选择最优的评估方法原则"),是指科技风险评估应在符合基本安全要求的前提下,实现科技风险评估方法、技术与手段的最优化,以保障科技风险评估结果的最高安全水平。对于"安全原则"可以从以下三方面理解:

(1)该原则的目标是避免科技风险的可能危害后果的发生,因此,安全性原则要求科技风险评估主体以安全为基本目标与行为准则。法治发达国家在科技风险评估领域确立安全性原则较早,其中日本便是典型代表。由于本土资源匮乏,日本政府比较重视现代生物技术发展。但随着转基因进口的不断增加,该国开始重视转基因技术的安全问题。1979年8月,日本文部省就颁布了《重组DNA实验导则》,规定无论是进行物理控制还是生物控制的重组DNA实验均须确保其安全性。②安全性原则成为日本转基因技术风险评估法制中的重要原则。

(2)科技风险评估的安全不仅意味着科学层面的安全,更指社会方面的安全。例如,即使转基因技术应用中的转基因食品在科学上被证明是安全的,也要以社会公众可接受的认知安全为科技风险评估的依据。欧盟转基因作物风险评估的人本主义路径是公共权力组织关注科技风险政治与社会领域安全的典型,即使某种转基因作物在科学上被证明是安全的,欧盟食品安全管理局也可能因其他原因限制进口。③

---

① 中华人民共和国商务部官方网站:《SPS协定全文(中文)》,2014年09月07日访问。
② 李雅萍主编:《全球化浪潮,争议性科技》,台北:资讯工业策进会科技法律中心2007年,第8-28页。
③ Arnold Bosman, Expertise for the future: learning and training in the area of food safety risk assessment, Full publication history, (14, 2016), pp.1-12.

（3）安全性原则不仅要求科技风险评估结果在当前社会科学水平下被认为是安全的，更要求科技风险评估动态地评估科技风险，通过定期修订或更新使安全性原则从历时角度真正得以落实。以澳大利亚为例，作为一个生态环境极端脆弱的岛国，澳大利亚一直以来都对有可能影响生态环境的转基因生物技术、制品与食品的进口实施严格管制。2007年修订的《基因技术法》和《基因技术条例》确立了联邦各州基因技术咨询委员会制度，该委员会主要负责转基因技术研发与应用行为的性质和风险程度进行管制，辨识可能的风险以及规范相关行为来管理这些风险的方式，保护人民健康与环境安全。①

目前，我国政府也越来越重视科技风险评估中的安全性原则。2017年10月23日，国务院公布了《关于修改部分行政法规的决定》，②其中包括对《农业转基因生物安全管理条例》的部分修改，规定了境外公司向中华人民共和国出口农业转基因生物用作加工原料的，应当向国务院农业农村行政主管部门提出申请，而此次修改则在提出申请后增加了需"提交国务院农业行政主管部门要求的试验材料、检测方法等材料"的内容。国内转基因生物的检测报告也扩大到"国务院农业行政主管部门规定的试验材料、检测方法等其他材料"。在"公民本位"理念越来越得到普遍认可，法治型、责任型与服务型政府建设的指引下，安全性原则将成为科技风险评估法制建构的基本原则之一。

2.安全性原则的保障机制

科技风险评估中的安全性原则要求的实现，需要有一系列保障机制：

一是公民安全诉求接受与反馈机制。公众是科技项目是否安全的直接感受者，科技风险评估应将公众的安全感受纳入评估范围。因此，为了保障安全性原则的实现，科技风险评估制度应当建立通畅的公众安全诉求接受与反馈机制。安全诉求接受与反馈机制应当及时、快速，可以借鉴德国联邦网络监管局关于智能儿童手表的做法，虽然兼具通话与GPS定位功能的智能儿童手表在德国通过了风险评估并已经进行大规模市场化阶段，但面对社会公众关于其存在的技术漏洞引发的个人隐私和安全的担忧，2017年11月中旬，德国联邦网络监管局及时宣布禁止销售智能儿童手表。③

二是科技风险评估结果的安全审查机制。关于科技风险评估结果的审查不

---

① Hossein Esmaeli, Attempts to regulate biotechnology in International Law and the response of Australian Law, Australian International Law Journal, (1, 2005), pp.57-63.
② 参见2017年国务院687号令。
③ 中国日报网：《德国宣布禁售儿童智能手表 专家：漏洞系厂家轻视信息安全》，2017年11月20日访问。

应局限于科学范畴,同行评审、独立性保障等机制均是为了保障科技风险评估结果的科学性与专业性。但是,科技风险评估结果是否安全将直接决定科技风险管理活动的实效性。例如,一旦转基因生物安全评价委员会通过某项转基因作物评估申请,则意味着行政机关将视其为安全并放松监管,那么,万一发生该转基因作物对人体具有潜在的不确定危害,后果将是数以千万计的公众健康与安全受损。因此,科技风险评估制度应当建立评估结果的安全审查机制,对通过科学评估的具体科技发明于应用,仍应进行安全评估。

三是科技风险的重新评估机制。科技风险评估不应是一劳永逸的活动,科技风险评估的结果也可能随时间变化而发生变化。一方面,在存在科技风险评估依据的科技领域,科技风险评估应随着评估依据的变化而随之变化。例如,在3D打印技术的排放颗粒物风险评估中,具体科技项目符合1996年出台的环境空气质量标准[①]之要求并据此通过相关风险评估。但在2012年新的环境空气质量标准[②]出台后,具体科技项目必须重新评估,以确保安全。另一方面,在一事一议或还未存在确定的评估依据的部分科技领域,科技风险评估应当随着科学知识与公众安全诉求的变化而变化。例如,在方兴未艾的人工智能技术领域,新的技术的市场化均需以通过科技风险评估为前提,但是,关于人工智能技术的研究是一个从无到有、不断变化的过程,公众对具体科技项目的安全认知也会不断变化。因此,关于人工智能技术领域具体科技项目的风险评估应随科学知识更新与公众认知变化而重新评估。

(四)科技风险评估中的公开性原则

1.公开性原则的基本含义

行政法上的公开主要指决策、行为等信息的公开。科技风险评估的公开性原则的含义是指,科技风险评估主体实施科技风险评估的整个过程和结果都应透明,过程的公开和结果的公开不可偏废。公开性原则应像脉络一样,贯穿于科技风险评估的各个环节和层面,使科技风险评估行为不再是"黑盒子式"的活动。

2.公开性原则的必要性

一是近年来发生的科技风险事件给行政机关带来极大教训。学术界与实务界开始思考科技风险事故的原因,学者们从不同角度对此予以了探讨。 其中,

---

① 参见 GB 3095-1996。
② 参见 GB 3095-2012。

包括科技风险评估制度在内的整个科技风险规制体系的不透明和不公开性乃重要原因之一。不透明性、不完整或不全面的信息公开侵害了公众的参与权与知情权，使公众无法监督科技风险评估机构和科技产品生产经营者的行为，科技风险与日俱增。虽然政府信息公开制度已确立多年，但实践中仍然存在诸多困难与现实问题，对科技风险评估信息的公开和透明的指导作用并不明显。科技风险评估结果事关科技产品和科技活动安全问题，事关人民的生命、健康与安全，应该予以公开并接受社会公众和相关技术机构的监督。因此，有必要在科技风险评估领域特别强调公开、透明的重要性，真正保障公众获得科技产品安全信息的权利。

二是增强我国科技风险评估制度民主性、公正性的要求。如果科技风险评估机构的权力活动是不为人所知的或者在很大程度上不为公众所知，那么就很难让这些权力机构的行为对公众负责，公众也难以监督它们的行为。所以，公开性、透明性对于恢复并增强社会公众对整体科技风险规制法律制度的信心也举足轻重。

三是提高公众对科技风险评估的可接受性，消弭专家和公众间关于科技风险知识和价值的冲突。前文讲到，对于同一科技风险，专家与公众可能存在截然相反的认知，认知结果的差异直接影响到公众对科技风险评估结果的可接受性。这是因为，拥有知识优势的专家在科技风险评估活动中起决定性作用，他们对特定科技风险的认知直接决定了对该科技风险的评估结果。然而，科技风险评估结果最终仍会由公众承担，当科技风险评估结果不为公众认同时，对立与冲突便会爆发。从行政法视域来看，科技风险评估必然涉及的价值判断要求科技风险评估遵循行政法的公正与公开原则。这是因为，科技产品或者科技项目安全其实是一个主观安全大于客观安全的问题，一旦信息不对称和不透明使公众对科技风险评估的结论产生隔膜和抵触，以科技风险评估结果为依据的行政决策与行为将遭到公众的反对。此时，公开性原则要求行政机关与科技风险评估机构将科技风险评估过程公开，实现多元主体共同参与，最大程度消弭专家与公众的科技风险认知差异对评估结果的影响，保障评估结果的科学性与公正性。因此，在科技风险评估问题上，公开性原则是减少科技风险评估遭受社会公众质疑和不解的减压器和安全阀。

3.公开性原则的保障机制

科技风险评估中公开性原则的保障机制主要是立法保障机制。具体而言：

一是明确公开的范围、内容和程序。明确公开的范围、内容与程序要求科技风险评估制度明确科技风险评估公开的具体事项、程度以及公开的方式、手段等问题。具体而言，科技风险评估中公开性原则要求科技风险评估的全过程都应当透明，而不仅仅向社会公众公开最终的评估结果；科技风险评估的内容也应当为公众熟知，科技风险评估机构应当主动向社会公众公开科技风险评估的每一项内容，包括特定科技风险评估的目标、对象、评估的理由、适用的标准和依据、使用的方法、评估的议程安排、评估的会议纪要等；科技风险评估的程序应当是经由法规范具体化、规范化与形式化的手段、方式，具体评估内容的公开也应当严格遵循法定期限。与此同时，还要规定科技风险评估主体应积极做出公开性原则的实践安排，为公众获得这些信息和文件提供程序上的便利。

二是确定透明、公开的程度。就公开程度而言，应当方便接收与可理解，特别是让社会公众便宜地接收与容易理解相关信息，以及具有可复制性，从而能使信息成为公众避免侵害与维护权利的确定性证据。行政机关及其职能部门应该具备将高端、深奥的技术性信息编译为普通公众易于接受和理解的低端、直白的普遍信息的能力，将复杂的技术参数转译为具有可读性的认证标识。在普通社会公众的认知水平上，为其提供便于掌握的辨别方法，以简化公众的判断、选择的过程。[①]在将科学建议或评估结论公开在官方网站之前，都应当附上专门的"说明性注释"。该注释以非技术性的术语来陈述科学建议，并将科学建议置于相关的背景之中，以便让公众、媒体和利害关系人更好理解科学建议。

三是透明性与保密性之间的关系要清晰。这需要对公开性与保密性之间的关系加以规范化。需要明确公开和透明是基本原则，而保密是例外。即使对于依法应当保密的信息，如果为了保障社会公众健康的需要，该类信息也应当公开，保密的要求将被解除，社会公众有权及时的获得该类信息。对于某一信息是否应当保密，应该明确规定需要考虑的因素，不得以任何非法借口作为保密的理由。

当然，以上这三个方面的要求都需要通过规则的形式予以合法化，科技风险规制主管部门或者科技风险评估专家委员会可以通过修改章程与发布规范性文件的方式来加以规范。

---

① 索珊珊：《食品安全与政府"信息桥"角色的扮演——政府对食品安全危机的处理模式》，《南京社会科学》2004年第11期。

第四节　优化科技风险评估制度之内容

原则与理念的落实需要通过具体法律规则来实现，科技风险评估的公开性、独立性、科学性与安全性原则需要法律予以保障，也只能通过法治手段与方式实现。本节旨在通过分析与阐述如何优化科技风险评估法律制度中组织机构、运行机制等内容。

一、科技风险评估的组织机构之优化

科技风险评估法律制度的组织机构的优化主要包括两个：一是科技风险评估中的行政机关角色之优化；二是科技风险评估专家委员会制度之优化。科技风险评估专家委员会主要负责科技风险评估的科学进程，科技风险评估中的行政机关负责科技风险评估的社会进程并最终决定科技风险评估结果。

（一）科技风险评估中的行政机关角色之优化

依据现行法制，行政机关及其职能部门承担着监管与确定科技评估结果的法定职责。面对现行科技风险评估中科学与政治、社会进程独立性不足的现状，科技风险评估法律制度应当重新厘定科技风险评估中行政机关及其职能部门的职责权限，行政机关应当建立部门联动、分工负责、社会协同、公众参与的科技风险评估行政规制体制。行政法应当弱化行政机关及其职能部门在科技风险评估前期过程的监管与介入，通过强化结果监督与事后审查的方式保障科技风险评估活动的有效开展。当然，最重要的是要建立和完善科技风险评估机构与科技风险管理机关——行政机关及其职能部门——相对分离制度。具体而言：

1.改变科技风险评估组织机构的隶属关系，保障评估机构独立性

保障评估机构独立性需要通过改变科技评估专家委员会的隶属关系来实现。现行的科技风险评估专家委员会由行政机关负责组建和管理。这样直接隶

属于行政机关关系并不能确保专家委员会的独立地位。由此，需要改变现有专家委员会的产生机制，行政机关应当依据一套体现公平、公开和公正的要求的程序来产生专家。该机制的核心是确保科技风险评估专家委员会是一个根据科学知识与证据，对科技风险进行客观、中立、公正评估的独立机关。此外，要保障科技风险评估组织机构的独立性还需要实现科技风险评估组织机构组成人员的独立性，要改变目前专家的产生由行政机关决定的现状，至少要通过制定公开、严格的专家委员产生程序，来约束行政机关通过影响专家的独立性而左右科技风险评估建议的权力。

2. 改变科技风险评估工作启动主体

具有独立启动风险评估的权利，也是彰显科技风险评估机构独立性的重要因素。科技风险评估的启动工作应当交由评估机构独立进行，行政机关仅负有组织保障、法律监督等方面的职责。这样才能够保证专家的专业评估不受行政干预，对评估专家委员会独立地开展科技风险评估具有重要的积极作用。因此，科技风险评估法制应当赋予该科技风险评估机构能够根据现实工作的需要独立启动科技风险评估的权利，并通过具体规则或程序建构明确化。值得注意的是，建立由科技风险评估机构来启动科技风险评估，而不是过去实行的由行政机关下达，由科技风险评估机构来执行的评估制度，还需要通过法律规范明确评估专家什么时候启动评估，对哪些潜在的科技风险启动风险评估以及风险评估的覆盖面等问题。

3. 行政机关应当加大风险评估机构财政经费保障力度

要增强风险评估机构的独立性，还必须确保该机构拥有独立的经费来源，因为独立的经费来源是专家委员会能够独立运行的经济基础。比如，《国家食品安全风险评估专家委员会章程》第26条规定，风险评估专家委员会的工作经费由卫生部申请专项财政经费保障。但该规定只是在规范层面确保了评估机构的资金来源，在评估机构真正运作中并没有切实得到保障。除食品安全涉及的转基因生物技术风险外，其他领域的科技风险甚至还未建立专业的评估机构，由此，科技风险评估机构的行政法建构中，应明确评估中各项资金需求的财政保障，进而建立国家财政对该委员会经费支出的监督制度，从源头上保证并监督评估机构的独立地位。

（二）优化科技风险评估专家委员会制度

从实践来看，科技风险评估专家委员会长期处于"失权"状态，具体表现为科技风险评估专家委员会的权利行使与义务履行均依附于行政机关及其职能部门。科技风险评估组织结构之优化应当明确科技风险评估专家委员会的法律地位，通过立法方式明确其在科技风险技术评估中的权利义务关系。借鉴同为发展中国家的巴西规制生物安全技术的经验，巴西《生物安全法》除了设置统一的官方风险评估机构——巴西国家生物安全技术委员会——负责转基因生物技术的风险评估外，还使高校与政府机构参与进来，设立了由在生物技术、遗传工程、生物安全或其他相关领域受到一定训练和教育的人员组成"生物安全内部委员会"主要负责技术性风险评估工作。[①]该机构并不负责发放生物安全许可证，而只是负责对转基因项目进行技术性审查、预防、监测与风险评估工作。生物安全内部委员会的风险评估先于巴西国家生物安全技术委员会进行，但经内部委员会风险评估后的结论或提案，巴西国家生物安全技术委员会须再次进行风险评估后决定是否通过或批准具体项目。因此，唯有从法律制度层面确立科技风险评估专家委员会制度法律地位，才能发挥其应有功能。

1.优化科技风险评估组织机构的工作机制，提高评估机构的权威性

第一，健全科技风险评估机构成员的遴选方式，保证公正地选取具有科学卓越性的专家人员从事科技风险评估。公正地选举科学专家组成科技风险评估组织机构，是确保评估机构能够做出科学、权威的科技风险评估建议，并获得社会公众的信任和认可的途径之一。因此，要对入选评估组织机构的人员确定评价指标，至少应涵盖科学上具有卓越性的要求，而且遴选专家人员的程序必须法定且公开。专家成员库的建立应当以不同学科、领域为标准，设定公开、明确的入选标准，杜绝伪专家或非中立专家进入科技风险评估机构。

第二，明确科技风险评估组织机构成员的职业守则，保障评估的客观公正性。科技评估组织机构不管是从自身整体还是从其人员构成上来说，都应当摆脱有关行政主体和利益企业的控制，成为具有高度独立性的权威机构。因此，严格禁止组织机构成员的相互兼职，进入评估组织机构的人员不得取得与从事职务有关的报酬，不得从事以金钱利益为目的之业务，消除部门权力利益化所带来

---

① ［巴西］那珀穆斯诺·亚历山大等：《巴西生物安全立法与转基因作物的应用》，《华中农业大学学报》2014年第6期。

的种种弊端。

第三，加强科技评估组织机构所做的评估建议和结论的适用性。必须在规范层面肯定评估机构作出的评估结果应当作为科技风险管理和决策的决定性依据，如果科技风险监管主体拒绝适用或不完全适用风险评估组织机构的评估结论，那么应公开说明理由，这样才能保证评估结论受到科技风险监管主体和社会公众的普遍尊重。

2.明确科技风险评估机构的法定职能

目前我国一些领域的科技风险评估机构的法定职能是不清楚的，笔者认为从整体而言，科技风险评估机构的法定职能的完善需要从如下两方面入手。

第一，合理划分科技风险评估机构及其内部单位的具体职能。科技风险评估专家委员会制度的优化离不开评估机构及其内部单位职能的优化，依据现行风险评估专家委员会制度的规定，结合科技风险评估的现实需要，可以在强化科技风险评估专家委员会原有审核、鉴定、提供咨询与专家建议等职责的基础上，从法律层面赋予其一定职权，如对科技风险评估过程的监督权、评估决策的实质参与权等。对于优化科技风险评估机构的内部单位的具体职能，可以依据科技风险评估活动的具体步骤设立相应的工作小组并从法律层面明确其法定职权职责，例如，可以成立专门负责专家组成员选拔、审核与淘汰的专家人事小组，成立专门负责对外公开科技风险评估信息的信息公开小组，成立专门负责日常性事务的委员会办公室。

第二，合理划分中央与地方科技风险评估机构的职责权限。目前我国科技风险评估机构主要是中央政府层面的。比如，在食品安全科技风险评估领域，《食品安全法》《食品安全风险评估管理规定（试行）》将食品安全风险评估的职权赋予原国务院卫生行政主管部门主管的食品安全风险评估专家委员会。但是，无论是《食品安全法》，还是《食品安全风险评估管理规定（试行）》都没有明确规定地方是否设置类似组织，《食品安全风险评估管理规定（试行）》仅规定了"地方人民政府有关部门应当按照风险所在的环节协助国务院有关部门收集食品安全风险评估有关的信息和资料"[①]。可见，地方风险监测所获得的数据须向中央上报。在实践中，虽然部分省市的市场监督管理部门也成立了食品安全风险评估小组，实际却并不具有独立性，其往往承担着评估之外的其他工作，评

---

① 参见《食品安全风险评估管理规定（试行）》第3条第3款。

估的专业性也较差。笔者认为，应当在地方设立专门的科技风险评估机构，与地方的科技风险监测机构设置相对应，针对地方监测的科技风险信息进行评估，从而指导地方科技风险规制活动的开展，实现地方的科技风险评估之独立。对于地方科技风险评估组织机构的设置规模、工作机制、人员组成以及其与中央科技安全风险评估组织机构的职权划分等同样也需要有法律规范予以指导性规定。

3.强化科技风险评估机构的支撑体系建设

第一，建立协商平台合作制度，保障科技风险评估合作的常态化、规范化。支撑科学专家开展科技风险评估工作的网络体系或者各类合作性制度其实类似于科技风险评估专家委员会安放在全国各地的"手足"，帮助其快速和高质量地实施科技风险评估。对此，我国现行的法律制度规定相当欠缺。笔者认为，科技风险评估机构可以通过建立利益相关者[①]协商平台实现评估合作的常态化与规范化，并由负责具体科技领域的科技风险评估机构实施该项合作制度。这项制度是科技风险评估专家委员会与各类利益团体进行合作的主要制度安排。行政机关的相应职能部门应当通过制定规范性文件详细规定行政机关、专家委员会、各类利益团体与公众之间合作的具体制度，如协商平台的职责与任务、构成、工作方法、资金与技术保障等内容。

第二，建立科技风险评估咨询平台来实施合作。咨询平台是科技风险评估机构与地方行政机关之间开展合作的关键性制度，以实现两者之间的科技风险信息和数据的共享。笔者认为，不同领域的科技风险评估机构可以在本系统内建立科技风险评估咨询平台，并通过指南的方式规定咨询平台的各项制度，例如，核能技术风险评估机构可以成立核能技术风险评估咨询平台，通过评估机构、行政机关、核能企业与公民等多元主体的参与实现核能技术风险评估的合作。

第三，建立科技风险评估各类网络联络点来实施合作。网络联络点是为了方便成员开展具体任务而设立的信息沟通方式。它的主要使命是通过与科技风险评估相关的科技风险信息事项的联络来支持咨询平台工作。网络联络点可以设在科研机构、大学、科技发明与应用企业等，由此，科技风险评估咨询平台的信息来源得以广泛化。科技风险管理机构也应当通过内部指南的方式规定网络联络点与咨询平台开展合作的制度，比如，网络联络点的人员、组织与资金保

---

① 它是指受科技风险评估专家委员会的风险评估工作直接或间接影响的个体或团体。比如，社会公众、非政府组织、市场运营商，科技产品制造商，分销商或加工者和科学专业人士等。

障等。

第四，加强支撑体系的软硬件设施建设。科技风险评估机构进行科技风险评估所依靠的是科学的论证说明，而这首先依赖于先进完善的技术和硬件设施支撑。与国外风险评估机构相比，我国科技风险评估机构还没有充足的检测与评估技术设施，因此，科技风险评估机构应加大重点实验室评估仪器、管理理念等软硬件设施建设，不断提高自身科技风险评估水平。同时，加大对工作人员的科研培训与学习的力度是提高科技风险评估水平不可或缺的途径，由此，科技风险评估机构应当大力培养、引进掌握科技风险评估全球先进水平的专业技术人员，提升科技风险评估机构工作的软件能力。

二、科技风险评估程序性制度之优化

科技风险的高度不确定性不仅为风险规制活动带来挑战，更为法律规范与调整行政机关的规制活动制造了巨大难题。广泛的行政裁量、决策于不确定之中、风险的政治与社会含义等都使得科技风险规制活动与行政法治背向而驰。知识的不充分与面对未知的未来，评估机构不可避免的选择通过已知知识的实验性、技术性评估活动来为其科技风险规制行为提供技术合法性依据。然而，如何保障科技风险评估活动的法治化便成为新的难题，此时，唯有程序法治能填补实质法治无法实现的评估任务。从独立性、专业性、科学性与安全性要求考量，科技风险评估程序性制度之建构应当包含独立性程序建构与契合性程序建构两个方面的内容。其中，独立性程序建构旨在保障科技风险评估中的独立性与专业性；契合性程序建构旨在保障科技风险评估中的科学性与安全性。

（一）独立性程序建构

风险评估的初期研究者们建构了自我设限的静态理想图景，将评估与管理过程隔绝且有秩序地进行，并认为评估只依靠科学、关注危害后果的危害识别。[1]虽然这一研究范式被证明无益于规制，但其提供了一个基本的研究思路，即科技风险评估应当保持一定的独立性。必要的互动应当保留，但科技风险评估的核心作用——评估——必须与科技风险管理或其他活动区分开来。为了使科

---

① [美]哈琳娜·布朗等：《风险评估中的科学家》，金自宁译，《交大法学》2013年第4期。

技风险评估保持客观性,尽量少的受到价值、观念、政治与利益等的干预,独立性程序建构必须被纳入科技风险评估法律制度的程序性制度建构之中。国外有学者认为新技术风险评估至少应包含三个核心程序,即风险识别(建立具体技术风险的因果联系)、暴露评估与脆弱性评估(针对具体技术风险扩散、暴露与作用的建模)、结果评估(确定具体技术风险的因果联系力度)。[1]我国转基因食品安全风险评估领域也发展出了一套相对成熟的评估程序。在统一的科技风险评估法律制度建构中,独立性程序规范应当至少包括科技风险识别、特征表述、暴露评估与风险界定四项核心程序,其中风险识别程序是科技风险评估的核心程序,特征描述与暴露评估属于科技风险评估的影响评估程序,具体内容将在科技风险评估法制的具体机制建构中展开论述。

(二)契合性程序建构

科技风险固有的高度不确定性与社会效应的集聚性等特征给科技风险评估法律制度的建构带来极大挑战,专家意见代表的科学维度已经很难为科技风险评估法制提供充足的正当性依据。现代民主社会中,政府决策能否获得民众认同变得越来越重要。科技风险评估领域亦是如此,"一个成功的风险评估的特点是在风险评估展开的初期就要解决不同的利益相关方和利益群体在价值判断上产生的分歧。"[2]例如,欧盟为有效处理科技风险评估科学进程与政治、社会进程契合性问题,在欧盟风险评估委员会的基础上还设立了新增风险社会经济评估委员会,并将成员国也纳入风险评估之中。[3]因此,科技风险评估法制应当从政治与社会向度建构民主、规范的契合性程序规则。具体包括三方面的内容:第一,贯穿科技风险规制的全过程科技风险信息沟通应可以被引入科技风险评估法制的契合性程序建构中。第二,基于合理性原则与安全性原则考量的行政审议、论证与决定可以为科技风险评估法律制度提供民主性基础与正当性依据。第三,科技风险界定。这里的科技风险界定并未单纯的技术性界定,而是行政主体在结合技术性结论与行政审议、论证后的最终界定。

---

[1] See Hossein Mahmoudi, Ortwin Renn, A framework for combining social impact assessment and risk assessment, Environmental Impact Assessment Review,(43,2013),pp.1-8.
[2] [英]费尔曼等:《环境风险评价:方法、经验和信息来源》,寇文、赵文喜译,中国环境科学出版社2012年版,第5页。
[3] [德]英格沃·埃布森:《通过规制实现健康保护——范围、方法和程序概览,喻文光译,《行政法学研究》2015年第4期。

科技风险评估程序性制度建构能够有效规范科技风险评估科学进程与政治、社会进程中行政机关及其职能部门、科技领域风险评估专业委员会、技术性机构、企业与公众之间的权利（职权）义务（职责）关系，实现两大进程间独立性与契合性的有机统一（见下图），为后续科技风险管理乃至整个科技风险规制活动提供科学知识与决策依据。针对科技风险的特殊性，将科技风险评估作为风险评估程序的特殊情形纳入行政程序法起草制定当中。

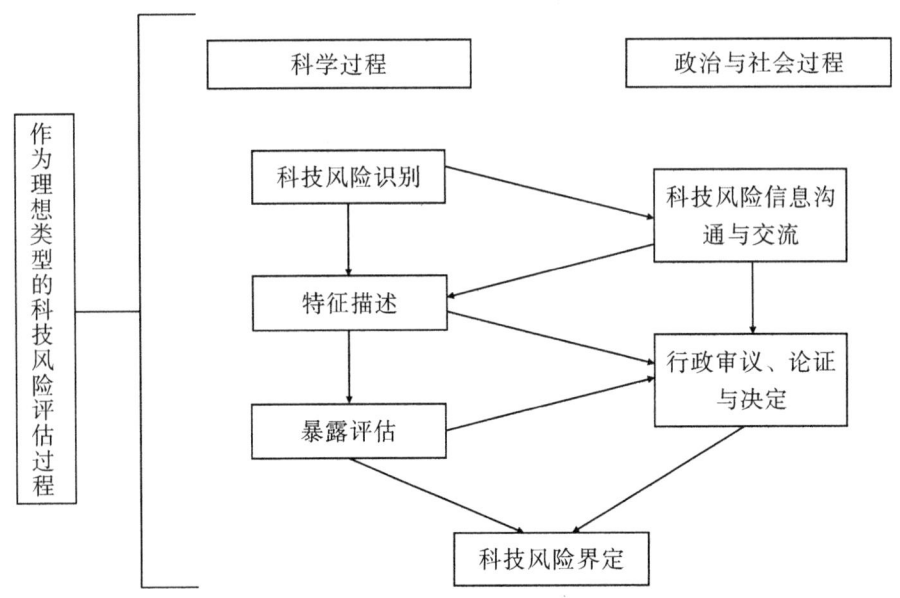

图 4-1　理想类型的科技风险评估过程

三、科技风险评估运行机制之优化

（一）科技风险识别机制之完善

风险识别是科技风险评估的核心环节，主要为评估结果提供科学性支持。目前，我国部分科技风险评估领域出台了具体调整风险识别的法律规范。例如，2004 年，原国家环境保护总局发布的国家环境保护行业标准——《建设项目环境风险评价技术导则》[①]提出了风险识别的"八步法"，成为建设项目环境风险评估的官方流程规范。在科技风险评估领域，风险识别机制仅被适用于科技建

---

① HJ/T 169-2004。

设项目风险的评估,例如核电站、对二甲苯项目的选址问题。但是,对于其他科技风险而言,现行法制建立的风险识别机制存在适用困境。因此,科技风险评估法律制度之建构应当立足于建立不同领域内更为具体,更具针对性的风险识别机制。

1.提高风险识别的准确性

针对不同的科技风险领域,科技风险识别的具体机制应当根据识别对象不同而有所差异,更针对地适用于科技风险对象,从而提高风险识别的准确性。不同科技风险领域难以适用统一的风险识别方式,例如,核能技术风险的可能危害结果已有先例,具体项目的风险识别关键在于分析社会恐慌大小、影响范围等,而人工智能技术风险并未显现,也没有先例可循,对其的风险识别则应关注系统安全性、智能化管理的可控性等危害可能性问题。

2.内容与程序的具体化与规范化

科技风险识别的内容与程序应当通过法制建构实现具体化、规范化。一方面,原有风险评估法制确立的风险识别之内容较为抽象,总体上从环境风险、市场风险、社会稳定风险等领域开展,主要通过演绎与推理的方法对引起风险的相关因素和可能的危害后果做出推断。但是,在科技风险领域,风险的可能危害后果是极端不确定的,此种情形下风险识别者很难做出准确推断。例如,在转基因技术风险识别中,没有任何科学证明转基因技术的风险性,民众基于对转基因食品、作物等可能影响人体基因的主观猜测要求行政机关规制转基因技术风险。面对此类科技风险,行政机关在开展风险识别时不能仅从技术本身出发,还应当考量科技可能引发的社会恐慌与抵制。因此,科技风险识别机制的内容建构应当更为具体,针对具体领域科技风险进行综合识别。另一方面,程序规范是保障风险识别结果准确性、正当性的重要手段,特别是在识别具有高度不确定性的科技风险中,仅靠科学知识本身很难准确识别风险因素与可能危害后果。风险识别者不得不通过问卷调查、访谈等活动收集更多信息,为科技风险评估提供更多依据,但是,科学之外的活动具有较强的主观性,识别者的主观判断与自由裁量可能影响科技风险评估的科学性、民主性与正当性。唯有从法制层面建构规范、明确的风险识别程序,方能使科技风险识别活动在合法的框架内运行,有效减少风险识别者主观判断对科技风险评估结果的干预。当然,程序设置也应从科技风险的具体属性出发,例如,转基因技术风险的识别程序与自动驾驶技术风险的识别程序肯定有所不同,因为,转基因技术风险更多地表现为社会风险，自动驾驶技术风险更多地表现为技术本身的风险，在风险识别程序设定中，前者更注重实现程序的公正性，后者更注重实现程序的科学性。

3.确立定期的科技风险知识培训制度

科技风险的识别需要科学的认知与专业的技术水平，科技风险识别机制应当确立定期的科技风险知识培训制度。为应对不断变化的科技发展环境及其风险评估需求，兼具专业性与持续性的科技风险评估培训变得越来越重要。[①]一方面，科学知识的领域越来越复杂，分类越来越精细，即使是行业专业也很难对本领域所有的专业知识了如指掌。因此，为了保障科技风险识别的科学性，科技风险知识培训应当吸纳本领域内不同行业、类别的专业智识。另一方面，随着科技的发展，科学风险也在高速变化，持续性的科技风险培训就显得尤为重要。不同于传统风险所具有的特征、属性与内容的相对稳定性，科技风险呈现出高速变化的特征。例如，网络技术从电脑端发展到手机端仅用了不到十年，虽然两者均适用网络技术，但在风险类型、表现等方面存在一定差异，这就要求风险识别者通过持续培训更新相关知识，更好地识别、判断科技风险。

（二）科技风险信息收集、监测和管理等机制之完善

科技风险信息收集、监测和管理机制是为了保障科技风险评估活动的有序和客观进行。当前我国仅有食品安全领域确立了较为规范的，风险信息收集、监测和管理制度，《食品安全风险监测管理规定（试行）》将食品安全风险信息监测界定为，"通过系统和持续地收集食源性疾病、食品污染以及食品中有害因素的监测数据及相关信息，并进行综合分析和及时通报的活动"[②]。该规定对食品安全领域中的转基因技术食品、化学技术制品等风险实现了良好的信息收集、监测与管理，但从总体而言，目前我国科技风险信息收集、监测与管理能力与科技风险评估要求之间存在较大差距，如监测机构设备短缺、监测人员专业能力不足、经费缺乏与技术规范不健全等问题依然突出。科技风险评估法制之建构中应着力解决科技风险信息收集、监测和管理的规范化问题，加强科技风险信息采样、检验、审核和上报等技术环节等规范化工作流程。具体包括如下方面。

---

① Arnold Bosman, Expertise for the future: learning and training in the area of food safety risk assessment, Full publication history, (14, 2016), pp.1–12.
② 参见《食品安全风险监测管理规定（试行）》第2条。

1.健全并疏通科技风险信息收集渠道

第一,督促科技项目或产品研发者、制造者等私方主体主动披露信息。从广义上讲,科技风险信息披露是指为了克服科技项目或产品研发者、制造者等私方主体和社会公众、科技风险评估机构之间的信息不对称,由科技项目或产品研发者、制造者等私方主体或第三方(包括政府和中介组织等)自愿或者强制性地将科技风险信息提供给社会公众、科技风险评估机构的过程。①因为社会公众、科技风险评估机构往往对本行业的数据信息、危险科技风险信息等比行政机关、评估专家和社会公众更为了解,由此,针对科技项目或产品研发者、制造者等私方主体为了追求其自身利益最大化而规避信息披露的问题,科技风险管理机关需要构建促使被监管者说真话的激励相容机制,促使其向市场提供真实有效的信息。

第二,激励公众提供科技风险信息。依据经济人理论,社会成员会按照成本收益选择作出某一决定或行为。在科技风险评估中,公民在维护自己的权利基础上也会考虑成本收益,尤其是在对抗实力强大的科技项目企业时,如果公民预测到该科技风险不会影响到自己或认为即使自己采取特定行为也很难获得收益,那么他们会漠然视之。因此,行政机关应当建立科技风险评估的利益驱动机制,保障科技风险评估信息收集的全面性。具体而言,行政机关及其职能部门可以通过开设绿色通道、有奖举报、鼓励内部举报、与科研机构与社会组织签订定期合作协议等方式激励公众提供科技风险评估信息。首先,开设绿色通道可以大大降低社会公众的维权成本,民众可以直接向评估机构提供科技风险信息。其次,建立有奖举报制度可以提高社会公众的积极性,鼓励他们参与到科技风险评估中来。再次,内部告发有时是获取重要或重大科技风险信息的重要途径。这是因为,科技企业的内部做法具有相当的隐秘性,只有在市场化后才会明显地显露于外,此时,即使评估机构知晓了科技风险信息也很难完全消弭负面影响。近年来日本不断发生的企业数据造假丑闻便是最好例证。②而内部人士却早已知晓业务流程和"商业秘密",只是囿于切身利益而不敢告发。鉴于内部人士的告发虽然可能维护重要的公益,但也可能会破坏企业的内部团结、泄露企业的商业秘密,所以内部告发应有一套规则去规范和保护。最后,科技风险评估

---

① 周应恒:《现代食品安全与管理》,经济管理出版社 2008 年版,第 239 页。
② 马曹冉、钱铮:《日本制造业企业再曝造假丑闻》,《人民日报》2017 年 11 月 24 日,第 21 版。

机构既可以通过与各种实验室、学术和研究机构、公共利益组织等订立合作协议或合同等方式定期获取科技风险信息，也可以鼓励这些组织机构以出版相应期刊、发表实验测试或调查数据、研究结果等方式向其提供信息。

第三，关注舆情监测工作。科技风险评估机构可以通过对媒体报道、互联网信息、自媒体传播、公众反映等信息实时监测，及时发现舆论热点，进而掌握舆情走势，进行分析研判。对于舆情信息，科技风险管理机构需要快速调查处理，及时对外回应，防止谣言传播影响科技风险评估结果的可接受性。

2.提高科技风险信息收集能力

科技风险信息的来源多种多样，在疏通和扩充信息来源的同时，科技风险评估机构也需要提高自己的信息采集能力，才能充分利用这些信息来源，以便获取更多高质量的信息。实际上，现代信息技术的快速发展为科技风险评估机构提供了多种信息获取手段，合理而全面地利用这些手段，能够快速获取各种信息，为科技风险评估提供动态实时的信息支持。科技风险评估法制之建构中应着力解决科技风险信息收集、监测和管理的规范化问题，加强科技风险信息采样、检验、审核和上报等技术环节等规范化工作流程。可以借鉴美国的风险信息监管机制建设，美国的风险监测网络、参与部门与监测项目方式多样。以疾病监测为例，美国公共卫生疾病监测网络仅在国家一级就有100多个，如公共卫生信息系统、细菌分子分型国家电子网络、实验室快速应答网络等。[1]但依据联邦法律规定，不同监测部门之间既有分工又有衔接，部门交流与合作保障信息共享，为保障风险规制活动的有序进行提供技术支撑。

科技风险评估机构可以考虑设置专门的信息收集窗口，负责广泛收集、分析那些科技项目或产品研发者、制造者等私方主体披露、公众举报、告发、学术和研究机构或公共利益组织或其他组织反映的与科技风险评估直接相关的信息。它还可以联络政府的具体职能机构、地方的科技风险监管机构、研究机构、国际组织等，广泛而迅速地收集和互通有关信息。收集信息主体的相对集中，有利于将各种渠道来源的信息进行相对集中，有利于信息的充分完整、相互印证，进而做出准确的分析判断。它还可以在信息收集窗口设置专门的科技风险接受电话，接收信息、提供咨询。此外，可以设置专门的科技风险监督员。由此，为了有效发挥科技风险监督员的功用，需要规范监督员的制度，对担任监督员的条

---

[1] FDA: Find Information about a Drug, 2017-05-10.

件提出一定的要求,如一定的年龄、一定的资质(要具备一定的专业知识)以及对科技风险的关心等。

3.科技风险评估信息公布和交流制度之完善

科技风险评估信息公布和交流制度的优化能够有效促进互信,方便各方充分地了解科技风险评估的现状,包括科技风险的不确定性以及评估结果的局限性等,从传统的单向信息交流模式向互动性的信息交流模式的转变,可以增进利益相关各方之间的理解和合作,使评估结果和风险决策更加的科学、民主和有效。具体而言,科技风险评估制度应当建立一套完全透明公开的科技风险评估信息发布机制。随着信息时代的到来和信息网络的普及,知情权已经成为公民的一项基本权利,知情权是科技风险信息评估披露的权利基础,但科技风险评估领域的公民知情权并没有很明确的法律规定和保障,行政机关对科技风险评估信息的披露存在着很大的自由裁量权,因此,为了保证公民及时准确地获取相关的科技安全风险评估信息,保障公民的知情权,科技风险管理机关应建立信息发布机制。

第一,扩大科技风险评估信息公布渠道。建立公告、官方媒体报道、短信告知等不同形式的科技风险信息评估发布的方式,满足不同层次受众的需求。例如,针对核电技术项目的风险评估结果可以通过向选址周边一定区域内群发短信的形式进行结果公布。又如,可以通过广播公告、网络、现场访问或者免费的电话热线等方式来公布转基因技术、人工智能技术等受影响群体不定、牵涉面较广的科技风险评估的信息和结果,使公众及时获取可靠的信息,科技风险评估专家则可以通过座谈会等形式向政府机关和公众代表定期的通报有关科技风险评估的进程和建议措施等。

第二,规范行政机关的科技风险评估信息公布标准和内容。法律层面的风险评估制度确立后,行政机关应当通过行政立法手段明确科技风险信息公布的主体、时间、内容与对象等具体规则,保证信息公布的公开性、确定性。值得一提的是,如果公布的内容是高度概括的,令人费解的,公众无法吸收交流带来的信息,那么这样的信息发布就是无效益的。因此,科技风险评估机构在进行风险公布时必须注意内容的可理解、形式的简易与手段的多元。

(三)科技风险评估指标体系之完善

科技风险评估指标体系需要规制机关针对不同科技风险,基于科学与安全考量针对性地设定，例如，在自动驾驶技术风险评估指标体系中，发生故障频率、道路网密度、致害大小等都是关键指标。虽然科技风险评估指标及其体系建设应由规制机关进行，但从为规制机关行为提供法律依据与依法行政的要求出发，科技风险评估法制之建构应当从制度层面确立科技风险评估指标与体系制度，授权行政机关制定或委托制定具体科技领域的风险评估指标体系。

（四）科技风险评估的纠错机制之完善

依据行政法上的权责一致与程序正当原则，科技风险评估法律制度应当建立必要的纠错机制。美国行政规制中的同行评审制度为监督与确保行政机关基于科学信息正确决策提供了制度性保障，这一制度不仅适用于不同科研机构间，甚至发展到了不同政府机构之间。美国联邦政府1999年出台的《规制进步法》明确规定了由独立专家审查风险评估报告的同行评审制度。然而，引入同行评审的可能性及其反思批评者认为，研究与管制之间存在重大差别，同行评审从本质上说，在管制领域不能产生类似于科学领域的功能与价值。[①] 此外，增加决策成本、导致行政机关逃避责任、易混淆科学问题与政治问题也影响了同行评审制度的进一步推广。制度本身的其他功能与价值暂且抛却，仅从对科技风险评估结果的纠错功能来看，同行评审能够在科学与政治之间发挥容错纠错与动态的缓冲功能。

科技风险评估具有相当的专业性、高度的技术性，科学系统外公众很难判断评估结果的正确与否。科技风险评估纠错机制可以引入同行评审制度，同行评审通过独立的第三方评审判断科技风险评估结果的可信度。例如，当前我国教育领域的硕博士论文盲评制度便是一种典型的同行评审制度。但总体而言，该项制度并未在我国得到扩展。借鉴同行评审制度及其实践，我国科技风险评估纠错机制的具体建构可以从如下方面展开。第一，确立科技风险评估的异议机制。科技风险评估结果绝非完全正确，专业评估机构出具的科技风险评估结果也可能出现错误。我们应当通过建立科技风险评估异议机制保障"不同声音"出现的权利。第二，科技风险评估纠错机制的主体可以是行政机关，也可以是其他评估机构、科研机构、企业或公众。在科技风险评估制度的优化中，科技风险评估的实质权力被赋予科技风险评估专家委员会独立行使，但是，行政机关拥有

---

① See Holly Doremus, Scientific and Political Integrity in Environmental Policy, Texas Law review,（7, 2008）, pp.1601-1653.其认为外部同行评审是一个"非常不完美的工具"，并指出其只能"揭示对公认规范的极端偏离"。

审查权力。此外，其他技术评估机构、科研机构、企业或公众也可以向行政机关与科技风险评估专家委员会提出异议或评审意见。第三，科技风险评估纠错机制的程序建构中应当明确纠错范围与时间。相关主体有权就专家委员会出具的专业评估报告提出评审意见或异议，提出评审意见或异议的时间应在行政机关将专业评估报告确立为科技风险管理依据之前。

（五）科技风险评估的责任机制之完善

在科技风险评估领域，现行规制法律制度在"胜任性、效率性与问责的可得性"[①]方面均难以满足公众对法治的信任诉求，2012年"江西彭泽核电项目之争"便是直接例证。基于行政法治原则建构的科技风险评估法律制度必须是应责的，为实现有权必有责，用权受监督，科技风险评估法制必须建立结构合理、责任明晰的科技风险评估责任机制。第一，科技风险评估制度应当在科技风险评估技术准确性、结论合法性的基础上，将公众认可列入责任考核内容之中。公众认可是指公众对科技风险评估结果的认同、接受。公众认可是衡量科技风险评估结果安全性的重要指标，也是科技风险专业评估结果转化为最终结论过程中必须参考的重要因素。具体到科技风险评估责任机制中，针对行政机关与科技风险评估专家委员会的责任考核中，科技风险评估制度应将公众认可度作为其是否切实履职的重要内容。第二，无论是行政机关、下属的科技风险评估专家委员会，还是受委托的技术性评估主体，均应对科技风险评估结论负法律责任。一方面，当科技风险评估结果严重错误，或因科技风险评估结果导致科技风险管理严重失误，给社会公众造成损失的，行政机关应就科技风险评估最终结果负相应法律责任；科技风险评估专家委员会应对科技风险评估报告的合法性负责，受委托的技术性评估主体应对科技风险评估报告的科学性负责；提出科技风险评估评审意见或异议的主体应对具体评审意见与异议内容负责。另一方面，具体责任承担方式应严格依据相关法律规定确定，行政机关、专家委员会、受委托的技术性评估主体内的直接责任人应当承担行政法律责任，造成严重后果的应承担刑事法律责任；受委托的技术性评估主体应当承担取消评估资质等主体责任。

---

① 戚建刚、张景玥：《论我国公共风险监管法制之信任危机——以过程论为分析视角》，《云南社会科学》2015年第4期。

第五章
科技风险沟通制度的行政法再定位

经验表明，即使科技风险规制主体能够设定合理的科技风险议题，制定科学的科技风险标准并实施有效的科技风险评估，也难以解决科技风险规制中的价值冲突问题。同时科技风险固有的不确定性，使得科技风险规制中的各类利害关系人对科技风险有不同认知，以至于科技风险规制主体在后续的科技风险管理措施的选择方面面临诸多困难。而为了有效克服诸如此类的难题，科技风险沟通制度应运而生。本章主要分析如下问题：首先，从理论层面论述科技风险沟通法律制度的功能；其次，审视我国现行规范科技风险沟通活动的法律制度及其存在主要合法性危机；再次，论述行政法重构科技风险沟通制度的基本原理；最后，阐述行政法重构科技风险沟通的主要制度。

第一节 科技风险沟通制度的主要功能

科技风险沟通法律制度是规范特定主体在科技风险沟通中的行为的规则体系。科技风险沟通法制功能旨在实现一种理想意义上的科技风险沟通所应有的功能，由此，它与理想意义上的科技风险沟通的功能是密切相关的。而理想意义上的科技风险沟通的功能是什么？行政法学界有学者从一般意义上的风险沟通要实现的目标来分析。比如，有学者认为，风险沟通要实现的目标具有多重性，诸如启蒙、建立信任、降低风险和协作决策[1]；也有学者认为，风险沟通具有克服利害关系方先见的"锚定效应"，降低科学专家对知识的滥用，已经防止大众传媒对新奇的偏好。[2]行政法学界也有部分学者从环境、食品安全等特定领域来论述风险沟通功能。比如，有学者认为食品安全领域中的风险沟通不仅仅实现告知功能，更重要的是重新塑造食品安全风险规制机关与公众之间的社会关

---

[1] 沈岿：《风险交流的软法构建》，《清华法学》2015年第6期。
[2] 金自宁：《风险中的行政法》，法律出版社2014年版，第101-103页。

系，维持彼此的信任。①但尚未有法学学者完整阐述科技风险沟通法律制度的功能。笔者认为，从规范层面而言，科技风险沟通法制的功能主要体现为如下方面。

一、有助于实现公民的知情权、参与权和选择权

（一）有助于实现知情权

科技风险本身的复杂性，以及产生的隐蔽性，特别是与人工智能有关的科技风险的生产往往披着商业秘密和国家秘密的外衣，使得公民的知情权越发变得重要，也越发容易受到侵害。而科技风险沟通法律制度的首要功能是要实现公众的知情权。

"知情权"一词源于英文 right to know，有时也被译为"了解权""知悉权"。一般认为知情权是自然人、法人及其他社会组织依法享有的知悉、获取、了解法律赋予该主体权利相关的各种信息的自由和权利。知情权既可以用于私法领域，如消费者对商品情况的知悉等，也可以用于公法领域。②与公民知情权相对应的，是行政机关及其工作人员，以及其他社会公共组织的告知义务。知情权的客体是知情权赖以存在的载体和权利所指向的对象，是知情权主体应当知道的信息，在此即与科技风险规制的有关信息。知情权的实现与满足依赖公共信息拥有者的公开。然而，在现实中科技风险制造者为逃避监管牟取非法利益，往往不主动公开科技风险问题，国家行政机关收集和公开相关科技风险信息的能力和动力也常有不足，导致的后果要么是因科技风险引发的事件的损害结果被严重扩大，要么就是人们对某一科技产生恐慌，更为严重的则是公众对政府完全失去信任。所以，建立科技风险沟通制度，要求科技风险规制机关、专家、科技风险制造者公开并共享各自所拥有的风险信息，有利于满足公众知情权的客观要求。

（二）有助于实现参与权和选择权

科技风险沟通制度不仅有利于公众等利害关系人及时、准确地知悉科技风

---

① 戚建刚：《我国食品安全风险规制模式之转型》，《法学研究》2011 年第 1 期。
② 杨海坤：《宪法基本权利新论》，北京大学出版社 2004 年版，第 153 页。

险规制的信息，充分实现知情权，而且有利于他们高效地参与到科技风险规制过程之中，保障参与权实质性的实现。面对单一的、片面的、精心包装的科技风险信息，公众将对科技风险规制主体的权威产生极大不信任，他们不再满足于简单的"知情"而要求更多的全程参与机会。"一个良好的风险沟通除了启蒙功能、知情权功能、态度改变等功能之外，还应具有公共涉入和公共参与功能。"①一方面，科技风险沟通本身就是公众参与科技风险规制的主要途径和方式之一。另一方面，通过风险沟通，公众能够获得更加充分的科技风险信息，有利于在科技风险规制中充分、平等地发言、讨论、参与。比如，科技风险管理中的协商式参与制度和科技风险评估协调委员会制度，都强调参与要建立在科技风险信息的沟通和协商之上。经过风险沟通，公众可以更理性地分析自己的行为，主动科学地选择安全科技产品，规避科技风险，实现自主选择的权利，比如，借助于风险沟通，公众对转基因食品风险就有了充分的认识，对于是否需要购买转基因食品，公众就能做出自主的选择，可见，科技风险沟通法律制度有助于实现公众等利害关系人的选择权，从而有利于实现科技风险规制的终极目标——预防科技事故，保障科技安全，促进科技繁荣。

二、有助于消弭各方利害关系人间的不信任

自风险沟通被纳入风险规制研究以来，根源于专家的风险认知与公众的风险认知间的差异便不断阻塞着风险规制法制的信任度。就某一具体的风险事件而言，即使风险专家的意见达成一致，公众对风险的认知与专家们的解释也经常表现出系统的差异。②奥特韦·H、托马斯·J等社会学者从公众与专家对生活中不同风险的反应与预测的差异现象出发，认为这一现象背后蕴含着群体差异、知识差异等深层次原因，唯有沟通可以弥合两者间的差异。③于是，风险沟通被视为沟通专家意见和公众风险感知之间的桥梁，成为缩小专家风险知识与公众风险知识的差距手段之一。

具体到科技风险规制领域，也存在专家意见和公众风险认知的差距。由于专

---

① 参见张洁、张涛甫：《美国风险沟通研究：学术沿革、核心命题及其关键因素》，《公共关系研究》2009年第9期。
② ［英］谢尔顿·克里姆斯基、多米尼克·戈尔丁：《风险的社会理论学说》，徐元玲等译，北京出版社2005年版，第350页。
③ See Otway, H. J., K.Thomas, Reflections on risk perception and policy, Risk Analysis,（2, 1982）, pp.69-82.

家往往是科技风险的制造者，或者参与制造者，因而往往是科技风险的支持者，而公众则是科技风险的承担者。他们对科技风险认知存在着差异。由于科技风险的双重属性——作为一种客观的物理性存在属性，和作为一种社会的、心理的和文化的建构的属性，专家的风险知识主要对应于科技风险的客观属性，而公众的知识则对应于科技风险的社会属性。由于科技风险的双重属性，使得政府、专家、公众以及其他主体之间对科技风险的理解和认知产生了重大差异。专家的风险知识主要为专业学识和素养，公众的风险知识则往往基于可得性启发或者经验法则和生活常识。在缺乏风险沟通或者风险沟通存在缺陷的情况下，政府、专家、公众以及其他主体之间会产生隔阂、质疑，甚至是矛盾和冲突。在开放的治理基础上加强相关者之间双向的风险沟通，使各种价值取向不同的科技风险知识能够进行富有意义的交流、沟通、合作与妥协，通过平等而理性的协商以实现合法化。[①]

总结而言，科技风险沟通制度的消弭差异与增强信任的作用具体表现为：一方面，有助于科技风险信息的提供与风险教育，缩小专家的科技风险知识与公众的科技风险知识的差距。帮助公众理性地认识科技风险，了解科技风险评估、科技风险管理政策措施的意义，从而形成科学管理科技风险的良好社会环境，也有助于增强全民的公共安全和防范科技风险的意识，并通过社会力量的自我规制来减轻政府管理的压力。另一方面，建立全过程的、开放的和双向的科技风险沟通制度是科技风险社会建构性的逻辑要求。风险沟通关注各主体不同的"风险认知"，关心公众对科技风险的看法和认识，强调利益相关者之间的"对话"，有利于揭示包括专家、科技风险生产者、公众在内的各类参与者的价值偏爱，增强科技风险规制中各类角色之间的理解，调和政府、企业界、科学界与公众之间关于科技风险问题日益激化的矛盾，减少或缓解参与者之间的敌意和极端的态度，建立共识和妥协以及获得相对公平和优化的判断，促进一种新的伙伴和对话关系的形成，从而消弭公众对科技风险规制的质疑，增强各主体之间的信任度以及对科技风险规制整体的认同感。例如，2007年厦门对二甲苯项目事件[②]中，政府与民众从对抗、博弈到妥协，再到充分合作的过程凸显了科技风险沟通的社会意义。面对民众的舆论与游行压力，厦门市政府主动委托中国环境科学研究院进行规划环评，积极启动"公众参与"程序并开展了公开、透明与

---

① 王锡锌：《当代行政的民主赤字及其克服》，《法商研究》2009年第1期。
② 倪金节：《厦门PX：面对科学结论 政府如何选择？》，《新京报》2007年12月14日，第A02版。

全方位的沟通工作,成为地方政府科学管理科技风险的典范。

三、有助于提高科技风险规制过程的民主性

"风险沟通是民主程序的一种表现,只有建立双向的、开放式的沟通,才真正符合现代民主政治的要求。"①对于行政机关而言,"要回应对民主的需求很简单,凡是能够影响相对人权益的规范与决定,应该交由人民来制定。"②这意味着:(1)人民大众对于自己何去何从应该表示意见,而不是一味听命于人。(2)这些意见必须真正出自他们的心声,而不是经由宣传、误导、非理性的恐惧产生。(3)这些意见所反映的,应该是他们经过一定的思考所产生的想法和愿望,而不是在资讯不足和本能反应下的偏见。规范意义上的科技风险沟通制度正是建立在开放的治理基础之上,强调平等、自由和负责的各方进行理性的对话和双向互动,说服他人或者改变自己的观念。此时,公众不再被视为被动的、无知的科技风险信息接受者,科技风险沟通的要求体现了公众参与科技决策与科技风险规制过程的民主意愿,科技风险沟通的过程则是对大众需求回应的过程,更是提高科技决策与科技风险规制可接受性的过程。可以说,科技风险沟通制度是平衡、审议有关科技风险的各种事实、观点和主张的重要途径,也是体现民主化的重要形式之一。

除了上述三大功能之外,科技风险沟通制度加大了科技风险规制主体开展科技风险规制工作的透明度,强调双方主体思想、意见、观念的交流和碰撞,多渠道收集相关信息、数据和观点,也有利于提高科技风险规制的科学性。

第二节 科技风险沟通制度的合法性审视

科技风险沟通法制是科技风险沟通制度的主要表现形式。只有通过对我国

---

① Otway, H. J., K.Thomas, Reflections on risk perception and policy, Risk Analysis,(2, 1982), pp.69-82.
② [加]查尔斯·泰勒:《公民与国家之间的距离》,李保宗译,复旦大学官方网站,2018 年 02 月 07 日访问。

现行科技风险沟通法制的合法性加以审视，方能探求出我国科技风险沟通制度的主要模式与实践困境。因此，本节主要从我国现行科技风险沟通主要法律规范之梳理与现行法制缺陷之分析两方面展开。

一、科技风险沟通主要法律规范之梳理

在我国，科技风险沟通也被称为科技风险交流。从行政法角度而言，目前调整与规范科技风险沟通的法律制度相当不健全。沈岿教授通过"北大法宝"检索涉及风险交流、风险沟通方面的法规范发现，截至2015年7月15日，我国涉及风险沟通的法规范文件共有119份。这些规范性文件在规定风险沟通的内容方面也存在较大问题。具体表现为，法律、行政法规层面并未规定风险沟通，部门规章与其他规范性文件对风险沟通的规定极为笼统，处于规范体系稀缺、制度化自觉力不足的状态。①聚焦至科技风险沟通领域，法制化水平低的情况更加严重，我国科技风险沟通制度仅停留在一般意义的公众参与层面上，法制构建尚处于萌芽状态。

（一）科技领域基本法规定情况

作为科技领域的基本法，《科学技术进步法》虽然在第14条规定，中华人民共和国政府发展同外国政府、国际组织之间的科学技术合作与交流，鼓励科学技术研究开发机构、高等学校、科学技术人员、科学技术社会团体和企业事业组织依法开展国际科学技术合作与交流。然而，该法所规定的"科学技术交流"并不是笔者所探讨的科技风险交流或者科技风险沟通意义上的"交流"。因为这里的"交流"主要指科技技术的研发、合作与成果的互通有无，并不是服务于科技风险管理，也不是为了解决不同主体对科技风险认知差异问题。

（二）不同科技领域的单行法规定情况

考察特定科技领域的风险沟通，可以发现目前仅有少数科技领域建立了并非严格意义上科技风险沟通制度。比如，《核安全法》第63、64、65条规定了核安全信息公开制度，对依法公开的核安全信息，核安全监督管理部门应当通过

---

① 沈岿：《风险交流的软法构建》，《清华法学》2015年第6期。

政府公告、网站以及其他便于公众知晓的方式，及时向社会公开。第 66 条规定了重大核安全事项征求意见制度，即核设施营运单位应当就涉及公众利益的重大核安全事项通过问卷调查、听证会、论证会、座谈会，或者采取其他形式征求利益相关方的意见，并以适当形式反馈。第 67 条规定了核安全宣传活动制度，诸如与学校合作，开展对学生的核安全知识教育活动，建设核安全宣传场所，印制和发放核安全宣传材料，等等。

（三）与科技风险相关的法律规范对风险沟通的规定情况

2002 年 10 月 18 日国家质量监督检验检疫总局公布的《进境动物和动物产品风险分析管理规定》第 23 条明确规定"风险交流应当贯穿于风险分析的全过程"，并规定"风险交流包括收集与危害和风险有关的信息和意见，讨论风险评估的方法、结果和风险管理措施"。此外，该办法还列明了风险沟通的三方主体，即政府机构、生产经营单位、消费团体。显然，这一管理规定能否完全适用于科技风险沟通，存在一定的疑问。因为将动物和动物产品视为科技产品，它们所具有的风险视为科技风险不一定符合客观事实。但从发展的眼光来看，部分动物产品也会涉及科技因素，比如，转基因动物产品，动物产品中涉及激素等。由此，这一管理规定具有一定的适用性。食品安全领域则是与科技风险比较密切的领域，因为现代社会条件下，诸多食品涉及高科技的运用，食品安全风险在某种程度上就属于科技风险。比如，食品中的农业残留风险，食品中的重金属污染风险等。由此，食品安全领域涉及风险沟通或者交流的法律规范也部分调整着科技风险沟通活动。从我国《食品安全法》《食品安全法实施条例》《食品安全风险评估管理规定（试行）》《食品安全监管信息发布暂行管理办法》等食品安全相关的法律规范来看，我国建立了食品安全风险信息的报告或通报[①]以及公布和交流制度。[②]与科技风险密切相关的另一个领域是环境保护领域。虽然环境风险并非全部是科技风险，但我国目前的绝大多数环境风险属于科技风险。比如，土壤中的重金属污染风险、大气中二氧化硫污染风险等，都是科技的副产品。由此，我国环保领域的涉及风险沟通或交流的法律规范也在一定程度上调整科技风险沟通或交流，但同样需要指出的是，环保领域的法律规范所规定的风险沟

---

① 参见《食品安全法实施条例》第 2 条、第 11 条、第 42 条；《食品安全风险评估管理规定（试行）》第 3 条，《食品安全法实施条例》第 9 条、第 10 条，等等。
② 《食品安全法》第 10 条、第 82 条，《食品安全法实施条例》第 4 条、第 49 条、第 52 条；《食品安全风险评估管理规定（试行）》第 18 条，《食品安全监管信息发布暂行管理办法》第 8 条，等等。

通制度并非严格意义上的风险沟通,而是环境风险信息的公开制度。比如,《环境保护法》第 5 章规定了信息公开与公众参与制度。其中第 54 条规定,国务院环境保护主管部门统一发布国家环境质量、重点污染源监测信息及其他重大环境信息。又如,《中华人民共和国大气污染防治法》(以下简称《大气污染防治法》)第 23 条规定,国务院环境保护主管部门统一发布全国大气环境质量状况信息,等等。

(四)其他规范性文件对科技风险沟通的规定

2014 年 1 月 28 日原国家卫计委发布了《食品安全风险交流工作技术指南》。笔者认为,这一指南可以用来调整转基因食品风险的沟通问题,也是国内唯一一部专门规定风险沟通工作细节的技术性规范。该指南将食品安全风险交流规定为,各利益相关方就食品安全风险、风险所涉及的因素和风险认知相互交换信息和意见的过程。2016 年中共中央、国务院印发的《"健康中国 2030"规划纲要》提出"建立环境健康风险沟通机制"。2016 年 1 月国务院新闻办公室发布的《中国的核应急》提出加强公众风险沟通和心理援助研究。针对核辐射特点,研究编制核事故公众防护问与答、核与辐射事故医学应急等面向社会公众的应用丛书。2017 年 1 月 12 日国务院办公厅关于印发的《国家突发事件应急体系建设"十三五"规划》(国办发〔2017〕2 号)提出"健全公共卫生、食品药品安全检验检测和风险防控体系,提高突发急性传染病、重大动植物疫情、食品安全突发事件、药品不良反应和医疗器械不良事件、农产品质量安全突发事件等早期预防和及时发现能力,强化风险沟通"。2017 年 4 月 6 日国务院办公厅印发《2017 年食品安全重点工作安排》(国办发〔2017〕28 号)提出"探索开展大型食品企业风险交流,完善重要信息直报制度和直报网络"。

此外,除上述主要适用于常态下的科技风险沟通或交流的法律规范规定之外,《突发事件应对法》第 20 条第 3 款规定县级以上地方人民政府向社会公开危险源、危险区域,其中也隐含着重大科技风险源的公开,比如,核能风险源。以上就是我国目前规范或调整科技风险沟通的主要法律规范体系。但是,上述法律规范体系并未有效回应当前我国的科技风险沟通之实践要求,法律规范体系本身及其实施中面临着诸多合法性问题。

二、科技风险沟通法律制度存在的主要缺陷

旨在提高科技风险规制民主与可接受性的科技风险沟通法律制度虽然在实践中发挥了规范与控制行政权力,以及保障与维护公民权利的积极作用,但是,由于发展时间较短,体系不健全,科技风险沟通法制实践的经验不足,导致现行科技风险沟通制度仍存在较大的现实缺陷。

(一)现行科技风险沟通法律制度规定较为原则,缺乏可操作性

科技风险沟通法律制度的主要功能是为科技风险规制中各方主体的行为提供依据,由此,法律制度的明确性和可操作性显得十分必要。然而,考察目前我国关于科技风险沟通的法律制度可以发现,现实情况截然相反。现行科技风险沟通法律制度规定较为原则,具体规则较为空白,严重影响了制度实践的操作性。现行科技风险沟通法律制度缺乏可操作性主要表现在科技风险沟通主体、内容、形式与责任四个方面。

1.科技风险沟通主体规定的不全面

不同于科技风险规制的其他过程,科技风险沟通需要多方主体的共同参与,行政机关在科技风险沟通中如何有效调节同公民、法人与其他组织的关系关乎沟通的实际效果。因此,科技风险沟通法律制度的建构应当将行政主体外的其他主体纳入其中。然而,现行科技风险沟通法制对行政主体的规定过多,但对私人企业、科研机构与公民的规定过少。例如,《核安全法》仅有第11条和第68条规定了公民、法人与其他组织在核能技术风险规制中的权利与义务。

2.科技风险沟通内容规定的不全面

科技风险沟通内容是否明确、具体关乎科技风险沟通的实际效果,原则、笼统的内容规定不仅无益于沟通的实现,反而会损害科技风险沟通法律制度的权威性。囿于我国现行科技风险沟通法律制度的整体缺失,科技风险沟通内容仍处于较为原则、笼统的境遇,在科技风险沟通中行政机关拥有宽泛的空间为其行为的合法性提供解释。以修订后的《核安全法》为例,该法第四章规定了国务院、国务院核安全监督管理部门、核设施运营单位与核设施所在地省、自治区、直辖市人民政府的核能技术风险沟通内容,主要包括核安全情况、信息及其涉

及与影响公众利益的重大核安全事项。但是，关于核安全信息的内容、何为"重大"事项，仍没有相关的权威说明，这无疑为行政机关的沟通职责之履行提供了很大的自由解释空间。

3. 科技风险沟通形式规定的不全面

一般而言，现行法制确立的科技风险沟通主要形式为公众参与、专家论证、政府信息公开，更具体的措施包括举行问卷调查、听证会、论证会、座谈会等。但这些内容在整个法律体系中所占比重极少。例如，《农业转基因生物安全管理条例》中没有涉及转基因生物技术风险沟通的规定，仅有少量规定涉及行政机关的信息公开问题。又如，最新出台的《核安全法》设专章明确规定"信息公开与公众参与"问题[①]，较之以往立法已有非常大的进步。该法规定了核设施所在地省、自治区、直辖市人民政府与核设施营运单位对重大核安全事项征求意见与反馈职责。但从科技风险沟通的实践要求而言，单靠满足公众知情权与参与权并没有改变现行科技风险沟通单方、单向的局面，公众的权利仍被局限于参与、申请信息公开、举报等传统工具中，公民、法人和其他组织的实质诉求并未得到回应，主动性、积极性也没有得到激发。在科技风险沟通中，没有话语权则意味着公众的意见不可能被真正重视，行政机关的"适当形式反馈"职责更多是为了让公众更容易接受最终决策，从根本上讲这一规定更是法律强加于公众的接受义务。

4. 科技风险沟通责任规定的不全面

科技风险沟通责任是与科技风险沟通行为对应的特定法律后果。现行法律制度确立的科技风险沟通责任主要为程序责任，即如果行政主体、私人企业等主体在科技风险规制过程中未依法组织、开展沟通，则应当承担相应的法律责任。然而，对于科技风险沟通是否民主、有效等问题，现行法律制度并未将其纳入责任范围。例如，《农业转基因生物安全管理条例》规定了农业行政主管部门、出入境检验检疫部门的通知、信息发布等沟通职责以及单位和个人的说明、报告等义务，相关主体未履行上述法律规定应当承担相应法律责任。[②] 对行政主体信息发布、通知的合理性问题，对单位和个人说明、报告内容的反馈、回应问题，该条例并未作出明确规定。以行政机关的信息发布职责为例，实践中经常出现行政机关发布了相关信息但民众难以获悉的情形，大大降低了科技风险沟

---

① 参见《核安全法》第63-69条。
② 参见《农业转基因生物安全管理条例》第12、14、24、36、39条。

通的有效性。信息发布的目的是为了让公众获悉科技风险信息,即使行政机关形式履行了发布职责,民众难以获悉的,也应当承担沟通责任。但是,现行科技风险沟通法制并未明确信息发布中民众未获悉或难以获悉科技风险信息时的责任归结问题。"重程序,轻实体"的科技风险沟通责任规定造成的问题是,行政机关忽略了科技风险沟通的实际效果,科技风险沟通成为其追求形式合法的工具,而非真正解决科技风险规制中多元利益主体间冲突的依凭,科技风险沟通法律制度的作用被严重弱化。

(二)部分科技领域的风险沟通法律制度处于空白状态

由于目前我国诸多科技领域的基本法并未对科技风险沟通作出明确规定,仅有的关于科技风险沟通制度的规定也散落于不同领域的单行法律规范中,科技风险沟通仍处于不受重视的尴尬地位。比如,核安全领域的法律规范、食品安全领域的法律规范等。加之,由于科技种类繁多,科技风险类型也极为复杂,致使诸多科技领域的单行法也尚未出台。部分科技领域的风险沟通制度处于缺失状态,具体表现为调整科技风险沟通的基本法空白与具体法律规范缺失两个方面。

1.部分科技领域调整科技风险沟通的基本法空白

虽然《核安全法》《农业转基因生物安全管理条例》等法律法规的颁布、实施在一定程度上建构了核能技术、转基因生物技术等领域的科技风险沟通法律制度,但从科技风险整体而言,调整诸如人工智能技术、3D打印技术等科技领域还未建立起比较成熟的科技风险沟通法律制度。这主要源于快速发展的科学技术与法律制度的规范性要求间的冲突。

2.部分科技领域调整科技风险沟通的具体法律规范的缺失

即使在已有调整科技风险沟通的基本法的部分重要科技领域,也很少有调整科技风险沟通形式与内容的具体法律规范。这主要源于,风险沟通问题本就不属于立法活动的核心环节,现有调整多元主体沟通问题或专门调整科技风险中沟通问题的法规范极少。例如,《核安全法》第63-69条规定了核能技术规制中的信息公开与公众参与。但是,深入分析可知,行政机关与核设施营运单位的信息公开(第63、64、65条),核安全宣传(第67条),公民、法人和其他组织的举报权(第68条)均不构成实质意义上的沟通。这是因为,从公法角度而言,"沟通"要求既保持行政相对人作为一类主体享有独立性的权利义务,又赋予行政机关尊重相对人进入决策、信息交流与提出异议的法定职责。

（三）现行科技风险沟通法律制度的功能定位存在一定误区

从行政法理而言，科技风险沟通法律制度应以实现规范行政主体规制权力运行的合法性、正当性，保障公民、法人和其他组织的合法权利为目的，其主要手段在于明确行政主体科技风险沟通过程应当遵循的法律规则与特定程序，实现科技风险沟通之消解社会矛盾、增强行为合法性、提高规制实效性等目标。然而，现行科技风险沟通法制的功能定位与理想图景相比存在较大偏差。

1.行政机关将风险沟通与信息发布、科普与宣教等活动混同

许多学者在传统风险沟通中就已经得出单方、单向的信息传递不构成沟通的观点，在科技风险沟通领域亦是如此。[①]行政机关往往是在科技风险议题设置之后，依据依附于行政机关的技术机构制定的科技风险标准进行评估，沟通工作仅存在于行政机关将所有内部事项确定之后。江门鹤山市核电事件中，迫于民众压力，当地政府无奈选择停止项目，但昂贵的教训却只能随着时间慢慢恢复。"几个月全市上下争取""前期及后续的征地拆迁补偿费用"以及"征来的土地被闲置"，"决定—宣布—辩护"的科技风险沟通模式早已不可取。而在这一模式中，信息发布、科普宣教、问卷调查等均为单向的信息传递，召开听证会、论证会、座谈会等虽然在一定程度上实现了科技风险沟通的多主体双向信息交换，但不幸的是，地方政府为了追求政绩、提高行政效率或仅从行政机关主体的利益出发等原因，将召开听证会、论证会、座谈会视为浪费行政资源或降低科技风险规制效率的负担，最终导致会议成为形式，信息传递与交换之门被关闭。

2.科技风险沟通被视为公众的程序性权利而非实体性权利

在科技风险沟通中，程序性权利与实质性权利的最大区别在于，任何一方主体能否以合法的方式、手段影响科技风险沟通过程与结果。实践来看，我国科技风险沟通的决定主体是行政机关，企业、科研机构与公众仅能在极少情形下以合法形式影响沟通过程与结果。行政主体科普式的宣教根本无助于沟通，民众面对复杂的计量单位和数据更不会有任何感受，它们只关心的是类似于修建公共厕所那般，享受带来的便利和好处但不要建在自家门口。层出不穷的科技风

[①] 有关论述参见戚建刚、张景玥：《论我国公共风险监管法制之信任危机——以过程论为分析视角》，《云南社会科学》2015年第4期；金自宁：《跨越专业门槛的风险交流与公众参与——透视深圳西部通道环评事件》，《中外法学》2014年第1期，等等。

险事件便是公众无法通过合法形式影响科技风险沟通过程与结果的另一种"非法"选择。

3.科技风险沟通法治化被异化为政治任务

在加快建设法治政府的大背景下,"依法行政"的要求被量化为形式指标并层层摊派,科技风险沟通成为行政机关必须完成的决策指标,行政法治的正当性要求被异化为政治任务。地方政府往往是迫于考核压力,而非是为了给科技风险决策提供更为强大的合理性基础进行科技风险沟通。以笔者实地考察中接触的某市关于某有限公司乙炔法制聚乙烯示范工程项目的风险沟通过程为例,当地政府通过报纸、网络等途径进行了环境影响评价公示,截至 2017 年 4 月 6 日,该项目仍处于环境影响评价公示阶段。但是,该项目的行政系统上下级审批、建设活动与乙炔法制聚乙烯技术项目风险沟通(即环评信息公开等活动)并行不悖。① 这一行为严重违反了行政决策的相关法律规定。

(四)现行科技风险沟通法律制度的结构存在一定偏颇

结构是否科学、合理决定着制度之效用能否有效实现。从规范梳理结果来看,现行科技风险沟通法律制度的结构存在一定偏颇,具体表现为现行法制规定的科技风险沟通制度大多在科技风险管理阶段,对前期的议题设置、标准制定与评估则很少规定。

1.传统风险沟通领域的不少立法习惯被科技风险沟通法律制度的建构所沿用

其中,科技风险沟通在整个科技风险规制过程的设置不均便是一大体现。② 对于科技风险,风险表现与危害的高度不确定性以及危害后果的极端性导致,即使是经由专家帮助的行政机关的行为或决定也不一定是正确的,广泛的科技风险沟通必须成为行政规制决策作出的前提性基础。在这方面,科技风险与传统风险有很大区别,传统风险规制中专家往往能通过科学技术手段分析、解释风险的不确定性,得出风险的因果律,即使未经风险沟通,行政规制决策与行为的科学性一般不存在较大问题。但在科技风险规制中,现有科学往往无法解释具体科技发明与应用的风险,行政规制决策与行为的科学性责任、公众因过度关注的恐慌与传统规制决策领域可能导致的固有问题交织在一起,一旦得不到

---

① 中国采标网:《湖北省 80 万吨/年乙炔法制 PE 示范工程》,2018 年 12 月 06 日访问。
② 有学者总结与梳理 30 余部涉及城市风险治理中的风险沟通制度的法律规范发现,无论是《突发事件应对法》还是其他法律法规,对于风险规制的前期沟通规定比重明显低于风险管理阶段。参见詹承豫、宣言:《城市风险治理中的风险沟通制度——基于 30 部法律规范的文本分析》,《行政法学研究》2016 年第 4 期。

妥善的处置将酿成巨大的社会问题，而作为妥善处置复杂性问题的科技风险沟通法制的结构设置与具体法规范分布并不合理。

2. 科技风险沟通法律制度之结构与公民合法权利之诉求间失配

以《核安全法》为例，作为最新实施的调整核能技术风险的基本法，该法在规范科技风险沟通方面已经有了跨越式的发展，但从根本而言，无论是"国务院核安全监督管理部门应当依法公开与核安全有关的行政许可""核设施营运单位应当公开本单位核安全管理制度和相关文件、核设施安全状况、流出物和周围环境辐射监测数据、年度核安全报告等信息"，抑或是公众"通过问卷调查、听证会、论证会、座谈会参与涉及公众利益的重大核安全事项"，均建立在核能技术被确立为风险可控的基础之中，否则这些活动没有任何意义。虽然依据目前的科学证据从理论层面证明了核能技术的安全性与可控性，然而，作为实践应用的具体核能技术项目的风险是否可控还要考虑许多其他因素，其中，公众能否接受核能技术项目直接决定了核能技术项目之社会稳定风险的大小。然而，现行核能技术风险沟通法律制度中公众的沟通权利被剥夺了，其只能被动接受行政机关的选择。抛开核能技术是否安全本身，公众能否参与、如何参与到具体科技项目的决策中应当是科技风险沟通的核心议题。这是因为，科学并不能完全消弭公众对科技风险的忧虑，德国、瑞士等国立法逐步禁止核能发电技术应用也表明了在安全与核能开发之间仍有关于科学与民主的差距。"作为和平与秩序基础的国家安全，以及应由国家保障的人民安全，乃为宪法价值，而与其他价值具有同等位阶，这也是国家权力的最终正当性基础。"[1]现行科技风险沟通法制在规制过程阶段分布的不合理，难以回应公众对于科技风险安全性的讨论与诉求，也会降低科技风险沟通的整体效果。

（五）现行科技风险沟通法律制度中的权利和义务配置存在失衡

从具体角度分析，现行科技风险沟通法律制度存在许多深层次问题，可以从行政主体的权力运行与相对人的权利实现两个角度加以分析。因为，科技风险沟通中经由立法确立的政府信息公开、公众参与等制度都是为了实现有效沟通的方式、工具。行政法研究最终仍要落脚于公民的知情权、参与权与行政机关的开放规制、协商规制等职责。

---

[1] BVerfGE, 49, 24, S. 56, 转引自伏创宇：《核能规制与行政法体系的变革》，北京大学出版社2017年版，第43页。

1. "强制与命令"式沟通导致的权力运行失范

"强制与命令式"沟通模式主要表现为单向告知与公众被动沟通的形式参与。依据现行《政府信息公开条例》与专门调整具体科技领域的法规范的规定，政府负有依据公开行政决策与行为信息的法定职责，同时，"公众参与"已被确立为政府重大行政决策的法定程序。从行政主体角度而言，现行科技风险沟通法制确立的"强制与命令式"沟通模式虽然在某种程度上强化了行政机关法定职责之履行，但是，无论是单向告知或是形式参与都不适宜于科技风险沟通的理性需求，也会从实质上损害科技风险沟通的有效性，更与行政法治中的正当性原则相违背。

一方面，从实质而言，单向的信息公开完全不构成"沟通"，单向告知建立在满足公众知情权的基础之上，科技风险沟通的各个主体也仅存在于现行的关系模式中。科技风险沟通成为由科学经营向普通公众传递科学与技术信息的单向信息传输过程，公众只能被动地接受信息。实践中地方政府对于某些科技应用项目的处置便是最好例证，例如，前文所述湖北仙桃市政府关于垃圾焚烧发电项目环评信息公开。这种信息公开仅满足了行政机关的程序性职责，根本不构成对行政机关依法履行职责的实质监督，也难以构成对公民权利的实质损益。换句话说，政府信息公开在历时性的科技风险规制中完全达不到科技风险沟通达成共识的目的。行政机关拥有召集、组织、协调、决定科技风险沟通过程与结果的职责，然而却仅有信息公开、适当方式回应诉求的职责。

另一方面，话语权的失衡也是科技风险沟通陷入"强制与命令模式"的主要表现。现行科技风险沟通法制确立的"强制—命令式"沟通模式导致行政主体以及参与到沟通过程的专家的话语权过强。[①]从严格意义上，科技风险沟通法制体系仍不成熟，将科技风险沟通视为行政机关法定职责的"单一论"认识仍"大行其道"。政绩考核激励下，行政机关自然而然地成为科技风险沟通的发起者与主导者。为增强其规制决策的合法性，行政机关吸纳科技专家进入决策内部并给予较重的话语权，而不具备科学知识也未经组织化的公众话语权不足成为必然。以核能发电技术为例，有学者通过实证研究发现行政机关、国有核能企业与科研院所组成的"铁三角"成为决定我国核能发展决策的绝对力量，公众往往只能通过新闻媒体获知相关风险信息。[②]其重要原因在于当前我国核能风险规制领

[①] 宋伟、孙壮珍：《科技风险规制的政策优化——多方利益相关者沟通、交流与合作》，《中国科技论坛》2014 年第 3 期。
[②] 贺桂珍、吕永龙：《新建核电站风险信息沟通实证研究》，《环境科学》2013 年第 3 期。

域调整风险沟通的法律规则极为匮乏，行政机关无法可依的状态仍然存在，公众也因此无法通过法治手段维护自身知情权、参与权等合法权利。有学者通过实证研究提出沟通的八大指标，即应当理想地沟通应具备交流与协商的平台、平等的成员组成、知识交互、信息互通、透明、过程的共识、效率与有效的有机结合以及对结果的共识与理解。① 然而，考察现行科技风险沟通法制及其实践发现："具备交流与协商的平台"在当前我国大部分科技风险实践中已有所体现，诸如召开座谈会、论证会、听证会等已为现行法制所确立；行政法律关系中行政主体与其他主体的法律地位本身就不平等，"平等的成员组成"无法在科技风险沟通中实现；近年来不断出现的反对二甲苯、反核循环项目事件、转基因风波等证明当前我国科技风险沟通"过程与结果的共识与理解"还有很远的路要走；其他如互通、透明、效率等指标在实践中也存在不同程度的问题。理想的科技风险沟通难以实现的根本原因在于，现行科技风险沟通法制确立的沟通属于"强制—命令式"模式，除行政机关外，其他参与主体的权利在不同程度遭到克减。

2. "强制与命令"式沟通导致的权利实现困境

从相对人角度来看，现行科技风险沟通法制中的各方权利义务分配并不合理，行政机关外主体的权利仍有待立法确认与实践保障。关于现行科技风险沟通"强制—命令式"模式的界定已经在很大程度上论述了当前我国科技风险沟通中多元主体间权利义务分配的不平衡现象。仅就现存关涉科技风险沟通法制之规定可以发现，企业、公众等相对人在科技风险沟通中的主体地位并不明确。无论是相对人知情权的保障，抑或是举报、质询、建议等权利，都建立在行政主体回应的基础上，企业、公众等在科技风险沟通中处于被动地位。有学者总结 30 部涉及风险沟通的法律规范中多元主体风险沟通的权利与义务相关条款发现，规定政府在风险沟通中职责的比重最大，为 53%，规定公众在风险沟通中权利的比重最大，为 6%。② 这一总结可见现行科技风险沟通法制权利（职权）义务（职责）分配的失重现象。一方面，作为科技风险沟通召集、组织主体的行政机关在整个沟通过程中义务比重过多，相应的行政权力也远远高于其他主体；另一方面，作为科技风险的主要受众，公众在整个沟通过程中的权利义务比重均过少，公众参与的法律基础及其建构下的现实渠道并未实现畅通。

---

① Regina Schroeter, Testing the value of public participation in Germany: Theory, operationalization and a case study on the evaluation of participation, Energy Research & Social Science, (13, 2016), pp.116-125.
② 詹承豫、宣言：《城市风险治理中的风险沟通制度——基于 30 部法律规范的文本分析》，《行政法学研究》2016 年第 4 期。

从行政法治角度而言，科技风险沟通过程中多元主体间权利义务分配的失重损害了科技风险沟通法制的权威性、正当性，也阻塞了科技风险沟通法制的有效实施。科技风险沟通需要多元主体的实质参与，仅靠任何一方根本无法形成沟通。现行科技风险沟通法制确立的多元主体在整个沟通中的权利义务关系仅仅形成了形式上的风险规制参与或信息告知，远远未达到"沟通"层面。从科技风险沟通立法的原意看，立法机关通过法规范建构欲形成的科技风险沟通中的权利义务关系比重应当是适切的。例如，2014年原国家卫生计生委印发的《食品安全风险交流工作技术指南》将食品安全风险沟通界定为"各利益相关方就食品安全风险、风险所涉及的因素和风险认知相互交换信息和意见的过程"，虽然该指南仍未摆脱强调行政主体职权职责的传统立法桎梏，但其中的部分概念与方法规定了科技风险沟通的实质参与、信息沟通、切实有效等要求。仍以该技术指南为例，其中对行政机关外主体的权利义务规定过少对整个科技风险沟通法制权威性与正当性的损害体现在三个方面：

一是相对忽视其他主体在科技风险沟通中的权利与义务。指南中规定行政机关负责食品安全相关机构应当加强内外部协作，但无论是规定中的内部机构（上下级市场监督管理机构），抑或外部机构（有关机构或部门）均非指社会组织或公民。从行政法理角度分析，作为调整多元主体间科技风险沟通的专项规定的"基本策略"却未将多元主体纳入其中，严重损害了该技术指南的正当性。

二是"运动式"强化了行政机关职能部门舆情监测与应对的任务，将其他主体置于沟通的对立面。舆情监测与应对属于传统行政执法中的管理手段，旨在开展舆情研判、跟追舆情并最终实现控制舆情的目的。然而，舆情应对与科技风险沟通的实质目的完全相左，科技风险沟通的目的在于达成共识，提高科技风险规制行为的正当性与可接受性，舆情应对的目的在于提高行政机关科技风险沟通的效率，保障社会稳定，至于行政决策与行为的正当性与可接受性并不在其主要考虑范围。一旦行政机关将舆情应对作为科技风险沟通的主要手段，那么可以想象的是，科技风险沟通的权威性与正当性将受到极大破坏。

三是导致科技风险沟通信息供给碎片化和反馈机制分散化，降低科技风险沟通的有效性。从实践角度而言，科技风险沟通过程中多元主体间权利义务分配的失重将极大损害公众沟通参与的积极性，进而导致科技风险沟通信息供给碎片化和反馈机制分散化，降低科技风险沟通的有效性。卡斯帕森等人提出的

"风险的社会放大效应"理论将风险信息的扩散过程归纳为社会对风险的反应过程。① 公众对科技风险事件通常会有"涟漪效应",科技风险信息传递的放大性、不可控性要求立法机关、行政机关高度重视科技风险沟通法律制度的建构,并在科技风险规制实践中积极强化科技风险沟通的作用发挥。

唯有从行政法的基本原理出发,思考科技风险沟通及其法制建构的基本要求、总体思路与具体内容,进而从法制层面建构起科学有效的科技风险沟通体制、机制与法制,将行政机关、科研机构、企业、新闻媒体、公众等多元主体的行为纳入法治的轨道上来,才能真正地消解现实矛盾,增强科技风险规制活动的正当性、科学性、可接受性与实效性。

第三节 科技风险沟通制度再定位的基本原则

以上分析表明,虽然我国已经存在关于科技风险沟通的行政法律制度,但存在诸多缺陷,难以为科技风险沟通中各方主体的行为提供规范和科学依据,致使科技风险规制机关的科技风险沟通活动不断陷入合法性危机。由此,我国的科技风险沟通法律制度亟须重新定位。然而,科技风险沟通制度的行政法再定位需要以一定的原则作为基础。

一、行政法基本原则之适用

科技风险沟通中行政法基本原则的适用应当与常态行政时有所不同。一方面,当前我国科技风险沟通法律制度的不健全给科技风险规制中行政法基本原则的适用带来诸多挑战,如依法行政所依之"法"可能存在空白,行政机关只能基于法律原则或一般法理决策与行为;程序规范的欠缺可能导致公共权力无序行使;责任条款空白也会导致权利救济的问题。另一方面,行政法基本原则作为

---

① [英]尼克·皮金、[美]罗杰·E.卡斯帕森、[美]保罗·斯洛维奇:《风险的社会放大》,谭宏凯译,中国劳动社会保障出版社2010年版,第4—6页。

具体法律规则的抽象与总结，旨在为行政机关面临具体法规范缺乏时提供宏观的行为指引。然而，科技风险沟通与一般行政决策与行为存在一定差异，其对主体、方式与手段的多元化要求使得行政法的基本原则很难直接适用。因此，在科技风险沟通中，行政法中部分基本原则应当重新解读以适应现实需要。

一方面，科技风险沟通中的依法行政原则之遵守应当从沟通情境出发，特别是在相关法律规范欠缺或空白的情形下，行政机关更应遵守实质合法原则。科技风险沟通法制的内在精神与要求是规范、促进与保障科技风险沟通交流活动的有效开展，为科技风险规制活动提供更多民主性基础，切实保障公民、法人与其他组织的合法权利。因此，行政机关对依法行政原则的解读必须以科技风险沟通法制创制之精神与目的为基础，依法行政原则的形式要求可以被"弱化"，为了提升科技风险沟通的民主性与有效性，行政机关可以不局限于法律规定的沟通形式，开展其他灵活多样的信息沟通。

另一方面，程序要求被弱化并不意味着在科技风险沟通中行政机关不需要遵守正当程序原则，而是正当程序原则应当被重新解读。在科技风险沟通中，正当程序原则中的公众参与、行政公开公正公平原则应当继续被遵守甚至强化。行政机关科技风险沟通权利必须在正当的程序内进行，沟通过程与结果均应保证公开公正公平。对于科技风险沟通方式的要求可以弱化，行政机关应当通过灵活、柔性与多元的方式开展科技风险沟通。除了按照法律规定的沟通方式外，行政机关可以采取更多形式进行沟通，如上门交流、网上沟通等。从这一方面讲，科技风险沟通的程序更加多元、柔性，程序的形式性要求降低。

二、科技风险沟通中的明确性原则

（一）明确性原则释义

明确性原则，亦称"含糊无效原则"，主要指法律应当明确清楚，方便公民知晓和法官理解，防止适用法律的任意性。[①]法的明确性原则要求规范文件的表述应当确定、周全、具体，不能模棱两可、片面疏漏。在行政法领域，明确性原则应当体现在行政法规范的明确性与具体解释的明确性两个方面。一方面，作

---

① Bentham, The Limits of Jurisprudence Defined, NewYork: Columbia University Press, 1945, pp.195.

为行政执法依据的行政法规范的内容必须明确,这是因为,"法律越是明确具体,就可以防止原则抽象所可能导致的执法工作中的上下其手、行政专断。"①另一方面,旨在提高行政法规范明确性的具体解释也应当尽可能的便于操作,为行政法规范的适用提供具体、明确的操作模式。行政法的明确性原则要求行政规范(包括行政法规范与具体解释)应当具备三大要素:可理解性、可预测性与可操作性。其中,可理解性指的是行政规范应当以一般民众的理解与判断为标准,方便大众理解;可预测性指行政规范应在一般人的预料之中或者至少不让一般人感到意外;可操作性指行政规范应当具体、明确,便于操作。

(二)明确性原则对科技风险沟通法律制度之意蕴

在公法领域,行政法规范对基本权利的保障往往通过法律原则及大量不确定性法律概念来实现。例如,《核安全法》第 4 条明确提出从事核事业必须遵循确保安全的方针。核安全工作必须坚持安全第一、预防为主、责任明确、严格管理、纵深防御、独立监管、全面保障的原则。然而,安全本身就是一个存在不确定性、历时性的概念,法律往往无法通过固定的安全标准来保障安全。因此,立法机关只能通过赋予行政机关法定职责与其他主体权利的形式力促安全性原则的实现,最终的责任主体必须且只能是科技风险规制主体。此时,规制主体通过行政立法的形式确立的技术规范、标准、指南等行政规则便成为安全性原则实现的规则依据。此外,在法律规定原则、笼统,不得不依靠规制主体制定的技术规范、标准、指南等行政规则背景下,为防止行政控制超脱"依法行政",对行政法治构成威胁,科技风险沟通法制之建构必须通过强化科技风险沟通的程序规则建构予以回应。近年来,"行政判断余地"②等新兴概念对司法活动产生巨大挑战,其根源就在于依行政规则沟通与依法沟通之间不可调和的矛盾。程序性规则的建构能够极大缓解这一矛盾,规制主体实施行政规则的行为是否严格依照法定程序将成为判断其行政合法性的重要标准。具体而言,科技风险沟通的再定位应在科技风险沟通的行政法律制度中强化行政法规范的可理解性、可预测性与可操作性。

第一,科技风险沟通制度应当具有可理解性。判断价值与尺度问题常常成为困扰行政机关开展科技风险沟通的重要难题。科技风险沟通制度是否具备可理

---

① 伍紧松:《论行政执法解释的具体原则》,《当代法学》2010 年第 4 期。
② 伏创宇:《核能规制与行政法体系的变革》,北京大学出版社 2017 年版,第 115-159 页。

解性，关键在于作为沟通牵头主体的行政机关能否明确知悉科技风险沟通的价值取向与判断尺度，方便科技风险沟通工作中的裁量标准。此外，沟通科技风险沟通制度应当具备可理解性不仅是为了给行政机关提供明确的判断与标准，更是为了使制度能够为一般民众所理解。公民、法人与其他组织是科技风险沟通的参与主体，其对科技风险沟通制度的理解与否，将直接决定沟通成败。因此，科技风险沟通制度应当通过明确权利与义务内容、范围与界限的方式提高公民、法人与其他组织对科技风险沟通的理解。

第二，科技风险沟通制度应当具有可预测性。法律制度的可预测性应该"在一般人的预料之中或至少不让一般人感到意外"[①]。科技风险沟通必须具有可预测性，要求行政机关的沟通渠道明确，组织、召集与开展等沟通方式清晰，使得参与方能够充分预见自己的行为及其后果。例如，针对某项科技风险沟通时，行政机关在科技风险议题设置中选择将召开座谈会、听证会作为沟通形式，那么在科技风险评估中，其也应当召开座谈会、听证会。这是因为，公众根据行政机关的前行为预见到后行为，如果行政机关在后续行为中仅进行了信息公开或网上公开，公众就会因为未预见而错过沟通。

第三，科技风险沟通制度应当具备可操作性。行政机关开展科技风险沟通应当切合实际，便于操作。科技风险沟通的目的是为了化解冲突，促进理解，达成共识。一般而言，科技风险沟通法制会通过空白授权的方式授权行政机关具体沟通方式的立法权。例如，《核安全法》第65条规定："对依法公开的核安全信息，应当通过政府公告、网站以及其他便于公众知晓的方式，及时向社会公开。"政府信息公开行为的方式选择如何达到"便于公众知晓"的程度，需要行政机关制定具体规范性文件予以实现。此时，"便于公众知晓"便是可操作性原则的具体要求。在其他科技领域，行政机关也应当在科技风险沟通制度的再定位中明确可操作性要求。

三、科技风险沟通中的有效性原则

有效性指达到特定目标的能力，"有效"意味着产生想要的效果。就科技风险领域而言，沟通的有效性强调达成共识的能力与取得认同的效果。一般认为，

---

① 欧爱民：《法律明确性原则宪法适用的技术方案》，《法制与社会发展》2008年第1期。

科技风险沟通就是由个体风险认知集聚为社会风险共识的过程。借鉴学术界关于公众参与的层次划分，科技风险沟通从学理上可以分为四个层次。[①]第一层次是科技风险信息的单方、单向传递，如政府信息公开；第二层次是科技风险决策的意见咨询，如召开座谈会、听证会等行政调研活动；第三层次是不同主体参与科技风险规制的全过程，行政机关视企业、科研机构、公众等为合作伙伴，共同解决科技风险问题；第四层次是立法赋权给公众，由分散利益组织化的形式行使部分科技风险规制权力。需要说明的是，对于科技风险规制而言，并非选择更高层次的沟通形式便会收到更好的收益，而是应当基于科技风险沟通的目标、风险类型、行政机关的组织形式、公众素质等因素，在具体科技风险沟通情境中选择最恰当的单个或复合形式。但从当前我国科技风险沟通实践来看，我国科技风险规制主体（主要是行政机关）在沟通形式的选择上存在不少问题，主要表现为单方、单向的沟通过多，平等、合作与对话的沟通过少。上述问题的解决之道在于，行政法通过法制建构的方式实现科技风险沟通理念、模式的转型，而法制建构的重要标准应以规制主体是否实现科技风险的实质沟通，即科技风险沟通的有效性原则。

第一，运用立法手段确立的科技风险规制协商委员会制度及其相关运行机制能够有效回应以上追求。例如，为避免一次性沟通获取的信息失真，可以通过建立定期沟通机制，由科技风险规制协商委员会组织行政机关代表、企业代表、媒体代表与公民代表等定期就特定科技风险展开沟通，便于规制机关即使掌握相关信息。关于科技风险规制协商委员会在科技风险沟通中的法定职权职责及其具体运行机制，其中的核心内容就是科技风险规制协商委员会与行政机关、企业、公民等主体间在科技风险沟通中产生的各种行政法律关系之建构。

第二，科技风险沟通的有效性原则要求实现沟通充分与成本合理间的恰当平衡。无论是自上而下，抑或自下而上的科技风险沟通导向与模式均存在各自的优劣势。从理想情境出发，自下而上的科技风险沟通模式的优势是沟通充分、民主性强，劣势是成本相对较大且容易陷入组织混乱；自上而下的科技风险沟通模式的优势是聚合度、组织化程度与效率较高，劣势是极易导致沟通不充分。科技风险沟通法制建构中的有效性原则强调多元主体能够实现科技风险的实质沟通，需要吸纳两大模式各自的优势，既增强科技风险沟通的组织化程度与实

---

① See Davidson S., Spinning the wheel of empowerment, Planning, (3, 1998), pp.14-15.

现充分沟通，又避免负担过高的沟通成本或陷入"民主困境"。科学、有效的科技风险沟通制度设计便成为因应之道。

四、科技风险沟通中的民主性原则

关于民主的定义存在理想主义与现实主义两派观点。[①]仅从科技风险规制领域而言，民主性原则的含义是，作为一种制度建构与运行的基本原则，民主不仅强调公民参与行政行为的民意制约，更强调多元主体共同参与科技风险沟通过程，在集思广益的基础上使最终决策照顾多数人的利益，提供决策的合法性与正当性基础。

科技风险沟通应当被视为民主过程，各方主体基于开放、协商与达成共识的基本理论参与沟通过程并作出最终决策。不同于以往强调"公众参与"——将公众视为科技风险沟通中弱者的观点，也不同于过往强调行政机关"信息公开"——将行政机关的行政权行使作为核心的观点，更不同于传统风险沟通中增强专家成员独立性以"提高专家信任"的观点，在科技风险沟通中，任何一方都无力也不应为其他主体的权利代言，任何一方的改进也难以全面提升整个科技风险沟通过程的科学性、合理性与正当性。一方面，在政府信息公开、行政决策的公众参与已经由政策层面显化到法规范层面的基础上，一味地强调加强信息公开与公众参与虽有其现实性需求，但从法律效果的角度而言，由公众参与、信息公开、专家论证等程序下行政决策的正当性才是最终法律效果的实现。在科技风险沟通中，如何保障沟通的顺利进行与沟通结果能够切实裨益于科技风险规制活动才是科技风险沟通法制建构所要保障的实质法益。另一方面，无论是信息公开，还是公众参与、专家论证，均以保障科技风险沟通中各方主体的程序性权利之手段提升科技风险沟通的有效性。因此，无论是作为实体权利（职权），抑或程序性权利（职权），为了保障科技风险沟通活动的顺利进行，提升科技风险沟通过程的有效性、合法性与正当性，科技风险沟通活动必须遵循民主性原则。

在科技风险沟通中，民主性原则的实现有赖于有效的参与、充分的知情权

---

① 本书采纳现实主义的民主概念，将民主作为一种制度性的安排，而非理想图景下的绝对自决。参见燕继荣：《民主及民主的质量》，《经济社会体制比较》2014 年第 3 期。

利、自由的表达权利对科技风险沟通议程的控制与平等的决策权利，即将公众的角色由被管理者、规制政策的接受者转变为合作者、规制政策的共同决策者。这就要求在科技风险沟通法制建构中明确公众参与、共同决策原则。此外，民主绝不意味着对公众诉求的"一味妥协"。行政机关应当从法的明确性与规制总体目标考量，得出科学结论。

第一，公众参与应当是深层次、全方位与持续性的参与，公众有权围绕科技风险与行政机关等其他主体进行充分的沟通。从立法目的而言，科技风险沟通法制应当明确公众参与的目的是通过信息互通实现公众对科技风险的了解，降低恐慌，提高科技风险规制决策与行为的正当性，而非是单纯为了让公众接受科技风险规制决策与行为，提高其可接受性。从保障措施而言，科技风险沟通法制的程序性建构应当摆脱过去由人决定的程序，实现程序法定。这一程序性保障不仅体现了保障公众能够参与，而且应当达到公众能够自由表达意见并为行政机关所回应的程度，即对科技风险沟通公众实质参与的程序性保障。

第二，科技风险沟通绝不应仅限于沟通，行政机关外主体应当被赋予一定的决策权，即科技风险沟通的共同决策原则。共同决策原则要求公众在科技风险规制决策中享有一定比例的决策投票权，这将超越以往仅赋予公众参与权、知情权的其他行政机关规制活动。这是因为，与其他公共事务相比，科技风险具有高度不确定性，行政机关、专家们无法通过科学知识知晓或预测其是否具有危害性与危害性后果大小。此时，行政机关单方无法对此行为承担相应责任，或是相应责任超出了其能够承担的范围。例如，日本福岛核电站核泄漏事件的危害后果绝非一个地方或单个国家的行政机关能够承担的，相反，它的危害后果是全球性、长时间的。因此，民主性原则要求行政机关将此事项交由公共决策，由民众对其行为承担责任。

第三，科技风险沟通的结果取舍中的科学性问题。科技风险沟通的一个重要障碍是公众风险认知的直觉过程，不管具体科技发明与应用的经济价值与环境价值如何，他们经常将该技术与健康威胁与环境污染联系到一起。这一思维起源于当前我国行政机关与公众关于社会发展理念的偏差与对立。公众直觉的风险感知可能会导致其他风险，德国的核能技术争议以政府宣布2022年之前全面撤销与禁止核能技术的商业开发与利用为结果。然而，这并不意味着作为科技风险的核能技术规制尘埃落定。核能份额的减少必然带来传统化石燃料需求量的增加，如何妥善处置煤炭等能源导致的环境污染问题成为禁止核能技术民营化背后的衍生问题。①正是以核能技术（科技）风险与化石燃料（传统）风险为样本可以得知，民众可能对具有历时性与渐变性的风险不甚敏感，却很容易将视线聚焦于具有话题性的新兴科技风险。

五、科技风险沟通中的安全性原则

公众风险认知对科技风险沟通之安全性原则的要求在于，公众的科技风险认知主要取决于其对科学技术的认知，由科技风险认知上升与聚合的科技风险共识将决定其对科技风险是否安全的最终判断。然而，对于是否安全的判断可能会存在主体间的差异，以公众风险感知为例，如果人们在情感上喜欢某种行动，其就会倾向于断定这种行动的风险低、收益高；如果在情感上不喜欢某种行动，就会有相反的判断。②具体来讲，一方面，即使某项科技发明与应用被科学证明风险性很大、日常危害性较高，但公众可能因为该项科技发明与应用具有较高的便利性、实用性或其他原因并不将其视为威胁性较大的风险类型。即使在最为重视科学证据原则的美国，人工智能技术的爆炸式发展引发人们对于技术变革的恐惧并要求政府对人工智能发展进行监管和限制。有学者认为人工智能技术风险除了高度不确定性、不可预见性特征外，最重要的是难以控制的风险。"对于人类来说，要控制那些被赋予相当自主性的机器是非常困难的。许多问题（如故障、安全漏洞或有缺陷的编程等）都可能导致人工智能因为可能而非有意识的设计选择直接失去控制。"③一旦人工智能被设计成允许其学习和适应的特性，可能的失控成为公共社会风险的潜在来源。另一方面，科学层面证明为风险较小、发生概率极低的某些科学技术，由于公众对其存在抵触、恐慌或其他感性认知并将其视为很难接受的风险类型。实践中，公众对人工智能技术的偏爱却相对忽视其风险，或是对核能技术的抵触且无视官方出具的安全性证明，或是对手机通信基站技术的高辐射性风险的无视便是最好例证。因此，科技风险沟通法律制度之建构必须回应公众的安全诉求，确立安全性原则。

第一，安全性原则要求法规范的内容应当明确、具体。然而，安全本身就是

---

① Ortwin Renn, Jonathan Paul Marshall, Coal, nuclear and renewable energy policies in Germany: From the 1950s to the "Energiewende", Energy Policy,（99, 2016）, pp.224-232.
② See Paul Slovic, Ellen Peters, Risk Perception and Affect, current Directions in Psychological Science,（6, 2006）, pp.322-323.
③ Matthew U. Scherer, Regulating Artificial Intelligence Systems: Risks, Challenges, Competencies, and Strategies, Harvard Journal of Law & Technology,（2, 2016）, pp.353-400.

一个存在不确定性、历时性的概念，法律往往无法通过固定的安全标准来保障安全。例如，《核安全法》第4条明确提出从事核事业必须遵循确保安全的方针。核安全工作必须坚持安全第一、预防为主、责任明确、严格管理、纵深防御、独立监管、全面保障的原则。在法律规定原则、笼统，不得不依靠规制主体制定的技术规范、标准、指南等行政规则背景下，为防止行政控制超脱"依法行政"，对行政法治构成威胁，科技风险沟通制度必须通过强化自身的安全规则之建构予以回应。近年来，"行政判断余地"[①]等新兴概念对司法活动产生巨大挑战，其根源就在于依行政规则沟通与依法沟通之间不可调和的矛盾。因此，立法机关只能通过赋予行政机关法定职责与其他主体权利的形式力促安全性原则的实现，最终的责任主体必须且只能是科技风险规制主体。此时，规制主体通过行政立法的形式确立的技术规范、标准、指南等行政规则便成为安全性原则实现的规则依据。

第二，实体规则无法尽到保障安全之目的时，科技风险沟通制度应当通过程序建构保障公民的安全诉求。近年来，科技风险沟通失败导致的群体性事件屡屡发生，即使在行政机关严格行使科技风险沟通权力时，也很难调节行政机关一方代表的利益与公众的利益间的巨大矛盾，此时，程序规则可以弥补实体规则的漏洞，确保科技风险沟通之安全性原则的实现。程序性规则的建构中，规制主体实施行政规则的行为是否严格依照法定程序将成为判断其行政合法性的重要标准。总结而言，科技风险沟通法制建构中的安全性原则应当通过原则的立法确立，规范的授权制定，程序的立法保障来实现。

第四节　科技风险沟通制度再定位之内容

一、科技风险沟通主体制度之再定位

前文讲到，科技风险沟通的主体是行政机关、行业协会、企业、科研机构、

---

① 伏创宇：《核能规制与行政法体系的变革》，北京大学出版社2017年版，第115-159页。

新闻媒体、公众与其他利益相关者。从行政法角度而言，科技风险沟通法律制度中的主体性制度建构主要是指行政公权力与社会公权力的规制主体之建构，具体包括行政主体建构与社会性主体建构。

（一）科技风险沟通行政主体之再定位

鉴于科技风险规制与传统行政管理事务的差异性，为有效、针对性地应对科技风险，行政机关应当通过设立专门、统一的科技风险规制协商委员会履行科技风险规制职责，其在科技风险议题设置、标准制定、风险评估与风险管理中负有组织、协调、沟通与管理的法定职责，其中的沟通职责便涉及科技风险规制全过程。基于我国科技风险规制协商委员会的法律定位是行政机关的议事协调机构，人员组成为行政机关工作人员、无利害关系的高水平专家、新闻媒体代表与公众代表，运行原则为"集体协商、共同决策"，这就使得科技风险规制协商委员会天然的成为科技风险沟通的最佳渠道和窗口。为实现科技风险规制协商委员会在科技风险沟通中的法定职责，一级政府的科技风险规制协商委员会应当成立科技风险沟通工作小组。作为统一的科技风险沟通负责部门，科技风险沟通工作小组应当具有一定的权威和行政级别；应当由行政机关工作人员与社会组织、媒体、公民等其他主体的人员组成；必须具有对整体科技风险规制决策的影响力。对此，笔者将作如下展开。

第一，科技风险沟通工作小组应当具有一定的权威和行政级别。科技风险沟通制度应当通过立法形式赋予科技风险沟通工作小组一定的权威和行政级别，保障其能够独立组织开展科技风险沟通中的组织沟通形式与内容、协调各方利益、召集不同主体参与确定沟通结果等工作。科技风险沟通工作小组可以由行政机关及其职能部门的工作人员兼职负责，但应有特定的专职人员负责日常事务。

第二，科技风险沟通工作小组应当由行政机关工作人员与社会组织、媒体、公民等其他主体的人员组成。虽然科技风险沟通工作小组隶属于科技风险规制协商委员会，但因主要承担科技风险沟通之法定职责，其必须将社会组织、媒体、公民等其他主体纳入工作小组之中。具体到某一科技领域风险沟通时，工作小组成员应当由利益相关者与其他代表组成。其中，利益相关者包括与该风险具有直接利害关系的科研机构或私人企业、公众代表等；其他代表包括社会媒体代表、行业协会代表等。

第三，科技风险沟通工作小组必须具有对整体科技风险规制决策的影响力。不同于科技风险规制的其他活动，科技风险沟通的公众参与质量对沟通结果具有重要影响。如果他们的参与能够切实干预政治过程，那么公众参与科技风险沟通的积极性与责任感将会大幅度提升，科技风险的有效性也会不断提高。[1]进而，科技风险沟通对整体科技风险规制决策的影响力也会呈良性发展。

（二）科技风险沟通社会主体、私人企业主体之再定位

科技风险沟通中社会主体之建构主要包括参与科技风险沟通的行业协会、社会团体等非行政组织之建构。不同于公民参与，科技风险沟通中的社会主体之再定位在方式、内容与性质上呈现不同表征。社会主体可以自行组织或召集内部成员开展风险沟通并可以作为整体参与行政机关召集的风险沟通。此时，社会主体内部的科技风险沟通构成科技风险整体沟通的一部分，其通过吸纳组织内成员意见形成对外意见。科技风险沟通制度应当从规范层面保障社会主体内部成员的科技风险沟通权利。科技风险沟通中私人企业的再定位主要聚焦于是否将其纳入科技风险沟通工作小组的问题。私人企业是科技应用与市场化的直接载体，对科技风险的属性、特征、危害可能性等信息最为了解。私人企业在科技风险沟通中承担科技风险信息的公开、报告、披露等义务并享有知情权、参与权等权利。因此，科技风险沟通制度应当将私人企业纳入常态的科技风险工作小组成员并视具体科技风险类型、表现与领域的不同选取特定代表参与科技风险沟通。

二、科技风险沟通结构制度之再定位

科技风险沟通法制建构的核心问题在于多元主体的权利义务划定。从学术研究而言，不同于管理学强调的主体、手段功能的最优选择，行政法规范与调整多元主体参与科技风险沟通中行政法律关系，具体表现为科学分配与准确厘清科技风险沟通多元主体间的权利义务关系，实现权利义务对应与总量相当。从规制实践上讲，依据利益相关者理论，科技风险沟通中多元主体间权利义务划

---

[1] Robert Goodin, John Dryzek, Deliberative impacts: the macro-political uptake of mini-publics, Politics & Social Sciences, (2, 2006), pp.219-244.

定是否合理、正当且不与上位法相抵触,将直接决定科技风险沟通活动的法治化水平。

(一)行政机关的权义划定

从公法角度而言,行政机关的科技风险沟通职权职责是一体的,即有某项行政权力则必有对应的法定职责。因此,划定行政机关的权义可以从其法定职责方面出发,具体而言,行政机关在科技风险沟通中的法定职责包括:第一,信息公开。行政机关在科技风险沟通中的信息公开职责包括主动公开与被动公开两种,无论是何种信息公开方式,行政机关都必须遵守准确、及时、快速、直接原则,其中,信息公开的目的为了让相对人有所预知,以沟通促进科技风险规制活动的可接受性,因此,科技风险信息的准确性是行政机关信息公开的首要原则。第二,组织、召集多元主体开展科技风险沟通并就科技风险决策进行协商。第三,管理、协调科技风险沟通过程,对沟通结果负相应责任。第四,其他职责。包括其他行政法规范确立的科普、宣传等职责。

(二)社会性主体、私人企业与公民的权义划定

网络时代下,社会性主体、私人企业与公民在科技风险沟通中的作用越来越大。如何保障社会性主体、私人企业与公民能够为构建高风险社会下理性的公共话语空间贡献积极力量而不是损耗社会资源或增加科技风险规制成本,科技风险沟通制度对社会性主体、私人企业与公民重新定位,进而从法制层面厘清其在科技风险沟通中的权利与义务。第一,社会组织的权义划定。科技风险沟通中的社会性主体是指行业协会、志愿者团体等具有一定的组织化水平,履行部分社会公共职能的组织。在科技风险沟通中,社会组织享有的权利包括参与沟通、提出建议、集体信息决策等;负担的主要义务包括依法组织内部沟通、信息公开、对其他主体的意见互通与反馈以及对其组织行为承担法律责任。第二,私人企业的权义划定。因为科技风险沟通过程及其结果会直接决定最终的规制决策,进而影响私人企业的经济利益,因此,在科技风险沟通中私人企业会要求参与其中。在科技风险沟通中,私人企业享有的权利包括参与沟通与信息决策、提出建议、合法利益获得保护等;负担的主要义务包括依法提供相关信息、依法有序参与沟通、承担建议与信息决策的对应责任等。第三,新闻媒体的权义划定。这里的新闻媒体主要指社会媒体,不包括官方信息发布主体与自媒体。新闻媒

体是科技风险信息的主要传播者，也是科技风险沟通的重要主体。在科技风险沟通中，新闻媒体享有的权利包括新闻报道权、参与沟通权、提出建议权、合理的信息加工权等；负担的义务主要包括依法积极传播信息、保证信息真实有效并对传播谣言、虚假信息等承担法律责任。第四，公众的权义划定。公众是科技风险的直接受众，科技风险沟通能否达成共识，从而干预科技风险规制全过程的公共权力之运转，将直接影响公众的权义损益。在科技风险沟通中，公众享有的权利主要包括参与权、知情权、提出建议权、获得采纳权与信息决策权；负担的主要义务包括依法有序参与沟通、提出诉求的合理性、承担建议与信息决策的对应责任。

（三）关于其他主体权利义务的探索

科学技术发展到一定水平时会超出现有法律体系，例如，人工智能技术领域，有学者从权利发展史角度论证机器人权利的正当性及其权利属性、边界与人机关系的法治化。[①]虽然这一观点还未被主流认同，但就人工智能而言，对其权利与义务的探索也将在未来一段时期成为法律研究的重点内容。因此，科技风险沟通制度的结构在定位中应当为机器人、克隆人或其他主体的权利义务留有空间。

三、科技风险沟通内容制度之再定位

科学的科技风险沟通过程能够提高规制方案的可接受性与合法性，提高决策效率与质量。但沟通并非随意或盲目的信息交换，更不是自上而下或自下而上的单向交流，理想的科技风险沟通必须具备以下特征。首先，科技风险沟通必须具备组织性和遵循特定方法。国外有学者将风险沟通过程定义为"为了促进政府、公民、利益相关者和利益集团之间的沟通以及为了特定风险而进行的有组织的交流方式"[②]。依照这一定义，理想的科技风险沟通过程应当是遵循一定方法的、有组织的活动。其次，科技风险沟通必须具有交互性。尽管现行法制创造了公众与行政机关信息互动的体制机制，但传统风险沟通属于单向的信息传

---

① 张玉洁：《论人工智能时代的机器人权利及其风险规制》，《东方法学》2017年第6期。
② Cathérine Gramper, Catrinel Turcanu. Can public participation help managingrisks from natural hazards?, Safety Science, (47, 2009), p.524.

达与反馈，沟通的有效性饱受质疑。理想的科技风险沟通应当是行政机关、利益相关者、利益集团与其他公众的信息、知识的交互场，且能够使各方主体在沟通过程中相互学习和进步。

（一）信息共享机制

信息共享有利于提高科技风险沟通的效率与效果，促进达成共识，进而增强科技风险规制的可接受性。因此，科技风险沟通法律制度必须建立信息共享机制。科技风险沟通法制中的信息共享机制要求行政机关搭建信息共享平台，为科技风险沟通的参与方，如新闻媒体（包括官方媒体、社会媒体与自媒体等）、公民等主体就科技风险信息互通有无，以消除谣言，实现真实、有效的沟通。在科技风险沟通法制的信息共享机制建构中，需要注意以下四方面的问题：

第一，信息共享机制如何发挥作用。当人们感到科技风险的不确定性时，获取更多的信息成为提高科技风险认知的必然途径，而较高的风险认知程度会导致其对行政机关的规制提出更高要求，此时，能够提供信息共享力度的开放式风险沟通将大幅度提高公众对科技风险规制机构的信任度。[1]

第二，信息共享机制如何建构。立法机关在制定具体科技领域风险规制法律规范时，可以通过原则确立或直接的规则制定建构信息共享机制，也可以通过授权行政机关通过制定规章或规范性文件的方式建构。无论法律法规是否建构了信息共享机制，为了增强信任度，提高科技风险规制活动的整体可接受性，行政机关都必须在其规章或规范性文件制定中确立该机制。

第三，科技风险信息共享中的谣言问题的应对。科技风险必然伴随着谣言，其在一定程度上扭曲了事实，传递与扩散未经证实或没有明确事实依据且难辨真伪的传闻[2]，特别是在虚拟空间网络日益发达的今天，谣言的公共性通过网络传播、自媒体共享等不断扩张。如何看待谣言、如何正确回应、规制与引导舆论，已经成为行政机关科技风险沟通能力的重要体现。在信息共享机制建构中，行政机关可以将谣言视为一种偏差了的民意信息反馈，帮助自身获取正式信息沟通渠道所难获悉的信息，正确引导谣言以促进科技风险信息互通共享。

第四，科技风险沟通法制的信息共享机制建构中新闻媒体地位、作用及其发

---

[1] P. Marijn Poortvliet, Anne Marike Lokhorst, The Key Role of Experiential Uncertainty when Dealing with Risks: Its Relationships with Demand for Regulation and Institutional Trust, Risk Analysis, (8, 2016), pp.1615-1629.
[2] 李大勇：《谣言、言论自由与法律规制》，《法学》2014年第1期。

挥。在民主社会中，新闻媒体是向公众传达科技风险及其不确定性信息的主要力量。有学者基于真实的风险案例提出改善社会风险状况下新闻媒体报道的十点建议，包括二手资讯的限制性使用、对官方信息与其他信息的平衡采纳、抛却假设与不可证实的推测等。[①]

对于科技风险沟通而言，上述建议的核心观点在于，新闻媒体应当以更加客观、更具信息透明度的方式介入科技风险沟通，提升其公信力。科技风险沟通法制的建构应当明确规定新闻媒体客观、真实、透明地传播科技风险信息的法定义务，一旦违反规定，行政机关有权追究主要责任人的法律责任。长期以来，民众对官方媒体的不信任更是导致科技风险信息沟通机制不通畅的重要原因。新兴媒体的信息准确度确实存在问题，但是，与官方媒体信息相比，新兴媒体信息的感染力更强，角度和立场也更贴近普通民众，也更受普通民众的信任。因此，科技风险沟通法制的建构还应当限制行政机关干预新闻媒体客观、真实、透明地传播科技风险信息的权利，保障与实现新闻媒体参与科技风险沟通的良性机制建设。

（二）定期交流机制

定期交流机制能够有效搭建多元主体信息、意见与诉求的互通平台，为利益相关者就特定科技风险及其规制决策的作出提供高度参与。定期交流机制可以最大限度地抹平行政主体、企业中的国有大型企业、央企与公民、私人企业等之间的信息鸿沟。除熟知的行政主体与公民的信息鸿沟外，国有大型企业、央企在科技风险规制中掌握先天优势，与之相比，民营中小企业处于被支配地位。虽然国家已经开始重视中小企业在信息方面的劣势并提出了一定对策，例如，2015年3月13日中共中央、国务院发布的《关于深化体制机制改革加快实施创新驱动发展战略的若干意见》明确提出"优化国家实验室、重点实验室、工程实验室、工程（技术）研究中心布局，按功能定位分类整合，构建开放共享互动的创新网络，建立向企业特别是中小企业有效开放的机制"。但在目前乃至相当长一段时间，作为市场内部的信息壁垒将持续存在。以科技风险评估活动中的沟通为例，对于科技风险评估界定及其结果，公众与科学家之间总是存在鸿沟。公众认为即使某种科技发生危害的可能性极小，但在无法消除这种危害时，概率低

[①] Carles Pont Sorribes, Sergi Cortiflas Rovira.Journalistic practice in risk and crisis situations: Significant examples from Spain, Journalism, (8, 2011), pp.1052-1066.

就不能成为行政机关逃避规制的理由。此外,科学家针对具有高度不确定的科技风险作出的"客观、公正与科学"的评价与解释,往往被公众认为缺乏人文关怀,公众认为将科学作为风险规制的依据,会将普通公众置于孤独的、无知的境地。[①]因此,科技风险沟通制度应当确立定期信息交流机制并明确定期交流的主要内容与实现形式。

1.定期交流机制的主要内容

定期交流机制的参与主体由行政主体、企业中的国有大型企业、央企与私人企业、公民等组成,其主要内容也是为了实现上述主体的定期信息互通、意见交换与共识达成。国外有学者将风险沟通过程定义为"为了促进政府、公民、利益相关者和利益集团之间的沟通以及为了特定风险而进行的经组织的交流方式"[②]。依照这一定义,科技风险沟通制度中的定期交流机制应当是针对特定科技风险的有组织活动,行政机关负有组织、召集与定期开展信息交流与意见沟通的法定职责。定期交流的主要内容应当包含三方面的内容:一是围绕现有科技风险的研究进展、风险表现等内容的交流;二是针对现有科技风险规制过程中行政权力运行理由、结果与可能产生的问题的交流;三是针对可能产生新兴科技风险的科技发明与应用的了解、增信等问题的沟通。

2.定期交流机制的实现方式

在定期交流机制建构中,可以借鉴孙斯坦"轻推"行为模式[③],特别是在行政主体与社会性主体间意见存在巨大相左且无法判断意见真伪时,规制机关出于公共利益考量可以有选择地将民众、私人企业认为重要的信息予以披露或是通过其他信息影响相对人的判断,这是因为任何主体所能同时处理的信息是有限的,有选择的重要信息的出现必然挤占其他信息。定期交流应当遵循法定组织形式与交流方式,法定组织、交流形式应当由法律规范明确认定或通过授权赋予行政机关确定,具体实现方式除法定的座谈会、论证会、调研会等形式外,还可以通过入企、入户交流等灵活形式定期收集与反馈科技风险信息。

---

① Bill Devall, George Sessions, Deep Ecology: Living as if Nature Mattered, Sait Lake City: Peregrine Smith Books, 1985, pp. 33-38.
② Cathérine Gramper, Catrinel Turcanu.Can public participation help managingrisks from natural hazards?, Safety Science, (47, 2009), p.524.
③ Cass Sunstein, Simpler: The Future of Government, New York: Simon & Schuster, 2013, p.272.

（三）多元互信机制

科技风险沟通应当超越简单理解为信息交换与平台建设的观点，而应被视为一个积极谋求认同与互信的复杂过程。科技风险沟通中信任的建构应当考量社会政治气氛、机构表现、对机构的感知、个人的吸引力、信息五个层次，而这些都可以通过法律制度的建构得到实现。互信的首要条件是科技风险双向沟通渠道的疏通。有关科技风险沟通中的信任问题，有学者通过实证研究认为，科技风险沟通中风险规制主体与公众信任关系的建构应当从以下四要素展开：对风险规制活动必要性的确知；风险规制活动是为了保障自身、他人及社会公众的利益；自我效能的实现；情感认同。[①] 在科技风险沟通活动中多元互信四要素具体表现为：

第一，对风险沟通活动必要性的确知要求公众洞察并意识到科技风险规制活动是应对科技风险的必要手段，也是属于行政机关公共服务的重要组成部分。多元互信机制的建构有助于实现善治，而"善治是政府、公民社会组织和私人部门在形成公共事务中相互作用，以及公民表达利益、协调分歧和行使政治、经济、社会权利的各种制度和过程"[②]。多元互信机制运转中，行政机关通过多种沟通形式提高科技风险规制活动的社会信任度，公众也可以在此机制中行使法定权利。

第二，多元互信机制有利于达到增信之目的。科技风险沟通使社会主体、公众等认知到"科技风险规制活动是为了保障自身、他人及社会公众的利益"，促进公众普遍相信拟议的科技风险规制活动对自身、他人及社会公众都有好处。行政机关的任何规制科技风险的行为都必须以具体利益形式向公众阐明，抽象的以国家利益、公共利益作为规制行为的依据是不被采纳的。

第三，自我效能的实现诉求下，公众在认为个人权益受到负面影响时，通常选择拒绝接受风险规制决定。自我独立与自我支配感的丧失是自我效能实现的最大威胁，一旦公众认为其无法独立地行使自我决断的权利，抵制与反对便无可避免。多元互信机制通过建构行政机关的社会评价系统为市场主体与公众提供直接的发泄渠道，并通过信息反馈增强公众对行政行为的信任度与接受度。

---

① Ortwin Renn, Four questions for risk communication: a response to Roger Kasperson, Journal of Risk Research, (10, 2014), pp.1277-1281.
② [美] G. 沙布尔·吉玛、丹尼斯·A. 荣迪内利编：《分权化治理：新概念与新实践》，唐贤兴、张进军译，格致出版社、上海人民出版社2013年版，第5页。

第四，科技风险规制往往意味着对于公众权益的侵犯。面对陌生的外部行为的入侵，公众一般会选择拒绝，科技风险社会建构中的邻避效应便是最好例证。科技风险沟通中多元互信机制的切实建构，不仅将有效节省行政机关科技风险规制决策的时间和成本，还将降低行政机关与相对人间的对抗，提高规制决策与行为的正当性。科技风险沟通中规制行为如何取得相对人的情感认同就显得尤为重要，因此，行政机关应当通过强化信息公开、拓展信息收集与反馈渠道等形式增强组织声誉。

第六章
科技风险管理制度的行政法之再造

2007年11月1日起施行的《突发事件应对法》标志着我国风险规制法治化水平上升到新的阶段。然而，较之传统风险，科技风险具有的高度不确定性、极端复杂性等特征给风险管理带来极大困扰，更为科技风险管理法律制度的设计与完善提出了巨大挑战。科技风险管理要求更为专业的组织体制，更为科学的管理机制，更为灵活的手段、方法，而行政法欲要规范与调整科技风险管理过程中的行政权力之运行，则必须通过更为科学、严密与更具逻辑的法规范体系建构来实现。然而，科技风险固有属性之挑战不应成为阻止行政机关采取措施的因素，相反，科技风险的高度不确定性正是科技风险管理的关键内容。科技风险管理如何克服高度不确定性，再造科技风险管理制度之基本内容，确保经济社会健康发展和公众生命财产安全。

第一节 科技风险管理制度的合法性审视

科技风险管理的概念有广义和狭义之分。狭义的科技风险管理是整个科技风险规制过程的重点环节，它是负有科技风险规制职责的行政机关通过决策与行为，"用以排除、减少、减缓、转移和防备公共风险的行政活动"[①]。广义的风险管理是包括国家行政机关在内的多元主体治理科技风险的活动。笔者采用广义的风险管理概念，并将其引入科技风险管理制度之中，故科技风险管理的内涵主要包括：列出可供选择的科技风险管理措施（措施归纳）、分析每项措施的影响（措施评估）、对各项措施进行比较衡量（措施衡量）、选择最优的措施执行（措施执行）、观察执行的效果（监督与反馈）等方面。[②]

科技风险管理是科技风险规制的最终环节，其重要性不言而喻。一般而言，可以从两个角度理解科技风险管理的具体特征，一是相较于科技风险规制过程

---

① ［美］罗伯特·希斯：《危机管理》，王成等译，中信出版社2004年版，第40—41页。
② See International risk governance council, White Paper on Risk Governance-Towards an Integrative Approach, 2017-11-20.

而言，科技风险管理是科技风险规制的重点环节，更是行政决策的执行环节。科技风险管理的成效直接决定整个科技风险规制活动的效果。二是相较于科技风险规制的其他过程而言，科技风险管理更多涉及传统行政权力的行使，将直接影响规制相对人的权利和义务。无论哪种理解方式都可以体现科技风险管理在整个科技风险规制过程的重要地位，反映到科技风险规制法律制度亦是如此，规范与调整科技风险管理活动的法规范占整个科技风险规制法制的半壁江山。基于科技风险管理法律制度的重要性，本节将按照不同的法律位阶梳理与分析现行涉及科技风险管理的法规范文本，对现行科技风险管理制度的合法性加以审视。

一、现行法律制度及其实践

从 2003 年抗击 SARS 到 2008 年北京奥运会实施全面风险管理，再到 2009 年"风险管理"写入食品安全法，我国风险管理及其法制化进程逐步加快。自"风险管理"纳入国家法律体系建设以来，大量法律法规规章与规范性文件蓬勃涌现，风险管理已取代应急管理[①]，成为国家法治建设的新热点，一系列法规范的出台标志着风险管理法律制度体系的形成。纵观现行风险管理法制的调整对象，从转基因安全、科技产品环境释放保护到核能、网络安全，科技风险管理成为整个科技风险管理法制的重点领域。从法律位阶角度梳理现行科技风险管理法制可以更加清楚地厘定我国科技风险管理法律制度形成、发展及其实践概貌，为进一步研究打下规范基础。

（一）法律层面

进入 21 世纪以来，专门调整风险或部分规范风险的法律数量不断增长。2007 年颁布实施的《突发事件应对法》成为我国风险管理领域的基本法，该法确立了行政机关应急（风险）管理的基本步骤，即风险预防、监测与预警、风险应对及恢复与重建。作为现行风险的主要表现形式，行政机关管理科技风险的活动自然受《突发事件应对法》的规范与约束。具体到不同领域，规范、调整科

---

① 多数学者认为应急管理属于风险管理的一部分，并视风险管理为应对突发公共事件"关口前移"的实践需要。参见黄崇福：《从应急管理到风险管理若干问题的探讨》，《行政管理改革》2012 年第 5 期。

技风险主要样态（如核能技术风险、转基因生物技术风险、人工智能技术风险）与科技风险主要关涉法益（如环境、安全、人体健康）的法律不断出台，旧有法律也陆续适应规范科技风险的需要得以修订。环境领域的诸多法律法规，如《中华人民共和国环境污染防治法》《大气污染防治法》等都明确规定对主要污染物实施风险管理。2015 年修订的《食品安全法》强化了食品安全风险管理制度。《核安全法》第 14 条规定了核设施的分类风险管理制度。这些法律改变了原有社会管理的组织架构，新增了诸如国家核安全局、各级政府应急管理行政主管部门、食品安全风险评估专家委员会等行政机关及其职能部门、法律法规授权组织与社会组织。但从整体上看，法律层面对科技风险管理制度的规定较为原则，除《突发事件应对法》外，其他法律一般仅从原则层面确立了风险管理制度及科技风险管理的总体性机制，例如，《核安全法》第 35 条第 2 款规定："国务院有关部门应当建立核安全经验反馈制度，并及时处理核安全报告信息，实现信息共享。"对于核安全经验反馈制度的内容、实施方式、运行机制与责任等具体规则的建构问题仍由行政法规、部门规章与其他规范性文件明定。而《突发事件应对法》主要调整对象为突发公共性事件，对于风险特别是新兴科技风险并不能有效调适。

（二）行政法规层面

与法律相比，规范与调整科技风险管理的行政法规具有针对性、相对及时性、相对具体等优势。在特定科技风险领域，如果缺乏规范科技风险管理的基本法，行政法规能够较快地、有针对性地建构出科技风险管理的基本法律制度体系。在《核安全法》还未出台以前，调整核能技术风险管理的行政法规有《民用核设施安全监督管理条例》《核电厂核事故应急管理条例》《放射性废物安全管理条例》《核材料管制条例》《民用核安全设备监督管理条例》等，这些行政法规构成了我国核能技术风险管理的基本法律制度框架。在存在调整具体科技领域风险管理基本法的前提下，行政法规能够将法律进一步具体化、细节化。作为规范与调整食品安全领域科技风险的基本法，《食品安全法》很难对转基因食品等科技风险作出具体规定，只能从整体上规定自查、召回、出厂检验记录等转基因技术风险管理机制。此时，更具针对性的《农业转基因生物安全管理条例》便成为行政机关管理转基因生物技术风险的主要法律依据。

(三) 部门规章层面

为了更好地应对科技风险，立法机关往往将调整科技风险管理活动之具体规则的制定权赋予行政机关，以弥补风险行政背景下法律规制的局限性。一般认为，在科技风险规制中，部门规章的规则约束力仅次于法律与行政法规，加之部门规章的细节性、效率性与针对性较高，故部门规章成为科技风险管理中的主要法规范来源。从整体来看，调整科技风险的部门规章之数量呈快速增长趋势，2014年6月4日国务院发布《关于促进市场公平竞争维护市场正常秩序的若干意见》（国发2014〔20〕号）强调加强市场风险管理，提出建立对高危行业、重点工程、重要商品及生产资料、重点领域的风险监测分析、风险评估指标体系、风险监测预警和跟踪制度、风险管理防控联动机制。2015年6月23日，国家质量监督检验检疫总局发布《出入境特殊物品风险管理工作规范（试行）》（国质检卫〔2015〕269号）。科技发明与应用产品在很大程度上属于特殊物品，因而需要行政机关强化对其进出口的风险管理，该工作规范明确规定转基因生物的进出口必须通过生物安全风险管理。

2017年2月21日国家质量监督检验检疫总局局务会议审议通过《进出口工业品风险管理办法》，自2017年4月1日起施行。该办法主要适用于进出口工业品的风险信息收集、风险信息评估、风险预警及快速反应和监督管理等工作。此外，在具体科技领域，还存在《农业转基因生物安全评价管理办法》《铀矿地质辐射防护和环境保护规定》《铀矿地质辐射防护和环境保护规定》等具体规章。

（四）规范性文件

除法律、法规与规章外，在国家层面还存在不少具有强制力或规范力的规范性文件，主要包括国家规划、行业规划、执行方案、标准等规范性文件。例如，国务院2016年7月28日印发的《"十三五"国家科技创新规划》（国发2016〔43〕号）提出强化对核能、化学品、智能等领域的风险管理。国务院办公厅2016年9月6日印发的《消费品标准和质量提升规划（2016—2020年）》（国办发2016〔68〕号）要求各级行政机关强化质量安全风险管理，提出完善风险监控体系、推广物品编码与射频识别等风险管理机制。国务院办公厅2016年11月29日发布的《危险化学品安全综合治理方案》提出"大力推广应用风险管理、化工过程安全管理等先进管理方法手段,加强消防设施装备的研发和配备,提升安全科技保障能力"。2017 年 7 月 20 日,国务院正式印发《新一代人工智能战略规划》提出"加快研究制定相关安全管理法规,为新技术的快速应用奠定法律基础"。这些标准、规划、规定等规范性文件是科技风险管理中的规范性依据来源,针对性地指导着行政机关的科技风险管理活动。

二、现行科技风险管理制度的困境

任何一个法律制度的调整对象只能是个体,而非自然或技术。科技风险管理法律制度的对象只能是人(包括具有人的属性的法人)对科技的开发、应用与市场化行为,而能否有效调整人的实践活动,是衡量科技风险管理法制是否科学、合理与完善的唯一标准。从实施现状来看,现行科技风险管理法律制度为行政机关管理科技风险以及围绕科技风险的主体活动提供了规范性指引,弥补了行政机关无法可依的局面。然而,面对类型繁多、表现复杂与危害可能性具有高度不确定的科技风险,传统风险规制法制确立的预防、预警与应对体制无力回应。

一方面,科技风险的危害高度不确定、潜伏期很长,仅靠传统风险规制法制确立的预防体制机制很难有效应对,行政机关面临将有限的行政资源投入哪一个复杂领域的选择难题。例如,面对风险高度不确定的转基因技术,为了回应公众的安全诉求,国家不得不投入大量的立法资源、行政资源予以规制。另一方面,科技风险表现样态的高度复杂性与危害结果的高度极端性,仅靠传统风险规制法制确立的行政机关预警、应对与恢复机制无力应对科技风险,甚至可能给国家和社会造成不可挽回的巨大损失。例如,伴随人工智能技术的高度发展,一旦发生可能的系统性风险,将会导致全国乃至全世界金融业、网络世界的崩溃,更有恐怖的预测是,一旦人工智能自主性超越"人类优先",人类社会将走向灭亡。[1] 具体来看,现行科技风险管理法制的主要问题不仅存在于价值与法制建构层面,也存在于法制实施层面,主要包括过于强调行政机关的主体性作用,忽略了作为合作规制的其他主体力量的发挥;过于强调部门职责,忽略了跨部门、跨主体的资源整合;过于强调法的实施,忽略了科技风险管理中行政行为的

---

[1] See Matthew U. Scherer, Regulating Artificial Intelligence Systems: Risks, Challenges, Competencies, and Strategies, Harvard Journal of Law & Technology, (2, 2016), pp.353-400.

正当性。

（一）科技风险管理制度的理念偏差

现代行政要求行政机关不再仅仅以法律执行者的身份出现，而是以有一定绩效任务、受一定目标牵引的管理者、治理者的角色出现在公众视野。这一行政理念在当下我国的少数地方政府中表现得尤为突出。在创新驱动，加快经济动态转变的时代，我国部分地方政府成为科技发明与应用的主要支持者和助推者，他们重科技经济而轻科技风险的行政管理理念形成了现行科技风险管理法制的价值困境。

1.重科技经济创新与发展

各级行政机关通过政策扶持、资源投入等方式主导科技发展的方向，进而决定了科技风险的形式与样态。换句话说，在科技风险领域，政府扮演了一个风险制造者的角色。[1]这一问题应当结合我国国情分析，作为一个处于社会转型期的发展中国家，我国同时面临着科技发展与风险规制的双重任务。摆脱传统粗放的、资源消耗的经济发展模式的唯一途径是依靠科技进步与创新驱动，与此同时，必然承受的后果便是核能风险、转基因生物风险等科技风险。

2015年3月13日中共中央、国务院发布《关于深化体制机制改革加快实施创新驱动发展战略的若干意见》指出"全球新一轮科技革命与产业变革的重大机遇与挑战下，必须深化体制机制改革，加快实施创新驱动发展战略"。然而，监管方式的变革、技术创新市场导向等一系列措施可能产生的新问题是，政府面对技术创新下的科技风险的规制无力。部分地方政府基于经济、就业、政绩等多方面考量，特别是在党中央、国务院高度重视动能转换，科技引领经济发展方式转变的政策驱动下，对于科技含量较高的建设项目往往表现出极大的兴趣。

2.轻科技风险管理

重科技创新与发展可能导致对科技风险管理的轻视，也会导致行政权力运行偏差。2017年11月21日，民用核技术"中广核技电子束处理工业废水技术"取得科技成果鉴定证书，完成由中国核能行业协会组织的科技成果鉴定。当天，中广核技还与恒昌集团签署印染废水处理合作协议，并宣称中国电子束技

---

[1] Vincent T. Covello & Jeryl Mumpower, Risk Analysis and Risk Management: A Historical Perspective, Risk Analysis,（2, 1985）, pp.103-120.

术首次实现真正意义上的产业化应用。[①]从技术发明、实验到应用，该技术的风险管理权力均被核能管理局授权给"中国核能行业协会"行使。该协会组织的鉴定委员会由行政机关工作人员、行业专家、科研院所专家等组成。专家意见认为电子束处理工业废水技术，属于中国首创，突破了当前难降解废水处理的技术瓶颈，一旦实现大规模产业化，可大幅度提高中国工业废水治理水平。该技术结合生物技术深度处理工业废水工艺，成本更低，净化程度更高，可实现废水的高标准排放或者中水回用，有望解决难降解废水处理"世界性难题"。政策扶持下的核能技术民营化、产业化速度迅猛，早在 2017 年 3 月，浙江省金华建成了中国首座电子束辐照处理印染废水示范项目，运行效果理想。科技发明与应用蓬勃发展的背后，科技风险管理制度能否与之齐头并进成为法律学者、民众关注的焦点。中国特色社会主义发展进入新时代以来，公民对健康、安全等宪法权利的追求已经超越了经济、发展等权利，政府继续遵循固有管理理念与模式必然导致的结果是，规范与调整科技风险管理的行政法律体系及其实践与民众诉求渐行渐远，行政法治的正当性、合理性与公民权利保障之间出现裂缝。因此，为实现行政权保障公民权利之目的，必须从根本上转变原有"重科技创新与发展，轻科技风险管理"法制价值定位。

（二）科技风险管理制度的规范困境

从规范层面分析可知，现行科技风险管理法律制度面临的突出问题是权义结构的失衡。具体表现为，现行科技风险管理法制调整对象的权利义务分配并不合理，关于行政机关职权职责的规定在整个科技风险管理制度中占绝对地位，其他主体的法定权利义务并未或极少得到法律认可与保障。

1.行政机关职权职责规范过多

现行科技风险管理法制确立的科技风险管理体制机制导致的结果是，负有科技风险管理职责的行政机关在风险认定、监测、登记、调查等管理活动中占据决定性地位。现行科技风险管理之法规范体系赋予行政机关大量职权，虽然依据行政法确定的"有权必有责"之规则，行政机关的职权存在与之对应的法定职责，但其在科技风险管理法制权义结构中占据绝对地位必然影响其他主体的话语权。话语权的多寡导致的结果是，科技风险管理中其他主体，如科研机构、企

[①] 中新网：《中国利用核技术处理工业废水取得突破》，2018 年 11 月 28 日访问。

业、公民等很难参与到科技风险管理中并发挥实质作用，他们的权利也难以得到切实保障，行政机关的决策、行为也将因失去监督或缺乏协商而极易陷入违法运行状态。

2.社会公共组织的权利与义务分配不明确

作为行使社会公权力的组织，行业协会、科研机构等社会公共组织在科技风险管理中的法律地位以及权利义务分配并不明确。例如，《食品安全法》第13条规定"国务院卫生行政部门负责组织食品安全风险评估工作，成立由医学、农业、食品、营养等专家组成的食品安全风险评估专家委员会（下称专家委员会）"。依据该条，2009年12月8日，原卫生部组建国家食品安全风险评估专家委员会，负责开展我国食品安全风险评估工作。笔者访问官方网站发现，国家食品安全风险评估中心列出食品安全风险评估专家委员会的主要职责为：起草国家食品安全风险监测、评估规划和年度计划，拟定优先监测、评估项目；进行食品安全风险评估；负责解释食品安全风险评估结果；开展食品安全风险交流；承担（原）卫生部委托的其他风险评估相关任务。行政法治的基本要求是"有权必有责"，但是，依据现行法制并未规定食品安全风险评估专家委员会承担行政法律责任的内容，其行为后果仍由国家卫生健康委的国家食品安全风险评估中心承担。这主要源于，食品安全风险评估专家委员会并非常设的行政机关，它们的人员构成、组织活动等往往表现出较强的临时性。社会公共组织的权利与义务不对等限制了其作为独立的法律主体直接实施产生法律效果的行为，实践中该类组织往往极易为行政机关所干预或直接沦为附庸，为科技风险管理活动的法治危机埋下制度伏笔。

3.企业、公民等主体的权利与义务规范过少

规范与调整企业、公民等主体参与科技风险管理的法律规定极为原则，且多为被动性规定。不同于被吸纳进决策主体的专家，科技风险管理中企业、公民等主体长期处于被动地位。法律虽然规定了这些主体参与科技风险管理的法定权利，但囿于具体机制、程序的缺失，企业、公民等主体往往游走于科技风险管理决策或行为的外部层面，权利实现途径并不畅通。例如，虽然《科学技术进步法》第13条规定"国家完善科学技术决策的规则和程序，建立规范的咨询和决策机制，推进决策的科学化、民主化"，但实践中科学技术决策，特别是科技风险管理决策仍呈现重政府主导，轻社会参与，关涉科技风险的决策成为"精英集团"的内部行为。

（三）科技风险管理制度的实践困境

1.部门行政与综合管理之矛盾

科技带来风险的同时也为政府治理模式创新与改进提供了充足机会，政府应从根本上适应风险与变化正在成为共识。① 然而，行政机关仍然希望沿用传统的行政管理体系，因为以法定程序与问责制为主要价值观的现行治理体系具有相当的稳定性，其要求行政机关遵循一整套相对确定的权力规则运转，可以类型化为：一是行政决策（行为）必须基于回应现实需求与民众呼求；二是分析行政决策与行为的成本效益；三是最终决策与行为须经合法性审查通过方能实施。② 21世纪以来，"风险"成为新热点，传统管理体系也积极将其纳入。根据国务院发布的《关于加强法治政府建设的意见》规定，"要把公众参与、专家论证、风险评估、合法性审查和集体讨论决定作为重大决策的必经程序"，实现决策的科学性、民主性与合法性。诚然，后现代风险社会最主要的特征之一就是科学技术的广泛应用，社会风险决策必须依赖专门"知识"，依赖于专家们"特殊的认知方式、测量程序、统计调查"。③ 然而，不断发生的"核循环"项目事件、转基因立法争议等科技风险事件表明，经改良适用于规范与调整普通社会风险的风险管理体系仍难切实、有效地应对科技风险，现行风险管理体系与科技风险呈失配状态。这一失配主要表现为传统风险管理体系确立的部门行政模式与科技风险需要综合规制之间的冲突。

第一，现行风险管理体系确立的部门行政模式无力应对科技风险。现行风险管理制度确立的风险管理体制为行政机关各个职能部门负责本领域内的风险管理事务。最典型的便是国务院出台的《国家突发公共事件总体应急预案》与自然灾害、公共卫生与事故灾难三大应急预案④，其中，突发公共卫生事件应急预案明确规定原各级人民政府卫生行政主管部门负责组织、协调本行政区域内的突发公共卫生事件的应急处理工作。然而，现行风险管理制度确立的部门行政模

---

① See Janowski, T., Digital government evolution: From transformation to contextualization, Government Information Quarterly, （3, 2015）, pp.221-236; Linders, D., From e-government to we-government: Defining a typology for citizen coproduction in the age of social media, Government Information Quarterly, （4, 2012）, pp.446-454.
② See Matthew T. Wansley, Regulation of Emerging Risks, Vanderbilt Law Review, （69, 2016）, pp.401-478.
③ ［德］乌尔里希·贝克：《风险社会》，何博闻译，译林出版社2004年版，第61页。
④ 笔者认为，突发事件应对与科技风险管理的规范与调整对象存在较大的重叠。国务院"一总体，三领域"的突发公共事件应急预案体系在很大范围内调整科技风险导致的社会恐慌、发生的突发社会危害、群体性事件等需要采取科技风险管理措施的社会现象。例如，《国务院突发公共卫生事件应急预案》调整包括转基因生物技术、化学技术应用于食品领域引发的公共卫生事件。

式在实践中遭遇不少难题，其主要原因在于，科技风险管理的对象——科学技术——具有双重意涵：一方面，科学技术虽日渐成为当今全球社会风险的主要制造者，但所有科技风险是否均应被认知为科学技术发展而来的具有可接受性的伴随品。另一方面，科学技术已经成为全球经济发展的主要驱动力，而且科技发展与应用本身就是治理传统风险的重要手段和方式。双重意涵为科技风险管理提出巨大挑战，而与管理要求失配的是，现行科技风险管理制度具有滞后性，部门行政也具有相当的局限性，行政机关及其工作人员也未能及时更新与提高应对科技风险的专业素养。面对屡屡发生的科技风险事件或问题，行政机关不为所动或束手无策，直至造成巨大的"社会性灾难"。

第二，科技风险管理需要多部门、多主体协调联动的综合管理。在科技风险管理中，行政机关必须掌握科技风险的内部差异、风险来源、适用措施、适格主体等信息。这是因为，科技风险固有的不确定性、高度的专业性与复杂性等特征给行政机关设置了诸多信息障碍，在信息不彰的情况下，为避免技术控制困境或陷入徒劳作业，行政机关须获取更多、更准确的信息方能采取管理措施。行政机关基于不完备信息而采取的决策及行为往往无法说服相对人与其他利益相关者，贸然决策将损害行政机关的权威。这就需要行政机关不同职能部门以及行政机关与事业单位、社会组织与公众之间建立协调联动的科技风险综合管理体制。以人工智能技术为例，对于人工智能技术的风险管理，最大的难题不是人工智能技术本身，而是人工智能技术研究、发展及其运行的社会过程。这些行为通常谨慎、离散与不透明，人工智能技术的开发工作、系统的组合工作以及最后的应用工作可以由不同的主体在不同的时间、地点完成，技术的保密性更是加剧了风险管理难题。[①]因此，人工智能技术的风险管理必须由不同区域与领域的行政机关、行政机关不同职能部门（包括科技、工商与信息等行政主管部门），以及行业协会、私人企业、公众等主体共同参与。

2. 民意诉求与制度实践之脱轨

科技风险管理制度的另一实践困境是行政机关的科技风险管理行为与公众的民意诉求间存在较大落差。与科技经济发展相比，公众对安全的诉求可能更甚，特别是在科技风险管理中，公众通常直接受特定科技风险的影响，如在公众居住地区选址、规划或建设核电项目。此时，公众希望科技风险管理制度可以更

---

① See Matthew U. Scherer, Regulating Artificial Intelligence Systems: Risks, Challenges, Competencies, and Strategies, Harvard Journal of Law & Technology, （2, 2016）, pp.353-400.

好地保障其健康、安全。然而，现行科技风险管理制度中行政权力的运行呈现典型的不对称性（包括信息、资源、权力等的不对称）。行政机关掌握较大的科技风险管理信息、社会资源与权力，在缺乏制度约束与监督的情形下，它们可能选择依个人偏好而非民意诉求行政，最终导致科技风险管理制度实践与民意诉求的脱轨。

首先，公众的安全诉求与科技风险管理制度实践难以保障安全间的冲突。科技风险管理并非要达到零风险的状态，科技风险管理法制的建构及实施也不以完全杜绝风险为目的。美国食品安全领域德莱尼条款的争论及其部分废止对我国的启示是，追求绝对权利仅存在于臆想图景中，在科技风险管理中应当容忍可忽略的风险。[①]此时，纠缠于行政机关与民众、私人企业等主体之间的利益诉求与博弈导致了科技风险管理制度的实践困境。任何团体、企业与公民均不希望成为科技风险管理中的"受害方"。以核能技术管理中的许可制度为例，许可制度要求核能利用活动应在行政授权的前提下进行，然而，核能技术应用中的"邻避效应"凸显了科技风险管理的合法性与可接受性间的落差。在我国，绝大部分科技项目由国有企业和政府来决策和部署，限于考核评价体系等方面的原因，国有企业和政府主要受科技项目利润和经济成果推动[②]，而社会公众则更多担心科技项目带来的风险，比如，对身体健康的担心、对生态和环境破坏的恐慌、对下一代安全的忧虑等。此时，社会公众的期待与政府及国有企业的决策动机之间存在很大差异。这是造成社会公众不信任政府和科技项目开发企业的一个重要原因，也是造成科技风险管理行为存在合法性问题的一个重要因素。

其次，公众对"全能政府"的诉求与行政机关有限监管能力之间的失配。民众总是希望政府解决一切危及其正常工作、生活秩序的不安定因素，然而，政府并非全能。囿于对高度专业的科技发明与应用智识不足的现状，现行科技风险管理制度往往将部分科技风险管理权交由其他主体行使。例如，在核能技术风险管理中，核设施营运单位承担着设置核设施纵深防御体系、核安全教育与培训等义务。[③]然而，对于企业而言，追求利益最大化乃主要目的，其能否持续、有效地自我约束取决于行政机关管理中的正向激励与反向惩罚。日本福岛核事故便是企业疏于自我监管而外部监管不力的直接后果。私人企业的自我管理缺

---

① 钟瑞华：《从绝对权利到风险管理——美国的德莱尼条款之争及其启示》，《中外法学》2009年第4期。
② See John R. Owen, Deanna Kemp, Social Licence and mining, A critical perspective, Resources Policy（38, 2013）, pp.29-35.
③ 参见《核安全法》第16、18、19等条。

位使得民众对于行政机关的安全诉求更为急迫,一旦行政机关无法回应,则会引发民众对行政机关的不信任。

最后,公众不断变化、更新的诉求与现行科技风险管理制度难以及时、快速回应间的落差。行政法律制度,特别是调整科技风险管理活动的行政法制度并未及时回应民众的安全诉求。我国现行科技风险管理制度并不健全,导致部分新兴领域的科技风险未被纳入法制监管体系之中。现存的法律制度的调整对象也以传统风险为主,且内容远远落后于社会发展的现实需求。以人工智能技术为例,除了不可预见性之外,人工智能技术的最大风险在于不可控性。对于人类而言,要控制那些被赋予相当自主性与学习能力的机器是非常困难的,有许多情形会导致失控,如故障、安全漏洞、编程缺陷等。一旦人工智能失控,被设计成允许自主学习与适应的特性将使其成为规模远超过去的公共风险的潜在来源,而这种公共风险完全是人类行为的结果。[1]作为指导、规范与约束行政机关行为的行政法制如果不能及时建构应对人工智能技术风险的相关法律制度,民众将继续长期被笼罩于人工智能危机与未来社会崩溃的安全威胁之中。

3. 交互式失配下的法治困境

科技风险管理制度的交互式失配法治困境是指科技风险规制中科技风险议题设置、标准制定、沟通、评估制度实践过程中存在的合法性与正当性问题与科技风险管理制度的实践困境共同作用、交织,最终导致科技风险管理制度的实践困境。这主要是因为,科技风险议题设置、标准制定、沟通与评估等活动是科技风险管理活动开展的前提和基础,科技风险管理必须依赖于科技风险规制前期过程确立的议题、标准、评估结论与沟通共识。此时,科技风险议题设置、标准制定、沟通与评估等制度及其实践产生的合法性与正当性问题将直接影响科技风险管理制度及其实践的合法性与正当性问题。

第一,部分科技领域规范与调整风险议题设置、标准制定、沟通与评估等活动的基本法空白致使行政机关实施科技风险管理面临"无法可依"之局面。科技风险管理及其法治化的天然困境在于,行政机关面对的不再是传统社会管理中的具体、显化的违法现象或行为,而是必须通过预见性判断潜在的风险,科技风险管理实际变成了在不确定中寻求安全的活动。此时,行政机关所能依赖的除了专业知识外,唯有法律规范确立的科学确定科技风险议题、先前制定的科技

---

[1] See Neil Johnson et al., Abrupt Rise of New Machine Ecology Beyond Human Response Time, Scientific Reports, (11, 2013), pp.1-2.

风险标准、民主与科学博弈下的科技风险评估以及全过程科技风险交流。无论是科技风险规制整体法律制度，或是其中一部法律制度的不健全都必然影响科技风险管理活动的正当性。比如，在人工智能技术风险领域，国务院2017年出台的《新一代人工智能发展规划》方才将其纳入行政规制领域，面对形形色色由人工智能引发的社会问题行政机关基本处于"无法可依"或仅能依据传统行政法规范实施管理的情境。例如，因人工智能系统的故障造成对人类的伤害或机器人失控下破坏社会秩序时，行政法如何回应仍是空白问题。行政法治下的科技风险管理活动应当满足合法性要求，那么，整体法制的空白将会导致行政机关陷入"无法可依"的局面。

第二，虽然部分科技领域中规范与调整特定科技风险议题设置、标准制定、沟通与评估等活动的基本法较为完善，但配套的行政法规、规章、技术标准等规范性文件的滞后也必然影响科技风险管理活动的法治化水平。例如，在核能技术风险规制中，刚刚出台的《核安全法》规定了一系列旨在维护核设施、核材料和放射性废物安全、核事故应急的科技风险管理措施。但是，与之不相匹配的是，《反应堆退役环境管理技术规定》[①]制定于1993年，《放射性废物的分类》[②]制定于1995年，《电磁辐射防护规定》[③]制定于1988年，其他如《电磁环境控制限值》等标准也基本都制定于20世纪八九十年代。《核安全法》要求核能商业开发、利用主体所遵循的核能技术风险标准的滞后，必然给其法制的权威性带来巨大挑战。科技风险标准制定的滞后导致与其对应的科技风险管理活动只能依据过时的技术标准，行政机关是否依据该技术标准行政已是"进退维谷"之局面，无论行政机关是否选择依据该技术标准决策，都会陷入合法性困境。

第二节　科技风险管理制度再造的基本原理

行政机关的科技风险管理是回应传统应急管理与风险管理需求升级的要

---

① GB 14588-93。
② GB 9133-1995。
③ GB 8702-88。

求，而将科技风险管理纳入行政机关法定职责范围予以规范和调整则是行政法回应科技风险管理需求升级的结果。尽管科技风险管理存在各种难题，现行科技风险管理之法律制度及其实施存在不少现实困境，但我们仍然有充分理由相信，法律制度可以用来减少科技风险带来的公共风险，并且协调好科技风险管理与科技创新发展的关系。上文讲到现行调整科技风险管理的法律制度的空白、失配等问题，可以通过创设法规范、功能重新定位等方式填补。即使是被认为科技风险管理的最大难题——为高度不确定的科技风险提供精确的法律规制措施——也不是科技风险所独有的挑战。传统行政法领域中，任何关于监管与责任的法律规范都存在不确定法律概念。"因为法律概念中除了诸如数字等少数概念外，其余概念多少皆含有不确定性。"①因此，科技风险管理法律制度的建构具有学理可能性与现实可行性。

一、科技风险管理制度的基本理据之再造

一般而言，理念指理性所产生的概念，用以指称关于现象背后本体的知识。②基本理念通过价值衡量、行为抉择等影响、塑造与派生现实事物。以域外科技风险规制领域的立法及其实践为例，面对转基因生物技术，欧盟采取了"人本主义"的规制理念③，用以指导欧盟议会的相关立法，并最终影响欧盟食品管理局等主体的管理行为。美国"科学主义"④的科技风险应对理念亦是如此。因此，确立基本理据是我国科技风险管理法律制度建构的首要问题。

（一）价值衡量：从片面注重经济价值到注重安全价值之转变

有关法的创制、修订、实施与适用从来离不开价值衡量，科技风险管理法制亦是如此。党的十八届四中全会提出"依法行政，加快建设法治政府"理念，聚焦至科技风险管理立法领域，立法如何实现科技风险管理机构、职能、权限、责任、程序法定化水平，均离不开特定的价值判断，这一特定判断建立在立法机关

---

① 伏创宇：《核能规制与行政法体系的变革》，北京大学出版社2017年版，第24-25页。
② 刘炳瑛主编：《马克思主义原理辞典》，浙江人民出版社1988年版，第714-715页。
③ See Maria Weimer, Risk Regulation and Deliberation in EU Administrative Governance—GMO Regulation and Its Reform, European Law Journal, (5, 2015), pp.622-640.
④ See Louise K. Comfort, William L. Waugh, Emergency Management Research and Practice in Public Administration: Emergence, Evolution, Expansion, and Future Directions, Public Administration Review, (4, 2012), pp.539-547.

回应人民安全诉求的基础之上。立法机关确立安全作为科技风险管理立法的基本价值之后，还要通过同立法中的经济发展价值、效率价值等进行博弈。基因技术中的克隆技术曾被认为是生物技术领域的最高成就，但其带来的伦理、道德与法律难题也成为国际社会关注的焦点。许多国际组织、国家出台各种法律法规限制或禁止克隆技术，有关科研自由的追求遇上公众安全的诉求后被阻却便是价值衡量的结果。

长期以来，经济发展一直为我国政府所强调，立法机关的立法活动也直接受其影响。无论是《科学技术进步法》《中华人民共和国科技成果转化法》等科技领域的基本法，还是其他领域涉及科技风险的法律法规，均以科技经济引领社会发展为主要立法目的。即使是以保障公民健康与社会、环境安全为目的的《环境保护法》《核安全法》《食品安全法》等法律法规也将保证经济发展与保障安全放在同样的位置。立法的基本理念直接影响了行政机关的管理行为，过去将经济发展作为政府绩效考核的主要指标便是最好例证。从现实来讲，追求经济发展的理念在过去一段时期具有现实合理性，在经济落后与人民生活条件不高时牺牲健康与安全换取物质充裕也是回应人民追求更好生活条件的必然选择。然而，进入21世纪以来，我国经济社会得到高速发展，人民的主要诉求已经由追求物质生活水平的提高转向为追求更为安全、健康的生活条件，安全价值超越经济价值成为人民对法制建设的普遍诉求。特别是在进入风险社会后，国家能否承担其应对风险、保障安全的责任将是衡量其合法性的重要内容。德国行政法学者施托贝尔曾讲到，在当代社会，如何防范政治、经济、社会等方面的潜在危险，有效应对危机，为公民提供安全的生活条件，成为国家的核心任务，行政的任务也从福利行政向风险行政转变。[①]因此，科技风险管理制度的再造中应当明确安全价值的重要性并妥善处理安全价值与经济价值的关系。

（二）理念充实：确立稳健预防型管理理念

如果说科技风险属性认知的方法论张力体现了应然层面科技风险管理法制实施的现实困境，那么，管理理念则属于科技风险管理法制实施现实困境的实然层面。上文讲到，以经济为中心的风险管理理念在科技风险领域不应被适用，少数科技项目的应用在促进经济发展的同时严重威胁着公民的生命、健康与财

---

① ［德］汉斯·J.沃尔夫等：《行政法（第3卷）》，高家伟译，商务印书馆2007年版，第3页。

产安全，挑动着民众的恐慌神经并成为社会稳定的重要隐患。传统的风险管理理念同样重视预防，但这种预防是消极、被动的，主要基于经济成本大于健康成本的思维逻辑。例如，面对世界范围内转基因食品的恐慌与怀疑，美国众议院农业委员会 2015 年 7 月 14 日通过了一项禁止强制标识转基因的决议。决议强调："禁止各州对转基因食品进行强制标识。"[①]当转基因食品风险不确定时，美国政府的这一决议无疑是政府、利益集团与社会民众博弈后的结果，民众的生命健康权被置于相对弱的位置。这一理念导致科技风险管理中利益集团对远大于健康成本的经济收益进行辩护，影响科技风险管理的科学性与可接受性。因此，行政机关应在兼顾健康成本和经济效益的基础上，重塑稳健预防型科技风险管理理念。稳健预防型科技风险管理理念对科技风险管理法制提出了更高要求，即为了回应公众正当的安全诉求，科技风险管理制度的发展既不能拐向不顾科技经济进步的唯安全主义，也不能过度强调科技进步而忽略科技风险，而应在科技经济发展与公众安全之间达致恰当的平衡。

第一，稳健预防型科技风险管理理念更加注重预防性思维，强调将预防原则确立为科技风险管理的基本原则之一。稳健预防型科技风险管理理念借鉴了行政法的"平衡论"理论，一方面，相对于传统风险管理理念而言，稳健预防型科技风险管理理念更加强调预防性思维，为科技风险管理活动提供理念支持。另一方面，稳健预防型科技风险管理理念对科学的不确定性谨慎地提出疑问，促进全社会关注科技风险，指导行政机关早期的成本效益分析与风险评估。同样面对转基因食品风险，我国《食品安全法》明确提出生产经营转基因食品应当按照规定显著标示，这是一种相对稳健的预防理念。

第二，相对于全面预防等激进观点，稳健预防型科技风险管理理念承认与包容科技发展与应用带来的风险，认为排除所有创新以杜绝科技风险的观点将阻却经济发展与社会进步，全社会应以更加积极、审慎、客观的态度面对科技与科技风险。这一观点契合了当前党和国家要求经济发展实现动能转换，提供科技经济发展水平的大背景。

（三）行为抉择：以差异化行政目标为导向厘清职责与明确措施

国家保障公民安全责任要求立法机关在科技风险管理立法中以保障公民安

---

① 美国国务院官网显示，该决议尚未在众议院表决，此后还需要获得美国参议院的批准。参见美国国务院官网，2019 年 07 月 14 日访问。

全为最终价值，经济发展、效率、公平等价值均应被置于相对次要地位。即使当安全与经济发生冲突时，政府也必须选择遏制科技滥用以保障安全。但是，人民对于国家发展与民族复兴的要求也迫使政府积极发展经济，实现中华民族的伟大复兴。如何在科技经济发展与安全价值之间取得最佳平衡成为科技风险管理制度再造的重要议题，更直接表现为行政机关采取何种管理行为应对科技风险及其可能发生的社会危害。当然，面对科技风险，行政机关没有先例可遵循，难免在确定最优规制路径前经历反复的试探，最为明显的是，当对一个新领域的规制刚刚开始实施时，政府管理是在实行一种试探和权衡。① 前文论述了稳健预防型科技风险管理理念之于当下我国科技风险管理的价值意涵，为实现行政法治、正当与行政效能的有机统一，科技风险管理制度再造的行为抉择应从明确科技风险管理的差异化行政目标、厘清行政机关的科技风险管理职责与完善科技风险管理措施三个方面予以展开。

1.明确科技风险管理的差异化行政目标

依据科技风险的彰显程度、影响范围、危害可能性等客观属性以及认知结果、社会观念、公众可接受度等主观因素，基于不同的行政目标，可以将需要行政机关应对的科技风险分为四个级别②，包括需要避免或尽最大可能予以消灭的科技风险；应当采取管理措施抑制与减轻其社会危害的科技风险；可以接受但需要采取风险预防措施予以应对的科技风险；普遍容忍与接受的科技风险。不同级别的科技风险应适用差异化的行政管理目标，具体分析如下：

第一，针对需要避免或尽最大可能予以消灭的科技风险，行政机关应严格依据法律法规规定，采取各种管理措施避免科技风险的产生或尽最大可能消灭科技风险，应对此类科技风险的行政目标应严格遵守安全底线。为了避免风险或消灭风险，特殊情形下，行政机关可以宣布进入行政应急状态并行使扩张后的行政权力。例如，鱼腥草注射剂等少数中药制剂被发现不良反应并有部分致死案例后，为保证公众的用药安全，国家食品药品监督管理局要求"暂停鱼腥草注

---

① ［美］理查德·B.斯图尔特：《美国行政法的重构》，沈岿译，商务印书馆2011年版，第41页。
② 当然，囿于科技风险的动态性与高度不确定性特征以及风险认知、社会观念与公众意见等主观因素的阶段性变化，行政机关应对具体的科技风险的态度与采取的措施应当动态调整。例如，现有科学技术证明磁悬浮技术的磁辐射程度不足以对人的身体健康产生危害，行政机关可以鼓励、支持磁悬浮列车、高铁等科技应用项目，然而，一旦发生人体辐射致病案例或科学证明其危害性，基于权利保障与预防性原则，行政机关应当快速调整其管理措施，甚至采取必要的强制性措施禁止该技术。

射剂的使用和审批",并"追回已生产投放的注射剂成品"①。国家食品药品监督管理局的行为虽然侵犯了部分中药注射剂厂商、药店的经济权利,但其目的是为了保障更多人的健康与安全。

第二,针对应当采取管理措施抑制与减轻其社会危害的科技风险,行政机关的科技风险管理权力应适当行使,并避免过多适用侵犯公民、法人与其他组织基本权利的行政权力。以高危化学品技术中的对二甲苯技术项目应用为例,行政机关虽无须全面禁止此类科技应用,但必须通过限制项目建设区域、项目规模等手段预防、抑制与减轻可能产生的社会危害。

第三,针对可以接受但需要采取风险预防措施予以应对的科技风险,行政机关的科技风险管理权力应基于预防原则且不得突破常态秩序下行政权力的行使范围。以核能技术的应用为例,虽然现有科学技术证明核燃料、核能发电等项目具备较高的安全性,但切尔诺贝利核泄漏、福岛核泄漏等事件发生后,公众对这些科技应用项目持普遍担忧态度。面对此类科技风险,行政权力的行使应当基于安全考虑采取管理措施予以预防。

第四,针对普遍容忍与接受的科技风险,行政机关开展科技风险管理活动的行政目标较低,行政权力的行使应局限于宣传、教育等范围,其目的主要是为了告知公众具体科技应用项目的特征、风险属性与表现等知识。对于此类科技风险,公众拥有较大的自主权,行政机关不应过多干涉。例如,公众普遍接受手机通信技术应用与市场化所产生的电波辐射风险,其完全拥有自主决定是否使用手机的权利,行政机关不能以保障公众健康为理由禁止或限制使用手机通信。

2.厘清行政机关及其职能部门之间的科技风险管理职责

厘清行政机关的科技风险管理职责旨在解决现行科技风险机管理体制中机构重叠、职能交叉问题,提高行政机关科技风险管理的合法性与实效性。科技风险的高度不确定性、极端复杂性等特征给行政机关的管理活动带来巨大挑战,实践中屡屡发生的科技风险事件或灾难无不证明了这一点。科技风险管理呼吁更加专业、聚合与高效的行政管理体制,目前我国科技风险管理中机构重叠、职能交叉问题带来部门互相推诿、责任归结困难、浪费行政资源等难题,立法机关如何回应这一问题涉及国家安全责任的履行。2018 年 3 月,国务院从总体上设

---

① 国家食品药品监督管理总局网站:《关于暂停使用和审批鱼腥草注射液等七个注射剂的相关问答》,2018 年 12 月 05 日访问。

立了应急管理部,负责指导各地区各部门应对突发事件工作,负责应急预案和规划的组织编制、体系建设与演练工作,承担国家应对特别重大灾害指挥部工作,统筹应急力量与物资储备工作。但是,省级及以下行政机关仍未确立该应急管理体制,而且,应急管理行政主管部门仅聚焦于应急管理而非科技风险管理。立法机关在转基因生物技术管理立法中也确立了食品安全风险评估专家委员会制度,但专家委员会的独立性等问题饱受质疑。然而,无论是各级行政机关应急管理行政主管部门或是食品安全风险评估专家委员会,都代表了政府回应公众对科技风险管理的安全诉求之行为,也为进一步的研究与立法实践提供了借鉴。笔者在科技风险规制中提出了建立科技风险规制协商委员会制度,明确其在科技风险管理中的法定职权与职责,既是对应急管理行政主管部门的新发展,更是对具体领域科技风险的新回应。因此,科技风险管理的法制建构应当从管理主体与协商主体两方面建构入手,明确两者在科技风险管理过程中的职权职责界限,设定相应法律责任,实现科技风险管理的有法可依。

3.再造更具实效性的科技风险管理措施

再造更具实效性的科技风险管理措施旨在解决行政机关科技风险管理法定措施不够,手段、方式与实效性不足的问题,提高行政机关科技风险管理活动的合法性、公正性与效率性。面对当前我国科技风险管理法制对科技风险管理措施的规定存在公众参与度不足、力度不够、效率不高的现实问题,在立法机关确立科技风险管理法制的基本原则与规范后,行政机关应当通过行政立法、规范性文件制定等方式优化具体管理措施。实践中,已有学者研究并提出改善这一问题的可行路径。①在行为选择中,也可以借鉴国外法治发达国家应对科技风险的具体做法,例如,加拿大政府风险管理助理副部长工作组在 2000 年 3 月的一份报告中指出风险管理的决策流程②:(1)流程运作机制和周全的考量,可有效管理或掌握决策过程中的不确定性;(2)政府所有的决策都和公众有关,因此,公众福祉和民意必须是决策流程重要的考量;(3)预防措施是处理科学或技术不确定性和不同政策目标冲突最有效的方法。这一旨在加强科技风险管理民主性、正当性、程序性与实效性的成果为世界各国的科技风险管理实务提供了指

---

① 有学者提出面对现行风险规制安全形势严峻、科技人员的独立性或可信赖性不高的背景,为保障风险规制活动的中立性、独立性、科学性等特征,应从组织法构造上将风险评估与风险管理分离。前者致力于提升风险评估活动的独立性、科学性,后者保障风险管理的参与性与透明度。参见王贵松:《风险行政的组织法构造》,《法商研究》2016 年第 6 期。

② Risk Management for Canada and Canadians, Report of the ADM Working Group on Risk Management, Privy Office, Canada,(9, 2000).

导性框架，我国科技风险管理法制的具体规范建构中可以加以吸收与改良，即从我国国情出发，提高科技风险管理的公众参与水平和程度，强化科技风险管理的程序性要求。

需要说明的是，本部分论述的科技风险管理制度的行为抉择仅强调科技风险管理制度再造中的总体性体制与机制定位。关于科技风险管理的主体性制度、程序性制度与具体机制再造将在下文展开论述。

二、科技风险管理制度再造的基本原则

（一）科技风险管理中的权利保障原则

不同于科技风险规制的其他过程，科技风险管理活动直接影响公民、法人与其他组织的看得见的权益。例如，在核能技术风险规制中，无论是议题设置与标准制定，还是评估与沟通，受核能技术风险影响的群体并不会遭到直接的权利侵害，但只要行政机关决定核电技术项目的选址或建设，民众的权利将遭受直接损益。因此，行政机关科技风险管理权力能否严格遵循权利保障原则将直接影响科技风险管理活动的合法性与正当性。

1.权利保障原则的基本含义

"权利"一词指的是自然人或法人依法行使的权能与享受的利益。[①]行政法上的权利保障原则要求行政机关在行使公共权力时，应当保障公民、法人与其他组织依据宪法、法律所应享有的政治、经济与社会权利。根据我国宪法与其他法律法规规定，政府应当依法保障公民享有的基本政治、经济、社会与文化权利。权利保障原则要求行政机关在行使科技风险管理权时原则上不得损害公民、法人与其他组织的合法权利。

2.明确权利保障原则的必要性

为了切实、有效地应对科技风险，科技风险管理制度赋予行政机关较多的行政权力，与此同时，公民、法人与其他组织的权利相应被克减。行政机关科技风险管理权直接对应公民宪法权利，权利保障原则直接对应行政机关科技风险管理活动的合法性与合理性问题。一方面，合法行政要求行政机关在科技风险管

---

① 余源培主编：《邓小平理论辞典》，上海辞书出版社 2004 年版，第 313-314 页。

理中遵循权利保障原则。权利保障原则是宪法、法律赋予行政机关的法定职责。风险社会中产生的对民主的新型挑战是,"包含了一种使预防危险的极权主义合法化的倾向,这种极权拥有预防最坏情况的权利,但以一种非常熟悉的方式产生了某些更坏的情况"[①],如何从法律层面破解这一挑战成为民主制政府的中心任务之一。作为回应,宪法、法律从国家责任与公民基本权利保障两个视角对行政机关行为的合法性提出新要求,即行政行为的合法性应当是兼具合法律性与正当性的合法。聚焦至科技风险管理制度的再造中,行政机关的科技风险管理行为不仅应当严格依照法律法规作出,而且需要遵循权利保障原则。

另一方面,合理行政要求行政机关的科技风险管理行为遵循权利保障原则。不同于传统社会事务管理,科技风险管理的特殊性表现为,诸多新兴科技领域的风险管理活动"无法可依",甚至无法判断其风险转化为社会危害的可能性。以人工智能技术风险为例,人工智能技术风险几乎不可能被消除,反而会随着技术的不断发展与进步变得越来越多;人工智能技术风险在表现形式、影响范围、危害后果等方面的高度不确定性导致了很难从是否具有可接受性角度解读部分科技风险,规制机关难以从成本与收益角度预测规制成本,现有的行政资源也很难支撑对其的规制。因为,从现在看来,人工智能技术的发展是时代进步的表现,利大于弊。世界各国政府大力支持、激励人工智能技术发展体现了规制路径。然而,任何人都不能否认人工智能技术蕴含的包括系统性崩溃、争夺就业机会、引发人类毁灭等风险,政府如何在鼓励、支持人工智能技术发展的同时,履行宪法法律赋予的保障公民健康、安全等权利,成为人工智能技术法制建构的重点问题。我国政府也提出在大力抢抓人工智能发展的重大战略机遇的同时,必须高度重视可能带来的安全风险挑战,加强前瞻预防与约束引导,最大限度降低风险,确保人工智能安全、可靠、可控发展。如何从行政法治角度回应这一挑战,就需要在科技风险管理制度建构中强化权利保障原则。

3.权利保障原则实现的重点问题

第一,权利保障原则应当贯穿于科技风险管理制度再造的全过程,实现权利保障与科技风险管理目标达成之间的恰当平衡。在科技风险管理的预防、监测、应对与恢复阶段中,行政权力均可能对公民、法人与其他组织的合法权益造成侵害。例如,核能技术风险预防中,为保障核能项目安全,行政机关采取的对选

---

① [德]乌尔里希·贝克:《风险社会》,何博闻译,译林出版社 2004 年版,第 96-97 页。

址周边一定区域内的房屋、建筑等的拆迁侵犯了民众合法的居住权、财产权等权利。因此，权利保障应贯穿于科技风险管理权行使的全过程，当行政机关为实现特定科技风险管理目标时，应当切实、有效保障与之对应的公民权利。

第二，依法行政原则中的信赖利益保护原则应当解释为权利保障原则要求行政机关对因"信赖利益"而受损的权利予以保障或补偿。行政法权利保障原则中的信赖利益保护要求政府对自己的行为或承诺应守信用，不得随意变更，不得反复无常，即使在相关法规范不存在或客观情况发生重大变化下，行政机关基于公共利益改变原有行为也应予以补偿或赔偿。[1]在科技风险管理中，行政机关可能基于公共利益改变原有行政决策与行为，但由于科技风险的高度不确定性、规制的极端困难性等特征，科技风险管理决策与行为的客观情况会经常发生变化，行政机关基于决策与行为的客观情况发生重大变化改变而原有决策与行为的情况将会增多，此时，信赖利益保护原则将更多被解释为权利保障的原则而非依法行政的原则。

第三，科技风险管理遵循的行政法基本原则应区分常态与紧急状态。科技风险管理包括常态管理与应急管理两部分，当科技风险的社会危害可能性未发生时，行政机关依据常态下的行政法规范与基本原则行使公共权力，但是，当科技风险的社会危害可能性爆发后，为了有效应对突发公共事件，行政机关依据《突发事件应对法》与其他法律法规管理科技风险，行政权力得到扩张，公民权利相应克减。此时，秩序行政下的行政法基本原则的意涵发生部分变化，依法行政原则所依据的法律规范变成应急法制；公民、法人与其他组织的部分宪法权利与自由被克减；科技风险管理的效率原则强化，程序要求被相对弱化，等等。

（二）多元主体参与原则

1.多元主体参与原则的基本含义

"自上世纪中后期以来西方蓬勃兴起了以私人参与、公私合作、公私协商、公私共治为基本特征的公共治理模式以及与这种公共治理模式相适应的新行政法。"[2]在发达国家，多元主体参与已经成为行政法的核心价值之一，而发展中国家也致力于此制度的引进、移植。多元主体参与科技风险管理已经成为世界许多国家的发展趋势。虽然科技风险管理属于传统行政法确立的行政机关的主

---

[1] 姜明安主编：《行政法与行政诉讼法（第6版）》，北京大学出版社、高等教育出版社2015年版，第72-73页。
[2] [澳]欧文·E.休斯：《公共管理导论》，张成福、王学栋译，中国人民大学出版社2007年版，第10页。

要职责，但是，为了促进管理决策的可接受、管理过程的顺畅与管理结果的合理正当，行政法应当确立科技风险管理的多元主体参与原则。它的基本含义是，多元主体在科技风险规制措施的选择、评估、衡量、执行和监督与反馈等环节相互合作、相互监督和责任共担。这一原则隐含着由科技风险管理机关、专家、公众和其他利害关系人运用共同掌握的关于科技风险的知识、经验和信息共同管理科技风险的含义，即科技风险管理除依赖于以行政机关及其聘请的专家所有的技术或经济的知识之外，还应当考虑利害关系人和普通公众所具有的文化的、心理的、政治的和道德的因素。

2. 多元主体参与原则的必要性

第一，有利于增强科技风险管理的合理性，增加科技风险管理的现实绩效。科技风险不仅仅是一种物质性的存在，它也会被公众或社会所建构，从而产生社会放大效应。公众对科技风险的直接感知容易被各种间接感知[①]取代，"个人比任何时候都更为依赖那些为它们提供风险信息的人的可信度与真实性"[②]。多元参与科技风险管理可以为科技风险管理增添新的行动指南，有利于科技风险管理机关及专家在制定科技风险管理方案或选择具体措施时，除了考虑技术的和经济的理性之外，还能够全面考虑利害关系人和普通公众所具有的文化的、心理的、政治的和道德的因素，以增进科技风险管理方案和措施的合理性，提高管理绩效。

第二，科技风险管理过程的价值衡量性要求多元主体参与。与科技风险评估相比，科技风险管理具有更加浓厚的政策的衡量与选择的特色。科技风险管理者要考虑规制方案和措施能在多大程度上消减或消除特定的科技风险，会给行政相对人和公众的利益造成怎样的影响，会带来怎样的附加成本，执行起来会遭遇怎样的困难等问题。该过程需要综合考虑普通公众和利害关系人的心理、道德、文化和政治因素，并且有时不得不给予这些价值因素单纯的科学方法和技术更高的权重。所以，科技风险管理是一个涉及众多价值判断的过程，而非价值中立的过程，这就为多元主体参与提供了客观基础。

第三，科技风险管理机关及专家决策的有限理性需要引入多元主体参与来加以整合以增强科技风险管理的科学性。在现代科技风险管理领域引入专家制

---

① 这里对直接感知与间接感知的分类依据为，公众能否直接、"面对面"地获取相关的科技风险信息。
② ［德］奥尔特温·雷恩、澳伯内德·罗尔曼：《跨文化的风险感知导论》，转引自毛明芳：《现代技术风险的生成与规避研究》，中共中央党校博士学位论文2010年。

度显然是行政机关希望借助专家理性来提升自己理性决策的能力。但是，行政机关及其聘请的专家也并不能得出"确定无疑"的结论，制定"完美无瑕"的方案，选择"万无一失"的措施，专家理性的不可靠性和局限性日益凸显：就客观而言，科技风险知识本身具有不确定性和有限性，相对科学技术的不断发展和科学知识的不断增进，参与科技风险管理的行政机关及专家的专业知识总有一定的局限性，其所作的结论也就会存在某种不足或者可以说是在有限理性的情况下所做出来的，与现实情况总会出现一定的差距，可能会出现失语或意见纷争；从专家们的视角来看，专家知识可能过于自信或被俘虏，被利益集团左右；从公众的视角来看，专家知识面临公众知识的挑战；从行政机关的视角来看，决策主体价值选择上具有主观不确定性，例如，决策者在决策时，需要在不同的科技风险认知和评价之间、不同的利益需求之间、客观安全和主观安全之间寻求平衡，每一种选择都与其法律、习俗、态度、伦理、价值观和偏好等有近亲关系，决策人员由于其背后的文化价值、利益集团等原因容易导致决策和执行的非理性，等等。①为了克服行政机关及专家决策的有限理性，摆脱专家依赖型模式的弊端，缩小普通公众期望与科技风险管理现实效果之间的差距，多元主体参与科技风险管理是必要的。这有助于减少科技风险管理过程和结果受到利益集团或者行政机关的操纵，整合专家的风险判断与多元主体的科技风险认知，提升行政机关科技风险管理方案和决策的正确性和科学性。

第四，从世界其他国家科技风险管理经验来看也需要多元主体参与。在全球领域方兴未艾的科技风险管理研究中，不少国家政府提出与发展了科技风险管理的合作共治向度，例如，德国联邦议院1998年5月1日颁布的公司法第91条第二款明确规定了风险管理体系在公共事业企业中的适用性，各级政府的公共事业企业都要建立健全风险管理体制机制，其中董事会是公司风险管理的直接责任人。②社会组织、企业与公众作用的发挥已经成为全球领域科技风险管理的法制研究中促进管理提质增效的新领域。我国拥有众多的社会组织、企业与庞大的基层群众自治组织，因而拥有科技风险管理多元参与的土壤。因此，无论是理论证成、现实要求与域外实践，科技风险管理法律制度的重构中均应纳入多元参与原则。③

---

① 李瑞昌：《风险，知识与公共决策——西方社会风险规制决策研究》，复旦大学博士论文2005年，第111页。
② 文亚：《德国公共风险管理的经验与启示》，《中国行政管理》2015年第4期。
③ 需要说明的是，科技风险管理中的多元参与，不仅指科技风险管理决策中的参与，而且指科技风险管理中的执法参与，具体制度建构见本章第三节。

3.多元主体参与原则的实现方式

第一，国内多元主体参与科技风险管理过程的模式选择。科技风险管理制度应当为社会组织、私人企业、科研机构与公众等多元主体参与科技风险管理设定具体的渠道、方式与路径。笔者认为，多元主体参与可以通过科技风险规制协商委员会这一体制建构来实现。科技风险规制协商委员会制度之建构可以吸纳多元主体参与，保障多元主体的自由表达意见权，协调科技风险管理中不同主体间的权利冲突，促进合意达成。因此，为保障多元主体参与的渠道畅通，科技风险管理制度应当明确科技风险规制协商委员会的法律地位并赋予相应的组织、召集与协调等职权。使其成为多元主体参与科技风险管理的合法平台。

第二，多元参与原则不仅指国家内部不同主体共同参与科技风险管理，还包括全球范围内国家与国家、国家与地区、国家与跨国组织、国家与他国组织等主体间共同参与特定科技风险的管理过程。这是因为，在经济全球化时代下，科学技术的发展的国际化、全球化趋势显著。以网络技术风险为例，2017年盛行的"勒索"病毒攻击了全球多个国家与地区，其中有报道"在北美已发生约2000次攻击，受害者主要集中在乌克兰和俄罗斯"[①]，单一国家或区域很难规制发生在他国的危险行为。此时，国家、区域与跨过组织等之间可能通过国际条约、协定等规范确立多元主体共同参与的科技风险管理制度，确立参与范围、参与内容与协作机制。

（三）科技风险管理中的预防性原则

1.预防性原则的基本含义

作为科技风险规制中的基础性原则，行政法学界对预防性原则在科技风险管理中的适用路径、边界等问题仍处于讨论之中，但普遍公认的是，预防性原则拥有特定的、相对明晰的内外部界限。有学者提出风险管理中的"强预防"与"弱预防"原则并分析其意义及适用，认为科技风险管理中适用强预防原则的合理性[②]。笔者认同这一观点，面对灾难后果高度不确定的科技风险，确立必要的"安全边界"[③]应当是行政机关实施管理的最重要任务，而不是通过成本效益分析或政治考虑后作出决策。预防性原则蕴含了这样一项内核，即要求行政机关

---

① 新华网：《勒索病毒"坏兔子"来袭 俄乌等国不幸中招》，2018年12月25日访问。
② 陈景辉：《捍卫预防原则：科技风险的法律姿态》，《华东政法大学学报》2018年第1期。
③ Cass R. Sunstein, Laws of Fear: Beyond the Precautionary Principle, Cambridge: Cambridge University Press, 2005, pp.19.

在科学技术不确定性之中采取干预行动。从公法角度看来，立法确立预防性原则实质上是一种授权，即"立法者授权政府在国民面临不确定的威胁时，不顾科学上的不确定性而采取保护国民的行动"①。对于行政机关采取行动的标准——因为这关涉到后续可能导致的司法活动中行政机关举证问题——有学者主张，对于引发风险预防原则的证据标准应当既考虑某项活动或者物质事实上的威胁性，又要考虑国家的文化、公众对特定风险的反应等社会因素。②在科技风险管理中，行政机关采取行为所能依据的具体性法规范很少，需要自我创制或自主地决定采取何种行为，然而，如何保障行政机关的预防性活动真正是为了预防科技风险就需要通过行政法的参与式行政改革、引入"软法之治"、程序性改革与具体内容设计来实现。

2.科技风险管理中预防性原则的适用路径

对于科技风险管理中的预防性原则，行政机关应当从以下方面展开：

第一，以参与式行政回应对预防性原则的抨击。预防原则的适用必然导致行政机关科技风险管理权力的扩张。多数情况下，公众可能愿意面对扩张后的行政权力，也不认可行政机关内部决策后采取的预防行为，此时，以行政公开为前提，以多元主体共同参与科技风险管理决策并发挥实质影响为样貌的参与式行政能够增加决策的透明度、增强结果的社会认同，缓解行政行为单方行为的正当性质疑。

第二，通过软法促进预防性原则的实现。预防性旨在要求行政机关采取各种行为规避风险，行政权的行使可能对私主体的经济、社会权利产生损益。软法之治无须动用国家强制力，而是通过多元主体之间基于公益利他精神，出于共同遵守的软法规范实施沟通、协商，最终实现与行政机关强制力行为同样的目的。软法之治既可以极大缓解行政机关科技风险管理行为与行政法治正当性的紧张关系，又可以提高科技风险管理行为的可接受性。

第三，以强化行政决策与行为的程序法治回应预防性原则的法治化。即使对风险预防原则批评最为激烈的学者，例如美国学者孙斯坦也承认，"风险预防原则也许并不是真的拒绝权衡，它也完全可以要求平衡各种因素，只是这种平衡要更加强调规避风险。"③面对无法实现的平衡，行政机关唯有通过强化科技风

---

① 金自宁：《风险中的行政法》，法律出版社2014年版，第25页。
② See Sonia Boutillon, The precautionary principle: Development of an international standard, Michigan Journal of International Law, (23, 2002), pp.429-470.
③ See Cass R. Sunstein, Laws of Fear: Beyond the Precautionary Principle, Cambridge: Cambridge University Press, 2005, pp.57.

险管理行为的程序性规范并严格遵守，才能在回应各方质疑的同时有效落实科技风险管理预防性原则。以德国基因技术法领域确立的预防性原则的程序性标准为例，德国政府在基因技术管理中确立了一套系统性的基因技术风险预防准则，其主要依据为具体基因项目是否可控、危害人类健康的可能性等因素。第一类是"在封闭的设施中研发此类转基因生物，且获得许可"，而这一等级又可以分为四个危险等级，包括对环境和健康没有任何风险忧虑、较小的风险、中度风险、高度风险；第二类是"在优先的领域开放此类生物"，但开放必须在可控范围内；第三类为"转基因生物的流通"，第三方成为风险的责任人；第四类为概括性条款，即在存在疑问时，为了预防的目的，适用较高的危险预防等级。① 行政机关的科技风险管理行为被拘束在相对确立的程序标准之内可以在确保其积极履行科技风险管理预防原则的同时，有效防止权力恣意行使。

第四，通过内容设计丰富预防原则的适用条件、范围与责任。科技风险管理中预防原则适用的具体内容设计可以参考欧盟行政法中的风险预防原则，该原则的主要内容由触发因素、行政措施、行动原则、举证责任等组成。② 在科技风险管理中，当遇到科学证据不足或无法完全证明的潜在风险时，规制机关应当在科技风险评估的基础上按照风险预防原则作出是否决定的行政决策，行政决策所要求的透明、公众参与、比例性、程序等基本原则必须被遵守。此外，科技风险管理中的多数举证责任仍由规制主体承担，但关于科技风险是否安全的举证责任被转移至直接相对人一方，即科技发明与应用的直接利益人必须承担证明其对具体科技发明、应用与市场化的行为现在乃至未来特定时间段内不会对环境、社会与公众产生危害的直接证明。为了使科技风险管理制度与科技发展保持同步完善，依据实质等同原则，当行政机关遇到新兴科技风险时无须要求立法机关出台新的法律制度，其可以在原有法律制度机构下通过制定规范性文件的方式加强科技风险管理行为与法律制度的匹配，即具有较大相似性的科技风险可以在同一法律制度框架内进行管理。例如，行政机关在管理人工智能技术中自动驾驶技术风险与机器人技术风险时，可以在立法机关制定人工智能技术风险管理的法律规范后，通过行政立法方式确立具体科技风险的管理手段、方式与内容。

---

① ［德］英格沃·埃布森：《通过规制实现健康保护——范围、方法和程序概览》，喻文光译，《行政法学研究》2015年第4期。
② EU Communication from the Commission on the Precautionary Principle（2000），转引自高秦伟：《欧盟行政法上的风险预防原则》，《比较法研究》2010年第3期。

(四) 必要的强制性原则

1. 必要的强制性原则之含义

行政目标的实现与行政权力的实施离不开必要的强制措施。在科技风险管理中，行政主体的行为或多或少会损害私人企业、公民等的权益，同时，为了保障国家利益与公共安全，他们不得不强制地保障科技风险管理措施的实施。2007 年颁布实施的《突发事件应对法》规定了突发公共事件应对中行政机关的强制性行政权力的类型、范围等问题。从严格意义上讲，科技风险管理的对象包括但不限于突发公共事件，在某种情形下，行政机关必须通过强制性措施保障管理目标的实现。因此，科技风险管理法制应当确立必要的强制性原则。

2. 必要的强制性原则之理据

必要的强制性原则适用于需要行政机关禁止或尽最大可能予以消灭与应当采取管理措施抑制与减轻其社会危害的科技风险。科技风险管理制度确立必要的强制性原则之理据可以从历史与法规范两个视角予以论证。

一方面，从历史视角而言，政府介入风险控制管理自古有之，如各朝代治理黄河以防洪水风险。进入风险社会，国家的安全保障职责从将关心现状、保护或重建一个不受干扰的状态，发展到以未来为目标全面形塑社会。[①]进入 21 世纪后，以科技风险为主要面向的高风险社会已经到来。面对高度不确定的科技风险，承担更多的科技风险管理与安全保障职责，对科技发明、应用与市场化活动进行审慎规划已经成为政府保护责任的重要内容。

另一方面，从法规范学的视角而言，宪法、法律明确赋予行政机关在管理国家事务中的必要的强制性权力。2011 年 6 月 30 日经全国人大常委会表决通过的《中华人民共和国行政强制法》赋予行政机关采取行政强制措施与行政强制执行的权力。2007 年 11 月 1 日起施行的《突发事件应对法》第 49-51 条也明确赋予行政机关在突发事件应对中的诸多强制性权力，包括强制隔离、控制水电气供应、封锁场所、禁止使用相关设施设备及采取其他强制性措施。此外，《核安全法》《食品安全法》等法律也通过授权行政机关制定应急预案的形式赋予其设立强制性措施的权力。因此，必要的强制性原则应当成为整个科技风险管理制度的基本原则之一。

---

① [德] 埃贝哈特·施密特—阿斯曼、乌尔海希·巴迪斯编选：《德国行政法读本》，于安等译，高等教育出版社 2006 年版，第 53 页。

3.必要的强制性原则之基本内容

第一,必要的强制性原则确立的前提问题。我国科技风险管理中必要的强制性原则确立的前提是,行政机关应当厘清科技风险管理中的三个主要问题,一是高度不确定的科技风险与强制措施指向对象的法益大小问题;二是高度复杂的科技风险与设定具体强制措施间的冲突问题;三是危害后果的极端性要求行政机关采取更多事前强制措施的要求与现行行政法确定的更多事后强制措施之间的失配问题。

第二,厘清必要的强制性原则的范围与类型。在厘清必要的强制性原则的范围与类型时,可以借鉴域外的先行做法,2017年9月,德国联邦交通部自动驾驶伦理委员会率先研究提交了世界上第一份自动驾驶指导原则,对自动驾驶汽车的使用持谨慎乐观态度。该伦理委员会由14名来自伦理、法律与技术界的科学家与专家构成,其中包括:交通专家、法学家、信息学研究者、工程师、哲学家、神学家以及消费者保护协会和企业界的代表。德国交通部长表示,在数字化和机器学习的时代,人机交互带来新的伦理问题。自动与互联驾驶是全面应用人际交互的创新领域。这份指导原则同意给予自动驾驶系统的准入,但其中含有部分部门强制性条款,包括对安全、人类尊严、个人决策自由以及数字独立方面提出了强制性要求。这份报告共包括20条意见,核心要点包括只有当自动驾驶系统的事故发生率低于人类司机时,自动驾驶技术方允许被适用;人类生命的最高优先权,即危险情形时人身保障应优先于财物;适用自动驾驶技术汽车中的平等原则,智能系统不能根据行车者的个人特征作出不一致的判断;明确自动驾驶与人类驾驶中的责任问题,这要求智能系统应对自动驾驶情况明确记录;自决权,司机拥有自主决定是否选择自动驾驶的权利。[①]对自动驾驶技术应用可能危及人身安全时,行政机关可以依据上述意见,采取强制性管理措施。

第三,明确必要的强制性原则所指强制性措施的种类。此外,巴西针对转基因生物技术风险管理提出了一系列强制性措施,作为专门调整转基因生物技术(遗传工程技术)的《巴西生物安全法》,该法对违法行为的处罚措施除传统行政处罚中的警告、罚款、查扣转基因生物及其副产品、勒令中止转基因生物相关活动、中止或吊销注册、许可或授权(吊销许可证)、部分或全部废除已授权进行转基因相关工作的设施等外,还包括取消或削减政府给予的税收优惠及补

---

① 中华人民共和国科学技术部:《德国发布世界首份自动驾驶系统之道原则》,2018年12月29日访问。

助；取消或中止在官方信贷机构的信贷额度、禁止在 5 年内与公共管理机关签订任何协议等间接处罚措施。①

第三节　科技风险管理制度再造的基本内容

核心问题在于，科技风险具有的高度不确定性、复杂性成为行政决策与行为的障碍，隐藏在科技风险背后的多元利益冲突更加剧了治理难度，无论是决策于"不确定"之中，还是在民意与科学间寻找最佳平衡，对行政机关采取行政行为而言都是巨大的困难与挑战。"现代国家的权力越来越大，但它并未变得越来越有效率。因此，控制国家的权力只能是部分的解决办法：我们也需要使它更好地运作。"②诸多实例表明，以"问题—分析—评估—论证—审查"为流线的传统风险治理体系与科技风险治理现实要求存在失配，表现在公众难以实质参与、风险评估与专家论证难度高、合法性审查困难等方面。科技风险管理规则体系的重新建构并不意味着对风险管理（风险决策）法定程序的全盘否定，而是为其注入新的活力。规则体系的建构主要包括科技风险管理的主体性法律制度、程序性法律制度与具体运行机制。

一、科技风险管理主体性制度之再造

作为科技风险规制的重点环节，世界各国法律制度确定的科技风险管理主体性制度各不相同，主要表现为三种形态：一是科技风险规制作为宪法法律赋予行政主体的法定职责，由行政机关统一负责科技风险规制的全过程。我国政府对转基因作物技术的风险规制属于其中典型，《农业转基因生物安全管理条例》第 9 条提出"设立农业转基因生物安全委员会"，从法律主体性质来看，该委员会由国务院农业行政主管部门，属于行政机关的组成部分。二是将科技风

---

① ［巴西］那珀穆斯诺·亚历山大等：《巴西生物安全立法与转基因作物的应用》，《华中农业大学学报》2014 年第 6 期。
② ［美］斯蒂芬·L. 埃尔金、卡罗尔·爱德华·索乌坦编：《新宪政论——为美好的社会设计政治制度》，周叶谦译，三联书店 1997 年版，第 94 页。

险规制过程中的议题设置、标准确定等行为的负责主体与科技风险管理主体分离开来。三是将整个科技风险管理体制从传统行政管理体制中剥离开来，成立专门、独立的科技风险管理机构。

（一）科技风险管理主体专责化

在科技风险规制中，管理行为最为强调行政强制权的运用，因而，科技风险管理的责任主体必须是行政机关而非其他主体。但是，现行行政机关的组织形式、运行规则、责任承担方式等主要是为了维护常态下的社会秩序、环境安全与公众健康，在科技风险管理中直接适用这一模式必然产生诸多问题。为了更好地实现科技风险管理之目的，在具体科技领域，立法机关应当通过法律形式设立专门的科技风险管理机构，由其针对性地行使科技风险管理中的各项行政权力。我国部分科技领域风险管理制度中已经确立了相应的专责机构，例如《核安全法》设立的"核事故应急协调委员会"、《农业转基因生物安全管理条例》设立的"农业转基因生物安全委员会"等[1]，但这些机构要么缺乏直接的科技风险管理权，要么局限于科技风险管理的特定领域。可以借鉴美国核能技术风险管理主体专责化模式，1974 年美国《能源重组法》将原有核能委员会制度废止，设立了独立于联邦政府能源部的一元化安全规制机构——核能规制委员会，实现了科技风险规制政治与科学全部独立。[2]因此，科技风险管理主体专责化可以通过领域划分，成立专职专责的科技风险管理机构，如在人工智能技术领域成立人工智能规制委员会，专门负责人工智能技术及其衍生技术研发、应用与市场化的风险管理。

（二）科技风险协商主体责任化

作为科技风险规制中的议事协调机构，科技风险规制协商委员会在科技风险管理中并不直接对外行使行政权力，也不会直接影响科研机构、企业与公众的合法权利。但是，不同于常态行政管理体制下的议事协调机构，在科技风险管理中科技风险规制协商委员会虽然并不直接行使行政强制权力，但诸如多元主体参与、协商、讨论、决策等活动仍由其组织、召集、协调与决定。科技风险管理乃是面向未知的决策与行为，协商主体的行为与决策在特定情形下将成为科

---

[1] 参见《核安全法》第54条、《农业转基因生物安全管理条例》第9条。
[2] 王贵松：《风险行政的组织法构造》，《法商研究》2016 年第 6 期。

技风险管理的直接依据,如多元主体集体讨论决定并向行政机关建议对某项科技发明与应用实施风险管理。由于行政机关对协商委员会的意见负有依法参考、回应的法定职责,协商委员会的行为将对科技风险管理活动产生特定影响,因此,关于科技风险规制协商委员会在科技风险管理中的法定职责及其履行不当之责任应当由科技风险管理制度予以具体化、明定化。例如,针对具体科技风险,协商委员会未依法履行召集或协商过程未公开的,协商委员会应承担行政法律责任。

二、科技风险管理的程序性制度之再造

现代民主国家的突出成就便是行政俱已受法律规范约束,这乃是政治自由主义的基本原则之一。[①]科技风险管理亦不能例外。法律规范对科技风险管理的约束离不开法定程序之建构。科技风险管理的程序性制度之再造主要指行政机关科技风险管理决策与行为应当遵循的方式、流程与时限的法制化。

(一)再造开放的科技风险管理决策程序

开放的科技风险管理决策程序是指,行政机关将封闭的行政决策过程开放,召集专家技术人员、社会团体、新闻媒体以及社会民众共同参与,集体决策。科技风险具有的高度不确定性、复杂性及后果的极端性意味着行政决策与行为须谨慎作出,任何对于行政决策与行为效率缓慢的质疑都不应适用于科技风险管理领域。将决策程序开放能够因避免行政机关内部决策导致的制度运行偏差,保证决策结果为社会大多数人所接受。当然,最终的决策责任将由多元主体共同承担。共同决策虽然在某种程度上将行政机关的决策责任分散,但这绝不意味着行政机关责任的弱化,其仍应对科技风险管理决策承担总体责任。从科技风险管理的现实需要来看,共同协商决策在不损害行政行为合法性的基础上增强了行政行为的可接受性、合理性,也必将提高科技风险管理的实效性。

(二)再造柔性的科技风险管理程序

传统的风险管理程序属于流线式的,风险议题设置、风险标准制定、风险评

---

① [法]里韦罗·瓦里纳:《法国行政法》,鲁仁译,商务印书馆2008年版,第34-35页。

估、风险沟通及风险管理等不同阶段相互承接，行政机关必须履行完上一阶段的法定职责方能开启下一阶段。但科技风险的特征决定了风险认知、标准会随时间、情境而变化，风险评估的结果也会存在差异，而且，风险沟通必须伴随着整个科技风险管理过程。因此，行政机关不应拘泥于固定的程序，而应柔性地、因时因地制宜采取管理措施。例如，针对某一蕴含风险的科技项目，行政机关已在公众参与基础上进行了风险评估，但如果新出现的信息可能证明该科技项目的风险，行政机关应当重新召集公众参与并再次进行风险评估。从这个意义上讲，柔性化并不意味着程序规则的弱化，反而更加具有强化法定程序之功用。

三、科技风险管理具体机制之再造

（一）协调联动机制

1. 科技风险管理协调联动机制的具体内容

现行科技风险管理体制主要依附于传统行政体制设置，在开展具体行政事务或传统社会风险管理中，这一组织架构能够有效应对，但是科技风险通常是复合型、牵涉面极广的问题，行政机关职能部门仅在其职责管辖范围内活动根本无法做好科技风险管理工作。根据合作规制理论，在科技风险管理法制建构中，应当明确不同级别行政机关之间、行政机关职能部门之间、行政机关与其他主体之间、其他行使社会公权力组织与行政机关、科研机构、企业与公民之间的协调联动机制，具体包括以下内容：

第一，不同级别行政机关之间"条条"联动。在我国，不同级别行政机关之间主要是领导与被领导的关系，下级行政机关负有服从、执行上级行政机关决定、命令的义务，否则就要承担一定的法律后果。在科技风险管理的联动中，下级行政机关负有先期处置、及时与定时报告等职责，上级行政机关也应当及时组成科技风险危机应对小组、下达应对指令并在下级行政机关人员、物质等不足的情况下及时援助。

第二，行政机关职能部门之间的"块块"协作。行政机关不同职能部门之间协作应对科技风险在科技风险管理中显得异常重要，这主要源于科技风险可能危害后果影响的社会性与多领域性，例如，基因生物技术风险的管理可能涉及农业、食品药品、工商等多个行政主管部门，单一行政职能部门根本无力管理。但在实践中，多龙治"转"的现象十分普遍，管理效果更不尽人意。在其他科技风险管理中亦是如此。即使在2018年3月13日十三届全国人大通过的国务院机构改革方案标志着统一的应急管理体制已经成立，但仍难解决科技风险管理中行政机关不同部门间的壁垒问题。因此，科技风险管理法制的协调联动机制之建构应当明确规定行政机关职能部门之间的沟通、配合、协作与联合执法等法定职责，建立定期沟通、执法协作等具体办法。需要说明的是，科技风险管理"块块"协作的重要难题在于不同职能部门的责任承担问题，立法必须予以廓清，此问题将在科技风险管理的责任承担机制中详细论述。

第三，行政机关与其他行使公权力主体之间的跨主体联动。在科技风险管理中，基于专业性受限与管理效率的考虑，行政机关将部分行政权力授权或委托给其他组织，此外，行业协会、民间社会团体、私人企业等也可能行使一定的公权力。行政机关与其他行使公权力主体间的跨主体联动的重要性在于，诸如科技风险评估技术性机构、受委托的科研组织等虽然行使一定的公权力，但通常并不直接对外，影响相对人权益的行政行为一般由行政机关及其职能部门作出。其他行使公权力主体与行政机关能够及时、有效联动，将直接决定科技风险管理的效率。其他行使公权力主体与行政机关如何协调联动应当成为科技风险管理法制中协调联动机制的重要环节，其主要内容包括两类主体间的职权划分、资源整合与调度、信息共享、及时处置等。

第四，行使社会公权力组织与科研机构、企业与公民之间的跨主体联动。在科技风险管理中，行使科技风险管理之公权力的组织与相对人应当在科技风险信息、风险源登记排查、科技风险危机应对等领域实现协调联动，确保科技风险管理活动的有效开展。科技风险管理法律制度应当通过明确公权力行使主体相应的职权职责与相对人的权利义务。例如，可以从法律层面明确公众通过获取政府与运营方的信息和提供咨询，实质参与运营方所制定的内部应急预案和主管部门所制定的外部应急预案等科技风险管理决策权利。

2.协调联动机制适用的特殊情形

根据常态与风险转化为危机状态的不同，科技风险管理的协调联动机制应当分为常态与危机状态的不同行为机制。常态下的协调联动主要指上述不同主体间的协调联动，而在危机状态下，拥有行政紧急权力的行政主体应当通过自身的组织架构优势，形成统一、高效的危机决策、调度与处置的协调联动机制。

一旦特定科技风险转化为社会危机，常态行政下的协调联动已经无法应对，行政机关必须运用行政强制力予以应对处置，例如，在日本福岛核泄漏事件爆发后，东京电力公司紧急通知福岛县政府和消防部门。①但是，在极端危机缓和后，行政机关应当适用常态下的协调联动机制。

总结而言，科技风险管理制度中协调联动机制建构的核心在于建构一个统一协调、结构清晰的协调联动法规范体系。权威机关应通过宪法解释或其他方式明确常态下多主体协调联动的宪法依据，进而将现行突发公共实践总体应急法律规范扩展到科技风险管理领域，建立科技风险总体与具体领域的专门法律、法规、规章与预案体系，在此法规范体系中明确主体职责、联动程序、法律责任等内容，通过法制建构保障科技风险管理协调联动机制之实现。

（二）科技风险管理责任承担机制

1. 再造科技风险管理责任承担机制的必要性

从严格意义上讲，在科技风险管理中，行政主体与相对人都负有消极履行法定义务的责任承担问题，但一般而言，在行政法研究中，行政相对人长期处于弱势地位，最明显的表现就是涉及相对人义务与责任承担的法律规定较之行政主体而言更为详尽和规范。因此，这里主要论述的是行政主体在科技风险管理中的责任承担问题。"国家公权力措施形成危险状态，进而导致公民个人的损害，国家应对此承担补偿责任。"②这在德国被称为公法上的危险责任。根据德国公法学领域中的"危险责任说"，科技风险形成与国家公权力措施之间存在危险状态的法律关联时，行政机关应当就其行为承担法律责任。

第一，在充分发挥市场主体性作用的大背景下，政府积极引导、鼓励与支持科技创新，更好地推动科技创新与科技产业发展已经成为"十三五"规划期间政府的主要任务，甚至在某些科技领域，政府起着比市场主体更大的功用。一旦发生科技风险事件或科技风险转化为社会危机，政府采取的行政指导、行政扶持等行为与危险状态或危险结果间的因果联系导致政府承担责任可以被证成。

第二，即使在某些科技领域，政府未采取主动性的措施，基于市场主体科研行为或市场化行为导致的科技风险，政府也应对此负责。因为，科技发明与应用的行政许可、行政审批与行政监管乃至行政机关的固有职责，这些行政权力的

---

① 傅世春：《日本应急管理体制的特点》，《党政论坛》2009 年第 4 期。
② 伏创宇：《强制性预防接种补偿责任的性质与构成》，《中国法学》2017 年第 4 期。

行使与科技风险以及由此可能形成的危险状态间存在着或多或少的关系，政府难以逃避责任。虽然某些学者认为如果政府与危险之间仅存在间接因果联系的政府无须承担责任，但从公民权利理论、行政法治理论，以及我国法治政府、责任型政府建设的理论与实践背景下考察的话，政府应当对科技风险及其危险状态承担行政法律责任与相应的补偿责任。

第三，行政机关的法律责任承担应当有明确的法规范予以确认。在科技风险管理中，行政机关有严格依据法律规范实施科技风险监测预警、应对与恢复的法定职责，当行政机关未履行上述法定职责时，其必须承担消极的法律责任。例如，在核能技术风险管理中，行政机关如果不合理地将经济发展优先于公民安全，就可能构成对宪法、法律规定的公民合法权利的侵害，因而应当承担相应的法律责任。

2.科技风险管理责任承担机制的主要内容

第一，科技风险管理责任的主要类型。根据性质的不同，可以将行政机关的法律责任分为制裁性责任与补救性责任，前者包括通报批评、责令退赔违法所得与行政处分等，后者包括赔礼道歉、恢复名誉、返还权益、履行职责与撤销违法决定等。当行政机关的不作为或不当作为侵犯了公民、法人与其他组织的权益时，由行政机关的上级机关、同级国家监察委员会或司法机关予以纠正。

第二，科技风险管理中行政机关内部的责任分配。行政机关是科技风险管理的最重要主体，因此，在科技风险管理的责任承担机制的建构中，需要重点论述行政机关内部的责任分配问题，具体包括：一是行政机关不同职能部门之间的责任分配问题；二是行政机关与具体工作人员的责任划分问题；三是行政机关与行政机关工作人员在科技风险管理中的免责问题。

第三，行政机关与协商主体间的责任分配问题。为避免"有组织的不负责任"之局面，厘清治理中决策与行为对应责任便十分重要。柔性决策的主要表现为共同决策，根据公共权力运转的权责对应原则，参与决策的多方主体应就科技风险治理中决策相应后果承担共同责任。例如，水环境科技风险治理中，行政机关及其环保与水务部门、水域管理机构（事业单位）、利益集团（风险制造主体集合）、专家技术人员、社会团体（环保公益组织等）、新闻媒体与社会民众（主要是利益相关者）形成针对性的科技风险治理联席会议，共同协商、按照"一方一票"议定方案、提交行政机关参考，对于方案可能造成的不利后果投赞成票的各方应承担共同责任。需要注意的是，柔性责任并未否定行政机关依法履职之责任,亦即只要治理活动出现不利后果,行政机关就应依法承担法律责任。

第四,科技风险管理中责任承担的特殊情形。需要清楚说明的是,在科技风险管理的特殊情形,即行政应急状态下,行政权力的范围、力度均得到不同程度的扩张。与之相对应,公民、法人与其他组织的权利会受到不同程度的克减,科技风险管理责任承担机制的建构应当将行政应急状态或科技风险管理状态考虑在内,在明确责任承担主体、程序与责任类型外,科学、公正地设定责任承担情形。

(三)科技风险规制补偿机制

科技风险管理可能会给特定公民、法人与其他组织的合法权益造成侵害,这是因为,科技风险的可能危害后果具有范围性,行政机关往往必须通过一定范围或全社会范围的管理方式、手段来有效应对,在这个过程中,特定公民、法人与其他组织的合法权益可能遭到行政机关合法地行政行为之侵害。依据行政法中的公平负担说理论,按照公平原则,科技风险管理的负担不应由单个主体承担,而应由全部社会成员平等负担。目前,我国《突发事件应对法》第12条已经规定了相应的补偿机制,即"有关人民政府及其部门为应对突发事件,可以征用单位和个人的财产。被征用的财产在使用完毕或者突发事件应急处置工作结束后,应当及时返还。财产被征用或者征用后毁损、灭失的,应当给予补偿",但这一补偿只适用于突发事件的应对处置中,并不涵盖科技风险管理的整个过程,而且,科技风险管理与正常社会秩序下的行政仍存在一定差别。[①]因此,科技风险管理制度的再造中应当明确建立规制补偿机制,对因科技风险管理活动而使其合法权益遭到侵害或损失的,行政机关应当给予一定的行政补偿。

首先,科技风险管理的主要对象是私人企业、科研机构等,对这些主体的补偿应当与普通民众之补偿有所区别。例如,在核能技术风险管理中,为了保障核电厂附近居民的生命健康权,行政机关应当通过拆迁补偿、征收补偿等方式实现公民合法权利之保障。但对私人企业、科研机构等主体,科技风险管理中的补偿机制可以通过其他更为灵活的形式展开。

其次,科技风险管理很大概率涉及对无形资产的权利损益,如科技的研发

---

① 关于突发事件应对、科技风险管理与正常社会秩序下行政的区别,可以从行政应急权力、风险管理中的行政权力与常态下的行政权力的区别予以认知。参见戚建刚主编:《中国行政应急法学》,清华大学出版社2013年版。

权、应用权等，这些权利的价值有时无法通过金钱衡量。例如，针对人工智能技术中的自动驾驶技术风险，行政机关可以通过税收调节、财政补贴等方式鼓励私人企业开展自我管理，或是通过财政补贴对私人企业的"虽立法未禁止但为了公共安全、部分民众安全考量而禁止"的技术应用给予补偿。

最后，"在风险社会中，给付行政甚至可以直接充当风险损害的救济手段，即通过行政补偿给予风险受害者。"①但要清晰地认知，这里的规制补偿与传统行政法治以行政违法行为为要件的行政赔偿不同，也不属于司法领域中对科技企业、科研机构等的侵权赔偿。因为，在科技风险规制过程中存在着大量的合规行为致害，例如，为了保障公众安全，行政机关可能合法地推翻先前确定的科技应用项目。此时，规制行为肯定会对科技应用企业造成损害，规制补偿机制便有了用武之地。特别是在现阶段无法确定具体科技发明与应用风险之危害性的情形下，行政机关采取的行为对特定私主体的经济、社会权益产生损益的，必须承担一定的补偿责任。

（四）科技风险动态登记机制

科技风险登记是科技风险管理的前置环节，主要展示科技风险管理的工作流程、步骤、具体内容与结果，为科技风险管理的信息化提供工具性作用。简言之，科技风险登记就是对科技风险信息文档化管理的工具。动态登记通过文档化管理实现科技风险信息的动态收集、整理与档案化管理，有利于规制机关及时掌握科技风险信息，为管理活动的展开提供信息支撑。科技风险动态登记机制的建构可以从科技风险登记的动态化与科技风险动态登记的法制化两个方面展开。

1. 科技风险登记的动态化

现行风险规制法制并未确立动态风险等级机制，但在风险管理实践中，行政机关与其他规制主体自主探索形成了一套风险登记管理机制，其表现形式通常包括科技风险登记册、科技风险登记单或风险登记表，主要内容应当包括科技风险代号、分类、影响因素、后果描述、优先级、风险等级、应对措施、复查记录、信息发布平台等。②成熟的科技风险登记册（表、单）应当是对科技风险信息以及整个科技风险管理过程的客观描述，描述对象包括科技风险的主要影响

---

① 金自宁：《风险中的行政法》，法律出版社2014年版，第240页。
② 宿洁等：《风险登记：提升我国社区风险管理效率的有效途径》，《风险灾害危机研究（集刊）》2016年第1期。

因素、管理规划、完成情况等问题。以科技风险管理中的监测与预警为例，科技风险登记册应当列明在册科技风险的定期监测结果、预警记录与复查结果，为后续类似行为或事件提供参照。科技风险动态登记不仅能够为规制机关的管理活动提供信息支撑，还可以有效减少相同科技风险重复发生的概率，节约公共资源消耗。科技风险登记经验为科技风险管理提供了裨益，但也形成了不少问题，如规制主体开展登记工作的经费无法定来源、缺乏固定工作人员、技术水平不足等。

2.科技风险动态登记的法制化

科技风险管理法治化要求科技风险登记机制的法制化，在统一法律制定时机未达时，国务院可以通过制定行政法规的形式建立科技风险的动态登记机制，对动态登记所需的人员、经费、技术与信息等内容作出明确规定，并从法定程序、责任等方面加以完善，保障科技风险登记活动有法可依、违法担责，实现科技风险管理制度法治与实效的有机统一。例如，在核能技术风险管理中，行政机关可以通过组织社区实施核能风险登记，由社区组织围绕科技风险管理的主要指标、民众反应、影响描述等问题展开登记。一方面，社区在我国基层公共管理实践中形成了相对成熟的管理体制机制，能够较好地完成科技风险登记任务；另一方面，社区在微观的科技风险登记中具有较强优势，它是联系行政机关、民众与科技风险之间的纽带。

（五）科技产品风险标识机制

依据具体规范、标准对具有风险的科技产品标识有利于减少行政机关的科技风险管理成本，方便公众了解科技产品的风险种类、大小及范围，提高科技风险管理的效率。目前，世界大多数国家法律制度都明确规定了具有风险的产品标识制度，如在医疗器械监管中，美国食品药品管理局出台法规对可能被认为是辐射电子设备的产品，提出应当明确设置标签的要求，又如我国《食品安全法》明确规定了转基因食品标识制度，《农业转基因生物标识管理办法》规定标识应达到使公众明确知晓产品性质的程度。科技风险产品的标识，绝非简单的信息告知、披露，一方面，规制机关必须明确知晓标识阅读者的需要，绝不能简单地标识"转基因""有害健康"等，公众所想知道的绝非仅是关于科技风险的警示，更想知道他们应当采取何种做法避免风险。标识也应当避免充斥大量技术性的专业术语，因为公众根本无法清晰地获悉这些信息，企业应当以易懂、直白的表述标识科技风险信息。另一方面,科技风险产品的标识应当规范化、系统化,随意性的标识根本无益于科技风险管理,正如孙斯坦在书中调侃的那样,"考虑到规制机构选择物质加以箴言的随意性,可以调侃式地建议消费者,唯一安全的物质是那些被贴上'危险'标签的物质,因为至少我们还知道有人已对它进行了检验。"①因此,科技风险管理制度应当明确规定全面、规范、系统的科技产品风险标识机制。

科技产品风险标识机制的责任主体是私人企业。科技项目的生产者依法负有产品标识义务,当某项科技应用蕴含风险时,私人企业应当通过明确、清晰的标识向公众告知其产品的风险类型、特征与危害可能性等内容。科技产品风险标识机制的监督主体是行政机关、行业协会、社会组织与公民。科技产品所属领域的行政机关职能部门、行业协会、社会组织与公民均有权监督私人企业的科技风险标识行为。科技产品风险标识应当清晰、具体与方便理解。依据产品类型的不同,私人企业应将具体科技风险的主要内容标识于产品的突出部分,内容应当具体与方便公众理解。

(六)多元主体参与科技风险管理的协商机制

科技风险管理需要在对科技风险进行理性讨论的基础上,通过民主的方式妥善制定管理政策和措施并督促执行。因此,在一个开放的体制下对科技风险管理中的重要问题进行审议、讨论和权衡非常重要。再造开放民主的参与式科技风险管理程序需要健全协商机制,行政法需要建构公告、召集、协商、评论等主要程序环节,用以科技风险管理措施的选择、执行与监督等。

1.公告

告知是多元主体参与科技风险管理的第一步,是后续咨询协商的前提。公告是指当科技风险规制机关根据国家法律的规定,对国内外科技风险现状的判断,依据科技风险评估结论,准备针对某一科技产品或项目制定风险管理方案或采取某种规制措施时,应当通过自身的公报、网站、电视、广播等传播媒体向利害关系人或公众公告,以便利害关系人、普通公众代表等主体对其有所了解,为其能够有效参与科技风险管理措施的选择、执行与监督奠定基础。公告应包括制定科技风险管理方案的原因、可供选择的管理措施以及多元主体参与的具

---

① [美]史蒂芬·布雷耶:《打破恶性循环:政府如何有效规制风险》,宋华琳译,北京大学出版社2005年版,第57页。

体要求、时间、地点和方式等。

2. 召集

当科技风险规制机关开始考虑准备针对某一科技项目或产品风险制定风险管理方案或采取某种规制措施时,需要寻求一个召集者,承担组织和协调的职责,保障各类参与平台可以依照一定的规制和程序进行。在公告之后,该召集者负责组织召开针对科技风险管理的各类会议。作为行政机关的议事协调机构,科技风险规制协商委员会可以有效承担召集职能。

3. 协商

组建由科技风险管理机关工作人员、相关科技项目企业代表、受科技项目影响的公众代表、专家代表、对感兴趣的人士代表,包括媒体界人士代表、观察员或评论员代表等组成的协商委员会。该协商委员会独立于科技风险管理机关。经过公告之后,召集者依据指引或委员会章程确定参与某一特定科技风险管理的相关企业代表、受科技产品影响的公众代表、专家代表、对该科技风险感兴趣的人士代表。协商委员会的这些成员根据事先规定的协商规则,对相关议题进行妥善的审议和权衡,充分的说理和沟通,通过相互协商最终形成针对科技风险管理方案或规制措施的共识。

协商这一过程不仅仅能体现各方主体的最低限度的共同偏好,更为重要的是,它能有效地预防、减缓和控制科技风险并能超越特定主体的利益,呈现公共利益导向的品质。最终的科技管理方案和措施并不依赖于一种独立的标准,相反,它是"辩证对话"过程中各方主体认知性反思和解释的结果。

4. 评议

经过协商之后,国家行政机关将协商委员会形成的报告或结论在媒体上公告,接受来自外界的更广泛的公众的评议,并对评议作出回应。行政机关也有义务向公众公开协商委员会的陈述和证词。对于评议的途径,社会公众既可以组织代表自行参与评议,也可以接受行政机关的邀请参与评议。赋予社会公众评议权,对于防止行政机关与科技项目或产品企业合谋,或者行政机关被科技项目或产品企业俘获,从而共同侵害公众的权利,具有重要作用。

(七)科技风险管理中的协助式执法机制

在法治发达的社会,"法律的私人执行机制"运行得十分有效。[①]它能产生事

---

① 王聪:《人民法院报:公民协助执法的热情岂能漠视》,《中国新闻网》2018年12月19日访问。

半功倍的效果，极大地节省了法律实施与执行的成本。协助式执法在我国城市管理和环境治理实践中广泛存在，虽然近年来社会公众和专家学者对协助式执法的批评越来越多，①但不能否认的是，在行政机关执法资源有限的现实背景中，多元主体参与协助执法对于节省执法成本、增强守法自觉性、提升公民精神、监督行政执法权等具有重要的意义。为此，笔者建议科技风险管理中引入协助式执法机制。科技风险管理中的协助式执法，是指科技风险规制机关与以一定程序产生的普通公众代表和相关科技项目或产品企业工作人员组成科技风险执法检查小组，一起定期检查科技项目或产品企业遵守科技风险规制法律规范的情况。在协助执法过程中，公众代表和相关科技项目或产品生产与经营企业工作人员拥有查阅、质询、获得信息的权利，其主要任务是参与并协助行政机关对科技项目或产品的检查，无权单独作出行政处罚或行政强制。

需要说明的是，为了保障协助式执法的效果，以下几个方面需要注意：一是选择普通公众代表和相关科技项目或产品的企业工作人员代表参与协助执法时，应尽量保证代表的多样性和比例性，以及遴选过程的公开性和公正性；二是行政机关应积极主动激励普通公众和相关科技项目或产品的企业工作人员进行参与活动。这种激励机制要覆盖科技项目或产品的影响者、科技项目或产品的行业协会及新闻媒体等各个社会参与主体，目的在于为各个参与主体提供便利，调动其参与协助执法的积极性；三是要对多元主体参与的时间、费用成本问题进行考虑，也就是在参与成本上给予多元主体一定资助，多元主体参与所增加的成本是多方面的，既包括复印资料、食宿费用、误工等有形支出，也包括时间问题而带来的无形支出。虽然科技风险问题关乎每个人的生命健康和安危，但是由于公众参与可能会耗费其大量时间和费用，而基于理性人的假设，一般人面对上述困难时，会理性地避免此类活动的参加。针对这种情况，需要考虑，一方面通过法律制度的设计对公众时间和费用上的损失进行适当补偿；另一方面是通过一定的灵活方式，缩小公民的参与成本。

（八）科技风险管理措施的反馈制度

反馈又称回馈，一般来讲，控制论中的反馈概念，指将系统的输出返回到输

---

① 参见王勇：《行政执法中的行政协助问题研究——以环境保护行政执法为例》，《行政与法》2011年第6期；毕晓哲：《聘老人协助执法治标不治本》，《人民公安报》2013年08月01日，第03版；胡新桥：《聘用人员"协助执法"频酿纠纷应引重视》，《21CN新闻》2018年12月19日访问。

入端并以某种方式改变输入,进而影响系统功能的过程。[①]科技风险管理措施的反馈制度是指,利害关系人和普通公众通过网络、媒体等形式定期向相关科技风险管理机关反馈科技风险管理措施的有效性和合理性,供科技风险管理机关反思和修改。反馈制度有利于预测科技风险措施的运行绩效,有利于优化科技风险管理方案和措施,使整个科技风险管理系统处于最佳状态。科技风险管理措施的反馈具有针对性、及时性、连续性的特点,科技风险管理措施的反馈不是一般意义上的反映情况,而是利害关系人和公众主动收集的针对措施有效性和合理性的信息。科技风险管理措施的反馈是持续进行的,伴随着风险管理措施实施的整个过程。利害关系人和普通公众在反馈信息时,应尽量保证信息的准确真实、尽量缩短反馈时间。相对应的,科技风险规制机关应该拓宽反馈渠道,及时收集公众和利害关系人反馈的各种消息、情报、数据和信息等,在分析整理后将得到的信息化为科技风险管理主体工作人员强有力的行动,以修正原来的风险管理措施,使之更符合实际情况,以期达到风险管理和控制的目的。

(九)科技风险管理中的资源准备机制

科技风险管理离不开人力、资金、技术及物质装备等资源的支撑与储备。在科技风险管理中,专业的管理队伍、必要的财政经费、先进的技术支持与充足的物资装备保障都不可缺少。资源准备机制仅靠行政机关一方主体无法完全实现,还需要社会组织、科研机构、专家队伍、企业等主体的参与,唯有从法律层面建构明确、统一的机制,方能实现资源准备机制的真正实现。当前我国部分科技风险管理法律制度规定了相应的资源准备机制,例如,《突发事件应对法》第31-36条分别规定了人民政府的资源储备制度;企业的资源生产供给制度;通信与其他新技术、设备、工具保障制度;鼓励相对人物资、资金、技术支持和捐赠的激励性制度。

具体而言,首先,科技风险管理制度应当明确科技风险管理中的人力资源保障问题,加强行政机关工作人员的科技风险管理专业能力培训,建构多主体协调参与的专业管理队伍。其次,科技风险管理制度应当明确规定各级政府将科技风险管理资金纳入本级财政预算。科技风险管理资金只能用于储存备用物资、购买管理技术、培训、专业人员保险开支等的用途。第三,科技风险管理制

---

① 王知津、周鹏、韩正彪:《情报学反馈理论及模型:认知观和情境观视角》,《情报理论与实践》2011年第10期。

度可以设立激励性条款鼓励私人企业、科研机构与公民积极参与科技风险管理的资源准备，促进管理资源更新、完备，为科技风险管理提供坚实的人力、物资与技术保障。

结　语

总是在风险转化为危险后，人们才会发现事物的利弊。过去几十年里，许多蕴含风险的科技项目应用于社会生产，其中有些已被证明风险大于收益，而有些则仍处于风险不彰的状态。随着推进科技创新，建设创新型国家与科技强国的步伐阔步迈进，科技风险问题也将成为影响经济发展、公民安全与社会稳定的突出问题。无论是从规范公权力依法行使，还是行政法治回应公民安全与健康的宪法权利，抑或是为政府规制科技风险提供法律依据与可行方案，行政法都必须予以回应。本书在诸多专家学者对具体领域的科技风险研究成果的基础上，对"科技风险"这一基本范畴从行政法视角进行了总体的、动态的框架性研究。

研究的核心命题是，科技风险的固有属性加之社会建构产生的一系列社会问题需要行政法予以回应，行政法应当通过规范、科学、动态、民主与系统的法律制度建构规制科技风险。核心命题的论证从两个维度展开[①]：

一是科技风险规制过程的行政法治框架之搭建。就科技风险规制而言，国家任务理论、合作规制理论与行政过程论为行政法实施规制提供了学理依据，科技发明与应用产生或潜在的社会危害（可能性）为行政法实施规制提出了现实要求，需要行政法回应的首要问题是，如何搭建科技风险规制过程的行政法治框架。依据科技风险的生命周期与行政权力的运行规律，可以将科技风险规制过程划分为科技风险议题设置过程、科技风险标准制定过程、科技风险评估过程、科技风险沟通过程与科技风险管理过程。主要观点有：（1）我国科技风险规制实践存在的主要问题，包括具体规制过程的现状与法律制度体系存在的问题。其中，行政主导型的科技风险议题设置模式虽然满足了效率与程序要求，但存在与依法行政、行政公正与权责一致原则相抵触的法治危机；科技风险标准制定及其法律制度囿于标准残缺不全、相互矛盾以及标准制定法制滞后导致科技风险标准失语；相对成熟的科技风险评估法律制度也存在评估体系不健全、专家委员会制度的中立性不足等问题；与现实需求失配的科技风险沟通法律制

[①] 关于核心命题两大维度的总结与分类主要基于维度范畴的不同，前者主要从法政策学的视角提炼研究的主要内容，总结科技风险规制过程的法制建构的来因去果；后者主要从法教义学的视角凝练研究中动态的行政法律关系，交代科技风险规制过程中的职权（权利）职责（义务）观点。两大维度均贯穿于研究的全过程，也是研究的核心内容。

度的发展存在结构失之合理，沟通实效性差等问题；重科技经济而轻科技风险的管理模式导致科技风险管理法律制度及其实践不被重视。（2）我国科技风险规制实践困境之根由。可以从科技风险与社会建构两方面解析我国科技风险规制的实践困境，无论是科技风险议题设置、标准制定等抽象规制过程，抑或科技风险沟通、评估与管理等具体规制过程中的行政法规制困境，都可以归结为科技风险的固有属性导致的规制困难与科技风险社会建构导致的规制偏差。科技风险的高度不确定性为科技风险认知带来诸多干扰，为科技风险的可接受标准确定设置的天然障碍，给科技风险评估带来科学上的阻塞，为科技风险信息沟通设置了专业门槛，给科技风险管理法制的实施提出巨大挑战。科技风险社会建构中的政治因素、社会观念因素也给科技风险规制过程之法制实施带来专业与民主、科学与合理、中心与多元等问题。（3）科技风险规制过程的行政法基本原则之建构。行政法规范与调整科技风险规制过程离不开基本原则的指导，行政法的基本原则中的合法性、权利保障、效益等实体性原则与公众参与、公正、公开等程序性原则在科技风险规制过程中被重新解读并适用。研究提出并论证了科技风险规制过程中的预防性、科学性、专业性、协商性与安全性等特定原则以及规制理念的更新，与行政法的基本原则一道为科技风险规制过程的法律制度建构提供了原则依据与规范指导。（4）科技风险规制过程的行政法律制度之建构。科技风险议题设置委员会、科技风险规制协商委员会以及下属科技风险标准制定小组、科技风险沟通小组等主体性法律制度之设计为科技风险规制过程的良性、有序开展提供了协调主体、协商平台与协作力量。从法律层面设定的诸多程序与实体机制作为关联性制度建构为科技风险规制过程的合法、高效与科学进行提供了规制工具、规制程序与规制责任等法治手段。如科技风险管理中的协调联动机制之建构提出定期沟通、执法协作等规制方式，为解决纷繁复杂的科技风险管理中的多头执法、责任模糊等问题提供了长效的法制保障。

二是科技风险规制具体过程的行政法问题研究。这里的行政法问题主要指科技风险规制具体过程中行政主体、公民、法人与其他组织的行为可能导致的动态行政法律关系问题，具体包括科技风险规制的行政法基本问题；科技风险议题设置、科技风险标准制定、科技风险评估、科技风险沟通与科技风险管理过程中行政法律制度建构中的职权（权利）职责（义务）划分问题；科技风险规制具体过程中行为不当导致的权义损益后的法律责任问题；科技风险规制具体过程中动态的行政法规制程序问题。具体而言包括：（1）科技风险规制过程中的行政法基本问题。本书从学理角度厘清了作为部门法的行政法与作为领域法的科技法的关系问题，行政法中公权力规范行使与行政效率、行政目标实现之间的关系问题，公民合法权利与国家利益、公共利益间的关系问题，围绕科技的权利与高度不确定之科技风险可能影响的公共安全间的关系问题。（2）科技风险规制过程中的职权（权利）职责（义务）划分问题。在不同的行政过程中，行政主体的职权职责与相对人的权利义务必然有所不同，由此产生的行政法律关系也各有差异。科技风险规制过程的行政法律制度建构了主体性制度与诸多关联性制度，依法、科学与正当地划定了规制机关与其他主体间的权义结构，如本书在科技风险规制过程的法律制度中建构了科技风险规制协商委员会制度，其具体职责为组织、召集、协调、决定科技风险规制事项。（3）科技风险规制过程中的法律责任问题。针对科技风险这一新兴领域，科技风险规制过程中的行政法问题研究除了关注于狭义的行政过程外，还基于权责一致原则设定了规制责任。规制主体与其他主体在科技风险规制过程中的任何具有法律效力的行为都会产生相应的法律效果与社会效果，本书从行政法理视角论述了规制科技风险的公共权力的法律责任的种类、追究与承担等问题。（4）科技风险规制过程中的行政法规制程序问题。程序法治乃行政法治的重要前提，科技风险规制过程中的公共权力行使与公民权利享有都必须遵循正当法律程序。在科技风险规制过程中的行政法问题研究中，本书建构了科技风险规制的法定程序，设定了包括科技风险议题设置等规制过程的协商（参与）程序、决策程序、公开程序、责任归结程序等在内的诸多行政法律程序。

当然，囿于智识与时间问题，本书研究也存在一些不足之处，其中较为遗憾的问题便是学理研究与实践致用的协调问题。罗豪才老师曾说过："如何避免蕴含着道义的法治化被偷换成拒绝道德检讨的工具性的法制化，是行政法治理的逻辑起点。"①这也是研究科技风险规制过程问题的最大难点。科技风险规制过程中的行政法问题研究离不开一定的实践审视与行政法原理分析，为了论证本书的核心论点，也难免从法制层面提出相应的制度建构。从始至终，为了强化本书的学术性与实用性的较好结合，避免陷入管理学范畴或工具性的法制化境地，本书加大对行政法基本原理的论证，在法制化时提出为何作出如此选择的价值衡量、理念确信等内容，也注重与现实问题相结合，探讨行政法律规则对实

---

① 罗豪才、宋功德：《行政法的治理逻辑》，《中国法学》2011 年第 2 期。

践的指导、规范与约束作用。同时，对国外科技风险规制、规制过程及其法治化的研究还可以进一步挖掘。国外对于科技风险规制的研究虽然呈现零散、跨学科等特点，但研究时间较长，可以为我国的相关研究与法治实践提供不少"他山之石"。囿于时间、精力、外语素养等掣肘，本书仅用描述、引用等方式呈现了域外相关研究，对其的深入挖掘（如反思、批判等）不多。此外，还有一些问题在科技风险规制过程研究中也未尽全功，如立法的功利性问题。

最后，由科技衍生的科技风险给行政机关认知、评估、决策与行为提出了更高要求，行政机关应当探索更多更有效的策略来规制科技风险。探索过程中肯定会出现曲折、瑕疵，但不可因噎废食。对待充满未知的风险，大可不必将之视为洪水猛兽或觉得力不可及而消极应对，只要正视并乐观积极的对待，任何风险都不可能打垮历经磨难而坚韧不拔的中华民族。本书对科技风险规制过程中的行政法问题进行了实验性、探索性的研究，供学界批判指正，也希望可以为我国科技风险规制法制体系建设提供绵薄智力支持。

参考文献

一、著作类

[1] 夏征农、陈至立：《辞海》，上海辞书出版社 2010 年版。

[2] 卓名信等主编：《军事大辞海·下》，长城出版社 2000 年版。

[3] 金炳华主编：《马克思主义哲学大辞典》，上海辞书出版社 2003 年版。

[4] 刘炳瑛主编：《马克思主义原理辞典》，浙江人民出版社 1988 年版。

[5] 国家科学技术委员会：《中国科学技术政策指南（一号）》，科学技术文献出版社 1986 年版。

[6] 罗豪才、毕洪海：《行政法的新视野》，商务印书馆 2011 年版。

[7] 姜明安主编：《行政法与行政诉讼法（第 6 版）》，北京大学出版社、高等教育出版社 2015 年版。

[8] 刘茂林：《中国宪法导论》，北京大学出版社 2009 年版。

[9] 刘茂林、王广辉：《社会公正与法治国家》，武汉大学出版社 2008 年版。

[10] 方世荣：《论行政相对人》，中国政法大学出版社 2000 年版。

[11] 方世荣主编：《行政法与行政诉讼法学（第四版）》，中国政法大学出版社 2010 年版。

[12] 方世荣、石佑启主编：《行政法与行政诉讼法》，北京大学出版社 2011 年版。

[13] 王广辉主编：《宪法》，中国政法大学出版社 2010 年版。

[14] 马怀德：《应急管理法治化研究》，法律出版社 2010 年版。

[15] 石佑启：《论行政体制改革与行政法治》，北京大学出版社 2009 年版。

[16] 戚建刚：《中国应急法制研究》，北京大学出版社 2010 年版。

[17] 戚建刚：《法治国家架构下的行政紧急权力》，北京大学出版社 2008 年版。

[18] 戚建刚主编：《中国行政应急法学》，清华大学出版社 2013 年版。

[19] 戚建刚、易君：《灾难性风险行政法规制的基本原理》，法律出版社 2015 年版。

[20] 章剑生：《现代行政法专题》，清华大学出版社 2014 年版。

[21] 湛中乐：《现代行政过程论——法治理念、原则与制度》，北京大学出版社 2005 年版。

[22] 宋功德：《行政法哲学》，法律出版社 2000 年版。

[23] 朱新力、唐明良：《行政法基础理论改革的基本图谱——合法性与最佳性二维结构的展开路径》，法律出版社 2013 年版。

[24] 莫纪宏：《宪法与紧急状态——〈中华人民共和国紧急状态法〉立法论证报告》，法律出版社 2010 年版。

[25] 王锡锌：《公众参与和行政过程——一个理念和制度分析的框架》，民主法制出版社 2007 年版。

[26] 李瑞昌：《风险、知识与公共决策》，天津人民出版社 2006 年版。

[27] 沈岿主编：《风险规制与行政法新发展》，法律出版社 2013 年版。

[28] 刘刚编译：《风险规制：德国的理论与实践》，法律出版社 2012 年版。

[29] 金自宁：《风险中的行政法》，法律出版社 2014 年版。

[30] 金自宁编译：《风险规制与行政法》，法律出版社 2012 年版。

[31] 季卫东：《通往法治的道路——社会的多元化与权威体系》，法律出版社 2014 年版。

[32] 米丹：《风险社会与反思性科技价值体系》，中国社会科学出版社 2013 年版。

[33] 范晓峰：《科技政策发展与科技法制建设　科技立法工作的回顾与思考》，知识产权出版社 2006 年版。

[34] 何跃军：《风险社会立法机制研究》，中国社会科学文献出版社 2013 年版。

[35] 薛晓源、周战超主编：《全球化与风险社会》，社会科学文献出版社 2005 年版。

［36］伏创宇：《核能规制与行政法体系的变革》，北京大学出版社 2017 年版。

［37］岳红强：《风险社会视域下危险责任制度研究》，法律出版社 2010 年版。

［38］林丹：《乌尔里希·贝克风险社会理论及其对中国的影响》，人民出版社 2013 年版。

［39］李雅萍主编：《全球化浪潮，争议性科技》，台北：资讯工业策进会科技法律中心 2007 年。

［40］国家行政学院应急管理案例研究中心主编：《应急管理典型案例研究报告（2016）》，社会科学文献出版社 2016 年版。

［41］杨雪冬：《风险社会与秩序重建》，社会科学文献出版社 2006 年版。

［42］叶俊荣：《环境政策与法律》，中国政法大学出版社 2003 年版。

［43］张茂桂、顾忠华、张锦华等：《社会学多元、正义、民主与科技风险》，台北："台湾大学国家发展研究所"2007 年版。

［44］Guston D H.Sarewitzd：《塑造科学与技术政策：新化代的研究》，李正风译，北京大学出版社 2011 年版。

［45］［德］乌尔里希·贝克：《风险社会》，何博闻译，译林出版社 2004 年版。

［46］［德］汉斯·J.沃尔夫等：《行政法（第3卷）》，高家伟译，商务印书馆 2007 年版。

［47］［德］马克斯·韦伯：《社会科学方法论》，韩水法等译，中央编译出版社 2002 年版。

［48］［德］哈贝马斯：《在事实与规范之间——关于法律和民主法治国的商谈理论》，童世骏译，生活·读书·新知三联书店 2003 年版。

［49］［德］施密特·阿斯曼：《秩序理念下的行政法体系建构》，林明锵等译，北京大学出版社 2012 年版。

［50］［法］里韦罗·瓦里纳：《法国行政法》，鲁仁译，商务印书馆 2008 年版。

［51］［英］伊丽莎白·费雪：《风险规制与行政宪政主义》，沈岿译，法律出版社 2012 年版。

［52］［英］彼得·泰勒-顾柏、德詹斯·O.金：《社会科学中的风险研

究》,黄觉译,中国劳动社会保障出版社 2010 年版。

[53][荷]勒内·J.G.H.西尔登等编:《欧美比较行政法》,伏创宇等译,中国人民大学出版社 2013 年版。

[54][英]安东尼·吉登斯等:《失控的世界:全球化如何重塑我们的生活》,周红云译,江西人民出版社 2001 年版。

[55][英]芭芭科·亚当、乌尔里希·贝克、约斯特·房·龙编著:《风险社会及其超越》,赵延东、马缨等译,北京出版社 2005 年版。

[56][英]安东尼·吉登斯:《现代性的后果》,田禾译,译林出版社 2000 年版。

[57][英]安东尼·奥格斯:《规制:法律形式与经济学理论》,骆梅英译,中国人民大学出版社 2008 年版。

[58][英]迈克尔·雷吉斯特、朱蒂·拉尔金:《风险管理与危机管理》,谢新洲等译,北京大学出版社 2005 年版。

[59][英]马丁·洛克林:《公法与政治理论》,郑戈译,商务印书馆 2013 年版。

[60][英]费尔曼等:《环境风险评价:方法、经验和信息来源》,寇文、赵文喜译,中国环境科学出版社 2012 年版。

[61][美]G.沙布尔·吉玛、丹尼斯·A.荣迪内利编:《分权化治理:新概念与新实践》,唐贤兴、张进军译,格致出版社、上海人民出版社 2013 年版。

[62][英]珍妮·斯蒂尔:《风险与法律理论》,韩永强译,中国政法大学出版社 2012 年版。

[63][英]尼克·皮金、[美]罗杰·E.卡斯帕森[美]、保罗·斯洛维奇:《风险的社会放大》,谭宏凯译,中国劳动社会保障出版社 2010 年版。

[64][英]卡洛尔·哈洛、理查德·罗林斯:《法律与行政(下卷)》,杨伟东等译,商务印书馆 2004 年版。

[65][美]凯斯·R.孙斯坦:《风险与理性——安全、法律及环境》,师帅译,中国政法大学出版社 2005 年版。

[66][美]凯斯·R.孙斯坦:《恐惧的规则——超越预防原则》,王爱民译,北京大学出版社 2010 年版。

[67][美]凯斯·R.孙斯坦:《为什么助推》,马冬梅译,中信出版集团

2015年版。

［68］［美］凯斯·R.孙斯坦：《最差的情形》，刘坤轮译，中国人民大学出版社 2010 年版。

［69］［美］凯斯·R.桑斯坦：《权利革命之后：重塑规制国》，钟瑞华译，中国人民大学出版社 2008 年版。

［70］［美］朱迪·弗里曼：《合作治理与新行政法》，毕洪海、陈标冲译，商务印书馆 2010 年版。

［71］［美］约翰·罗尔斯：《作为公平的正义——正义新论》，姚大志译，中国社会科学出版社 2014 年版。

［72］［美］史蒂芬·霍尔姆斯、凯斯·R.桑斯坦：《权利的成本——为什么自由依赖于税》，毕竟悦译，北京大学出版社 2004 年版。

［73］［美］诺内特·塞尔兹尼克：《转变中的法律与社会：迈向回应型法》，张志铭译，中国政法大学出版社 2004 年版。

［74］［美］史蒂芬·布雷耶：《规制及其改革》，李洪雷等译，北京大学出版社 2008 年版。

［75］［美］史蒂芬·布雷耶：《打破恶性循环：政府如何有效规制风险》，宋华琳译，北京大学出版社 2005 年版。

［76］［美］H.乔治·弗雷德里克森：《公共行政的精神》，张成福等译，中国人民大学出版社 2013 年版。

［77］［美］彼得·索尔谢姆：《发明污染——工业革命以来的煤、烟与文化》，启蒙编译所译，上海社会科学出版社 2016 年版。

［78］［美］理查德·B. 斯图尔特：《美国行政法的重构》，沈岿译，商务印书馆 2011 年版。

［79］［美］安东尼·唐斯：《官僚制内幕》，郭小聪译，中国人民大学出版社 2006 年版。

［80］［美］乔治·迈尔逊：《哈拉维与基因改良食品》，李建会等译，北京大学出版社 2005 年版。

［81］［美］詹姆斯·伯曼：《公共协商、多元主义、复杂性与民主》，黄湘怀译，中央编译出版社 2006 年版。

［82］［加］布鲁斯·德恩、特德·里德编：《充满风险的事业：加拿大变革中的基于科学的政策与监管体制》，陈光等译，上海交通大学出版社 2011

年版。

［83］［澳］狄波拉·勒普顿：《风险》，雷云飞译，南京大学出版社 2016 年版。

［84］［新西］迈克尔·塔格特编：《行政法的范围》，金自宁译，钟瑞华校，中国人民大学出版社 2009 年版。

［85］［日］黑川哲志：《环境行政的法理与方法》，肖军译，中国法制出版社 2008 年版。

［86］［日］雄川一郎、盐野宏、圆部逸夫编：《现代行政法大系 2 行政过程》，有斐阁 1983 年版。

［87］［日］山村恒年：《行政法与合理的行政过程论——行政裁量论的代替规范论》，慈学社 2006 年版。

［88］［日］米丸恒治：《私人行政——法的统制的比较研究》，洪英等译，中国人民大学出版社 2010 年版。

［89］［日］大桥洋一：《行政法学的结构性变革》，吕艳滨译，中国人民大学出版社 2008 年版。

［90］［日］市桥克哉等：《日本现行行政法》，田林等译，法律出版社 2017 年版。

［91］Christopher Hood Henry Rothstein, Robert Baidwin.The Government of Risk: Understanding Risk Regulation Regimes, Oxford: Oxford University Press, 2000.

［92］Richard A. Posner, Catastrophe: Risk and Response.Oxford: Oxford University Press, 2005.

［93］Trudo Lemmens Duff R. Waring eds., Law and Ethics in Biomendical Research: Regulation, Conflict of Interest and Liability, Toronto: University of Toronto Press, 2006.

［94］S. Lash eds, Risk, Environment and Modernity: Toward a New Ecology, London: Sage Publications, 1996.

［95］Elster J. （ed.）, Deliberative Democracy, New York: Cambridge University Press, 1998.

［96］Cass R. Sunstein, Laws of Fear: Beyond the Precautionary Principle, Cambridge: Cambridge University Press, 2005.

[97] Thomas O. McGarity, Reinventing Rationality: The Role of Regulatory Analysis in the Federal Bureaucracy, Cambridge University Press, 1991.

[98] Cass R. Sunstein, Risk and Reason: Safety, Law, and The Environment, Cambridge University Press, 2002.

[99] M. J. C. Vile, Constitutionalism and the Separation of Powers, Clarendon Press & Oxford University Press, 1967.

[100] Cass Sunstein, Simpler: The Future of Government, New York: Simon & Schuster, 2013.

[101] Anthony Ogus, Regulation: Legal Form and Economic Theory, Oxford: Clarendon Press, 1994.

[102] Daniel Sutter, Marc Poitras. Do People Respond to Low Probability Risks? Evidence from Tornado Risk and Manufactured Homes, Berlin: Springer Science Business Media, 2010.

[103] Rbert Baldwin, Law and Uncertainty: Risk and Legal Processes, Kluwer Law International, 1997.

[104] Richard·A.Posner, Not a Suicide Pact: The Constitution in a Time of National Emergency, Oxford University Press, 2006.

[105] Fiona Haines, The Paradox of Regulation: what regulation can achieve and what it can not, Edward Elgar Publishing, 2011.

[106] M. Everson and E. Vos (eds), The Scientification of Politics and the Politicisation of Science, Routledge-Cavendish, 2009.

[107] M. Pollack and G. Shaffer, When Cooperation Fails: the International Law and Politics of Genetically Modied Foods, Oxford University Press, 2009.

[108] C. Sabel and J. Zeitlin (eds), Experimentalist Governance in the European Union, Oxford University Press, 2010.

[109] Charles Carnic, Neil Gross and Michele Lamont (eds), Social Knowledge in the Making, Chicago: University of Chicago Press, 2011

[110] Martion Dreyer Ortwin Renn Editors, Food Safety Governance: Integrating Science, Precaution and Public Involvement, Springer-Verlag Berlin Heidelberg, 2009.

[111] M.van Asselt, E. Vos and E.Versluis (eds), Balancing between Trade

and Risk, Routledge Taylor & Francis, 2013.

[112] A. Alemanno, S. Gabbi, Foundations of EU Food Law and Policy: Ten Years of the European Food Safety Authority, Ashgate Publishing, 2014.

二、期刊类

[1] 罗豪才、宋功德:《行政法的治理逻辑》,《中国法学》2011 年第 2 期。

[2] 应松年:《中国行政程序法立法展望》,《中国法学》2010 年第 2 期。

[3] 姜明安:《改革、法治与国家治理现代化》,《中共中央党校学报》2014 年第 4 期。

[4] 姜明安:《论政务公开》,《湖南社会科学》2016 年第 2 期。

[5] 徐显明:《风险社会中的法律变迁》,《法制资讯》2010 年第 Z1 期。

[6] 马怀德:《我国法治政府建设现状观察:成就与挑战》,《中国行政管理》2014 年第 6 期。

[7] 方世荣、谭冰霖:《优化行政程序的相对人维度》,《江淮论坛》2015 年第 1 期

[8] 方世荣:《论行政立法参与权的权能》,《中国法学》2014 年第 3 期。

[9] 方世荣、邓佑文:《"参与式行政"视域下行政法理念的反思与重塑》,《理论探讨》2012 年第 2 期。

[10] 章剑生:《行政程序正当性之基本价值》,《法治现代化研究》2017 年第 5 期。

[11] 石佑启:《论立法与改革决策关系的演进与定位》,《法学评论》2016 年第 1 期。

[12] 石佑启、刘茂盛:《论创新驱动发展的法治支撑》,《学术研究》2016 年第 1 期。

[13] 石佑启:《论协会处罚权的法律性质》,《法商研究》2017 年第 2 期。

[14] 戚建刚、黄旭:《论风险行政法的人性预设》,《云南社会科学》2017 年第 4 期。

[15] 戚建刚、杨芳能:《论基于信任的公共风险监管法制之构造》,《浙江

学刊》2016年第3期。

［16］戚建刚、张景玥：《论信任对公共风险监管法制之构成性意涵》，《政法论丛》2015年第4期。

［17］戚建刚：《风险规制的兴起与行政法的新发展》，《当代法学》2014年第6期。

［18］戚建刚：《食品安全风险属性的双重性及对监管法制改革之寓意》，《中外法学》2014年第1期。

［19］戚建刚：《食品安全风险评估组织之重构》，《清华法学》2014年第3期。

［20］戚建刚：《解析"11·22"青岛输油管道爆炸事件中的六类违法行为》，《法学杂志》2014年第6期。

［21］戚建刚：《我国行政决策风险评估制度之反思》，《法学》2014年第10期。

［22］戚建刚：《我国食品安全风险规制模式之转型》，《法学研究》2011年第1期。

［23］戚建刚、郭永良：《合作治理背景下行政机关法律角色之定位》，《江汉论坛》2014年第5期。

［24］戚建刚、张景玥：《论我国公共风险监管法制之信任危机——以过程论为分析视角》，《云南社会科学》2015年第4期。

［25］戚建刚：《极端事件的风险恐慌及对行政法制之意蕴》，《中国法学》2010年第2期。

［26］戚建刚、郑理：《论公共风险监管法中动议权制度之建构》，《中国高校社会科学》2015年第5期。

［27］戚建刚：《风险规制过程合法性之证成——以公众和专家的风险知识运用为视角》，《法商研究》2009年第5期。

［28］湛中乐、高俊杰：《作为"过程"的行政决策及其正当性逻辑》，《苏州大学学报（哲学社会科学版）》2013年第5期。

［29］王锡锌：《行政正当性需求的回归——中国新行政法概念的提出、逻辑与制度框架》，《清华法学》2009年第2期。

［30］王锡锌：《当代行政的民主赤字及其克服》，《法商研究》2009年第1期。

[31] 沈岿:《风险交流的软法构建》,《清华法学》2015 年第 6 期。

[32] 沈岿:《风险评估的行政法治问题——以食品安全监管领域为例》,《浙江学刊》2011 年第 3 期。

[33] 杨建顺:《中国行政规制的合理化》,《国家检察官学院学报》2017 年第 3 期。

[34] 江国华:《行政转型与行政法学的回应型变迁》,《中国社会科学》2016 年第 11 期。

[35] 杨小敏、戚建刚:《欧盟食品安全风险评估制度的基本原则之评析》,《北京行政学院学报》2012 年第 3 期。

[36] 杨小敏:《欧盟和中国食品安全风险评估的独立性原则之比较》,《行政法学研究》2012 年第 4 期。

[37] 杨小敏:《我国食品安全风险评估模式之改革》,《浙江学刊》2012 年第 2 期。

[38] 宋华琳:《论政府规制中的合作治理》,《政治与法律》2016 年第 8 期。

[39] 宋华琳:《风险规制与行政法学原理的转型》,《国家行政学院学报》2007 年第 4 期。

[40] 宋华琳:《规则制定过程中的多元角色——以技术标准领域为中心的研讨》,《浙江学刊》2007 年第 3 期。

[41] 宋华琳:《中国食品安全标准法律制度研究》,《公共行政评论》2011 年第 2 期。

[42] 宋华琳:《政府规制改革的成因与动力——以晚近中国药品安全规制为中心的观察》,《管理世界》2008 年第 8 期。

[43] 高秦伟:《欧盟行政法上的风险预防原则》,《比较法研究》2010 年第 3 期。

[44] 高秦伟:《跨国私人规制与全球行政法的发展——以食品安全私人标准为例》,《当代法学》2016 年第 5 期。

[45] 刘水林、吴锐:《论"规制行政法"的范式革命》,《法律科学(西北政法大学学报)》2016 年第 3 期。

[46] 钟开斌:《风险管理:从被动反应到主动保障》,《中国行政管理》2007 年第 1 期。

［47］钟开斌：《伦敦城市风险管理的主要做法与经验》，《国家行政学院学报》2011年第5期。

［48］杨登峰：《国家任务社会化背景下的行政法主题》，《法学研究》2012年第4期。

［49］蒋红珍：《治愈行政僵化：美国规制性协商机制及其启示》，《华东政法大学学报》2014年第3期。

［50］林鸿潮：《第三方评估政府法治绩效的优势、难点与实现途径》，《中国政法大学学报》2014年第5期。

［51］伏创宇：《强制性预防接种补偿责任的性质与构成》，《中国法学》2017年第4期。

［52］徐丽丽、田志宏：《欧盟转基因作物审批制度及其对我国的启示》，《中国农业大学学报》2014年第3期。

［53］林鸿潮：《公共危机管理问责制中的归责原则》，《中国法学》2014年第4期。

［54］林鸿潮：《突发事件应对中的政府间权责分配与法律责任承担》，《行政法学研究》2014年第3期。

［55］金自宁：《跨越专业门槛的风险交流与公众参与——透视深圳西部通道环评事件》，《中外法学》2014年第1期。

［56］金自宁：《风险决定的理性探求——PX事件的启示》，《当代法学》2014年第6期。

［57］金自宁：《风险行政法研究的前提问题》，《华东政法大学学报》2014年第1期。

［58］陈海嵩：《科技风险认知的差异及其解释——从心理学到社会学》，《东北大学学报（社会科学版）》2009年第5期。

［59］詹承豫、宣言：《城市风险治理中的风险沟通制度——基于30部法律规范的文本分析》，《行政法学研究》2016年第4期。

［60］吴建勋：《基于内容分析法的食品安全风险交流主体与议题研究》，《河南工业大学学报（社会科学版）》2016年第2期。

［61］江利红：《以行政过程为中心重构行政法学理论体系》，《法学》2012年第3期。

［62］江利红：《行政过程的阶段性法律构造分析——从行政过程论的视角

出发》,《政治与法律》2013 年第 1 期。

[63] 季卫东:《依法风险管理论》,《山东社会科学》2011 年第 1 期。

[64] 杨尚东:《论高科技风险规制视域下的司法审查制度——聚焦因发展核电项目产生的争议》,《中共浙江省委党校学报》2016 年第 3 期。

[65] 张善根:《科学主义的风险法律规制——〈风险与理性——安全、法律及环境〉读后》,《学习与实践》2008 年第 4 期。

[66] 刘银良:《美国生物技术的法律治理研究》,《中外法学》2016 年第 2 期。

[67] 王明远、金峰:《科学不确定性背景下的环境正义——基于转基因生物安全问题的讨论》,《中国社会科学》2017 年第 3 期。

[68] 宋伟、孙壮珍:《科技风险规制的政策优化——多方利益相关者沟通、交流与合作》,《中国科技论坛》2014 年第 3 期。

[69] 李容华:《后工业社会背景下我国〈标准化法〉的修改》,《河南财经政法大学学报》2017 年第 3 期。

[70] 闫顺利、蒲书宁:《风险社会理论视阈下的道德冷漠现象省思》,《哲学进展》2016 年第 5 期。

[71] 徐明:《科技体制深改背景下高新科技领域立法滞后与创新思路探讨》,《科技进步与对策》2016 年第 15 期。

[72] 王贵松:《风险行政的组织法构造》,《法商研究》2016 年第 6 期。

[73] 王贵松:《论法律的法规创造力》,《中国法学》2017 年第 1 期。

[74] 赵鹏:《政府对科技风险的预防职责及决策规范——以对农业转基因生物技术的规制为例》,《当代法学》2014 年第 6 期。

[75] 赵鹏:《风险社会的自由与安全——风险规制的兴起及其对传统行政法原理的挑战》,《交大法学》2011 年第 1 期。

[76] 赵鹏:《风险评估中的政策、偏好及其法律规制——以食盐加碘风险评估为例的研究》,《中外法学》2014 年第 1 期。

[77] 赵鹏:《我国风险规制法律制度的现状、问题与完善——基于全国人大常委会执法检查情况的分析》,《行政法学研究》2010 年第 4 期。

[78] 杜健勋:《邻避运动中的法权配置与风险治理研究》,《法制与社会发展》2014 年第 4 期。

[79] 王国银、衡孝庆:《技术风险及其责任担当:两则案例的启示》,《自

然辩证法通讯》2010年第1期。

［80］陈洁：《科技、风险与公众认知的跨文化比较研究》，《科技与企业》2016年第5期。

［81］王康：《基因改造生物环境风险的法律防范》，《法制与社会发展》2016年第6期。

［82］王康：《欧美基因污染损害防范的法律经验及其借鉴》，《兰州学刊》2016年第6期。

［83］王绍光：《中国公共政策议程设置的模式》，《中国社会科学》2006年第5期。

［84］张恩典：《作为过程的风险行政——以行政过程论为视角》，《南昌航空大学学报（社会科学版）》2016年第2期。

［85］张恩典：《食品安全风险交流模式的比较与借鉴》，《科技与法律》2015年第5期。

［86］黄元丰、张美琴：《社会主义和谐社会构建中社会风险治理机制的优化》，《中共南昌市委党校学报》2014年第6期。

［87］刘郦、扬力行：《科学技术的社会构成：风险与风险分析》，《自然辩证法通讯》2007年第1期。

［88］张海波、童星：《中国应急管理结构变化及其理论概化》，《中国社会科学》2015年第3期。

［89］宿洁等：《风险登记：提升我国社区风险管理效率的有效途径》，《风险灾害危机研究（集刊）》2016年第1期。

［90］李雪峰：《英国应急管理的特征与启示》，《行政管理改革》2010年第3期。

［91］艾志强、沈元军：《科技风险与公众认知的关系研究》，《中国人民大学学报》2012年第2期。

［92］尚志海、刘希林：《国外可接受风险标准研究综述》，《世界地理研究》2010年第3期。

［93］刘松涛、李建会：《断裂、不确定性与风险——试析科技风险及其伦理规避》，《自然辩证法》2008年第2期。

［94］杨明：《当代风险理论国内外研究综述》，《岭南学刊》2011年第4期。

[95] 李承周潞:《论科技风险责任的承担——以软件漏洞风险为例》,《科技进步与对策》2014 年第 5 期。

[96] 杜仪方:《政府在应对自然灾害中的预见可能性——日本国家责任的视角》,《环球法律评论》2017 年第 1 期。

[97] 陈雨露:《科技风险与科技保险》,《中国科技投资》2007 年第 1 期。

[98] 成协中:《同行评审与行政法治——以转基因安全评价制度为例》,《浙江学刊》2015 年第 6 期。

[99] 黄崇福:《从应急管理到风险管理若干问题的探讨》,《行政管理改革》2012 年第 5 期。

[100] 成协中:《美国规制决策中的同行评审》,《环球法律评论》2014 年第 1 期。

[101] 杜德勋:《交流与协商:邻避风险治理的规范性选择》,《法学评论》2016 年第 1 期。

[102] 李颖:《基层政府社会风险治理流程优化研究》,《重庆理工大学学报(社会科学版)》2015 年第 11 期。

[103] 楚德江:《风险社会的治理困境与政府选择》,《华中科技大学学报(社会科学版)》2010 年第 4 期。

[104] 许志晋、毛宝铭:《论科技风险的产生与治理》,《科学学研究》2006 年第 4 期。

[105] 张黎夫:《时间之矢与科技风险》,《自然辩证法研究》2002 年第 7 期。

[106] 王艳林、陈俊华:《大标准化时代与〈标准化法〉之修改——以政府职能转变为中心的讨论》,《河南财经政法大学学报》2017 年第 3 期。

[107] 毛宝铭、许志晋:《科技风险民主治理的基本观念与原则》,《理论与改革》2006 年第 2 期。

[108] 周卫:《美国环境规制中的风险衡量》,《中国地质大学学报(社会科学版)》2008 年第 5 期。

[109] 刘瑾、王艳林:《论协会标准与标准化法》,《武汉大学学报(哲学社会科学版)》2012 年第 3 期。

[110] 于连超:《标准支撑法律实施:比较分析与政策建议》,《求是学刊》2017 年第 4 期。

[111] 钟瑞华：《从绝对权利到风险管理——美国的德莱尼条款之争及其启示》，《中外法学》2009 年第 4 期。

[112] 胡帮达：《论核安全法的基本原则》，《中国地质大学学报（社会科学版）》2017 年第 2 期。

[113] 方华基、许为民：《科技风险识别差异及其治理：以纳米科技发展为例》，《自然辩证法》2011 年第 6 期。

[114] 陈思等：《北京市公众食品安全风险认知调查——从风险交流的角度》，《中国食品学报》2014 年第 6 期。

[115] 高璐、李正风：《从"统治"到"治理"——疯牛病危机与英国生物技术政策范式的演变》，《科学学研究》2010 年第 5 期。

[116] 谢科范：《创立科技风险学的构想》，《科学学与科技管理》1995 年第 3 期。

[117] 邬晓燕、程苹：《基于利益相关者视角的科技风险认知与规制》，《北京交通大学学报（社会科学版）》2012 年第 4 期。

[118] 赵洲：《论核事故风险及其全球治理》，《世界经济与政治》2011 年第 8 期。

[119] 曲瑛德等：《我国转基因生物安全调查Ⅱ——转基因生物风险交流的途径与优先内容》，《中国农业大学学报》2011 年第 6 期。

[120] 卢超：《从规制国到规制资本主义——评 Braithwaite〈规制资本主义〉》，《二十一世纪（香港）》2011 年 2 月号。

[121] 颜上咏、唐淑美、周于舜：《探究当前奈米科技风险治理之国际规范》，《生物产业科技管理丛刊》2016 年第 2 期。

[122] 洪德钦：《预防原则欧盟化之研究》，《东吴政治学报》2011 年第 2 期（总第 29 期）。

[123] 于树伟：《先进国家风险管理理念与架构》，《研考》2006 年第 2 期。

[124] 周桂田：《全球化风险挑战下发展型国家之治理创新——以台湾公民知识监督决策为分析》，《政治与社会哲学评论》2013 年第 3 期。

[125] 周桂田：《争议性科技之风险沟通——以基因改造工程为思考点》，《生物多样性：社经法规篇》2005 年第 4 期。

[126] 黄之栋、黄瑞祺：《管不管都危险：论风险的管制与管制的风险》，

《科技法律透析》2010年第7期。

［127］许宏达：《环境风险管制之法律建制：以行政管制方法之变迁为中心》，《"国立中正大学法学集刊"》2014年总第44期。

［128］［美］本尼迪克特·金斯伯里、尼科·克里希、理查德·B.斯图尔特：《全球行政法的产生（上）》，范云鹏译，《环球法律评论》2008年第5期。

［129］［德］乌尔里希·贝克：《从工业社会到风险社会（上篇）》，王武龙编译，《马克思主义与现实》2003年第3期。

［130］［德］乌尔里希·贝克：《从工业社会到风险社会（下篇）》，王武龙编译，《马克思主义与现实》2003年第5期。

［131］［德］英格沃·埃布森：《通过规制实现健康保护——范围、方法和程序概览》，喻文光译，《行政法学研究》2015年第4期。

［132］［英］斯科特·拉什：《风险社会与风险文化》，王武龙编译，《马克思主义与现实》2003年第4期。

［133］［美］弗恩·沃克：《风险规制与不确定性的多种面貌》，金自宁译，《行政法论丛》2009年第12期。

［134］［美］哈琳娜·布朗等：《风险评估中的科学家》，金自宁译，《交大法学》2013年第4期。

［135］［日］远藤博也：《行政过程论的意义》，《北大法学论集》1977第3期。

［136］［日］畠山武道：《行政介入的形态》，鲁鹏宇译，《当代法学》2012年第5期。

［137］［巴西］那珀穆斯诺·亚历山大等：《巴西生物安全立法与转基因作物的应用》，《华中农业大学学报》2014年第6期。

［138］Elizabeth Fisher, Framing Risk Regulation: A Critical Ref lection, Eur. J. Risk Reg,（4, 2013）, pp.125-132.

［139］Elizabeth Fisher, Drowning by Numbers: Standard Setting in Risk Regulation and the Pursuit of Accountable Public Administration, Oxford fournal of Legal Studies,（1, 2000）, pp.109-130.

［140］Elizabeth Fisher.Precaution, Law and Principles of Good Administration, Water Sci-Technol,（6, 2005）, pp.19-24.

［141］Elen Stokes, Demand for Command: Responding to Technological Risk and Scientific Uncertainties, Medical Law Review, (1, 2013), pp.11-38.

[142] Jonathan L. Rubin, Patents, Antitrust, and Rivalry in Standard-Setting, Rutgers Law Journal, (38, 2006), pp.509-538.

[143] See Sonia Boutillon, The precautionary principle: Development of an international standard, Michigan Journal of International Law, (23, 2002), pp.429-470.

[144] Orly Lobel, The Renew Deal: The Fall of Regulation and the Rise of Governance in Contemporary Legal Thought, Minnesota Law Review, (2, 2004), pp.342-470.

[145] Neil Johnson et al., Abrupt Rise of New Machine Ecology Beyond Human Response Time, Scientific Reports, (11, 2013), pp.1-2.

[146] SLOVIC P., The Perception of risk, Risk Society & Policy, (3, 2013), p.112.

[147] Sheila Jasanoff, Serviceable Truths: Science for Action in Law and Policy, Texas Law Review, (7, 2015), pp.1723-1749.

[148] Vincent T. Covello & Jeryl Mumpower, Risk Analysis and Risk Management: A Historical Perspective, Risk Analysis, (2, 1985), pp.103-120.

[149] Vern Walker, The Siren Songs of Science: Toward a Taxonomy of Scientific Uncertainty for Decision-maker, Connecticut Law Review, (23, 1991), pp.567-626.

[150] D. Chalmers, "Food for Thought": Reconciling European Risks and Traditional Ways of Life, Modern Law Review, (4, 2003), pp.532-562.

[151] D. Chalmers, Risk, Anxiety and the European Mediation of the Politics of Life, European Law Review, (30, 2005), pp.649-675.

[152] Mihail Kritikos, Traditional Risk Analysis and Releases of GMOs into the European Union: Space for Non-Scientific Factors?, European Law Review, (3, 2009), pp.405-432.

[153] Holly Doremus, Scientific and Political Integrity in Environmental Policy, Texas Law review, (7, 2008), pp.1601-1653.

[154] Ortwin Renn, Four questions for risk communication: a response to Roger Kasperson, Journal of Risk Research, (10, 2014), pp.1277-1281.

[155] Louise K. Comfort, William L. Waugh. Emergency Management Research and Practice in Public Administration: Emergence, Evolution, Expansion, and Future Directions, Public Administration Review, (4, 2012), pp.539-547.

[156] Yuko Shimabayashi, Proposal to realize accountability of science and technology—How should professionals explain risk to society?, Progress in Nuclear Energy, (2, 2008), pp.712-718.

[157] P. Marijn Poortvliet, Anne Marike Lokhorst, The Key Role of Experiential Uncertainty when Dealing with Risks: Its Relationships with Demand for Regulation and Institutional Trust, Risk Analysis, (8, 2016), pp.1615-1629.

[158] Neil A. Doherty, A Portfolio Theory of Insurance Capacity, The Journal of Risk and Insurance, (3, 1980), pp.405-420.

[159] Regina Schroeter, Testing the value of public participation in Germany: Theory, operationalization and a case study on the evaluation of participation, Energy Research & Social Science, (13, 2016), pp.116-125.

[160] Christopher Snary, Risk Communication and the Waste-to-energy Incinerator Environmental Impact Assessment Process: A UK Case Study of Public Involvement, Journal of Environmental Planning and Management, (2, 2002), pp.267-283.

[161] Andreas Metzner-Szigeth, Contradictory approaches? On realism and constructivism in the social sciences research on risk, technology and the environment, Futures, (3, 2009), pp.156-170.

[162] Hossein Mahmoudi, Ortwin Renn, A framework for combining social impact assessment and risk assessment, Environmental Impact Assessment Review, (43, 2013), pp.1-8.

[163] Andreas H, Reiner H., Risk analysis according to the FederalInstitute for Risk Assessment international symposiumTowards a Risk Analysis of Antibiotic Resistance, International Journal of Medical Microbiology, (10, 2006), pp.15-17.

[164] Jody Freeman & David B. Spence, Old Statutes, New Problems, University of Pennsylvania Law Review, (1, 2014), pp.1-93.

[165] Vern R. Walker, Risk Regulation and the "Faces" of Uncertainty, Risk, (9, 1998): 29-34.

[166] David Winickoff, et al., Adjudicating the GM Food Wars: Science, Risk and Democracy in World Trade Law, Yale fournal of International Law, (30, 2005), pp.81-123.

[167] Fang, D., et al., Relationships among trust in messages, risk perception, and risk reduction preferences based upon avian influenza in Taiwan, International Journal of Environmental Research & Public Health, (9, 2012), pp.2742-2757.

[168] Ellen van Kleef, Risk and Benefit Perceptions of Mobile Phone and Base Station Technology in Bangladesh, Risk Analysis, (06, 2010), pp.1002-1015.

[169] Linkov, I., Satterstrom, F. K., Steffen Foss Hansen, Thomas A. Davis, Nano Risk Governance: Current Developments And Future Perspectives, Nanotechnology Law & Business, (2, 2009), pp.203-220.

[170] Matthew T. Wansley, Regulation of Emerging Risks, Vanderbilt Law Review, (69, 2016), pp.401-478.

[171] Hossein Esmaeli, Attempts to regulate biotechnology in International Law and the response of Australian Law, Australian International Law Journal, (1, 2005), pp.57-63.

[172] Arnold Bosman, Expertise for the future: learning and training in the area of food safety risk assessment, Full publication history, (14, 2016), pp.1-12.

[173] O.Renn, M.C.Roco, Nanotechnology and the need for risk governance, Journal of Nanoparticle Research, (2, 2006), pp.153-191.

[174] O. Renn, Risk Communication: Insights and Requirements for Designing Successful Communication Programs on Health and Environmental Hazards, (9, 2010), pp.81-99.

[175] Corinne Cath et al., Artificial Intelligence and the 'Good Society': the US, EU, and UK approach, Science & Engineering Ethics, (7625, 2017), pp.1-24.

[176] Devra Lee Davis, The Shotgun Wedding of Science and Law: Risk Assessment and Judicial Review, Columbia Journal Of Environmental Law, (10, 1985), pp.67-109.

[177] Marijn Janssen, Haiko van der Voort. Adaptive governance: Towards a

stable, accountable and responsive government, Government Information Quarterly, (33, 2016), pp.1-5.

[178] Wendy E. Wagner, Administrative Law, Filter Failure, and Information Capture, Duke Law Journey, (59, 2010), pp.1321, 1329-1334.

[179] Gamero, N. (ed.), Institutional dimensions underlying public trust in information and technological risk, Journal of Risk Research, (6, 2011), pp.685-702.

[180] Maria Weimer, Risk Regulation and Deliberation in EU Administrative Governance—GMO Regulation and Its Reform, European Law Journal, (5, 2015), pp.622-640.

[181] Poortinga W, Pidgeon NF, Trust in risk regulation: Cause or consequence of the acceptability of GM food?, Risk Analysis, (1, 2005), pp.199-209.

[182] Walls J, Pidgeon N, Weyman A, Horlick-Jones T. Critical trust: Understanding lay perceptions of health and safety risk regulation, Health, Risk and Society, (2, 2004), pp.133-150.

[183] Bickerstaff, K., I. Lorenzoni, N. F. Pidgeon, W. Poortinga, P. Simmons, Reframing Nuclear Power in the UK Energy Debate: Nuclear Power, Climate Change Mitigation and Radioactive Waste, Public Understanding of Science, (2, 2008), pp.145-169.

[184] Bernard W. Bell, Reviewed: Simpler: The Future of Government by Cass Sunstein, Journal of Legal Education, (1, 2014), pp.126-135.

[185] See Keith Werhan, Delegalizing Administrative Law, University of Illinois Law Review, (2, 1996), pp.423-466.

[186] Peter A. Ubel et al., Disability and Sunshine: Can Hedonic Predictions Be Improved by Drawing Attention to Focusing Illusions or Emotional Adaptation?, Experimental Psychology Applied, (2, 2005), pp.23-111.

[187] Earle, T. C., Trust in Risk Management: A Model-Based Review of Empirical Research, Risk Analysis, (4, 2010), pp.541-574.

[188] Hanberger, A., Dialogue as Nuclear Waste Management Policy: Can a Swedish Transparency Programme Legitimize a Final Decision On Spent Nuclear Fuel?, Journal of Integrative Environmental Sciences, (3, 2012), pp.181-196.

[189] Dana David, When Less Liability May Mean More Precaution: The Case of Nanotechnology, UCLA Journal of Environmental Law and Policy, (1, 2010), pp.153-164.

[190] Irene Weintraubt, NEPA and Uncertainty in Low-Risk, High-Impact Scenarios: Nuclear Energy as a Case Study, Cardozo Law Review, (4, 2016), pp.1565-1598.

[191] Miguel Ángel Ló pez-Navarro, The Effect of Social Trust on Citizens Health Risk Perception in the Context of a Petrochemical Industrial Complex, Int. J. Environ, Public Health, (1, 2013), pp.399-416.

[192] Matthew U. Scherer, Regulating Artificial Intelligence Systems: Risks, Challenges, Competencies, and Strategies, Harvard Journal of Law & Technology, (2, 2016), pp.353-400.

[193] Janowski, T., Digital government evolution: From transformation to contextualization, Government Information Quarterly, (3, 2015), pp.221-236.

[194] Linders, D., From e-government to we-government: Defining a typology for citizen coproduction in the age of social media, Government Information Quarterly, (4, 2012), pp.446-454.

[195] Bronsteen John, Well-Being Analysis vs. Cost-Benefit Analysis, Environmental Law Reporter: News and Analysis, (8, 2014), pp.10702-10704.

[196] Albert C. Lin. Revamping Our Approach to Emerging Technologies, Brooklyn Law Review, (76, 2011), pp.1309-1332.

[197] Ortwin Renn, Jonathan Paul Marshall, Coal, nuclear and renewable energy policies in Germany: From the 1950s to the "Energiewende", Energy Policy, (99, 2016), pp.224-232.

[198] Perrow C., Accidents in High-risk system, Technology studies, (1, 1994), pp.1-2.

三、学位论文

[1] 方华基:《创新时代的科技风险治理》,浙江大学博士学位论文

2012年。

［2］胡丽：《科技风险预防的综合机制研究》，华中科技大学博士学位论文2011年。

［3］尹建军：《社会风险及其治理研究》，中共中央党校博士学位论文2008年。

［4］朱丹丹：《风险社会背景下科技道德的失范与重建》，南京理工大学博士学位论文2011年。

［5］雷翠萍：《核与辐射认知和风险沟通研究》，中国疾病预防控制中心博士学位论文2011年。

［6］毛明芳：《现代技术风险的生成与规避研究》，中共中央党校博士学位论文2010年。

［7］彭飞荣：《系统论视角下的额风险与法律互动》，湖南大学博士学位论文2011年。

［8］米丹：《风险社会中的反思性科技价值体系研究》，中共中央党校博士学位论文2008年。

［9］李瑞昌：《风险，知识与公共决策——西方社会风险规制决策研究》，复旦大学博士论文2005年。

［10］江利红：《日本行政过程论研究》，中国政法大学博士学位论文2008年。

［11］尹德贵：《风险分配的法理论纲》，苏州大学博士学位论文2016年。

［12］王小蕾：《克隆人技术的伦理思考》，吉林大学硕士学位论文2013年。

［13］徐健铭：《塑化风险社会：塑化剂风暴背后之管制结构与脉络分析》，"台湾大学国家发展研究所"学位论文2012年。

［14］郭淑珍：《科技领域的风险决策之研究——以德国法为中心》，"国立台湾大学"法律学系学位论文1998年。

［15］范博淳：《全球暖化风险感知研究——以北县国小学生为例》，"台湾大学国家发展研究所"学位论文2009年。

［16］王瑞庚：《台湾WiMAX技术发展政策之科技治理研究——漠视科学争议与风险治理的科技决策模式》，"台湾大学国家发展研究所"学位论文2011年。

[17] 朱文妮：《选址政策中的信任与风险沟通：以台湾低放射性废弃物最终处置场为例》，"国立政治大学"博士学位论文 2015 年。

[18] 赖恒盈：《行政法律关系论之研究——行政法学方法论之评析》，"国立政治大学"法律学系博士学位论文 2002 年。

[19] 侯宜谙：《风险行政法的建制尝试——以食品卫生安全领域为中心》，"国立政治大学"法律学研究所学位论文 2012 年。

[20] 赵鹏：《风险规制的行政法问题——以突发事件预防为中心》，中国政法大学学位论文 2009 年。

[21] 李栋：《环境风险议题建构与互动研究——以"雾霾天气事件"为例》，云南师范大学硕士学位论文 2014 年。

四、网络报纸、期刊类

[1] 姚立澄：《警惕科技文明背后的科技风险》，《学习时报》2017 年 04 月 03 日，第 A3 版。

[2] 刘权：《人工智能时代，如何用法律按下"规制键"》，《新京报》2017 年 11 月 15 日，第 A04 版。

[3] 林春挺：《广东江门 400 亿核燃料项目遭质疑 官员承认与公众沟通不足》，《第一财经日报》2013 年 07 月 10 日，第 A05 版。

[4] 刘权：《无人驾驶，立法应先行》，《第一财经日报》2017 年 11 月 08 日，第 A11 版。

[5] 黄翔：《搭建一个识别科技风险的平台》，《解放日报》2016 年 07 月 12 日，第 09 版。

[6] 王小明：《广东江门"核"危机》，《中国经营报》2013 年 07 月 22 日，第 A13 版。

[7] 徐明：《用法律手段保障生命科技健康发展》，《人民日报》2016 年 10 月 14 日，第 007 版。

[8] 卢彪：《防范责任风险要重视"责任可达性"》，《科技日报》2011 年 09 月 01 日，第 08 版。

[9] 谢洋：《广西两名环保官员被控收受排污企业财物》，《中国青年报》

2012年12月12日,第03版。

[10] 邢婷:《济南警方侦破儿童信息泄露案》,《中国青年报》2016年05月05日,第04版。

[11] 宋华琳:《推进药品标准法律制度改革》,《医药经济报》2009年03月02日,第F02版。

[12] 单仁平:《连云港的"溃败"是中国核电之痛》,《环球时报》2016年08月11日,第15版。

[13] 温婧:《三星正在核查国行版Note7爆炸事故》,《北京青年报》2016年09月19日,第A12版。

[14] 翟星理、杨锋:《福建漳州PX工厂爆炸6人受伤》,《新京报》2015年04月07日,第A06版。

[15] 沙雪良:《处置群体事件不力仙桃市委书记被免》,《京华时报》2016年08月24日,第014版。

[16] 田恩祥:《番禺垃圾焚烧厂"建设时间表由市民定"》,《羊城晚报》2011年09月09日,第A10版。

[17] 人民网:《漳州PX项目爆炸31集团军防化部队火速奔赴现场》,2015年04月07日。

[18] 中国法学会网站:《〈标准化法(修订草案征求意见稿)〉专家咨询会成功举办》,2016年04月14日。

[19] 科技部网站:《德国发布世界首份自动驾驶系统之道原则》,2017年09月08日。

[20] 科技部网站:《国际原子能机构核安全标准委员会第42次会议在维也纳召开》,2017年11月23日。

[21] 国家食品药品监督管理总局网站:《关于暂停使用和审批鱼腥草注射液等七个注射剂的相关问答》,2006年06月14日。

[22] 国家药品不良反应监测中心网站:《药品不良反应信息通报》,2003年08月11日。

[23] 冯国忠:《荷兰超级细菌夺走27条人命》,《央视网》2011年08月12日。

[24] 胡彩丽:《"超级细菌"致湖北一幼童死亡》,《搜狐网》2015年04月15日。

[25] 中国节能环保网:《连云港"抵制"核循环项目事件反思》,2016年08月11日。

[26] 中新网:《中国利用核技术处理工业废水取得突破》,2017年11月21日。

[27] 新华网:《勒索病毒"坏兔子"来袭 俄乌等国不幸中招》,2017年10月26日。

[28] 中国电力网:《关于核废料处理的十二大疑问解析》,2016年08月15日。

[29] 中国采标网:《湖北省80万吨/年乙炔法制PE示范工程》,2017年04月06日。

[30] EOP, Artificial intelligence, automation and the economy, 2016-10-12.

[31] NRC, Science andjudgment in Risk Assessment, 2017-12-20.

[32] IRGC, White paper on Risk Management: an integrated solution, 2017-08-25.

[33] The Lisbon Treaty, Article 191, 2007-12-13.

[34] EPCLA, Civil law rules on robotics [2015/2103（INL）], 2016-05-31.

后　记

　　从来是笨鸟先飞，为了考博选择研三赴武汉准备博士研究生入学考试，提前进入学习环境；为了能够顺利毕业，自觉公法学识不够提前一年准备博士论文写作；为了博士论文的顺利出版，下班后的一两个小时基本贡献给了本书的核稿、校对。然而，拙作有幸面世，绝对离不开中南财经政法大学的学业培养与出版资助，离不开恩师与导师组老师们的精心栽培与辛苦指点，离不开父母的涓涓滋养，离不开妻子的悉心扶持，也离不开诸多同门、朋友们的帮扶。

　　自五岁开始，二十三年的学校生活已剥落人生年轮几近三分之一。无数次回想起父母操持着日薄西山的工作支撑着他们那索求无度的孩子，都让我愧疚不已。父母的身体并不是很好，但每每打电话回家时他们总是报喜不报忧，生怕孩子分心影响了学习。父母是那样的质朴、那么的伟大，你们的恩情孩儿铭记于心，你们的要求孩儿莫不敢忘。还有我的妹妹，比我小的你却常常"资助"我，让我惭愧之余更感受到亲人的温暖，愿我们兄妹齐心、相互扶持走好人生路。我的妻子非常温柔、善解人意，是家里的"领导"，更是我的贤内助，经常会操心我的衣食住行，提醒我学习，修正我做人做事的方式，有你陪伴一生是我的幸福。愿我们一家人幸福安康！

　　作为博士期间的成果，本书的面世首先要感谢我的恩师戚建刚教授。至今已与导师相识近五年，是您在学习、科研与生活中给予了我无微不至的关怀与帮助。犹记得刚来时，我是那样的浮躁、幼稚与无知，是恩师的耳提面命慢慢磨去了我的浮躁与无知。每日饭桌上的指导、教授，每日办公室里的训问、提点，每日恩师家里的传授、交流，正是这段高压却充实的日子让我整个人开始学会细心、刻苦、坚持与成长。没有恩师，就不可能有现在的我。恩师治学严谨、专心科研、献身学术、情系实践的大决心、大毅力与大情怀值得我终生学习。

　　感谢导师组睿智豁达的刘茂林教授、严肃内敛的方世荣教授、正直平和的王广辉教授、沉稳务实的石佑启教授、端庄知性的胡弘弘教授,谢谢你们对本书的指点和对我个人成长的指导与帮助。 现在还能回想起刘老师对"科技风险"内涵的真知灼见,刘老师在科研中严谨、生活中风趣,有幸旁听您的课程更让我感受到大家的风采,激励我不断奋进。 本科便接触到方老师的《行政法与行政诉讼法学》教材,博一听您讲述法学研究方法及论文写作,指导我要从前人的成果中发掘出新的、有价值的问题对我的研究帮助颇多。 王老师不仅在学习、科研中给予过我指导,更在生活中无数次关心、帮助与提点过我,生活中我有幸进入您学生的交际圈里,您待我如同己出。 石佑启教授的著作和论文几乎每一篇我都会认真研习,石老师的学术成果也给我的写作提供了丰富的营养,特别是您对协会权力的研究给学生的写作很多灵感。 胡老师知性而大方,您严谨、刻苦的学术研究态度与平易近人的生活作风感染着身边的每一个人,您对科技风险基本原理的指导意见为我的写作提供了极大帮助。 再次感谢导师组的每一位老师!

感谢华中科技大学的秦小建教授,中南财经政法大学的江登琴副教授、张青波副教授、付静老师。 你们都为本书的出版提供了不少帮助,特别是秦小建老师,作为兄长,无论在学习还是生活中您都给予了我太多太多,未来的日子里希望我们的情谊温润绵长。

感谢郑州大学我的硕士生导师韩文甫副教授、中南财经政法大学的张斌峰教授、黑龙江省委党校的王华薇老师,你们的恩情永不敢忘。

感谢我的师兄(姐)易君博士、郭永良博士、张景玥博士、徐健博士、郑理博士、刘菲博士、陈明辉博士、杨震博士、杨光博士等,我的博士同学朱汉卿博士、李巍博士、唐梅玲博士、张婷博士、谭家超博士、王孟嘉博士、王秀才博士、朱茂磊博士等,我的师弟(妹)余海洋博士、兰皓翔博士等,在本书的写作过程中你们都给予了很多帮助。 郑理师兄在我未入学时便给予了太多的帮助与关心,有你这样的师兄是我的幸运;王孟嘉博士与谭家超博士在生活中给予我太多的引导、帮助与支持,能与你们共度三年荣幸至极;唐梅玲博士是我的同门,我们犹如亲人一般;余海洋博士、兰皓翔博士是我的师弟,跟你们在一起的日子我学会了很多,祝你们拥有美好的前程;还有我已无法一一提及的朋友,愿大家永远安好!

感谢河南省人民政府办公厅录取了我并让我感受到"大家庭"般的温暖,感谢孔剑君处长在我入职、轮岗期间给予的教诲和照顾,感谢定岗后吕飞科处长对我的指导、帮助与关心，感谢政策法规处的各位哥哥姐姐对我的支持和帮助，感谢办公厅的领导和同事们对我的包容和关心。

  本书的出版，还要感谢湖北人民出版社编辑陈兰的辛苦付出，新冠肺炎疫情刚刚稳定后，身在武汉的您第一时间投身工作岗位，您认真、细致、负责的工作作风值得我学习。

  原谅我把最后的字符留给家人，感谢我的父母、妹妹与妻子，一切无须多言。 希望大家都好！